सुर बंजारन

सुर बंजारन

भगवानदास मोरवाल

वाणी प्रकाशन

वाणी प्रकाशन
4695, 21-ए, दरियागंज, नयी दिल्ली 110 002
शाखा
अशोक राजपथ, पटना 800 004
फ़ोन : 91 11 23273167 फ़ैक्स : 91 11 23275710
www.vaniprakashan.in
vaniprakashan@gmail.com
sales@vaniprakashan.in

SUR BANJARAN
by Bhagwandass Morwal

ISBN : 978-93-87409-38-5
Novel

प्रथम संस्करण

मूल्य : ₹ 695

सिटी प्रेस, दिल्ली-110 095 में मुद्रित

वाणी प्रकाशन का लोगो मक़बूल फ़िदा हुसेन की कूची से

हाथरस शैली नौटंकी की जीवित किंवदन्ती
एक लोकप्रिय अदाकारा
और इस आख्यान की प्रेरक
कृष्णा कुमारी माथुर
को समर्पित।

आभार

डॉ. मुकेश गर्ग, कृष्ण कल्पित
राजा राम भादू, राकेश श्रीमाल।

विशेष आभार

रामकुमार कृषक जिन्होंने यह *'सुर बंजारन'* शीर्षक दिया।

जिन दिनों हमारा देश अपने पड़ोसी मुल्क चीन के साथ हुई जंग में मिली शिकस्त के रंज–ओ–ग़म में डूबा हुआ था उसी चीन के साथ हुई जंग में, जिसमें उसकी लाल सेना असम के तेजपुर तक आ पहुँची थी, और हमारा सबसे बड़ा फ़ौजी कमांडर लेफ़्टिनेंट जनरल असम से भागकर दिल्ली आकर छिप गया था। उस जंग में जिसमें हथियारों से कम, हिमालय की गगनचुम्बी चोटियों पर लहू जमा देने वाली ठंड से कहीं ज़्यादा हमारे जवान शहीद हुए थे, और इसमें मिली इस शिकस्त ने आज़ाद हिन्दुस्तान के पहले वज़ीर–ए–आज़म के माथे पर *हिन्दी चीनी, भाई–भाई* जैसे नारे को हमेशा के लिए कलंक की तरह चस्पाँ कर दिया था। उन्हीं दिनों डायरेक्टर सूरज प्रसाद शर्मा एक दिन यूँ ही, घूमते–फिरते इस छोटे–से शहर की अलसायी–सी गलियों में निकल गये। उन्हीं उदास और अलसायी गलियों में, जिनके अधखुले दरवाज़े–खिड़कियों के पीछे पसरे अनन्त मटमैले उजास में गाहे–ब–गाहे कोई अदृश्य उदासी भी खँखारती, तो लगता जैसे किसी शीशा पिघलाने वाली सुर्ख़ भट्ठी से, ताज़ा–ताज़ा बाहर आयी कोई बदनसीब ठंडी चूड़ी खनक रही है। अभी वे इसकी एक उनींदी–सी गली, रहट गली में दाख़िल हुए ही थे, कि एक अधखुली खिड़की से एकाएक उनके कानों में कुछ कमसिन–से सुर पड़े। हिन्दुस्तान थिएटर के डायरेक्टर के आगे बढ़ते क़दम वहीं ठिठक गये। वे धीरे–से दबे पाँव खिड़की के पास आये और अन्दर से आ रही आवाज़ को ध्यान से सुनने लगे–

घायल हिरनिया मैं बन–बन डोलूँ।
किसका लगा बाण मुख से न बोलूँ।।

इतने सधे बोलों को सुन सूरज प्रसाद शर्मा जैसे इनके पाश में बँधते चले गये। काश, यह आवाज़ हिन्दुस्तान थिएटर में शामिल हो जाये।

नहीं रुका गया उनसे। वे दरवाज़े पर आये और उनका हाथ दरवाज़े को खटखटाने के लिए बढ़ गया।

दरवाज़ा खुला। इससे पहले कि वे कुछ कह पाते, अन्दर से एक बेजान–सी काँपती जनानी आवाज़ आयी, "माला कौन है?"

"पता नहीं जिया, कौन है!" सामने खड़े एक अजनबी को देख लड़की ने जवाब दिया।

इसी बीच पुरानी धोती लपेटे एक बारह–तेरह वर्षीय साँवले रंग की किशोरी भी आकर खड़ी हो गयी।

"बेटी, मैं अन्दर आ जाऊँ?" दरवाज़े के बीचों–बीच खड़े हिन्दुस्तान थिएटर के डायरेक्टर ने माला से पूछा।

न चाहते हुए माला दरवाज़े से एक तरफ़ हट गयी। इस बीच जिया भी अन्दर से आ गयी। जिया ने सवालिया निगाहों से इस अजनबी की तरफ़ देखा। अजनबी समझ गया जिया का इस तरह देखने का मतलब।

"मेरा नाम सूरज प्रसाद शर्मा है। आपके शहर में जो हिन्दुस्तान थिएटर आया हुआ है, उसका डायरेक्टर हूँ। इधर से गुज़र रहा था तो भीतर से किसी की आवाज़ सुन रुक गया।" सूरज प्रसाद शर्मा ने अपने आने की वजह बतायी।

"अरे भाई साब, यह होगी। पता नहीं मरी क्या–क्या गाती रहती है।" जिया ने पास में खड़ी, पुरानी धोती में लिपटी उसी बारह–तेरह वर्षीय किशोरी की तरफ़ देखकर कहा।

"जो भी है, पर गाती बहुत अच्छा है। गला और सुर दोनों बड़े सधे हुए हैं।" इतना कह सूरज प्रसाद शर्मा चुप हो गये। फिर थोड़ा रुककर बोले, "बहन जी, आपसे एक गुज़ारिश है...यानी मेरा आपके लिए एक ऑफ़र है!"

जिया अपलक सामने खड़े अजनबी को देखती रही। कुछ नहीं समझी कि सामने वाला क्या कह रहा है। थोड़ी हिम्मत बटोरी और झिझकते हुए बोली, "मैं कुछ समझी नहीं?"

"बहन जी, मेरा कहने का मतलब यह है कि मैं आपकी इस लड़की को अपने थिएटर में लेना चाहता हूँ।"

"क्याऽऽऽ?" जिया ने अकबकाते हुए अपने क़दम पीछे खींचे।

"नहीं–नहीं, ऐसी कोई जल्दी नहीं है। घर में आराम से सलाह–मशविरा कर लीजिए। अभी इस इलाक़े में हमारा थिएटर ढाई–तीन महीने और रहेगा। आगरा, हाथरस, फ़िरोज़ाबाद, सिरसागंज और जसराना में कई शो करने

हैं।" सूरज प्रसाद शर्मा ने किसी भी तरह की जल्दबाज़ी न दिखाते हुए आगे कहा, "वो क्या है बहन जी कि हमारे पास जितने भी कलाकार हैं, उनके पास अदाकारी तो है पर गला नहीं है। अगर हमारे पासऽऽऽ आपकी यह लड़की..."

"भाई साब, आऽऽऽप यह क्या कह रहे हैं?" जिया के शब्द उखड़ने लगे।

"आराम से सोच लो! मुझे कोई जल्दी नहीं है। वैसे मैं बीच–बीच में आपसे मिलता रहूँगा।" बीच–बीच में आने की बात कह कर हिन्दुस्तान थिएटर के डायरेक्टर सूरज प्रसाद शर्मा जैसे आये थे, वैसे ही चले गये।

पता नहीं हिन्दुस्तान थिएटर के डायरेक्टर सूरज प्रसाद शर्मा को अपने इरादे पर ऐसा कौन–सा भरोसा था कि पिछले दो महीने में, और नहीं तो कम–से–कम आधा दर्ज़न बार इस गली में चक्कर काट चुके हैं। आख़िरकार उनके इस भरोसे की जीत हुई, और जैसे ही एक दिन उन्होंने दरवाज़ा खटखटाया, माया ने दरवाज़ा खोला और मुस्कराते हुए बोली, "दादा, आपको आज ही जिया याद कर रही थी।"

भाँप गये सूरज प्रसाद शर्मा कि जिया उन्हें क्यों याद कर रही होगी।

"भाई साब, हमें आपकी बात मंजूर है।" जिया ने सूरज प्रसाद शर्मा के आते ही कहा।

सुनते ही सूरज प्रसाद शर्मा ने आश्वस्ति भरी गहरी साँस ली, और उसी साँवली लड़की को अपने पास आने को कहा, "इधर आ बेटी मेरे पास!"

किशोरी शरमाते हुए आगे आ गयी।

"तुम्हारा नाम क्या है?" किशोरी के सिर पर दुलार से हाथ फेरते हुए सूरज प्रसाद शर्मा ने पूछा।

"काली।"

"काली! यह क्या नाम हुआ?" सूरज प्रसाद शर्मा ने हैरानी के साथ पूछा।

"भाई साब, काली हम इसे घर में कहते हैं। असल नाम तो इसका रागिनी है।" जिया ने तुरन्त बात सँभालते हुए कहा।

"कौन–सी क्लास में पढ़ती हो?"

"सातवीं में।"

"कहने को सातवीं में पढ़ती है दादा, पर पढ़ती कहाँ है...जब देखो बस कुछ–न–कुछ गुनगुनाती रहती है।"

सामने खड़ी इस बीस–इक्कीस साला लड़की को देख सूरज प्रसाद शर्मा अब तक समझ चुके थे कि यह युवती माला रागिनी की बड़ी बहन है।

"अरी तो तू ही कौन–सी वकील हो गयी। तेरा भी मन कहाँ था पढ़ने में। चल तो यह भी तेरे ही नक्शे–क़दम पर रही है।"

"जिया, मेरी तो मजबूरी थी पर यह तो पढ़ सकती है।" बड़ी बहन ने माँ की शिकायत का जवाब दिया।

"यह तो शौक़–शौक़ की बात है भाई साब। मैं तो इस लड़की को सात–आठ बरस की उमर से देख रही हूँ। मरी, घंटों हीरोइनों की अकेले में नकल करती रहती थी। फटी धोती–दुपट्टे में लिपटी कभी मधुबाला को गुनगुनाती रहती, तो कभी नरगिस को।" जिया ने पहली बार साँवली किशोरी का छोटा–सा परिचय देते हुए बताया।

"रागिनी, बेटा अपने दादा को कुछ सुनाओगी?" हिन्दुस्तान थिएटर के डायरेक्टर ने ऐसे ही बच्ची की थाह लेते हुए कहा।

किशोरी शरमा कर रह गयी। नज़र बचाते हुए कनखियों से माँ की तरफ़ देखने लगी।

"अच्छा, वही सुना दे जो उस दिन गा रही थी!" सूरज प्रसाद शर्मा ने इसरार किया।

रागिनी पहले कुछ याद करने लगी और फिर बेहद सधे हुए सुर में गाने लगी–

घायल हिरनिया मैं बन–बन डोलूँ
किसका लगा बाण मुख से न बोलूँ

मुड़के जो देखूँ तो बचपन बुलाये
पलकों में लेकिन कोई मुस्कुराये
जी को दुखाऊँ कि जी संग हो लूँ
घायल हिरनिया मैं बन–बन डोलूँ।

सूरज प्रसाद शर्मा को हैरानी हुई कि इतनी छोटी उम्र में, वह भी बिना किसी रियाज़–अभ्यास के इतना सधा सुर। रागिनी जब तक गाती रही वे मन्त्र–मुग्ध सुनते रहे। सुनते हुए उन्हें ऐसा लग रहा था जैसे

किसी दिलफ़रेब सारंगी का कोई चंचल तार खनक रहा है। हिन्दुस्तान थिएटर के डायरेक्टर की खोज जैसे इस गली में आकर पूरी हो गयी।

"बहन जी, आपसे एक बिनती है, आप मुझे इस हीरे को दे ही दो!"

"भाई साब, अब आप इतनी मिन्नतें कर रहे हो, तो मैं भी सोच रही हूँ कि आप इसे ले ही जाओ। चलो, बड़ी नहीं कम–से–कम छोटी तो ज़िन्दगी में कुछ कर लेगी। वैसे भी इस मरे बवासीर ने मेरी जान ले रखी है। इससे तो अच्छा है ऊपर वाला मुझे अपने पास बुला ले। फिरागत के लिए बैठती हूँ तो नल की तरह खून जाता है...जान ही नहीं निकलती है बस।" जिया ने धीरे–से कराहते हुए कमर सीधी की।

"अब आप बेफ़िक्र रहो। आज से इसकी ज़िम्मेदारी मेरी रही।"

"चलो, एक से तो बेफिकर हुई।" जिया ने धीरे–से आँखें बन्द करते हुए कहा।

"वैसे, आपकी यह बड़ी लड़की माला कभी किसी थिएटर कम्पनी में काम करती थी?"

"आपको कैसे पता चला?" जिया ने जवाब देने के बजाय उलटा सूरज प्रसाद शर्मा से पूछा।

"यही तो कह रही थी थोड़ी देर पहले कि मेरी तो मजबूरी थी।" सूरज प्रसाद शर्मा ने माला की तरफ़ देखते हुए कहा।

जिया ने पहले माला की तरफ़ देखा और फिर अनमने भाव से एक लम्बी साँस लेते हुए बोली, "हाँ, रही थी थोड़े दिनों के लिए।"

सूरज प्रसाद शर्मा ने फिर से माला की ओर देखा।

माला समझ गयी कि ये पूछे बिना मानेंगे नहीं।

"हाँ दादा, आगरा के राजा मंडी के करन लाल जी का थिएटर था।" सकुचाते हुए माला ने बता ही दिया।

"यह तो मेरे ख़याल से पचपन के आसपास की बात होगी?"

"हाँ।"

"फिर छोड़ क्यों दिया?"

"मन नहीं लगा।"

"मन नहीं लगा या कोई और वजह थी?" सूरज प्रसाद शर्मा ने माला के चेहरे पर नज़र गड़ाते हुए कहा।

एक पल के लिए माला हिचकिचाई। फिर धीरे–से बोली, "वहाँ कलाकारों पर बड़ी पाबन्दी रहती थी। लड़के–लड़कियों को बस रिहर्सल

के समय ही बात करने की इजाज़त थी। शो के बाद एक–दूसरे से मिलना तो दूर रहा, आपस में बात करने की भी मनाही थी।"

"यह तो मुझे कम्पनी छोड़ने की कोई ख़ास वजह नहीं लगती। वैसे एक बात कहूँ, जिसे हम कभी–कभी पाबन्दी कहते हैं न, दरअसल वह पाबन्दी नहीं थिएटर का डिसिप्लिन है। अगर यह न हो तो इसके ग़लत नतीजे भी हो सकते हैं। मैंने तो सुना था कि इस थिएटर में काम करने वाली कानपुर की सीता और एक कलाकार कल्याण ने भाग कर शादी कर ली थी?"

"हाँ, कर ली थी।" माला ने पुष्टि करते हुए कहा।

"अब बताओ, थिएटर कम्पनी पाबन्दी नहीं लगाये तो क्या करे। अगर कलाकार ऐसा करने लगे तो कम्पनी बैठ ही जायेगी।"

"इसी वजह से तो इन थिएटर कम्पनियों में जवान–जहां बहन–बेटियों को भेजते हुए डर लगता है भाई साब।" जिया एक माँ और औरत का डर व्यक्त करते हुए बोली।

"मगर पता नहीं क्यों, मुझे तुम्हारे कम्पनी छोड़ने की यह वजह भी नहीं लगती? कोई और वजह है जिसे तुम बताने में हिचक रही हो!"

"असल वजह तो यह बता नहीं रही है। मैं बताती हूँ। दरअसल, यह थिएटर आगरा से अहमदाबाद के लिए दीवाली के आसपास रवाना होता, और होली के बाद वापस लौटता था। भाई साब, अब आप ही बताओ कि छह–छह महीने घर से दूर रहना इतना आसान है, वो भी एक लड़की जात के लिए। बस इसी वजह से इसने कम्पनी छोड़ दी। वो दिन है और आज का दिन, इसने उसकी ओर पलट कर भी नहीं देखा। कम्पनी छोड़ने की एक और वजह भी है और वो ये कि जो गला रागिनी के पास है, वो इसके पास नहीं है। इसलिए भी यह थिएटर में नहीं चल पायी।"

"बहन जी, थिएटर कम्पनी का धन्धा ही ऐसा है। इसमें काम करने वाले की ज़िन्दगी किसी बंजारे से कम नहीं होती है। इतने ज़्यादा साजो–सामान और कलाकारों के साथ रोज़–रोज़ तो लौटा नहीं जाता।" इसके बाद सूरज प्रसाद शर्मा ने मुस्कराते हुए रागिनी की तरफ़ देखा, "क्यों, तुम तो थिएटर कम्पनी छोड़ कर नहीं भागोगी?"

"बड़ी की तरह यह भागने वाली नहीं है भाई साब। इसकी तो फितरत

ही बंजारों जैसी है।" हँसते हुए जिया ने रागिनी की तरफ़ से सूरज प्रसाद शर्मा को आश्वासन दिया।

"तब तो ठीक है।" इतना कह सूरज प्रसाद शर्मा रागिनी की ओर पलटे और मुस्कराते हुए बोले, "अब तुम हिन्दुस्तान थिएटर चलने की तैयारी कर लो...बहन जी, अब मैं चलता हूँ!" इतना कह उन्होंने विदा ली और रहट गली को पार कर, बड़ा बाज़ार होते हुए थिएटर लौट आये।

जिया की ऐसी धूसर हँसी इस घर को कभी–कभी नसीब होती है। वरना इसकी ज़्यादातर उदास वीरानी तो जिया की ख़ामोश कराहटों की भेंट चढ़ जाती है। सूरज प्रसाद शर्मा के जाते ही पूरा घर अपनी–अपनी अदृश्य कल्पनाओं में ऐसा डूबा, कि किसी का इसकी तरफ़ ध्यान ही नहीं गया कि कब दिन ढल गया, और कब गोधूलि को पार कर सूरज पश्चिम के मुहाने पर पहुँच गया।

यह वाक़या बक़ौल अज़ीम शायर मौलाना अल्ताफ़ हुसैन हाली मौजूदा उत्तर भारत के एक ऐसे ज़िले का है, जहाँ के खजूर के पट्टे की पंखियाँ एक ज़माने में बड़ी मशहूर थीं। यह क़िस्सा तेरहवीं सदी के मध्य में सुल्तान फ़िरोज़शाह तुग़लक़ द्वारा बसाये गये, और गरम आब–ओ–हवा लिए उस शहर के पास का है, जिसके पीछे चन्द्रवार के उजड़ते जाने और उसके बाद इसके बसने की कहानी जुड़ी हुई है। जिसे आज चूड़ियों का शहर, सुहाग नगरी जैसे नामों से पुकारा जाता है, और जहाँ कभी तपेदिक जैसा संक्रामक रोग 'राजरोग' के नाम से जाना जाता था। यह क़िस्सा इसी के निकटवर्ती एक छोटे–से शहर का है। उस शहर का जिसे कभी भारतीय इतिहास के सबसे अभागे व अभिशप्त जीवन जीने वाले राजकुमारों में शुमार, मगर भारतीय उपनिषदों के दीवाने और भारतीय दर्शन पर मर–मिटने वाले शाहज़ादे दारा शिकोह ने बसाया था। अपनी हथेलियों पर बदनसीबी की अमिट लकीरों के साथ पैदा हुए इसी राजकुमार के बसाये, इसी शहर के मटमैले उजास से भागलपुर का यह हिन्दुस्तान थिएटर अपने साथ चुपके–से एक हीरे को ले गया। वही थिएटर, जो यहाँ आया तो था अपनी कम्पनी के लिए किसी कामचलाऊ सुर की तलाश में, मगर हाथ लग गया उसके यह नायाब हीरा।

2

बुझ गये आशा के दीये, मन अँधियारा होए
लुट गये मोती लाज के, सीप बिचारी रोए
सब दुश्मन इक जान के
बदले रंग जहान के, बदले रंग जहान के।

रागिनी के जाते ही सारी दर–ओ–दीवारें जैसे उदास हो गयीं। जिया की आँखें रह–रह कर, पुरानी धोती में लिपटी अपनी नन्ही मधुबाला, नरगिस और नलिनी जयवन्त को तलाशने लगती हैं। कभी–कभी लगता घर के किसी सूने कोने से रागिनी के गुनगुनाने की सुरीली आवाज़ आ रही है–

सखी री तोरी डोलिया उठाएँगे कहार
सखी री तोरी डोलिया उठाएँगे कहार
तोरे सैंया खड़े हैं द्वार।

दर्द से कसमसाती जिया उठकर चारों तरफ़ देखती है मगर रागिनी उसे कहीं नज़र नहीं आती। जिया को तो यह भी नहीं पता कि हिन्दुस्तान थिएटर का क़ाफ़िला आज किस दिशा में बढ़ा जा रहा होगा। मृग छौने–सी जो रागिनी पूरे घर में कुलाँचें भरती नज़र आती थी, आज वही वन–वन डोलने वाली हिरनियाँ बन उससे बिछुड़ कर, मानो किसी अनजाने सफ़र पर निकल गयी है। पुरानी यादों से बतियाती जिया की आँखों के आगे रागिनी आती और एक झटके के साथ रंगशाला के मंच से किसी किरदार की तरह ग़ायब हो जाती। पूरा घर एक ही दिन में किसी उदास जंगल में तब्दील हो गया। एक ऐसा जंगल जहाँ परिन्दे तो हैं पर उनकी चहचहाहट नहीं है।

पता नहीं क्या सोचकर जिया ने दरवाज़े से बाहर झाँका। बाहर क़स्बेनुमा शहर की इस तंग गली में अपने आप से परेशान साँझ का झुटपुटा दूर तक पसरा हुआ है। एक–एक करके आसपास के घरों की जलती बत्तियों ने पहले से फैले उजियारे को बाहर धकिया दिया है। जिया उदास मन लिए अन्दर आ गयी। माला धीरे–से आकर माँ के पास बैठ गयी। देर तलक दोनों के बीच ख़ामोशी की झीनी चादर थरथराती रही। किसी की समझ में नहीं आ रहा है कि वे एक–दूसरे से आख़िर बातें करें भी, तो क्या करें?

संवादों की कड़ी जुड़ता न देख जिया एक बार फिर, चहलक़दमी करते हुए कमरे से बाहर आ गयी। तेज़ी से फैलते अँधेरे में उसकी आँखें जैसे किसी को खोजने लगीं। बाहर के सूनेपन में कोई नज़र नहीं आया, तो वह वपिस लौट आयी और चारपाई पर बैठते हुए बोली, "माला, बेटी संझा–बाती तो कर दे! मरी घर से क्या गयी, इसका उजियारा भी अपने संग ले गयी।"

माला के संझा–बाती करते ही पूरा घर एक जानी–पहचानी खिलखिलाती रोशनी से भर गया।

कोस कोस पे बदले पानी, चार कोस पे बानी
आठ कोस जो लाँघो तो, स्वाद करे मनमानी।

जमालपुर, बिहार। न अपनी बोली, न बानी। न अपने रीति, न रिवाज। मगर यहाँ तो अपनी माटी से सैकड़ों कोस दूर जमालपुर तक आते–आते, न जाने पानी कितनी बार अपना स्वाद बदल चुका होगा। रही बात बोली–बानी की, वह भी यहाँ तक आते–आते न जाने कितनी बार बदल चुकी होगी। चौदह बरस की रागिनी सोचती है कि इस थिएटर कम्पनी में भर्ती हुए कलाकार, साज़िन्दे और दूसरे कारिन्दे अपने सगे–सम्बन्धियों से चिट्ठी–पत्रियों में ही अपने सुख–दुख बाँटते होंगे। इनके द्वारा ही एक–दूसरे से बतियाते होंगे। जमालपुर पहुँचते–पहुँचते रागिनी को अपनी रहट गली याद आने लगी। कम्पनी का दिया उसे कुछ भी अच्छा नहीं लग रहा है। सचमुच स्वाद जैसे बग़ावत पर उतर आया। इसी बग़ावत के बीच जिया और माला की याद आते ही उसकी आँखें भर आयीं।

अगहन की मीठी ठंड के बीच जमालपुर पहुँचने में पूरे तीन दिन लग गये। ट्रक में बैठे–बैठे कमर बाँस की खपच्ची–सी तन गयी। यह तो अच्छा हुआ जो क़ाफ़िला गोधूलि के आसपास पहुँचा। ट्रकों से एक–एक कर धोबी, तम्बू लगाने वालों, परदा उठाने वालों, मेकअप मेन और रसोइयों ने जूनियर आर्टिस्टों के साथ मिलकर सारा सामान उतार लिया। सामान उतरने के बाद जनाने कलाकारों के कैम्प एक तरफ़, तो मर्दाने कलाकारों के कैम्प दूसरी तरफ़ गाड़ दिये। एक बड़े–से कैम्प में लगभग दो दर्ज़न लकड़ी और लोहे के बकसों को रख दिया गया। बाकी के तीन–चार बक्से डायरेक्टर सूरज प्रसाद शर्मा के कैम्प में भिजवा दिये गये।

शाम को सबने जल्दी खाना खाया और थकान के चलते सब जल्दी

सो गये। कम्पनी के डायरेक्टर सूरज प्रसाद शर्मा ने सुबह किसी को नहीं जगाया। जैसे–जैसे जिसकी नींद खुलती गयी, वह ख़ुद ही नहा–धोकर तैयार हो गया। रागिनी की आँखें साढ़े नौ बजे के क़रीब खुलीं। लम्बे सफ़र और थकान के चलते रात को नींद भले ही अच्छी आयी थी, पर देह जैसे अभी भी अकड़ी हुई है। क्या पता नहाने के बाद जिस्म थोड़ा खुल जाये। यही सोच कर वह नहाने चली गयी।

दोपहर के खाने के बाद डायरेक्टर सूरज प्रसाद शर्मा ने सारे कलाकारों को अपने ही कैम्प में बुलवा लिया। हो सकता है यह एक जगह छोड़ने के बाद दूसरी जगह जाने के बाद की कोई रिवायत हो–ऐसा सोच रागिनी भी डायरेक्टर के कैम्प में चली आयी। सबके आने के बाद डायरेक्टर सूरज प्रसाद शर्मा ने सारे कलाकारों पर सरसरी निगाह डाली, और सबसे पहले रागिनी का ही परिचय कराया, "साहिबान, आज मैं आप सबका अपनी कम्पनी की नयी आर्टिस्ट और इसके एक मेम्बर का आपसे तआरुफ़ कराता हूँ।" इतना कह डायरेक्टर सूरज प्रसाद शर्मा मुस्कराते हुए रागिनी की तरफ़ मुड़े, "जी हाँ, यह रागिनी है।"

सबकी नज़र हिन्दुस्तान थिएटर की इस नयी कलाकार पर टिक गयी।

"...और रागिनी, ये उर्वशी जी हैं। ग़ज़ब का खेल करती हैं। पंजाब की रहने वाली हैं और सिक्ख परिवार से हैं। इनके बग़ल में मोहन कुमार जी बैठे हुए हैं। मोहन जी राजस्थान के रहने वाले हैं। हिन्दुस्तान थिएटर में आने से पहले उर्वशी जी कलकत्ता के मूनलाइट थिएटर में काम करती थीं। मूनलाइट के बारे में तो तुम्हें पता ही होगा...वही मूनलाइट, जिसके कभी फ़िदा हुसैन साहब डायरेक्टर हुआ करते थे। इसी थिएटर में एक कलाकार थी बुलबुल सरकार। बुलबुल के बारे में एक क़िस्सा बड़ा मशहूर है। कहते हैं कि मूनलाइट के मंच पर जब बुलबुल सरकार बिजली की गति से थिरकती थी, तो मानो पूरा कलकत्ता पागल हो जाता था। चौरंगी से लेकर गरियाहाट तक चिपकते थे बुलबुल सरकार के पोस्टर। नियोन लाइट्स में जगमगाती थी बुलबुल सरकार। नाटक के बीच–बीच में नृत्यांगनाएँ रूबी घोष, सपना सान्याल, मीरा मुखर्जी, कावेरी बनर्जी, रजनी, रूपम बिस्वास और आयशा सुल्तान नाचती थीं लेकिन दर्शक बुलबुल सरकार की प्रतीक्षा करते थे, जो मंच पर नाटक के बिल्कुल आख़िर में आती थी। बुलबुल के आते ही दर्शकों के पागल शोर से मूनलाइट थिएटर गूँज उठता था। जब बुलबुल सरकार नाचती थी, तब समय मानो थम जाता था।

जिस वक़्त मूनलाइट थिएटर, कलकत्ता के आकाश का सबसे चमकता हुआ सितारा था, उसी दौरान हमारे राजस्थान के फ़तेहपुर–शेखावाटी के एक सेठ चम्पालाल चमड़िया ने फटके में करोड़ों की दौलत इकट्ठी कर ली। करोड़पति बनते ही सेठ ने पहला काम मूनलाइट थिएटर को ख़रीदने का किया। इस तरह अब कलकत्ता के 30, ताराचन्द दत्ता रोड के मूनलाइट थिएटर का मालिक फ़तेहपुर–शेखावाटी का सेठ चम्पालाल चमड़िया हो गया।

उस दिन जब मूनलाइट थिएटर में रात का शो चल रहा था, उसी रात सेठ चम्पालाल चमड़िया अपनी सफ़ेद एम्बेसडर गाड़ी में बुलबुल सरकार को बैठा, कलकता से तक़रीबन दो हज़ार किलोमीटर दूर फ़तेहपुर–शेखावाटी पहुँच गया; जहाँ सेठ चम्पालाल चमड़िया की सूनी और बन्द हवेली में उसके मुनीम श्यामसुन्दर सुरोलिया द्वारा सेठजी के हुक्म के मुताबिक़ सुजानगढ़ से बुलाये गये साज़िन्दे, जो हवेली की छत पर अपने साज़ मिला रहे थे, बेसब्री से उनका इन्तज़ार कर रहे थे।

दूर तक फैले रेतीले समन्दर के उस सुनसान क़स्बे की वीरान हवेली में उस रात महफ़िल जमने वाली थी, जहाँ कलकत्ता से आयी बुलबुल सरकार को दर्शकों के लिए नहीं, सिर्फ़ और सिर्फ़ चम्पालाल चमड़िया के लिए नाचना था। देखते–ही–देखते चाँदनी रात में हवेली की छत पर जैसे बिजली की तरंगें बहने लगीं। रात की रेतीली ख़ामोशी में सारंगी, तबले और घुँघरुओं की झंकार सुनकर क़स्बे के लोग चौंक उठे कि सेठ की हवेली की छत पर आसमान से यह कौन–सी अप्सरा उतर कर आयी है। जबकि उधर कलकत्ता में मूनलाइट थिएटर में दर्शक बुलबुल सरकार के इन्तज़ार में कावेरी, रूबी, सपना, मीरा, रजनी, रूपम और आयशा का नाच देख रहे थे। नाच देखने के दौरान जब उन्हें पता चला कि आज बुलबुल सरकार नहीं नाचेगी तो हंगामा हो गया। दर्शक भड़क कर बेक़ाबू हो गये। कुर्सियाँ तोड़ डालीं, परदे फाड़ डाले और मूनलाइट थिएटर पर पत्थरों की बरसात कर दी। इधर कुदरत का खेल देखिए कि फ़तेहपुर–शेखावाटी में लोगों को जब यह पता चला कि सेठ कलकत्ता से कोई नाचने वाली पतुरिया लाया है, तो लोग हवेली के बाहर इकट्ठा हो गये और कुछ नाराज़ शोहदों ने हवेली पर पत्थर बरसाने शुरू कर दिये। अचानक इसी बीच एक पत्थर रात के सन्नाटे को चीरता हुआ आया, और हवेली की छत पर नाच रही बुलबुल सरकार की कनपटी पर आकर लगा। पत्थर लगते ही वह गिर गयी।

"बुलबुल सरकार के गिरते ही मुनीम श्यामसुन्दर सुरोलिया ने हालात को भाँप, साज़िन्दों को हवेली के पिछले दरवाज़े से तुरन्त बाहर निकाल उन्हें सुरक्षित जगह भेज दिया। जबकि सेठ चम्पालाल चमड़िया बुलबुल सरकार को अकेला छोड़, अपनी सफ़ेद एम्बेसडर गाड़ी से बीकानेर की तरफ़ भाग लिया। बुलबुल सरकार हवेली की छत पर अकेली बेहोश पड़ी रह गयी। कुछ दिन बाद बुलबुल सरकार की लाश हवेली के पिछवाड़े बने कुएँ से बरामद हुई।" इतना कह कर डायरेक्टर सूरज प्रसाद शर्मा ने पहले एक गहरी साँस ली, और फिर अपने सामने मौजूद पूरे थिएटर पर एक सरसरी नज़र डाल, आह भरते हुए बोले, "कुछ लोगों का नसीब पत्थरों से ही लिखा होता है। यह बुलबुल सरकार भी ऐसे ही बदनसीबों में से एक थी। उसकी ग़ैर–हाज़िरी पर भी पत्थर फेंके जा रहे थे और उसकी हाज़िरी पर भी। ऐसा कहा जाता है कि आज भी फ़तेहपुर–शेखावाटी में बच्चे सेठ चम्पालाल चमड़िया की इस पुरानी हवेली के पिछवाड़े बने कुएँ की मुँडेर और जगत पर जब कान लगाकर सुनते हैं, तो उन्हें अन्दर से घुँघरुओं की खनक और एक सुरीली आह सुनाई देती है। इस कुएँ में इतने पत्थर डाले जा चुके हैं कि पूरा कुआँ पत्थरों से अँट गया है। कुएँ के भीतर झाँकने पर इन पत्थरों के बीच से जो थोड़ा–सा चिलकता हुआ पानी दिखाई पड़ता है, उसके बारे में कहा जाता है कि कुएँ में चिलकता यह पानी दरअसल बुलबुल सरकार के आँसू हैं। मूनलाइट के बन्द होने के बाद मैंने उर्वशी को अपने हिन्दुस्तान थिएटर में बुला लिया। उर्वशी जी और मोहन कुमार जी ने इसी कम्पनी में आकर शादी की है। इसलिए अब ये दोनों आर्टिस्ट पति–पत्नी हैं।"

जिस समय सूरज प्रसाद शर्मा अपने कलाकारों, साज़िन्दों और दूसरे कारिन्दों को बुलबुल सरकार से जुड़ा यह वाक़या सुना रहे थे, उस समय ऐसा लग रहा था जैसे लहूलुहान कफ़न में लिपटी बुलबुल सरकार की मृत देह सचमुच उनके बीच रखी हुई है।

उर्वशी और मोहन कुमार का विस्तार से परिचय देने के बाद डायरेक्टर सूरज प्रसाद शर्मा ने अपनी बात जारी रखी, "ये सुल्तान असर खाँ साहब हैं। आपके यू.पी. के शाहजहाँपुर से हैं...बहुत बेहतरीन आर्टिस्ट हैं। वो सामने सारंगीवादक आशिक़ अली खाँ हैं, तो उनके साथ बैठे हैं रामकिशन। रामकिशन जी क्लैरियोनेट बजाते हैं, जबकि ठीक इनके बग़ल में जो बुजुर्ग बैठे हैं वे मास्टर कुदरत साहब हैं। कुदरत

साहब भी आपके ही पड़ोस फ़र्रुख़ाबाद से हैं। ये बाजे के बड़े माहिर उस्ताद हैं। अपने दोनों पाँवों से जब ये पेरिस के रीड्स से बने बाजे को बजाते हैं, तो लगता है मानो बाजे की आवाज़ सीधे पेरिस से आ रही है। एक ज़माने में कुदरत साहब महोबा के चरखारी स्टेट की रॉयल ड्रामेटिक कम्पनी में बाजा बजाया करते थे। यह वही ड्रामेटिक कम्पनी है जिसकी नींव चरखारी नरेश महाराज अरिमर्दन सिंह ने रखी थी। महाराज अरिमर्दन सिंह कलकत्ता की कोरथियन कम्पनी के कलाकारों को चरखारी ले आये थे। इसी रॉयल ड्रामेटिक कम्पनी में आग़ा हश्र कश्मीरी इसके नाटक–लेखक हुआ करते थे। आग़ा साहब रोज़ एक नाटक लिखते और इनके नाट्यशाला में उसका मंचन होता। कुदरत साहब बताते हैं कि इस नाट्यशाला में चार हज़ार लोगों के बैठने का इन्तज़ाम है। सुनते हैं, अब इसका इस्तेमाल चरखारी नगर पालिका गोदाम के रूप में कर रही है। ...और इनके पीछे हमारे नक्कारनवाज़ रहमान साहब, और इनके साथ ढोलक पर संगत करने वाले ढोलकिया सफ़ी मोहम्मद बैठे हुए हैं।"

जिस समय डायरेक्टर सूरज प्रसाद शर्मा कुदरत मास्टर का परिचय करा रहे थे, उनके रहवास से उठती ख़ुशबू ने बिना आगे कुछ कहे, एक तरह से उनका बाकी का परिचय करा दिया।

एक–एक कर डायरेक्टर सूरज प्रसाद शर्मा ने अपने सारे कलाकारों, साज़िन्दों, और दूसरे कारिन्दों से रागिनी का परिचय कराया। परिचय के बाद वे असली मुद्दे पर आते हुए बोले, "मेले में अभी पाँच दिन हैं, इसलिए आज से ही सब रिहर्सल शुरू कर दें। सात दिनों तक चलने वाले इस मेले में हमें कौन–कौन–से नाटक खेलने हैं, यह सब आपको पता ही है...क्यों सुल्तान साहब?"

"हाँ दादा मालूम है।" सुल्तान असर खाँ ने अपने डायरेक्टर की बात का जवाब दिया।

"तो फिर ठीक है, अभी से सब अपनी–अपनी रिहर्सल में लग जाओ!"

डायरेक्टर सूरज प्रसाद शर्मा के इस निर्देश के बाद एक–एक कर सब उठकर चले गये मगर रागिनी वहीं बैठी रही, "रुको! तुम्हारा भी इन्तज़ाम करता हूँ।'' इतना कह वे अपनी जगह से खड़े हुए। एक बकसे में से छोटी–छोटी कुछ किताबें निकालीं और उन्हें रागिनी को देते हुए बोले, "लो! ये कुछ नाटक हैं। इनके जितने भी जनाने किरदार हैं उनके

डायलॉग याद कर लो! बाकी यह रिहर्सल के वक़्त बताया जायेगा कि उन्हें कैसे पेश किया जाना है।"

रागिनी ने सारी किताबों को लिया और एक–एक कर उनके आवरणों पर रेखाचित्रों के साथ छपे शीर्षकों को होंठों–ही–होंठों में बुदबुदाने लगी–*दहेज, कफ़न, भगत सिंह, रामू–चरणा, आँख का नशा, बिलवा–मंगल, दिल की ख़ता उर्फ़ बेटे की कुरबानी।*

"ठीक है दादा, मैं कोशिश करती हूँ।"

"रागिनी, कोशिश क्या करनी है...रटने ही तो हैं। अभी तुम्हारे पास तीन–चार दिन हैं...जाओ और इन्हें अच्छी तरह घोट लो! आज मंगलवार है शनिवार को हम रिहर्सल करेंगे।" डायरेक्टर सूरज प्रसाद शर्मा ने आसान–सा तरीक़ा बताते हुए कहा।

ठीक पाँचवें दिन यानी शनिवार को दोपहर बाद नाटकों के सभी मुख्य कलाकारों को डायरेक्टर सूरज प्रसाद शर्मा ने मंच पर बुलवा लिया। चूँकि रागिनी हिन्दुस्तान थिएटर से जुड़ने वाली नयी–नयी कलाकार है, इसलिए सबसे पहले उन्होंने उसी से शुरुआत की।

"रागिनी, याद कर लिए सारे संवाद?"

रागिनी ने स्वीकृति में सिर हिला दिया।

"ठीक है। क्योंकि पहला शो सरदार भगत सिंह का है, सो उसकी हीरोइन होने के नाते श्यामा का कोई डायलॉग सुनाइए!" डायरेक्टर होने के नाते सूरज प्रसाद शर्मा ने सीधे आदेश दिया।

फँस गयी रागिनी। उसने कह तो दिया मगर जब बोलने की बारी आयी तो लगा जैसे जीभ में गाँठ पड़ गयी।

"घबराओ मत। अपने आप पर भरोसा रखो। सब ठीक हो जायेगा।"

मगर अपने डायरेक्टर द्वारा हिम्मत बँधाने के बावजूद रागिनी श्यामा का कोई संवाद नहीं बोल पायी।

"वैसे डायलॉग तुम्हें याद तो हैं न?"

"हाँ दादा।" रागिनी ने धीरे–से जवाब दिया।

"कोई बात नहीं। तुम अपने कैम्प में जाओ और कल सवेरे जब ग्रांड रिहर्सल होगी, तब आना!" डायरेक्टर सूरज प्रसाद शर्मा ने स्नेह से रागिनी को वापस उसके कैम्प में भेज दिया।

अपने डायरेक्टर के इस हुक्म के बाद रागिनी चुपचाप उठकर अपने कैम्प में आ गयी।

3

तय वक़्त पर नाटक *सरदार भगत सिंह* के ग्रांड रिहर्सल के लिए सारे कलाकार सीधे मंच पर आ गये। डायरेक्टर सूरज प्रसाद शर्मा ने नाटक की हीरोइन यानी भगत सिंह की प्रेयसी श्यामा का किरदार निभाने वाली कम्पनी में नयी–नयी भर्ती हुई कलाकार रागिनी की तरफ़ देखा। समझ गयी रागिनी कि आज बचना मुश्किल है। चेहरे पर उमड़ आये घबराहट भरे भावों को उसने छिपाने की बहुत कोशिश की, मगर एक अनुभवी डायरेक्टर की नज़रों से नहीं छिपा सकी।

"रागिनी, तैयार हो?" सूरज प्रसाद शर्मा ने पूछा।

"हाँ दादा।" इस बार पूरे आत्मविश्वास के साथ रागिनी ने जवाब दिया।

"तो फिर सुनाओ श्यामा का कोई डायलॉग!"

गले को खँखारते हुए रागिनी जैसे ही संवाद बोलने को हुई, डायरेक्टर सूरज प्रसाद शर्मा ने उसे बीच में टोक दिया, "सुनाने से पहले यह भी बता देना यह डायलॉग किस वाक़ये का है!"

"दादा, यह वाक़या उस वक़्त का है जब भगत सिंह श्यामा से विदा होकर जाता है।" इतना कह रागिनी ने बेहद साधारण तरीके से संवाद सुना दिया।

"रागिनी, डायलॉग ऐसे दबी ज़बान में नहीं बोले जाते हैं। ज़रा खुल कर बोलो। झिझको नहीं। ज़ोर लगा कर, जोश के साथ बोलो!"

"अच्छा दादा।" रागिनी ने अपने डायरेक्टर के निर्देशानुसार फिर से संवाद दोहरा दिया।

"मज़ा नहीं आया। आख़िर श्यामा भगत सिंह जैसे एक देशभक्त की प्रेयसी है, उसे अपने आशिक़ से उसी तरह इल्तिज़ा करनी चाहिए।" रागिनी को थोड़ा खुलता देख सूरज प्रसाद शर्मा असली डायरेक्टर की भूमिका में आ समझाते हुए बोले।

इस बार रागिनी ने एक प्रेयसी की तरह अपने संवाद में लोच और मुलामियत घोलते हुए एक बार फिर वही संवाद दोहराया।

"रागिनी, इस नाटक के डायलॉग शेरो–शायरी में हैं...अगर यही डायलॉग तुम गा कर पेश कर दो तो मज़ा आ जायेगा।" डायरेक्टर सूरज प्रसाद शर्मा ने रागिनी को उत्साहित करते हुए कहा।

रागिनी ने पलभर के लिए कुछ सोचा। फिर हल्के–से आँखें मूँदी और जब उन्हें खोला तो अपने डायरेक्टर समेत वहाँ मौजूद कलाकारों को सुनाते हुए बोली, "दादा, फिलहाल तो एक यही बन्दिश याद आ रही है...ज़रा सुनना!" इतना कह रागिनी ने धीरे–धीरे श्यामा की काया में उतरते हुए, सामने भगत सिंह का किरदार निभाने वाले कलाकार सुल्तान असर खाँ के सामने आँचल फैला घुटनों के बल बैठ कर जो सुर लिया; उसे सुन कर लगा जैसे ग्रांड रिहर्सल के दौरान ख़ामोशी की एक झीनी–सी परत थरथरा रही है। डायरेक्टर सूरज प्रसाद शर्मा की कटारदार मूँछों में हौले–हौले कम्पन हो रही है, और आँखों की चमक देखते ही बन रही है।

रागिनी का संवाद ख़त्म होते–होते मंच पर जैसे सन्नाटा छा गया। संवाद ख़त्म हुआ तो डायरेक्टर सूरज प्रसाद शर्मा ने नज़र उठा कर उर्वशी की तरफ़ देखते हुए पूछा, "उर्वशी जी, कैसी लगी रागिनी की यह पेशकश?"

"दादा, सही हीरा खोज कर लाये हो। काश, ऐसा सुर रब ने इस मरी उर्वशी को दिया होता।"

"भई, इस लड़की की आवाज़ में तो ग़ज़ब का फैलाव है...और भरोसा, वह तो पूछो ही मत। सुल्तान साहब, अब आप कल श्यामा को जवाब देने के लिए तैयार रहना।" पेटीबाजा मास्टर कुदरत साहब ने भगत सिंह का किरदार निभाने वाले कलाकार सुल्तान असर खाँ को छेड़ते हुए कहा।

"मास्टर जी, कल क्यों? जब ग्रांड रिहर्सल आज हो रही है तो आज ही हो जाये।" सुल्तान असर खाँ भी मास्टर कुदरत की चुनौती स्वीकार करते हुए पूरे आत्मविश्वास के साथ बोला।

"तो फिर ठीक है...रागिनी, तुम्हें सुल्तान साहब की शर्त क़बूल है?"

"दादा, सुल्तान साहब ठीक कह रहे हैं।" रागिनी ने अपने डायरेक्टर सूरज प्रसाद शर्मा के हुक्म की तामील करते हुए कहा।

इस तरह ग्रांड रिहर्सल जिस कामयाबी के साथ ख़त्म हुई, उससे पूरे हिन्दुस्तान थिएटर को अन्दाज़ा हो गया कि जब कल देखने वालों के सामने सरदार भगत सिंह नाटक खेला जायेगा, तो जमालपुर का यह गौशाला मेला शायद ही कभी भगत सिंह की प्रेयसी श्यामा को भूल पायेगा।

पूरे थिएटर का अन्दाज़ा एकदम सही निकला। महज पन्द्रह बरस की उम्र में श्यामा के किरदार में रागिनी ने जो सुर बाँधा, उसे सुन कम्पनी के डायरेक्टर सूरज प्रसाद शर्मा को ख़ुद अपने कानों पर यक़ीन नहीं हो रहा है। ऐसे सधे सुर और गले को सुन यह यक़ीन करना मुश्किल है कि

रागिनी ने गायकी की किसी उस्ताद से बा–क़ायदा तालीम नहीं ली होगी।

भगत सिंह को विदा करते समय श्यामा के रूप में रागिनी द्वारा घुटनों के बल बैठ कर गायी इन पंक्तियों को सुन, एक बार तो जमालपुर के इस गौशाला मेले के संगीत रसिकों के बीच सन्नाटा छा गया–

दूँ विदाई किस तरह, रोक लूँ गर बस चले
दूर मंज़िल रह गयी, पर दूर मुझसे तुम चले
मुझको न जाना भूल पन्थी, मुझको न जाना भूल।

क्या कहे बोलूँ, भेद जिया का कैसे खोलूँ
उम्मीदों के फूल खिले जो, वो ही बन गये शूल
मुझको न जाना भूल पन्थी, मुझको न जाना भूल।

4

हिन्दुस्तान थिएटर के जमालपुर गौशाला मेले के पहले ही शो का हल्ला मच गया। शो ख़त्म होने पर हिन्दुस्तान थिएटर द्वारा प्रस्तुत नाटक भगत सिंह की नायिका के इस अधपके सुर की तारीफ़ में, इसके डायरेक्टर सूरज प्रसाद शर्मा को बधाइयाँ देने वालों का ताँता लग गया। अपने द्वारा खोज कर लाये गये इस नायब हीरे ने जिस धमक के साथ थिएटर कम्पनी में अपनी प्रतिभा का परिचय दिया, कम्पनी के डायरेक्टर सूरज प्रसाद शर्मा को पूरा अन्दाज़ा हो गया कि हवा का यह ताज़ा झोंका, एक दिन नौटंकी की दुनिया में बवंडर बन कर उभरेगा। अपने तजरबे का इस्तेमाल करते हुए एक डायरेक्टर के रूप में सूरज प्रसाद शर्मा ने सुबह–सुबह सारे कलाकारों और बुकिंग विंडो के सारे कारिन्दों की मीटिंग बुला ली। किसी की कुछ समझ में नहीं आ रहा है कि ऐसी क्या आफ़त आ गयी, जिसकी वजह से उनके डायरेक्टर ने अचानक यह मीटिंग बुलायी है?

जब सब आ गये तब डायरेक्टर सूरज प्रसाद शर्मा ने सबसे पहले रागिनी की इस कामयाबी पर उसे बधाई दी। इसके बाद वे अपने ख़ास कलाकार यानी नायक सुल्तान असर खाँ की तरफ़ मुड़े, और लफ़्ज़ों को अपनी ही अदा में चुबलाते हुए बोले, "सुल्तान साहब, लोगों की माँग है कि

वे रागिनी को दूसरे किरदारों में भी देखना चाहते हैं। उनका कहना है कि जैसा गला इस लड़की ने पाया, वैसा इससे पहले उन्होंने नहीं सुना...अब आप ही बताओ सुल्तान साहब कि इसे और कौन–सा रोल दिया जाये?"

"दादा, यह तो आप तय करिए!" सुल्तान असर खाँ ने फ़ैसला अपने डायरेक्टर पर छोड़ दिया।

डायरेक्टर सूरज प्रसाद शर्मा से तुरन्त कुछ भी कहते नहीं बना। बनता भी कैसे, बल्कि वे तो इस दुविधा में और फँस गये कि अगर आज होने वाले नाटक *दिल की ख़ता, बेटे की कुरबानी* की नायिका का रोल इस रागिनी को दे दिया, तो पिछले कई सालों से इस किरदार को निभाती आ रही उर्वशी क्या सोचेगी? और अगर थोड़ा जोखिम उठा कर इसे दे भी दें, तो क्या रागिनी सारे डायलॉग याद कर लेगी? ऐसा न हो कहीं जनता की माँग के चक्कर में थिएटर ने जो कमाई की है, वह भी हाथ से जाती रहे? देर तक डायरेक्टर सूरज प्रसाद शर्मा को कुछ नहीं सूझा।

"दादा, कुछ सोचा?" सुल्तान असर खाँ ने अपने डायरेक्टर को दुविधा की खन्दक से बाहर खींचते हुए पूछा।

"सोचना क्या सुल्तान साहब...उलटा जान एक अजीब–सी साँसत में और फँस गयी।" सूरज प्रसाद शर्मा ने अपने नायक से गहरी साँस लेते हुए कहा।

"साँसत तो बाद की बात है दादा, पहले रागिनी से तो पूछ लो कि वह इसके लिए तैयार भी है या नहीं।"

सुल्तान असर खाँ की यह बात सुन डायरेक्टर सूरज प्रसाद शर्मा की दुविधा और बढ़ गयी कि अगर रागिनी सचमुच तैयार हो गयी, तो वह उर्वशी से कैसे निपटेगा? काफ़ी सोच–विचार के बाद सूरज प्रसाद शर्मा को अपने नायक की बात मुनासिब लगी। क्या पता रागिनी ख़ुद ही मना कर दे। यही सोचकर पहले उन्होंने कनखियों से उर्वशी को देखा और फिर रागिनी की तरफ़ मुड़े।

"रागिनी, बेटा मैं जो पार्ट दूँगा उसे कर लोगी?" डायरेक्टर होने के नाते सूरज प्रसाद शर्मा ने इस बीच मन–ही–मन तय कर लिया कि उन्हें क्या करना है।

"दादा, आपके हुक्म को मैं कैसे टाल सकती हूँ।" रागिनी ने बेहद धीमे स्वर में कहा।

"ठीक है।" इसके बाद सूरज प्रसाद शर्मा उर्वशी की तरफ़ पलटे,

और एक बीच का रास्ता निकालते हुए बड़े ही नपे–तुले शब्दों में बोले, "उर्वशी जी, ऐसा करते हैं कि आज दिल की ख़ता, बेटे की कुरबानी में मेन रोल तो आप ही अदा करना...रागिनी से हम बीच–बीच में नात गवा लेते हैं। ऐसा करने से लोगों की डिमांड भी पूरी हो जायेगी और हमारा काम भी हो जायेगा।"

अपने डायरेक्टर सूरज प्रसाद शर्मा का यह प्रस्ताव सुन, क्षण भर के लिए किसी अनिष्टता के चलते उर्वशी के चेहरे का रंग बदलता चला गया। कहा कुछ नहीं। बल्कि तुरन्त ख़ुद को सँभालते हुए बोली, "दादा, जैसी आपकी मर्ज़ी।"

"मोहन लाल जी, मेरे ख़याल से यही ठीक रहेगा।" इस बार डायरेक्टर सूरज प्रसाद शर्मा ने उर्वशी के पति को भरोसे में लेते हुए कहा, "तो फिर ठीक है। रागिनी, आओ मैं तुम्हें इसके नात दे देता हूँ। शाम तक याद कर लेना। अगर तुम इन्हें शाम को याद करके नहीं लायीं, तो फिर पूरा रोल उर्वशी ही कर लेगी।" इसके बाद आख़िर में सूरज प्रसाद शर्मा बुकिंग विंडो के कारिन्दों की तरफ़ मुड़े, "रामप्रसाद जी, मेरे लिहाज़ से आज टिकटों की अच्छी बुकिंग होनी चाहिए। बुकिंग विंडो आप लोगों को बड़े ध्यान से सँभालनी हैं। तीनों विंडो मेरा मतलब है फ़र्स्ट क्लास, सेकंड क्लास और थर्ड क्लास की अलग–अलग लाइन के लिए बल्लियों के मज़बूत पार्टीशन करवाने होंगे!"

"ठीक है दादा।" अपने डायरेक्टर के निर्देश का पालन कर उसे आश्वस्त करते हुए रामप्रसाद बोला।

"तो फिर आप सब अपनी–अपनी रिहर्सल में लग जाइए। रागिनी, आओ मैं तुम्हें तुम्हारा मेटीरियल दे देता हूँ!"

डायरेक्टर सूरज प्रसाद शर्मा ने अपने लकड़ी के एक बकसे को खोला, और उसमें रखी एक पुरानी अभ्यास पुस्तिका को निकाल लिया। पुस्तिका के पृष्ठों पर बीच–बीच में लिखी नात पर पेन्सिल से निशान लगाये और यह कहते हुए पुस्तिका रागिनी की तरफ़ बढ़ा दी, "लो इन्हें याद कर लो...वैसेऽऽऽ याद तो कर लोगी न?"

अपने डायरेक्टर के इस सवाल पर रागिनी का आत्मविश्वास एक बार तो डगमगा–सा गया। मगर अगले ही पल उसे सहेजते हुए बोली, "पूरी कोशिश करती हूँ दादा। वैसे एक बात कहूँ दादा..." रागिनी कहते–कहते रुक गयी।

"हाँ, बोलो!"

"मेरे पास एक भोजपुरी जैसा मिला–जुला–सा गीत है। अगर नात के साथ उसे भी सुना दूँ तो कोईऽऽऽ..."

रागिनी के इस सुझाव पर डायरेक्टर सूरज प्रसाद शर्मा चुप हो गये। फिर कुछ पल रुक कर बोले, "वैसे आज तक ऐसा हुआ तो नहीं है, फिर भी पहले ज़रा सुना कर दिखाओ!"

रागिनी सुर को साधते हुए गीत सुनाने लगी।

हिन्दुस्तान थिएटर के डायरेक्टर सूरज प्रसाद शर्मा जैसे सुधबुध खो बैठे। अपने आप में लौटे तो पाया गीत ख़त्म हो चुका है। दोनों के बीच कुछ पलों तक छोटी–सी ख़ामोशी छायी रही। अभिभूत–से सूरज प्रसाद शर्मा ने रागिनी की तरफ़ नज़र उठाकर देखा। रागिनी मारे डर के सहम गयी। पता नहीं उसके डायरेक्टर को उसका गीत अच्छा लगा या नहीं?

"रागिनी, यह गीत ज़रूर सुनाना। अब यह तुम्हें तय करना है कि इसे एडजस्ट कहाँ करना है। देखना, जमालपुर के लोग इसे सुनकर बौरा न जायें तो सूरज प्रसाद शर्मा मेरा नाम नहीं।" डायरेक्टर सूरज प्रसाद शर्मा ने हुमकते हुए कहा।

"मैंने तो दादा इसे अभी बिना साज के सुनाया है...असली रंग तो इसका तब देखना, जब पेटीबाजा और झील–नक्काड़े के संग लोग इसे सुनेंगे।" रागिनी का आत्मविश्वास जैसे सातवाँ आसमान छूने लगा।

"जाओ और अब इन नातों को याद कर लो। तीनेक बजे आ जाना। सबकी एकसाथ फाइनल रिहर्सल हो जायेगी...खुश रह!"

"बस आपका आशीर्वाद बना रहे दादा।"

इतना कह रागिनी जाने के लिए खड़ी हुई और जाने से पहले जैसे ही वह सूरज प्रसाद शर्मा के पैरों को छूने के लिए झुकी, डायरेक्टर सूरज प्रसाद शर्मा ने अपने पाँव यह कहते हुए पीछे खींच लिए, "पागल हो गयी है...यह क्या कर रही है? मैं बहन–बेटियों से पैर नहीं छुआता हूँ। बेटा, ये पैर छुआने के लिए नहीं, पूजने के लिए होती हैं।"

कुछ नहीं बोली रागिनी। वह डायरेक्टर के कैम्प से बाहर आयी और सीधी अपने कैम्प में चली आयी।

ठीक तीन बजे नाटक का नायक सुल्तान असर खाँ, नायिका उर्वशी,

पेटीबाजा मास्टर कुदरत, नक्काड़ची इलियास खाँ, उनके सहयोगी व ढोलकिया सफ़ी मोहम्मद और रागिनी सब ग्रांड रिहर्सल के लिए सीधे मंच पर ही आ गये। बिना किसी भूमिका के थिएटर का डायरेक्टर होने के नाते शुरुआत सूरज प्रसाद शर्मा ने ही की, "रागिनी, जो नात दी थीं वे याद कर लीं?"

"दादा, कोशिश तो की है।" रागिनी ने सहमते हुए कहा।

"तो फिर सुनाओ!" डायरेक्टर सूरज प्रसाद शर्मा ने सीधे–सीधे आदेश देते हुए कहा।

"ठुमरी या दादरा किस में सुनाओगी?" इससे पहले कि रागिनी सुर बाँधती कुदरत मास्टर ने बीच में हस्तक्षेप करते हुए पूछा।

रागिनी ने पहली बार कुदरत मास्टर को बोलते हुए देखा। उनके लहज़े से ही उसे अन्दाज़ा हो गया कि यह आदमी काफ़ी सुलझा हुआ है। शायद यही वजह है कि रागिनी के कुछ पल्ले नहीं पड़ा। बस, कभी डायरेक्टर सूरज प्रसाद शर्मा को देखती, तो कभी इस पेटीबाजा मास्टर कुदरत साहब को।

कुदरत साहब रागिनी की मुश्किल भाँप गये, "ठीक है, जो भी है उसी को सुनाओ!"

इसके बाद रागिनी ने पहले पेरिस की उम्दा रीड्स पर कुदरत मास्टर की सरसराती अँगुलियों की तरफ़ देखा, और फिर अपनी मौलिक धुन पर याद की गयी नात गाने लगी। लगभग तीन–साढ़े तीन घंटे की रिहर्सल में कुदरत मास्टर, सुल्तान असर खाँ और डायरेक्टर सूरज प्रसाद शर्मा के सुझाव व सलाह ने रागिनी की सारी झिझक और कमियों को दूर कर दिया।

रिहर्सल के बाद जब सारे कलाकार और साज़िन्दे उठने लगे, तो डायरेक्टर सूरज प्रसाद शर्मा ने टोकते हुए कहा, "कुदरत साहब, कहाँ चल दिये? असली चीज़ तो रह ही गयी...ज़रा उसकी भी संगत देते जाओ!"

सब अपनी–अपनी जगह पर वापस बैठ गये।

"रागिनी, इन सबको उसे भी तो सुनाओ जिसे तुमने मुझे सवेरे सुनाया था!"

समझ गयी रागिनी कि उसके डायरेक्टर किसे सुनाने की बात कर रहे हैं। अपने डायरेक्टर के आदेश का पालन करते हुए रागिनी ने वही भोजपुरी जैसा मिला–जुला गीत सुना दिया।

"मगर दादा, इस गीत का नाटक से क्या लेना–देना है?" नाटक

की असली नायिका उर्वशी ने गीत ख़त्म होते ही अपनी असहमति दर्ज कराते हुए कहा।

"मेरा भी पहले कुछ ऐसा ही मानना था।" इसके बाद डायरेक्टर सूरज प्रसाद शर्मा कुदरत मास्टर की तरफ़ मुख़ातिब हुए, "कुदरत साहब, मैं सोच रहा हूँ कि क्यों न आज एक खेल किया जाये?"

अनुभवी कुदरत मास्टर अपने डायरेक्टर के इस खेल को भाँप गये। इसलिए धीरे–से मुस्कराकर रह गये।

"लगता है मेरे कहने से पहले ही आप मेरी मंशा भाँप गये हैं?" डायरेक्टर सूरज प्रसाद शर्मा ने अपने अनुभवी साज़िन्दे की आँखों में झाँकते हुए पूछा।

"हाँ दादा। मगर सवाल यह है कि रागिनी इसे गायेगी कहाँ?" कुदरत मास्टर ने वही सवाल किया, जो इस समय सबके ज़हन में उठ रहा है।

"मुझे लगता है कुदरत साहब हमें यह फ़ैसला रागिनी पर ही छोड़ देना चाहिए। मुझे पूरा यक़ीन है यह अपने आप सँभाल लेगी। आप तो बस इसकी रिहर्सल कराओ!" डायरेक्टर सूरज प्रसाद शर्मा ने एक तरह से अपना फ़ैसला सुना दिया।

"अच्छा दादा।"

सारे कलाकारों के जाने के बाद कुदरत मास्टर दूसरे साज़िन्दों के साथ वहीं रुक गये और रागिनी के साथ रिहर्सल में जुट गये।

बुकिंग विंडो पर अनुमान से कहीं ज़्यादा मची मारामारी और आपाधापी को देख, कम्पनी के डायरेक्टर सूरज प्रसाद शर्मा के फेफड़ों में जैसे ढेर सारी ताज़ी हवा भरती चली गयी। मौक़ा देख वे पीछे से फ़र्स्ट क्लास की विंडो पर गये, और बुकिंग मास्टर रामप्रसाद को टटोलते हुए पूछा, "रामप्रसाद जी, कैसा चल रहा है?"

रामप्रसाद ने बिना गरदन उठाये, खिड़की के बाहर खड़े एक दर्शक के हाथ में टिकट थमाते हुए जवाब दिया, "यह तो आप देख ही रहे हो दादा। वैसे आपका अन्दाज़ा एकदम सही निकल रहा है...जो भी आ रहा है वह यही पूछ रहा है कि श्यामा, मेरा मतलब है रागिनी का भी इसमें रोल है न?"

"ठीक है, तेज़–तेज़ हाथ चलाओ! लाइन लम्बी हो रही है।"

कम्पनी के डायरेक्टर सूरज प्रसाद शर्मा अपनी कटारदार झबरीली मूँछों को बल देते हुए विंडो से बाहर निकलने वाले थे, पीछे से बुकिंग मास्टर ने टोकते हुए कहा, "दादा, लगता है बुकिंग रोकनी पड़ेगी।"

"क्यों?" डायरेक्टर सूरज प्रसाद शर्मा ने चौंक कर मुड़ते हुए पूछा।

"इसलिए कि पहले ही ओवर बुकिंग हो चुकी है...और लाइन है कि ख़त्म होने का नाम ही नहीं ले रही है।"

"पर जिन्हें टिकट नहीं मिली वे बेक़ाबू हो गये तोऽऽऽ?" कम्पनी के डायरेक्टर सूरज प्रसाद शर्मा की पेशानी पर फ़िक्र की लकीरें गहराती चली गयीं।

"फिर एक काम करो रामप्रसाद जी कि बुकिंग बन्द कर तीनों विंडो पर हाउस फुल की तख़्ती टाँग दो!" इतना कह सूरज प्रसाद शर्मा बाहर चले आये।

जमालपुर के इस गौशाला मेले में भागलपुर का यह हिन्दुस्तान थिएटर पिछले कई सालों से आ रहा है। मगर दर्शकों का ऐसा हुजूम और उनकी ऐसी दीवानगी कम्पनी के डायरेक्टर सूरज प्रसाद शर्मा ने पहले कभी नहीं देखी। नालीदार टीनों से बनी ऊँची–ऊँची दीवारों से घिरे अहाते में जैसे पाँव धरने की जगह नहीं है।

इधर नाटक शुरू हुआ उधर वही हो गया जिसका शुरू से अन्देशा था। बुकिंग विंडो बन्द होते ही नाटक देखने आये लोगों ने बाहर लगी हाउस फुल की तख़्ती उखाड़ कर फेंक दी। देखते–ही–देखते बुकिंग विंडो के बाहर अफ़रा–तफ़री मच गयी। कम्पनी के डायरेक्टर सूरज प्रसाद शर्मा को पता चला, तो वे भी कुछ नहीं बोले। वे भी एक तरह से बेबस हो गये।

पहले से तय योजना के मुताबिक़ नाटक की शुरुआत नात से होनी थी, इसलिए नात के लिए रागिनी को ही स्टेज पर भेजा गया। स्टेज पर आने से पहले रागिनी ने एक नज़र अपने डायरेक्टर की तरफ़ देखा, तो डायरेक्टर ने भी जवाब में उसकी तरफ़ मुस्कराकर देखा। बस अब दर्शकों की प्रतिक्रिया का इन्तज़ार है।

रागिनी ने स्टेज की सीढ़ियों को झुक कर नमन किया और दूर तक ठस कर बैठे दर्शकों के सामने आ माइक पर जैसे ही यह पहली नात उठायी, चिल्ल–पों करती भीड़ की मानो साँसें थम गयीं–

सुना जो तूर पर मूसा को तुम, जलवा दिखा बैठे
हमारा वक़्त आया तो, तुम परदे में जा बैठे।

रागिनी ने नात पूरी होते ही कुदरत मास्टर की तरफ़ देख कर जैसे ही कुछ इशारा किया, वे उसका इशारा तुरन्त समझ गये। रागिनी ने मुरकी के साथ कब दूसरा सुर उठा लिया, इसका पता खुद डायरेक्टर सूरज प्रसाद शर्मा को भी नहीं चला। उन्हें तो तब पता चला जब उन्हें अपने कानों में मिसरी की छोटी–छोटी डलियाँ घुलती–सी महसूस हुईं।

मोहे करलवा के सिपहिया तोहे जग जाना
हिन्दू जाने मुसलमां, जाने सकल जमाना
मोहे करलवा के सिपहिया...।

प्यास लगी न पानी पीया, भूख लगी न खाना
लाखों में वो लड़े अकेला, पहन शहीदी बाना
मोहे करलवा के सिपहिया...।

ख़ूनी झंडा जब लहराना पूरो मूलक थर्राना
शुक्र ख़ुदा का पगिया सिर पे, देख दोऊँ ललचाना
मोहे करलवा के सिपहिया...।

रागिनी ने यह गीत इतनी सफ़ाई और सुर में गाया कि देखने व सुनने वाले ऐसे भ्रमित हुए कि उन्हें लगा जैसे यह गीत नात का ही हिस्सा है। गीत ख़त्म कर स्टेज पर अगले दृश्य के लिए रागिनी जैसे ही नीचे उतरी, तो मारे खुशी के डायरेक्टर सूरज प्रसाद शर्मा की आँखें भर आयीं। शब्द जैसे मोम बन पिघलने लगे, "रागिनी, बेटी तू तो इस कम्पनी के लिए जैसे लक्ष्मी बन कर आयी है।

"दादा, ऐसा मत कहो। सब आपके परताप और आशीर्वाद का नतीजा है।" रागिनी ने नज़र झुकाते हुए दबी ज़बान से कहा।

एक–एक कर हिन्दुस्तान थिएटर की सारी अग्नि–परीक्षाओं में रागिनी पास होती चली गयी। अपने हर किरदार को उसने जिस ख़ूबी और भाव–प्रवणता के साथ निभाया, उसने रागिनी को सप्ताहभर में भागलपुर के हिन्दुस्तान थिएटर ही नहीं, जमालपुर की जनता की आँखों का तारा

बना दिया। महज पन्द्रह बरस की किशोरी रागिनी ने नौटंकी को जैसे एक नयी धार दे दी। जमालपुर के इस गौशाला मेले में पूरे एक सप्ताह चले शो के दौरान कम्पनी के कलेक्शन में जो उछाल आया, उसे देख हिन्दुस्तान थिएटर के मैनेजर को अपनी आँखों पर यक़ीन नहीं हुआ। बुकिंग हेड रामप्रसाद ने अपनी तीनों खिड़कियों से रोज़ाना हुए कलेक्शन के ब्योरे की कॉपी अपने डायरेक्टर और कम्पनी के मैनेजर के सामने रखी, तो देर तक वे दोनों एक–दूसरे को ताक़ते रह गए।

5

जब से रागिनी गयी है तब से लगता है जिया का रोग और बढ़ गया है।

लगता है यह रोग अब उसकी जान लेकर ही रहेगा। अब नहीं सहा जाता है उससे यह दर्द। ऐसा कौन–सा इलाज है जो उसने नहीं कराया। बावजूद इसके जलन, दर्द, खुजली और ज़िस्म की बेचैनी है कि कम होने का नाम ही नहीं ले रही है। एनिमा लेने से लेकर पेट पर ठंडी मिट्टी का लेप लगाना। त्रिफला के चूर्ण का सेवन करने से लेकर गुदा पर ठंडी मिट्टी की पट्टी रखना। पूरे–पूरे दिन उपवास से लेकर फलाहार व रसाहार लेना। नीम का तेल लगाने से लेकर उसकी चार–पाँच बूँद पीना। पूरे दिन पानी की जगह नमक मिला छाछ पीने से लेकर, इसबगोल भूसी का इस्तेमाल करना जैसे सारे इलाज आजमा लिए मगर कोई आराम नहीं हो रहा है। इतना ही नहीं, उसने अर्शकुमार रस, बोलबद्ध रस, पंचानन वटी, अष्टांग रस, नित्योदित रस, तीक्ष्णमुख रस, रस गुटिका, बाहुशाल गुड़ जैसी आयुर्वेदिक औषधियाँ तक आज़मा लीं, मगर कोई फ़ायदा नहीं हो रहा है। बल्कि जैसे–जैसे वह दवा करती जा रही है, वैसे–वैसे उसका मर्ज़ बढ़ता ही जा रहा है। दर्द से बिलबिलाती जिया अब तो रात–दिन यही कामना करती है, 'हे ठाकुर जी, अब तू मुझे अपने पास बुला ही ले! अब और नरक नहीं भोगा जाता मुझसे।'

मारे दर्द के वह पूरी रात छटपटाती रही। सुबह हुई तो माला और जगत दोनों भाई–बहनों को अपने पास बुलाया। हर तरफ़ से ना–उम्मीद

हो चुकी जिया ने आख़िरी बची एक उम्मीद की किरन का सिरा पकड़ते हुए जगत से कराहते हुए कहा, "बेटा, एक बार राजा साहब के बेटे को ही मुझे दिखवा दे। नया–नया डॉक्टर है, क्या पता उसी का जस लग जाये।"

एक बेटा माँ का कहा कैसे टालता, "ठीक है, जैसे ही कट्टा बाज़ार खुलेगा मैं डिस्पेंसरी से बुला लाऊँगा।"

बेटे के इस आश्वासन पर माँ ने दूसरी तरफ़ करवट ले ली।

माँ के फिर से बिना याद दिलाये जगत राजा साहब के बेटे यानी नये–नये डॉक्टर वीरेन्द्र स्वरूप सक्सेना को उनकी डिस्पेंसरी से बुला लाया। चौबीस–पच्चीस साल के दुबले–पतले और गौरवर्णी डॉक्टर की चाल में सचमुच राजाओं जैसी ठसक है। क्यों नहीं होती, राजा साहब के नाम से पूरे इलाक़े में मशहूर इस सक्सेना परिवार का अपना रुतबा और हैसियत जो है।

राजा साहब के सबसे छोटे बेटे डॉ. वीरेन्द्र स्वरूप सक्सेना ने सबको कमरे से बाहर कर, टॉर्च की रोशनी में बेहद बारीकी से रोग का मुआयना किया। मुआयना करते हुए वे बीच–बीच में इस रोग के बारे में जिया से सवाल भी करते रहे, जैसे यह बीमारी उन्हें कब से है? शौच के समय ख़ून क्या टपक–टपक कर आता है या पिचकारी की तरह सिर्फ़ ख़ून ही आता है? मस्से के छूने पर कितना दर्द होता है? खाने–पीने में क्या–क्या लेती हो, आदि–आदि।

मरीज़ का मुआयना करने के बाद डॉ. सक्सेना इस निष्कर्ष पर पहुँचे कि मस्से का बड़ा और अन्दर होने के कारण पाखाने का रास्ता छोटा हो गया है। इसकी वजह से घाव गहरा हो गया है। और बारीकी से मुआयना किया तो पाया कि पाखाने के बग़ल में एक छोटा–सा छेद भी है। इसी की वजह से घाव ने फोड़े की शक्ल ले ली है। इसके रह–रह कर फटने के बाद इससे खून बहता है और वही कुछ देर बाद सूख जाता है। डॉ. सक्सेना समझ गये कि फिस्टुला (भगन्दर) बन चुका फिशर (बवासीर) अपनी आख़िरी स्टेज पर है। नये–नये नौजवान डॉक्टर की समझ में आ गया कि इस घाव ने कैंसर का रूप ले लिया है, वह भी रिक्टम कैंसर का। इसलिए इस पर पार पाना मुश्किल ही नहीं, नामुमकिन भी है।

डॉ. सक्सेना ने सारा सामान अपने क्लिनिकल बैग में रखा और मरीज़ को एक बेमानी–सी तसल्ली दे बाहर आ गये। बाहर आते ही डॉक्टर से दोनों बहन–भाइयों ने माँ की बीमारी के बारे में पूछा, तो

उन्होंने कुछ दवाइयाँ लिखीं और यह कहते हुए बाहर रास्ते में खड़े रिक्शे में बैठ गये, "घबराने की कोई बात नहीं है। मैंने दवाइयाँ लिख दी हैं। आराम हो जायेगा।"

रिक्शा धीरे–धीरे रहट गली को पीछे छोड़ता और वहाँ से गुज़रते राहगीरों को अपनी घंटी से बचने का संकेत देता हुआ, कट्टा बाज़ार की ओर बढ़ गया। जगत और माला दोनों भाई–बहन दूर जाते रिक्शे को तब तक देखते रहे, जब तक वह आगे जाकर बायें तरफ़ मुड़ नहीं गया।

एक बेमानी दिलासा से मिली झूठी शान्ति से जिया को बहुत दिनों के बाद अच्छी नींद आयी। अपनी कल्लो यानी रागिनी की उन्मुक्त व खनकती हँसी से भरी नींद। अरसे बाद जिया आज दोपहर में जी भर कर सोयी है। दिन ढले आँखें खुलीं तो पूरे घर में बिछे सूनेपन को देख वह फिर से उदासी से भर गयी। इसी बीच उसे लगा जैसे घर के किसी अन्तरे से रागिनी का निश्छल सुर उसके कानों में घुल रहा है।

एक महीना होने को आ रहा है। पूरे घर में जहाँ–तहाँ रागिनी की यादों के बिखरे तिनके, हवा के झोंकों के साथ कभी इस कोने में, तो कभी उस कोने में उड़ते घूम रहे हैं। जिया को इसका आभास ही नहीं हुआ कि उसकी बन्द पुतलियों से बहता गुनगुना पानी कब गालों को भिगो गया। अचानक सामने से माला को आता देख उसने तुरन्त आँसुओं को पोंछ लिया।

माँ के उदास चेहरे को माला ने शायद बाँच लिया। वह धीरे–से जिया के पास आयी और उसकी आँखों में जैसे ही उतर कर कुछ पूछने को हुई जिया की हिचकियाँ बँध गयीं। माला ने माँ को अंक में भर लिया। जिया का मन कुछ हल्का हुआ तो माला माँ को सुनाते हुए ख़ुद से बोली, "पता नहीं, कल्लो कहाँ होगी?"

"होगी कहाँ, खा रही होगी कहीं पूरब में धक्का।" एक बार फिर जिया की आँखें भर आयीं।

"अभी तो होली के भी पूरे दो–ढाई महीने पड़े हुए हैं।"

"कह के तो यही गया था मरा कि होली के पीछे ही लौट के आयेंगे।" जिया ने माला के अनुमान की पुष्टि करते हुए कहा।

माँ–बेटी देर तक गुज़री हुई भोली यादों से बतियाती रहीं। छोटे शहरों की गलियों में पसरे उनींदेपन को, कभी–कभार उनसे गुज़रते फेरी वालों की ऊँची–नीची आवाज़ें ही तोड़ती हैं। कभी–कभी तो इन शहरों के

सन्नाटे भरे उनींदेपन को देख कर लगता है, मानो कोई उदासी भरा राग इनकी गलियों में गुनगुना रहा है। अगर इन गलियों में ये फेरीवाले न आयें, तो यह पता ही न चले कि ये गलियाँ जाग रही हैं, या सो रही हैं?

6

हिन्दुस्तान थिएटर का कारवाँ जमालपुर के गौशाला मेले, उसके बाद प्रतापगढ़ और सुल्तानपुर में अपने एक के बाद एक कामयाबी के झण्डे गाड़ने के बाद आजमगढ़ की तरफ़ बढ़ रहा है। रागिनी अब रागिनी नहीं रही। कम्पनी के डायरेक्टर सूरज प्रसाद शर्मा और सुल्तान असर खाँ ने एक तरफ़ जहाँ रागिनी को लफ़्ज़ों के तलफ़्फ़ुज़, और उसकी बारीकियों से रू–ब–रू कराते हुए उसके गायन को निखारने में मदद की; वहीं दूसरी तरफ़ पेटीबाजा मास्टर कुदरत साहब ने उर्दू–फ़ारसी के लफ़्ज़ों के पेश करने और उनके लहज़ों को समझाने में कोई कसर नहीं छोड़ी। पता नहीं रागिनी में ऐसा क्या है कि वह गायन की छोटी–छोटी बारीकियों को तुरन्त पकड़ लेती। इतना ही नहीं, उसने अपने ब्रज के रसिया और ध्रुपद को भी इसी थिएटर में आकर माँजा।

आजमगढ़ में हिन्दुस्तान थिएटर की पहली पेशकश स्त्री–पात्रों से भरपूर और संगीत शिरोमणि हिन्दी भूषण पंडित नथाराम शर्मा गौड़ द्वारा रचित *सांगीत पद्मावती उर्फ़ फ़रियादे बुलबुल* तय की गयी। पूरे दो दिन इसकी जम कर रिहर्सल की गयी। इस नौटंकी का क़िस्सा भी बड़ा मज़ेदार है। मेरठ के पहले सांगीतकार यानी नौटंकी मर्मज्ञ रामसहाय शाह ने मशहूर अवधी कवि मलिक मुहम्मद जायसी के *पद्मावत* को आधार बना कर *रत्नसेन पद्मावती* नाम का सांगीत लिखा था। इस सांगीत में पद्मावती के सती होने की कथा नहीं थी। इस प्रसंग को स्वाँग की पूरक–कथा के रूप में बाद में मुनीर खाँ ने लिखा। मज़ेदार यह है कि जायसी के *पद्मावत* और पंडित नथाराम शर्मा गौड़ द्वारा रचित *सांगीत पद्मावती* के कथानक का दूर–दूर तक आपस में कोई सम्बन्ध नहीं है। ये दोनों एक–दूसरे से बिल्कुल अलहदा हैं। दरअसल, *सांगीत पद्मावती* दो भारतीय संस्कृतियों यानी उत्तर और दक्षिण की संस्कृतियों को आपस में

समाहित करने की एक लेखकीय कल्पना व कोशिश है। वह इसलिए कि इसके पुरुष पात्र जैसे रणवीर सिंह और उसके मित्र चन्द्रदत्त का सम्बन्ध जहाँ उत्तर भारत से है, वहीं इसके स्त्री पात्र जैसे राजकुमारी पद्मावती (कर्नाटक के राजा दन्तसेन की पुत्री), रानी कुसुमकली (पद्मावती की माँ), पद्मावती की सहेली चन्द्रप्रभा उर्फ़ चन्द्रावती, फूलमती और दूसरी सहेलियों का सम्बन्ध कर्नाटक अर्थात दक्षिण से है।

उर्वशी को जैसे ही पता चला कि जिस पद्मावती का किरदार इससे पहले वह निभाती आ रही थी, उसे इस बार रागिनी को दे दिया गया है। उसे अपने पाँवों के नीचे से ज़मीन खिसकती नज़र आने लगी। चाहते हुए भी वह अपने डायरेक्टर सूरज प्रसाद शर्मा के इस फ़ैसले की मुखालिफ़त नहीं कर पायी। कहीं ऐसा न हो कि उसकी इस मुखालिफ़त का मतलब उसकी ख़िलाफ़त मान ली जाये, और उसे कम्पनी से बाहर का रास्ता दिखा दिया जाये। अकेली होती तो वह यह जोख़िम जमालपुर में उसी दिन उठा लेती, जिस दिन कम्पनी के डायरेक्टर सूरज प्रसाद शर्मा ने अपने द्वारा खोज कर लाये गये इस टेलेण्ट को *दिल की ख़ता, बेटे की कुरबानी* नाटक में उसकी इजाज़त लिए बिना नात की ज़िम्मेदारी दे दी थी। चलो, गला अच्छा है तो एकाध नात गवाने में कोई हर्ज़ नहीं। मगर इन्तिहा तो तब हो गयी जब थिएटर की रवायत को तोड़, नात के साथ रागिनी की मर्ज़ी से एक गीत और गाने की इजाज़त दे दी। आज तो नात के साथ लोकगीत गाया जा रहा है, कल मर्सिया या नात के साथ ढूँगे मटकाये जायेंगे, और ऐसा होने लगा तो फिर सांगीत, स्वाँग या नौटंकी कैसे ज़िन्दा रह पायेगी। अगर उसके साथ लाचार बूढ़ी माँ, छोटा भाई और पति मोहन कुमार सहित उसका यह परिवार नहीं होता, तो अब तक वह मुखालिफ़त का झंडा बुलन्द कर चुकी होती। इस पापी पेट का सवाल नहीं होता, तो वह अपने उसूलों से क़तई समझौता नहीं करती। मन मसोस कर रह गयी उर्वशी। हिए में उठती बग़ावत की चिंगारी को उसने हिए में ही दफ़न कर, चुपचाप इस फ़ैसले को कबूलने में ही अपनी और अपने परिवार की भलाई समझी।

रागिनी के लिए यह एक ऐसी चुनौती है जिसे जीतने के साथ–साथ अपने डायरेक्टर की उम्मीदों पर भी खरा उतरना है। प्रतापगढ़ और सुल्तानपुर की शर्तें ख़त्म करते ही वह कम्पनी के डायरेक्टर सूरज प्रसाद शर्मा, अदाकार

सुल्तान असर खाँ और पेटीबाजा मास्टर कुदरत साहब से लावनी, लावनी लँगड़ी, दादरा यमन, दादरा सारंग, सोहनी, छन्द सोहनी, झूलना, लावनी बहरशिकस्त के फ़र्क और उनकी बारीकियों को जी–जान से समझने की कोशिश कर रही है। दौड़, दोहा, चौबोला, बहरतबील, क़व्वाली, ग़ज़ल, शे'र और छन्द की बारीकियों को तो वह जान चुकी है। मगर इनके साथ–साथ सांगीत की उन महीन गिरहों को समझना भी ज़रूरी है, जिन पर सांगीत यानी नौटंकी की बुनियाद टिकी हुई है।

उसने चन्द्रप्रभा का किरदार निभाने वाली और कम्पनी की वरिष्ठ अदाकारा उर्वशी के साथ निभाये जाने वाले लावनी में वाद–संवाद में ख़ुद को एक तरह से होम कर दिया। पद्मावती के एक–एक संवाद में वह पद्मावती की तरह ढलने की पूरी कोशिश कर रही है। वह जानती है कि उर्वशी के पास उस जैसा गला भले ही नहीं है मगर अदाकारी में उर्वशी उससे इक्कीस ही पड़ेगी। रागिनी के इसी डर ने उसका सारा ध्यान सुर पर लगवा दिया। उसके पास एक यही हथियार है जो उर्वशी की अदाकारी से लोहा ले सकती है। वह जानती है कि उर्वशी भी किसी तरह की उसके साथ रियायत बरतने वाली नहीं है।

रिहर्सल के लिए डायरेक्टर सूरज प्रसाद शर्मा ने सारे कलाकारों को स्टेज पर बुला तो लिया, मगर अन्दर–ही–अन्दर उन्हें यह डर भी खाये जा रहा है कि ख़ुदा–न–ख़ास्ता रागिनी पद्मावती के किरदार को उसकी उम्मीद के मुताबिक़ नहीं निभा पायी, तब क्या होगा। चौबोला और बहरतबील को लेकर उसे कोई खटका नहीं है। डर है तो इसका कि वह लावनी, दादरा यमन, दादरा सारंग और सोहनी को उस शिद्दत से निभा पायेगी भी या नहीं, जिस शिद्दत और सफ़ाई की ज़रूरत होती है। इसी डर के चलते डायरेक्टर सूरज प्रसाद शर्मा का दिल ज़ोर–ज़ोर से उछालें मार रहा है। इतना डर उसे सामने बैठने वाले दर्शक रूपी शेर का नहीं है, जितना इस टपका रूपी उर्वशी का है।

"कुदरत साहब आपको क्या लग रहा है?" डायरेक्टर सूरज प्रसाद शर्मा ने अपने अनुभवी पेटीबाजा मास्टर कुदरत साहब को एक तरफ़ ले जाकर, ज़बरन मुस्कराने की कोशिश करते हुए पूछा।

अपने डायरेक्टर की आँखों में उमड़े भय को कुदरत साहब ने तुरन्त भाँप लिया। फिर भी थोड़ा–सा मज़ा लेते हुए बोले, "मैं आपका मतलब नहीं समझा दादा।"

"यही कि रागिनी कर भी लेगी?" पपड़ाये होंठों पर जीभ फेरते हुए सूरज प्रसाद शर्मा ने खुल कर कहा।

"दादा, फ़िक्र मत करो। ऊपर वाले ने चाहा तो पहले से भी बेहतर होगा।" कुदरत मास्टर ने अपने डायरेक्टर की हौसला अफ़ज़ाई करते हुए कहा।

कुदरत मास्टर के इस भरोसे और आत्मविश्वास को देख डायरेक्टर सूरज प्रसाद शर्मा ने सन्तोष की गहरी साँस ली।

"उर्वशी जी, रिहर्सल शुरू करें?" अपनी कम्पनी की वरिष्ठ अदाकारा होने के नाते डायरेक्टर सूरज प्रसाद शर्मा ने एक तरफ़ बैठते हुए, सबसे पहले उसी से पूछा।

"बिल्कुल शुरू करवाइए दादा!" उर्वशी ने भी पूरे आत्मविश्वास के साथ कहा।

इसके बाद डायरेक्टर सूरज प्रसाद शर्मा ने रिहर्सल की इजाज़त दे दी।

रिहर्सल जैसे–जैसे आगे बढ़ने लगी सूरज प्रसाद शर्मा का डर दूर होने लगा, और ख़त्म होते–होते उन्हें पूरा यक़ीन हो गया कि पद्मावती और चन्द्रप्रभा की अदाकारी आज देखने वाली होगी। आजमगढ़वासी अरसे तक इस *पद्मावती उर्फ़ फ़रियादे बुलबुल* नौटंकी को याद रखेंगे।

रिहर्सल ख़त्म होते ही डायरेक्टर सूरज प्रसाद शर्मा ने रागिनी से यूँ ही पूछ लिया, "क्या आज भी कुछ अलग से सुनाने का मन है क्या?"

"दादा, एक छोटी–सी ग़ज़ल है।"

रागिनी का इतना कहना था कि उर्वशी के भीतर दबी बग़ावत से रुका नहीं गया, "यह क्या दादा, पुरानी रवायतों को छोड़ आप भी किन बाज़ारू चीज़ों के चक्कर में पड़ गये!"

"उर्वशीऽऽऽ, मैं तो ऐसे ही चुहल कर रहा था।" इतना कह सूरज प्रसाद शर्मा कुदरत मास्टर की तरफ़ मुड़े और हल्के–से मुस्कराभर दिये।

"ऐसा है भई, अपनी इस ग़ज़ल को आप नौटंकी में सुनाओ या न सुनाओ, मगर मेरा तो इस वक़्त इसे सुनने का पूरा मूड है।"

"मुझे भी लगता है सुनने में किसी को कोई गुरेज़ नहीं होना चाहिए। बल्कि अब तो मेरा भी मन इसे सुनने को कर रहा है। चलिए, शुरू करिए!" कुदरत मास्टर ने भी अपनी तरफ़ से इजाज़त दे दी।

"ठीक है, जब आप सब कह रहे हैं तो सुनाती हूँ।" इसके बाद रागिनी ने ग़ज़ल सुनानी शुरू कर दी–

यहाँ काँप जाते हैं फ़लसफ़े ये बड़ा अजीब मुक़ाम है
जिसे इश्क़ अपना ख़ुदा कहे उसे सजदा करना हराम है

ये है मयकदा यहाँ रिन्द हैं यहाँ सबका साक़ी इमाम है
ये हरम नहीं है शेख़ जी यहाँ पारसाई हराम है

जो ज़रा–सी पीके बहक गया उसे मयकदे से निकाल दो
यहाँ कम–नज़र की गुज़र नहीं यहाँ अहले ज़र्फ़ का काम है

जो पतंगा लौ पे फ़िदा हुआ तो भड़क के शमा ने यूँ कहा
इसे मेरे दर्द से है ग़रज़ ये तो रौशनी का ग़ुलाम है।

ग़ज़ल ख़त्म होने के बाद जब एक–एक कर सारे कलाकार जाने लगे, तो डायरेक्टर सूरज प्रसाद शर्मा ने कुदरत मास्टर को इशारे से रुकने का इशारा किया। समझ गये कुदरत मास्टर कि उनके डायरेक्टर सूरज प्रसाद शर्मा ने उन्हें क्यों रोका है।

"कुदरत साहब, मान गये आपके यक़ीन को। ईमान से कहूँ तो मुझे इसका बिल्कुल भी गुमान नहीं था कि रिहर्सल इतनी ज़बरदस्त रहेगी।"

अपने रहवास से उठती ख़ुशबू की तरह कुदरत मास्टर ने वैसी ही मुस्कान बिखेरते हुए कहा, "दादा, कभी–कभी आदमी का डर उससे उसकी उम्मीद से कहीं बेहतर काम करा जाता है।"

"मैं आपका मतलब समझा नहीं?" डायरेक्टर सूरज प्रसाद शर्मा ने कुदरत मास्टर की आँखों में झाँकते हुए पूछा।

'दरअसल, इन दोनों का अपना–अपना एक डर है। एक को अपने पाँव उखड़ने का डर है, तो दूसरे को जमाने की फ़िक्र है। देखा नहीं उर्वशी और रागिनी, दोनों के चेहरे इस डर से किस क़दर फ़िक्रमन्द और खिंचे हुए थे। रिहर्सल की यह कामयाबी दोनों के इसी डर और फ़िक्र का नतीजा है।"

"इसका मतलब है कुदरत साहब कि मैं बे–वजह परेशान हो रहा था?"

"ना दादा, आपकी परेशानी अपनी जगह सही है। ख़ुदा–न–ख़ास्ता उर्वशी जी ने अपने डर को संजीदगी से नहीं लिया होता, तो आज की इस रिहर्सल का हमारे सामने दूसरा नज़ारा होता। मुझे पूरा–पूरा यक़ीन है कि हमारा आज का शो ज़बरदस्त जायेगा।"

"अगर आप मुतमईन हैं तो मुझे फ़िक्र करने की ज़रूरत नहीं है। चलिए, अब आपसे स्टेज पर ही मुलाक़ात होती है।"

"जी, अब तो उसी का इन्तज़ार करिए।" इतना कह दूसरे कलाकारों और साज़िन्दों की तरह मास्टर कुदरत भी अपने कैम्प में चले आये।

आजमगढ़ के नौटंकी रसिकों ने सचमुच गलेबाजी का ऐसा नायाब मुज़ाहिरा इससे पहले कभी नहीं देखा। पद्मावती और उसकी सहेली चन्द्रप्रभा उर्फ़ चन्द्रावती का किरदार निभाने वाली रागिनी और उर्वशी के दरम्यान ही नहीं, बल्कि रणवीर सिंह और चन्द्रदत्त की भूमिका निभाने वाले सुल्तान असर खाँ व मोहन कुमार के बीच चौबोले का चौबोले में, बहरतबील का बहरतबील में और लावनी का लावनी में जो वाद–संवाद हुआ, वह देखते ही बन रहा था। मीड़, गमक और खटका के साथ जब–जब मुर्की के साथ सुर पंचम में जाता, तो लगता मानो दूर गंगा की लहरों से भाप उठ रही है। पेटीबाजा मास्टर कुदरत साहब के दोनों हाथों की अँगुलियों के पोर, पूरी चपलता और मनोयोग के साथ जब–जब बाजे के रीड्स पर तेज़ी से सरसराते; नक्काड़ची इलियास खाँ की चौब की नोक नक्काड़े व उसके सामने रखी झील की तपती देह पर बरसती, तब–तब लगता मंच पर देवलोक से नटराज के अवतार उनके साजों में समा गये हैं। दमसाज़ी की इससे बेहतर मिसाल आजमगढ़ वालों को पहले कभी देखने को मिली है, ऐसा किसी के पास कोई सबूत नहीं है।

हिन्दुस्तान थिएटर के डायरेक्टर सूरज प्रसाद शर्मा कुदरत मास्टर के तजरबे को मान गये। उनकी समझ में चरखारी नरेश द्वारा स्थापित रॉयल ड्रामेटिक कम्पनी में कुदरत साहब का बरसों–बरस रहने का रहस्य आज आया है। अगर यह ड्रामेटिक कम्पनी बन्द नहीं होती, तो इसके नाटक लेखक आग़ा हश्र कश्मीरी और पेटीबाजा मास्टर कुदरत साहब को शायद और शायद ताउम्र अपने आप से जुदा नहीं करती। कुदरत साहब का यह बरसों का ही तजरबा था जो उन्होंने पूरे यक़ीन के साथ बड़े बेपरवाह अन्दाज़ में कह दिया कि यह शो ज़बरदस्त जायेगा। थिएटर का पहला शो *पद्मावती उर्फ़ फ़रियादे बुलबुल* न केवल ज़बरदस्त गया बल्कि पद्मावती का किरदार निभाने वाली रागिनी की यह *सोहनी*, जिसे वह रणवीर सिंह के सामने पेश करती है, अभी भी कानों में मिसरी की तरह घुली हुई है–

जिस दम से मुझको प्रेम की बूटी पिलाई आपने।
बस उसी दम से बावली मजनूँ बनाई आपने।।

सदमा सहे हैं जो मैंने, सो आपसे कहाँ तक कहूँ।
ना हँसी इतनी उमर भर, जितनी रुलाई आपने।।

झुर–झुर के पिंजर हो गया तन, गश पै गश आने लगा।
फुरकत जुदाई में मुझे, ऐसी घुलाई आपने।।

सोते न कल जगते न कल, चलते न कल बैठे न कल।
जो मुसीबत मैंने उठाई, क्या उठाई आपने।।

ग़म सहते–सहते दम मेरे हमदम लबों पर आ गया।
बाकी रही कुछ साँस तब सूरत दिखाई आपने।।

दरशन न मिलते आज, तौ मरती चमन सर फोड़ के।
इक यह किया अहसान, मरने से बचाई आपने।।

दो छोड़ इन किस्सों को उड़ने दो शराबे जाम अब।
बाहम करें मिल ऐश क्यों देरी लगाई आपने।।

7

हिन्दुस्तान थिएटर के एक के बाद एक *पद्मावती उर्फ़ फ़रियादे बुलबुल, हीर–राँझा उर्फ़ सपने का आशिक़* और *स्याहपोश उर्फ़ पाक मुहब्बत* इन तीन शो ने अपने सारे पुराने रिकॉर्ड तोड़ दिये। मगर तीसरे शो के बाद जब अगले दिन चौथे शो अमर सिंह राठौर की ग्रांड रिहर्सल शुरू होती, रागिनी को अचानक बुख़ार आ गया। हरारत तो उसे तीसरे शो के ख़त्म होते ही शुरू हो गयी थी, पर उसने इस पर ध्यान नहीं दिया। यही सोच कर कि शायद ऐसा थकान की वजह से है। इसके

बारे में उसने किसी को बताया भी नहीं। मगर जैसे–जैसे रिहर्सल का वक़्त नज़दीक आने लगा, बुख़ार और तेज़ हो गया। कम्पनी के डायरेक्टर सूरज प्रसाद शर्मा को पता चला तो वे दौड़े हुए आये। आकर देखा तो लगभग अचेत पड़ी रागिनी को देख कर वे घबरा गये। आग की भट्ठी में तपती देह और अधमुँदी आँखों को देख, सूरज प्रसाद शर्मा की समझ में कुछ नहीं आ रहा है कि वे करें तो क्या करें। अगर उनकी हाड़ी रानी की तबियत ही ना–साज़ है तो कैसे *अमर सिंह राठौर* का खेल होगा? डायरेक्टर होने के नाते सूरज प्रसाद शर्मा ने तुरन्त सारे कलाकारों और साज़िन्दों की आपात बैठक बुलायी, और कैसे एकाएक आयी इस मुसीबत पर पार पाया जाये, सबसे इसका हल पूछने लगे।

"सुल्तान साहब, आपको क्या लगता है इस हालत में रागिनी स्टेज पर आ पायेगी?" डायरेक्टर सूरज प्रसाद शर्मा ने सबसे पहले खेल के मुख्य अदाकार अमर सिंह राठौर यानी सुल्तान असर खाँ से पूछा।

"मुझे नहीं लगता दादा।"

"फिर इस मुश्किल से कैसे पार पाया जाये?" मारे परेशानी के सूरज प्रसाद शर्मा के माथे की लकीरें गहराती चली गयीं।

"दादा, रोल तो हाड़ी रानी का रागिनी को ही अदा करना है...भले ही आपको आज का शो कैन्सिल करना पड़ जाय।" सुल्तान असर खाँ ने पूरी साफ़गोई से कहा।

"आपकी क्या राय है कुदरत साहब?" इस बार डायरेक्टर सूरज प्रसाद शर्मा ने अपने सबसे तजरबेकार मैम्बर से पूछा।

"दादा, इस मुआमले में मेरा भी वही मानना है जो सुल्तान मियाँ का मानना है। उसकी इस ना–साज़ी के चलते हल्की–फुल्की पेशकश से बेहतर है, हम रागिनी की तबियत का इन्तज़ार कर लें।"

"ठीक है। आप तजरबेकारों की यही राय है, तो शो को हम एक–दो दिन के लिए कैन्सिल कर देते हैं। अभी ज़्यादा वक़्त नहीं हुआ है। पूरे शहर में मुनादी करवा देते हैं कि *अमर सिंह राठौर* का शो दो दिन के लिए कैन्सिल कर दिया गया है। कुदरत साहब दुरुस्त फ़रमा रहे हैं कि हमें रागिनी की तबियत का इन्तज़ार करना चाहिए। शो पिटने से अच्छा है हम उसे कैन्सिल ही कर दें।" इतना कह कम्पनी के डायरेक्टर सूरज प्रसाद शर्मा ने शो का प्रचार करने वाले अहलकारों को तुरन्त, शहर के चारों कोनों में शो कैन्सिल करने की मुनादी के लिए रवाना करवा दिया।

"कुदरत साहब, बड़ी सख्त दिल लड़की है। मजाल है अपनी ना–साज़ी के बारे में किसी से ज़िक्र तो किया हो।" शो कैन्सिल करने के फ़ैसले के बाद डायरेक्टर सूरज प्रसाद शर्मा ने कुदरत मास्टर से कहा।

"हो सकता है उसे इसका गुमान ही न रहा हो। छोटी–मोटी हरारत समझ कर किसी को नहीं बताया होगा। वैसे दादा, इसमें इस बच्ची का भी कोई कसूर नहीं है...घर से निकले हुए क़रीब दो महीने होने को आ रहे हैं। घरवालों की याद तो आयेगी ही। अभी उम्र ही क्या है इसकी। मैं इसकी दिली हालात को समझ सकता हूँ।" इसके बाद कुदरत मास्टर ने लम्बी साँस लेते हुए कहा, "इसीलिए तो बहुत से अदाकार, कारिन्दे और साज़िन्दे अपने घरवालों को साथ लेकर चलते हैं।" अनुभवी पेटीबाजा मास्टर कुदरत साहब ने रागिनी की ना–साज़ी की तह में जाने की कोशिश करते हुए अन्दाज़ा लगाते कहा।

"आप सही कह रहे हैं मास्टर जी। अपनी गीता को ही देखो, वह तो अपनी नानी और माँ को हमेशा अपने साथ ही रखती है। हम थिएटर कम्पनी वालों की ज़िन्दगी तो उन खाना–बदोशों जैसी होती है जिनका न कहीं ठौर होता है, न ठिकाना। न कोई घर होता है, न बार। मगर मैं भी मजबूर हूँ...अभी तो विदिशा, गोरखपुर, इलाहाबाद, गुना, शिवपुरी, टाटा नगर, धनबाद की शर्तें बची हुई हैं। कम–से–कम होली तक तो कोई गुंजाइश नहीं है।"

"मैं गुंजाइश की बात नहीं कर रहा हूँ दादा, मैं तो इसके बुख़ार की वजह बता रहा हूँ।"

"ऐसा हो सकता है...मगर सिवाय इन्तज़ार करने के हम कर भी क्या सकते हैं कुदरत साहब।" डायरेक्टर सूरज प्रसाद शर्मा ने अपनी बेबसी और मजबूरी का वास्ता देते हुए जैसे हथियार डाल दिये, और फिर सामने से गुज़र रहे एक कारिन्दे को आवाज़ देकर अपने पास बुलाते हुए कहा, "अरे भोला, रसोइयों से जाकर कह दो कि आज और कल शो नहीं होगा. ..इसलिए शाम का खाना वे इत्मिनान से बना लें। चलिए कुदरत साहब, अब आप भी जाकर आराम कर लीजिएगा!"

तीसरे दिन रागिनी का बुख़ार उतर भले ही गया मगर देह अभी भी टूटी हुई है। हालत यह हो गयी कि बस बिस्तर से उठकर पानी वगैरा ज़रूर

ले लेती है। पिछले दो दिनों से अपनी तीमारदारी में रात–दिन लगने वाली सह–कलाकार प्रभा को उसने आज कह दिया कि वह भी जाकर आराम कर ले। मैं अब ठीक हूँ। इधर डायरेक्टर सूरज प्रसाद शर्मा भी बराबर रागिनी की खैरियत पूछते रहे। उनके लिहाज़ से रागिनी की हालत ठीक तो है, मगर इतनी भी ठीक नहीं है कि वह शो कर ले। सूरज प्रसाद शर्मा की पेशानी पर यह सोच कर परेशानी और चिन्ता के धोरे गहराते चले गये कि अगर आज भी शो नहीं हुआ, तो जनता को जवाब देना मुश्किल हो जायेगा। ऊपर से आर्थिक नुकसान हो रहा है, वह अलग। पहले ही कम्पनी का काफ़ी नुकसान हो चुका है। अब इससे ज़्यादा नुकसान उठाना उसके बूते की बात नहीं है। उन्होंने एक बार फिर कुदरत मास्टर और सुल्तान असर खाँ को अपने कैम्प में बुलवा लिया। उनके आते ही डायरेक्टर सूरज प्रसाद शर्मा ने उन दोनों को अपनी परेशानी और फ़िक्र से रू–ब–रू कराया।

"दादा, आपकी फ़िक्र है तो एकदम वाजिब...मगर ऐसे हालात में किया जाये तो क्या किया जाये?" कुदरत मास्टर ने कुछ भी हल नज़र न आता देख कहा।

"इसीलिए तो आप दोनों को मैंने यहाँ बुलाया है कि आख़िर इस परेशानी का कुछ तो हल होगा। ऐसे तो कम्पनी का दिवाला ही पिट जायेगा।"

"फिर तो एक ही काम हो सकता है दादा कि जैसे भी होगा, शो तो आज हर हालत में करना ही होगा। वैसे इस कम्पनी में रागिनी के आने से पहले भी तो शो हो रहे थे। उर्वशी जी कर ही तो रही थीं हाड़ी रानी का रोल अदा। हमें अब और ज़्यादा जोख़िम नहीं उठाना है, क्यों मास्टर जी?"

"सुल्तान साहब का कहना एकदम दुरुस्त है दादा। कम्पनी कब तक अपने आर्टिस्टों और साज़िन्दों को बिठाकर खिलाएगी।" कुदरत मास्टर सुल्तान असर खाँ से सहमत होते हुए बोले।

"मुझे भी लगता है यही ठीक रहेगा...तो फिर ठीक है, शाम के शो की तैयारी करिए! सुल्तान साहब आप उर्वशी जी से जाकर कह दो कि वे हाड़ी रानी के लिए तैयार रहें। वैसे कुदरत साहब हम रागिनी की इस कमी को एक चीज़ से पूरा कर सकते हैं।" इतना कह डायरेक्टर सूरज प्रसाद शर्मा ने मुस्कराते हुए बारी–बारी से कुदरत मास्टर और अपने ख़ास अदाकार सुल्तान असर खाँ की तरफ़ देखा।

"मैं कुछ समझा नहीं दादा?" कुदरत मास्टर ने विस्मय से पूछा।

"मैं सोच रहा हूँ कि अपने जोकर ढेला गुरु को पूरी छूट दे देते हैं। उससे कह देते हैं कि अपने सलावत खाँ वाले किरदार को वह जैसा चाहे निभाये। जनता को जितना हँसाया जाये हँसाए। चाहे वह दुलत्ती झाड़कर हँसाए या किसी की मिमक्री करके हँसाए। हमारा मक़सद किसी–न–किसी तरह अपने देखने वालों का रागिनी से ध्यान हटाना है। इस परेशानी से मेरी नज़र में निपटने का यही एक तरीक़ा हो सकता है।"

"दादा मान गये, क्या आसान तरीक़ा निकाला है।"

अपने सबसे पुराने और तजरबेकार कुदरत मास्टर द्वारा उनकी योजना पर मुहर लगते ही, डायरेक्टर सूरज प्रसाद शर्मा ने जैसे राहत की साँस ली। कुदरत मास्टर और सुल्तान असर खाँ के जाते ही वे कैम्प के बाहर आये और देर तक इधर से उधर टहलते रहे।

8

रागिनी को यह तो पता चल गया कि उसके बुख़ार की वजह से पिछले दो दिनों से कोई शो नहीं हुआ। मगर जैसे ही प्रभा ने उसे यह बताया कि जिस *अमर सिंह राठौर* का शो उसके बुख़ार के कारण रद्द कर दिया गया था, वही *अमर सिंह राठौर* आज खेला जा रहा है। रागिनी को आश्चर्य हुआ कि कहाँ तो उसके कारण शो रद्द कर दिया गया था, और कहाँ उसके यह सुनने में आ रहा है कि आज वही खेल खेला जा रहा है। सबसे ज़्यादा हैरानी तो रागिनी को यह सुन कर हो रही है कि जिस हाड़ी रानी का किरदार उसे निभाना था, उसे अब उर्वशी निभाने जा रही है।

सुनने के बाद रागिनी से नहीं रुका गया और चल पड़ी, अपने कैम्प से महज पचास क़दम दूर बने, अपने डायरेक्टर सूरज प्रसाद शर्मा के कैम्प की तरफ़। अभी वह डायरेक्टर के कैम्प में दाख़िल होती, उसे लगा भीतर कोई और भी है। रागिनी के क़दम कैम्प के बाहर ही ठिठक गये। अन्दर से छन–छन कर आती आवाज़ को वह ध्यान से सुनने की कोशिश करने लगी। अन्दर से आने वाली जानी–पहचानी इस आवाज़ को उसने तुरन्त पहचान लिया। यह आवाज़ किसी और की नहीं, उर्वशी की है।

उर्वशी की खिलखिलाहट ने रागिनी के जिस्म में मुश्किल से लौटी ताक़त को जैसे फिर से छीज लिया। पाँवों की सारी जान मानो निकल गयी। कैम्प के बाहर उससे खड़ा होना मुश्किल हो गया। सारा माज़रा उसकी समझ में आ गया। उसे अपने डायरेक्टर से ऐसी उम्मीद नहीं थी। वह अभी वापस अपने कैम्प में लौटने का मन बना ही रही थी कि इसी बीच उसके कानों में एक और मर्दानी आवाज़ पड़ी। इस आवाज़ को भी रागिनी ने तुरन्त पहचान लिया। उसे अपने इस कुफ़्र पर बड़ा ग़ुस्सा आया। अपने असुरक्षा भाव और डर के चलते वह अपने डायरेक्टर के बारे में पता नहीं क्या–क्या सोच बैठी थी।

बमुश्किल अपनी ताक़त को अर्जित करते हुए कैम्प में दाख़िल होने से पहले उसने इजाज़त लेते हुए पूछा, "दादा, मैं अन्दर आ जाऊँ?"

कैम्प के परदे पर पड़ते साये की आवाज़ सुन सूरज प्रसाद शर्मा अन्दर से आने वाली दूसरी मर्दानी आवाज़ से बोले, "सुल्तान साहब, देखना कौन है?"

सुल्तान असर खाँ ने अपने डायरेक्टर को वापस आकर बताया, तो सूरज प्रसाद शर्मा तेज़ी से खड़े हुए और तब तक अन्दर आ चुकी रागिनी को देखकर बोले, "रागिनी क्या हुआ? ऐसे अचानक...ख़बर करवा देती...हम तुम्हारे ही पास आ जाते!"

"अकेले में मन नहीं लग रहा था दादा इसलिए चली आयी।"

"यह तो ठीक है...पर मेरी बच्ची इस हालात में इतनी दूर चल कर आना कौन–सी समझदारी है।"

डायरेक्टर सूरज प्रसाद शर्मा के इस स्नेहिल वाक्य में किशोरी रागिनी भीतर तक इस तरह भीग गयी, कि थोड़ी देर के लिए वह अपने यहाँ आने का प्रयोजन ही बिसरा गयी। कुछ नहीं बोली वह। इससे पहले कि वह या डायरेक्टर सूरज प्रसाद शर्मा कुछ कह पाते, इसी बीच देखा कुदरत मास्टर भी कैम्प में दाख़िल हो चुके हैं। कुदरत मास्टर के कैम्प में दाख़िल होते ही उनके रहवास से फूटती ख़ुशबू से पूरा कैम्प गमक उठा। रागिनी को पहले से यहाँ देख कुदरत साहब को थोड़ी हैरानी हुई।

"और कैसी तबियत है बेटा?" कुदरत मास्टर ने तकल्लुफान अन्दाज़ में पूछा।

"आप ही बताइए मास्टर जी कैसी होगी?" जवाब देने के बजाय रागिनी ने उलटा पूछा।

"अभी तो कुछ ना–साज़–सी लग रही हो!"

"आपको ना–साज़ लग रही होगी मास्टर जी...मगर इस वक़्त मैं एकदम भली–चंगी हूँ।" ऐसा कह रागिनी ने ज़बरन हँसने की कोशिश की।

"तो दादा, पूरी तैयारी है न आज की?" कुदरत मास्टर ने रागिनी की बात पर ध्यान न देकर डायरेक्टर सूरज प्रसाद शर्मा से पूछा।

इससे पहले कि सूरज प्रसाद शर्मा कुछ जवाब देते, रागिनी ने पलट कर कुदरत मास्टर से पूछा, "किसकी तैयारी चल रही है?"

"वही आज के शो की।"

"तो क्या आज अमर सिंह राठौर की जगह कोई दूसरा तमाशा हो रहा है?"

"ना, तमाशा तो अमर सिंह राठौर का ही होना है।" इस बार डायरेक्टर सूरज प्रसाद शर्मा ने रागिनी को जवाब दिया।

"दादा, आज शो अमर सिंह राठौर का होने जा रहा है और उसी की महारानी हाड़ी रानी को इसकी ख़बर तक नहीं है।" रागिनी जिस प्रयोजन के लिए यहाँ आयी थी, उसे उसने खोल दिया।

"तुम्हारी तबियत ना–साज़ है न, इसलिए सबने मिल कर यह तय किया है कि आज हाड़ी रानी का किरदार पहले की तरह उर्वशी जी ही निभायेंगी। अब और ज़्यादा शो हम कैन्सिल नहीं कर सकते।"

"मास्टर जी, मेरी तबियत को क्या हुआ? अच्छी–ख़ासी आपके सामने बैठी हूँ।" इसके बाद रागिनी धीरे–से अपने डायरेक्टर की ओर पलटी, "दादा, आपको अपनी रागिनी पर इतना भी भरोसा नहीं रहा। एक बार मुझसे पूछ तो लिया होता।"

रागिनी के आत्मविश्वास, आत्मबल और उसके भरोसे ने डायरेक्टर सूरज प्रसाद शर्मा को शश–व–पंज में डाल दिया। क्या जवाब दें सूरज प्रसाद शर्मा। बमुश्किल कह पाये वे, "वो बात नहीं है रागिनी जैसा तुम सोच रही हो...और फिर एक शो नहीं करोगी तो कौन–सी थिएटर की दुनिया ख़त्म हो जायेगी। बेशुमार मौक़े आयेंगे।"

"दादा, ठीक कहा आपने कि बेशुमार मौक़े आयेंगे। मगर यह भी तो सच है कि मौक़े कोई कह कर थोड़े ही आते हैं...और फिर आप तो जानते हैं कि रागिनी की इस हाड़ी रानी में आत्मा बसती है।" कहते–कहते रागिनी भावुक हो गयी।

"चलो देखते हैं। थोड़ा सोचने दो!" डायरेक्टर सूरज प्रसाद शर्मा एक अजीब–सी साँसत में फँस गये।

आजमगढ़ के सर्फुद्दीनपुर के विश्वकर्मा मन्दिर के अहाते में हिन्दुस्तान थिएटर के कलाकार और पेटीबाजा मास्टर कुदरत साहब दम साध कर एक–दूसरे की तरफ़ देखने लगे।

"दादा, मेरा एक छोटा–सा सुझाव है।" कुदरत मास्टर की अनुभवी आँखों ने अपने डायरेक्टर सूरज प्रसाद शर्मा की आँखों में देखा। पता नहीं दोनों की तजरबेकार आँखों में क्या गुफ़्तगू हुई।

"कहिए!"

"फिर ऐसा करते हैं कि हाड़ी रानी का कुछ पार्ट उर्वशी जी से अदा करवा लेते और कुछ रागिनी...।"

"मास्टर जी, यह क्या सुझाव हुआ?" सुल्तान असर खाँ ने बीच में टोकते हुए कहा।

"सुल्तान साहब, पूरी बात तो सुन लीजिए मास्टर जी की। मास्टर जी, थोड़ा खुलकर कहिए।" सूरज प्रसाद शर्मा सुल्तान असर खाँ को चुप कराते हुए कुदरत मास्टर की तरफ़ घूमे।

"मेरे कहने का मतलब यह है कि अमर सिंह और हाड़ी रानी के बीच जो सीधे–सीधे डायलॉग हैं, उन्हें उर्वशी जी कर लेंगी...और जिनमें सुर, लय और मुरकियों का कमाल है, उन्हें रागिनी से करा लेते हैं।"

"आपका ख़याल तो अच्छा है मास्टर जी...वैसे भी गायकी का असली रंग और मज़ा अमर सिंह के दरबार में वापस जाने के वक़्त से शुरू होता है। दोनों के बीच होने वाली बहस–मुबाहिसा यहीं से शुरू होती है। ठुमरी हो या दादरा, चौबोला हो या बहरतबील, दोहा हो या दौड़; इनके गाने वालों और साज़िन्दों की असली रेंज का इसी वक़्त पता चलता है।"

डायरेक्टर सूरज प्रसाद शर्मा और कुदरत मास्टर को सहमत होता देख रागिनी के जिस्म में जैसे ताक़त लौट आयी। उर्वशी ने कनखियों से रागिनी की तरफ़ देखा। बोली कुछ नहीं। इसके बाद सब अपने–अपने कैम्प में चले गये, और शाम के शो की तैयारी में मुब्तिला हो गये।

बूँदी से गौना करके अमर सिंह राठौर द्वारा हाड़ी रानी को लेकर वापस लौटने, और रास्ते में मिलने वाले नरशाहबाज पठान से पानी माँगने तक के शुरुआती दृश्यों में हाड़ी रानी का किरदार उर्वशी द्वारा निभाने के बाद, जैसे ही नागौर लौटने के उपरान्त, आगरा से बादशाह शाहजहाँ की ओर

से अमर सिंह राठौर को उसके भतीजे राम सिंह द्वारा अपनी नयी–नवेली चाची हाड़ी रानी की मौजूदगी में वापस दरबार लौटने का फ़रमान सुनाया जाता है, हाड़ी रानी के किरदार में रागिनी आ गयी।

बार–बार अपना किरदार पूरा कर रागिनी ग्रीन रूम में आती, और लगभग पस्त होते हुए आकर गिर जाती। अमर सिंह राठौर बने सुल्तान असर खाँ बराबर रागिनी की हालत देख रहे हैं। तीसरी बार जैसे ही रागिनी अपना पार्ट अदा कर ग्रीन रूम में आकर धम्म से गिरी, सुल्तान असर खाँ से देखा नहीं गया। वह उसी समय उलटे पाँव आया और स्टेज के पास बैठे अपने डायरेक्टर सूरज प्रसाद शर्मा से बोला, "दादा, अब रहने भी दो। बाकी के सीन उर्वशी जी कर लेंगी। अन्दर जाकर देखो उसकी हालत!"

इतना सुन डायरेक्टर सूरज प्रसाद शर्मा जैसे फट पड़े, "सुल्तान साहब, क्या रहने दूँ! मैंने कहा है इससे स्टेज पर आने के लिए। मैं नहीं देख रहा हूँ इसकी हालत।"

"दादा, आपका ग़ुस्सा वाजिब है। मगर उसकी हालत भी तो देखिए। आख़िर एक आर्टिस्ट है वह, आसमान से उतरा कोई फ़रिश्ता नहीं है।"

"क्या हुआ इसकी हालत को...ज़्यादा से ज़्यादा मर ही तो जायेगी।" डायरेक्टर सूरज प्रसाद शर्मा जैसे चीख़ते हुए–से बोले। पर अगले ही पल शान्त हो गये और आँखों के भर आये कोरों को आस्तीन से पोंछते हुए कहने लगे, "...वैसे सुल्तान साहब, एक आर्टिस्ट के लिए स्टेज से बेहतर मौत और क्या हो सकती है...कहती है हाड़ी रानी में मेरी आत्मा बसती है। अब आप बताओ हाड़ी रानी की इस आत्मा का मेरे पास क्या इलाज़ है?"

"दादा, आप ही उसे समझा सकते हैं। आपकी ही बात मानेगी वह। जान है तो जहान है।"

"आपका कहना एकदम दुरुस्त है सुल्तान साहब, पर एक आर्टिस्ट के पास अपने जज़्बातों पर क़ाबू रखने का हुनर भी होना चाहिए। ख़ाली जज़्बातों से थिएटर की दुनिया नहीं चलती है। उसे चलाने के लिए कुछ सख़्त फ़ैसले भी लेने पड़ते हैं।"

अपने डायरेक्टर की इस तक़रीर पर अमर सिंह राठौर के लिबास में खड़े सुल्तान असर खाँ ने कोई प्रतिक्रिया व्यक्त नहीं की।

"आप चलिए उसके पास! मैं आता हूँ।"

अपने डायरेक्टर का हुक्म सुन अमर सिंह राठौर वापस ग्रीन रूम के लिए चल दिये। सुल्तान असर खाँ अभी दो–तीन क़दम ही आगे बढ़ा

था कि अपने सामने रागिनी को देख अकबका गया। इससे पहले कि वह कुछ समझ पाता, रागिनी ने निस्पृह भाव से कहा, "सुल्तान साहब, मैंने सब सुन लिया है। आप उर्वशी जी से जाकर कह दो!"

इतना कह रागिनी पलटी, वापस ग्रीन रूम में आयी और आते ही सारा जिस्म ढीला छोड़ दिया।

ढलती कार्तिक की गहराती रात में गंगा–घाघरा दोआब के पाटों से उठती धुन्ध और उसमें घुली पेटीबाजे की विलम्बित धुन, झील–नक्काड़े की खनक, और इनकी संगत करती ढोलक की थाप के साथ अमर सिंह राठौर के किरदारों के सुर अचेत रागिनी के कानों में रह–रह कर घुलते रहे। उसे तो यह भी पता नहीं चला कि कब *बोल अटल छत्र की जय* का उद्घोष हुआ और कब शो ख़त्म हो गया। हाँ, डायरेक्टर सूरज प्रसाद शर्मा के सुझाव पर ढेला गुरु को जो छूट मिली, उसने उसका पूरा फ़ायदा उठाते हुए आजमगढ़ के जुजी मैदान पर कैनवास की थरथराती दीवारों में क़ैद दर्शकों का भरपूर मनोरंजन किया। ऐसा मनोरंजन कि जब–जब दर्शकों का ठहाका गूँजता, तब–तब लगता विशाल समन्दर की लहरें ठहाका मार रही हैं।

यह सांगीत शिरोमणि पंडित नथाराम शर्मा गौड़ के रचनात्मक कौशल व उनकी कल्पना का ही कमाल है, कि मंगलाचरण के बाद महारानी एलिज़ाबेथ की अंग्रेज़ी के दोहा, चौबोला और दौड़ में यह अद्भुत तारीफ़ की है–

एलिज़ाबेथ सेकंड इम्प्रेस, गुड ग्रेशस स्ट्रांग।
प्रेयर दिस आवर्स इज़, मे यू लिव लॉन्ग।।

मे यू लिव लॉन्ग लॉन्ग रूल वैनीफिसेंट कंटिन्यू।
फॉरच्यूनेट वी आर आल हैविंग क्वीन गुड लाइक यू।।
अंडर इंग्लिश सोवरेन्स वी रिसीव्ड ब्लेसिंग न्यू–न्यू।
आल ऑफ़ देम हेड डू गुड टू अस़ इन देयर व्यू।।

योअर ग्रेशस मेजेस्टी। ऑफ़ दी डाइनेस्टी।।
योअर नेचर टू काइंड।
लॉन्ग रूल वी योअर्स सिन्सइरली वी प्रे कम्बाइंड।।

मगर कम्पनी के साक्षर हास्य कलाकार ढेला गुरु ने अपनी मौलिक परिकल्पना का इस्तेमाल कर, इसे इस अन्दाज़ में पेश किया जिसे सुनकर दर्शकों के पेट में हँसते–हँसते बल पड़ गये। अगले दिन कुदरत मास्टर ने हँसते हुए अपने डायरेक्टर सूरज प्रसाद शर्मा से मज़ाकिया लहज़े में कहा, "दादा, इन फ़िरंगियों ने हमारे मुल्क पर सालों तक जो ज़ुल्म किये थे उनसे बदला लेने का इससे बेहतर तरीक़ा नहीं हो सकता। उनकी ज़बान की हमारे ढेला गुरु ने जिस तबियत से टाँग तोड़ी है, उसे देख कर मज़ा आ गया।"

"कुदरत साहब, हमारी बला से उनकी ज़बान की टाँग टूटे या हाथ...हमें तो अपना शो पिटने से बचाना था। जैसे हालात बन गये थे उससे हमें ढेला गुरु ही एक हद तक बचा सकता था। मुझे पता था कि अगर ढेला को थोड़ी–सी भी छूट दे दी, तो वह पूरा स्टेज सँभाल लेगा...और उसने ऐसा करके दिखा भी दिया।"

"मगर दादा, इतनी छूट भी ठीक नहीं है। ऐसा न हो कि इस छूट के चक्कर में कहीं असली खेल से हम हाथ ही धो बैठें। जनता कहीं चौबोला, बहरतबील, ठुमरी, झूलना, दौड़, दोहा की जगह ढेला गुरुओं की ही डिमांड करने लगे।"

"आपकी इस फ़िक्र से मैं सौ फ़ीसद इत्तेफ़ाक रखता हूँ...पर कुदरत साहब कभी–कभी हालात ऐसा करने पर मजबूर कर देते हैं।"

"चलिए, अन्त भला तो सब भला।" कहते हुए कुदरत मास्टर को जैसे कुछ याद आ गया, "दादा, रागिनी की तबियत कैसी है?"

"दरअसल, मैं उसी की खैरियत जानने के लिए ही निकलने वाला था।"

"चलिए, मैं भी आपके साथ चलता हूँ।" इसके बाद दोनों रागिनी के कैम्प की तरफ़ बढ़ गये।

आजमगढ़ की शर्त पूरी कर हिन्दुस्तान थिएटर कम्पनी अब गोरखपुर के माघ मेले में सप्ताह भर चलने वाली शर्त पर रवाना हो गयी। तब तक रागिनी अच्छी तरह आराम कर पूरी तरह अपने आपको चाक–चौकस और भली–चंगी कर लेगी।

9

माघ मेले की तैयारियों के बीच हिन्दुस्तान थिएटर गोरखपुर पहुँच गया। कम्पनी के मैनेजर ने मेले में जगह सुनिश्चित कर तम्बू, कनात, बारहदरी, रावटी, लोहे की चादरों और कलाकारों–साज़िन्दों के सामानों से भरे दो दर्ज़न लोहे व लकड़ियों के बकसों से लदे ट्रक रुकवा दिये। ट्रकों में आगे बैठे प्रमुख पुरुष व महिला कलाकारों के साथ कुछ वरिष्ठ साज़िन्दे, पीछे बैठे दूसरे सहायक कलाकारों समेत मेकअप मेन, धोबी, तम्बू उठाने वाले, परदा उठाने–गिराने वाले, रसोइयों, दूसरे साज़िन्दे और कारिन्दे एक–एक कर ट्रकों से नीचे उतर आये।

नदियों की आब और माघ की मिली–जुली ठंड ने मौसम को अच्छा–ख़ासा करारा बना दिया। रागिनी भी अब पूरी तरह तन्दुरुस्त हो गयी। लम्बे सफ़र के दौरान हुई थकावट को दूर करने की ग़रज़ से डायरेक्टर सूरज प्रसाद शर्मा ने पूरी थिएटर कम्पनी को आराम करने के लिए कह दिया। कम्पनी ने अपना यह नियम बनाया हुआ है कि सफ़र के बाद पूरी कम्पनी कुछ घंटे आराम ज़रूर करेगी।

कैम्प लगने के बाद शाम के क़रीब चार बजे डायरेक्टर सूरज प्रसाद शर्मा ने अपने मैनेजर, प्रमुख कलाकारों और सज़िन्दों को अपने ही कैम्प में बुलवा लिया। दो दिन बाद शुरू होने वाले मेले में किये जाने वाले नौटंकी–नाटकों का क्या क्रम और कैसी योजना हो, यही सब तय करने के लिए।

"कुदरत साहब, आपके हिसाब से हमें किस तमाशे से मेले में शुरुआत करनी चाहिए?" डायरेक्टर सूरज प्रसाद शर्मा ने सबसे पहले अपने सबसे तजरबेकार सदस्य की राय लेते हुए पूछा।

कुदरत मास्टर पहले कुछ सोचने लगे और फिर अपने डायरेक्टर की तरफ़ पलटे, "दादा, सबसे पहले हमारे लिए यहाँ की पब्लिक का मिज़ाज जानना ज़रूरी है...मेरा मतलब है उनकी दिलचस्पी किस तरह के तमाशों में हो सकती है?"

"हाँ जी मैनेजर साहब, कुछ बताइए?" डायरेक्टर सूरज प्रसाद शर्मा ने यहाँ अपने मैनेजर से पूछा।

"जहाँ तक मुझे मालूम है, यहाँ कुछ मज़हबी क़िस्म के लोग हैं।" मैनेजर ने जानकारी दी।

"हूँऽऽऽ तो मज़हबी क़िस्म के लोग हैं।" कुदरत मास्टर ने पहले एक हुंकारा भरा, और फिर कुछ पल सोचने के बाद बोले, "मेरे हिसाब से दादा शुरुआत *भक्त पूरनमल* या *हरिश्चन्द्र–तारामती* से ठीक रहेगी। इसके बाद *दहेज़, श्रीमती मंजरी, सुल्ताना डाकू* और चाहें तो *अमर सिंह राठौर* को फिर से रिपीट कर सकते हैं।"

"आपका कहना सही है कुदरत साहब। मुझे भी लगता है कि शुरुआत इन्हीं दो नौटंकियों में से एक से ठीक रहेगी। अमर सिंह राठौर को रिपीट करने का मेरा भी इरादा है। वैसे भी इसमें रागिनी की आत्मा जो बसती है।" इतना कह डायरेक्टर सूरज प्रसाद शर्मा ने मुस्कराते हुए रागिनी की तरफ़ देखा।

"दादा, आऽऽऽप भी।" अपने डायरेक्टर के इस तंज़ पर रागिनी झेंप गयी।

"वैसे मेरा मानना है कि *हरिश्चन्द्र–तारामती* हमें सबसे आख़िर में लेना चाहिए।" डायरेक्टर सूरज प्रसाद शर्मा ने रागिनी पर ध्यान न देकर अपना सुझाव दिया।

"आपने मेरे मन की बात कह दी दादा। वैसे भी हमारा यह शो काफ़ी हिट जाता है। अगर इसमें थोड़ी–सी तरमीम हो जाये, तो मज़ा आ जाये।"

"किस तरह की तरमीम?"

"मेरा मतलब है श्मशान वाले सीन को हमें ऐसा बनाना चाहिए कि देखने वालों को लगे कि सचमुच वे किसी श्मशान में खड़े हैं।"

"मैं आपका इशारा समझ गया कुदरत साहब।" अपने सबसे तजरबेकार मेम्बर कुदरत मास्टर से सहमत होने के बाद, डायरेक्टर सूरज प्रसाद शर्मा अपने मैनेजर की तरफ़ मुड़े, "मैनेजर साहब, हरिश्चन्द्र–तारामती शो वाले दिन दो–तीन बड़े–बड़े बिजली के पंखों, चार–पाँच तसले राख और एक–सवा मन लकड़ियों का इन्तज़ाम करवा लेना!"

"इतना इन्तज़ाम, मैं कुछ समझा नहीं दादा?"

"इसमें हैरान–परेशान होने की ऐसी कोई बात नहीं है मैनेजर साहब। ऐसे श्मशान के सीन हमने कई फ़िल्मों में देखे होंगे। मुझे बिल्कुल ऐसा ही सीन बनाना है; यानी लकड़ी की चिता के साथ जब श्मशान घाट में तारामती और हरिश्चन्द्र के बीच बहस–मुबाहिसा हो, तो वहाँ आसपास पहले से ठंडी हो चुकी चिताओं की राख उड़ती नज़र आनी चाहिए। जब यह राख पंखों की हवा से उड़ेगी, तब स्टेज पर बना श्मशान का सेट कैसा लगेगा, आप सोच सकते हैं।"

"वाह दादा! ज़रा सोचो, जब देखने वाले स्टेज पर यह सीन देखेंगे तो अशअश कर उठेंगे।" अपनी ही छोटी–सी कल्पना का विस्तार होता देख, कुदरत मास्टर अपने डायरेक्टर की तारीफ़ करने लगे।

"रही बात लकड़ियों की तो मैनेजर साहब वे शो ख़त्म होने के बाद आग तापने और रसोइयों के काम आ जायेंगी। अब आप पूरे मेले और शहर में अपनी कम्पनी की मुनादी करवा देना।"

सारा कार्यक्रम तय हो जाने के बाद मीटिंग ख़त्म हो गयी। सब अपने–अपने कैम्प में चले आये। इधर अपने कैम्प में आते ही रागिनी स्त्री–प्रधान नाटक *दहेज़* के संवादों को याद करने में जुट गयी।

हिन्दुस्तान थिएटर के पहले शो *दहेज़* को गोरखपुर के माघ मेले के दर्शकों की तरफ़ से भरपूर तारीफ़ मिली। नाटक की नायिका के रूप में रागिनी की प्रस्तुति ने कम्पनी के मैनेजर की मानो बाँछें खिला दीं। पहले ही दिन बुकिंग विंडो पर जो कलेक्शन हुई उसने डायरेक्टर सूरज प्रसाद शर्मा समेत सारे कलाकारों, साज़िन्दों और दूसरे कारिन्दों में जैसे नयी ऊर्जा और जान फूँक दी। देखने वालों की ज़बान पर इस नाटक के एक–एक संवाद चढ़ गये।

अगले दिन सुबह दस बजे के आसपास रोज़ाना की तरह रागिनी तर–ओ–ताज़ा होकर अपने अगले शो के संवादों का रियाज़ करने बैठ गयी। अभी रियाज़ करते हुए उसे कुछ ही देर हुई होगी कि लगभग आठ–दस अनजान युवतियों के समूह को अपने सामने देख उसे बड़ी हैरानी हुई। बिना अपना परिचय दिये आते ही सबने रागिनी के नाटक में इतने ज़ोरदार अभिनय के लिए बधाइयाँ दीं। इसके बाद एक युवती ने रागिनी से धीरे–से इसरार किया, "दीदी, हमें अपने विभाग में ऐसा ही एक नाटक करना है। इसलिए प्लीज़ हमें उसके कुछ संवाद लिखवा दीजिए!"

"हाँ दीदी, पूरे शहर में आपके अभिनय की बड़ी तारीफ़ हो रही है। सच कहें, इतने अच्छे संवाद हमने कभी नहीं सुने। हमारी टीचर ने कहा है कि अगर आप हमें कुछ संवाद नोट करा देंऽऽऽ तो..."

"यह तो ठीक है पर आपको नाटक करना कहाँ है?" रागिनी ने पूछा।

"दीदी, हमारे कॉलेज में अगले महीने अन्तर महाविद्यालय ड्रामा कम्पीटीशन होने जा रहा है। उसके लिए हमें ऐसे ही किसी सामाजिक

विषय पर आधारित नाटक की ज़रूरत है।" दूसरी युवती यानी एक छात्रा ने अपना आने का असली मक़सद बताते हुए कहा।

"ठीक है। आप लिखती जायें!" इतना कह रागिनी ने धीरे–से आँखें मूँदीं और संवाद याद करते हुए उन छात्राओं को संवाद लिखवाने लगी।

रागिनी जब एक–एक कर छात्राओं को संवाद लिखवा रही थी, तब काग़ज़ के पन्नों पर उतरती इन इबारतों को देख उसे पहली बार लगा, मानो ये किसी नाटक के संवाद मात्र नहीं हैं बल्कि किसी बेकल और मज़लूम की ललकार हैं।

अपना मक़सद पूरा होते ही छात्राओं का समूह चहकता हुआ रागिनी के कैम्प से बाहर आ गया।

"सुमन, नाटक की ये पंक्तियाँ तो सुन...क्या लाजवाब हैं–

न छेड़ो गैस मैं शोला हूँ नागिन हूँ मैं
ग़ज़ब में आग तो ग़ुस्से में शेरनी हूँ मैं
लगाया हाथ तो चोटी कलाई कस लेगी
तड़प के ज़ुल्फ़ की नागिन ज़बां को डस लेगी।"

"और तू ज़रा इसे सुन–

क़दम–क़दम पर यहाँ गुनाह होते हैं
बली के हाथ से निर्बल तबाह होते हैं
कलेजा मेरा मुँह को आ गया है दुःख सहते
ये ज़ुल्म देखते हो और कुछ नहीं कहते।"

"जब सामने बैठे निर्णायक मण्डल के लोग इस संवाद को सुनेंगे तो कित्ता मज़ा आयेगा–

खुलेंगे लब जो शिकायत को, तो इन होठों को सी लूँगी
न दोगे मुझको पानी भी, तो मैं आँसू ही पी लूँगी।"

"चित्रा, मुझे लगता है हमें अपने ड्रामे का अन्त इन पंक्तियों से करना चाहिए कि–

लगा कर अपनी खेती आप ही परमाल कर डाली
मता–ए–उम्र तुमने मौत के पेशे नज़र डाली
लुटाये फूल कलियाँ कोंपलें बर्गो समर डाली
ज़मीं पर पैर फैलाए न गर्दो नज़र डाली
गुनाह करने पर जो पापी था उसको याद करते हैं
वे अपनी ज़िन्दगी आख़िर यूँ ही बरबाद करते हैं।"

"सुमन, मेडम पढ़ेंगी तो कित्ता ख़ुश होंगी। चलो–चलो, जल्दी से मेडम को जाकर दिखाते हैं!"

कॉलेज की छात्राओं का समूह भले ही रागिनी के कैम्प से चला गया है, पर उसकी अनुपस्थिति में अपने ही कानों में गूँजते अपने ही संवाद और उनके एक–एक शब्द, शब्द नहीं सुबह के उजास में किसी देवालय में बजती छोटी–छोटी घंटियों के सुर लग रहे हैं। रावटी से बने कैम्प की दीवारें इन घण्टियों की खनक से मानो अभी भी थरथरा रही हैं। ठीक ऐसे, जैसे कुछ बग़ावती सुरों से किसी आततायी के कानों के परदे थरथरा रहे हों। रागिनी ने आँखों को मूँद कुछ पलों के बाद धीरे–से खोला। अपने चारों तरफ़ रावटी से घिरी थरथराती दीवारों पर नज़र डालने के बाद, एक लम्बी और गहरी साँस ले पहले उसने अपने आपको एकाग्र किया; और एक बार फिर पूरे मनोयोग के साथ अपने रियाज़ में जुट गयी।

10

दूसरे और तीसरे शो यानी *भक्त पूरनमल* और *सुल्ताना डाकू* के बाद, चौथे शो *अमर सिंह राठौर* में हाड़ी रानी का किरदार निभाने वाली रागिनी के गले में जैसे कोयल आकर बैठ गयी। पेटीबाजा मास्टर कुदरत साहब को रागिनी द्वारा अपने डायरेक्टर सूरज प्रसाद शर्मा को कहा गया यह वाक्य याद आ गया कि इस रागिनी में हाड़ी रानी की आत्मा बसती है। इस कथन का असली मर्म कुदरत मास्टर की समझ में आज आया है। उन्होंने साज़िन्दे के रूप में काम तो एक से एक थिएटर कम्पनी में किया है मगर सुरों की ऐसी बन्दिश, मुरकियों का ऐसा कमाल, गमक व मीड़ का ऐसा अनोखा संगम और खटके का ऐसा नायब इस्तेमाल उन्होंने इससे पहले नहीं देखा। बहरतबील, चौबोला और शिकस्त को रागिनी जब–जब उठाती, और अचानक मीड़ के साथ बीच–बीच में मुरकी लेती, तो उन्हें सुनते हुए सुनने वाले का रोआँ–रोआँ खड़ा हो जाता। अपने पति अमर सिंह से जब गौनावली हाड़ी रानी, बादशाह के दरबार में न जाने

की गुज़ारिश दादरा में करती है, तो बाजे के रीड्स पर सरसराते कुदरत मास्टर की अँगुलियों के पोर जैसे बौरा उठते हैं। मन तो कुदरत साहब का कर रहा था कि वे पेटीबाजा छोड़ बस इस दादरा को सुनते रहें–

दरबार को न जाऔजी सैंया आधी राऽऽऽत
दरबार को न जाऔजी सैंया आधी रात को
क्या सूझी बारह बजे आप अकेले जात
मानो–मानो बात मेरी, इक मानो हमारी बात को
दरबार को न जाऔजी सैंया आधी राऽऽऽत।

मगर कुदरत साहब ऐसा चाहकर भी नहीं कर पाये। अगर वे ऐसा करते तो रागिनी के उन सुरों का साथ कौन देता, जिन सुरों ने माघ की सर्द रात को जैसे अपनी राह से भटका दिया। कुदरत मास्टर को इन्दरमन के शागिर्द पंडित नथाराम शर्मा गौड़ की संगीत और रागों की समझ से मानो रश्क–सा होने लगता। रश्क न हो तो क्या हो कि जैसे–जैसे रात गहराती जाती, वैसे–वैसे राग उसके मुताबिक़ अपने सुरों में ढलते जाते। ताल, कहरवा, दीपचन्दी और खेमटा में पंचम सुर में सुल्तान असर खाँ और रागिनी जब अपने सुरों को उठाते, तो सुनने वालों को लगता मानो झील–नक्काड़े की खनक और ढोलक की थाप के बीच, जैसे किसी गहरी खाई में बहुत ऊँचाई से चश्मे की कोई धार गिर रही है। जब–जब रागिनी गाती है तब–तब जैसे समय थम–सा जाता है। ख़ामोश रात ठहर–सी जाती है, और पूर्णिमा का आधी रात का चाँद ठिठक–ठिठक जाता है। इधर गंगा की आब में लहलहाती रबी की फ़सल से घिरे उनींदे शहर की रात की ख़ामोशी में झील–नक्काड़ा, पेटीबाजा और सुरीले कंठ तीनों लोरी बन, अधपकी नींद में सोते लोगों को थपकियाँ दे–दे कर सुला रहे हैं।

अपने साज़िन्दे कुदरत मास्टर के सुझाव पर, डायरेक्टर सूरज प्रसाद शर्मा ने अपना सारा ध्यान मेले के आख़िरी शो हरिश्चन्द्र–तारामती अर्थात *हरिश्चन्द्र उर्फ़ गुलशन का नाग* पर लगा दिया। कम्पनी के मैनेजर ने अपने डायरेक्टर के निर्देश पर दो बड़े–बड़े बिजली के पंखों, राख और लकड़ियों का इन्तज़ाम कर दिया। ग्रांड रिहर्सल के दौरान डायरेक्टर सूरज प्रसाद शर्मा ने कुदरत मास्टर, तारामती का किरदार निभाने वाली

रागिनी, हरिश्चन्द्र का पार्ट अदा करने वाले अदाकार सुल्तान असर खाँ और विश्वामित्र की भूमिका निभाने वाले मोहन कुमार के साथ स्टेज के एक–एक कोण का बेहद बारीकी से जायज़ा लिया। चिता कहाँ बनायी जायेगी? चिता से कितनी दूर पंखे रखे जायेंगे जैसी बारीकियों के अलावा, इसके सबसे महत्त्वपूर्ण इस हिस्से पर ख़ास ध्यान दिया गया जहाँ से राख़ को पंखों की हवा में छोड़ा जायेगा। राख़ छोड़ने वाले लड़के को एक बार नहीं, बल्कि आधा दर्ज़न बार बाक़ायदा समझाया गया कि राख़ कहाँ से, किस दिशा में, कैसे छोड़ी जायेगी।

गोरखपुर माघ मेले के इस आख़िरी पड़ाव की आख़िरी पेशकश देखने के लिए जैसे पूरा मेला और शहर उमड़ पड़ा। उमड़ता क्यों नहीं, आख़िर शहरभर में इसकी ज़ोर–शोर से मुनादी जो करवायी गयी, कि पहली बार आपके शहर में श्मशान घाट पर उड़ती राख़ के बीच तारामती के लाड़ले रोहिताश्व की लाश को अग्नि दी जायेगी। नालीदार टीनों की खड़ी चादरों से घिरा अहाता दर्शकों से लबालब भर गया, जो देखते–ही–देखते विशाल जन–प्रान्तर में तब्दील होता चला गया। कम्पनी के डायरेक्टर सूरज प्रसाद शर्मा की जहाँ तक नज़र जाती, उसे नरमुंडों की थरथराती सतह ही नज़र आती। हिलोरें मारता इनसानों का ऐसा विस्तीर्ण सागर इससे पहले कभी नहीं देखा। मगर अगले ही पल किसी अनहोनी के डर से उनका माथा पसीजता चला गया कि ख़ुदा–न–ख़ास्ता किसी ने कोई छोटी–सी शरारत कर दी और...। आगे की कल्पनाभर से डायरेक्टर सूरज प्रसाद शर्मा सिहरते चले गये। उन्होंने गिरे हुए परदे के पीछे आकर शो शुरू करने का इशारा किया। उद्घोषक के इस ऐलान के बाद हिलोरें मारते दरिया की चिल्ल–पों अचानक थम गयी।

"तो मेहरबान–क़द्रदान अब आपके पेशे ख़िदमत शुरू होने जा रहा है सांगीत शिरोमणि हिन्दी भूषण, उस्ताद इन्दरमन के शागिर्द और हिन्दुस्तानी लोकमंच के अमर कलाकार पंडित नथाराम शर्मा गौड़ द्वारा रचित सांगीत यानी नौटंकी हरिश्चन्द्र उर्फ़ गुलशन का नाग!"

इधर ऐलान ख़त्म हुआ और उधर मंच से धीरे–धीरे परदा उठने लगा। परदा उठते ही झील–नक्काड़े की धुन और कुदरत मास्टर की पेटी से निकले सुरों के साथ, क़तार में हाथ जोड़ कर खड़े पुरुष कलाकारों द्वारा गाये जाने वाला मंगलाचरण यानी वन्दना रात की नीरवता में घुलने लगी।

माघ महीने की गहराती रात की पकी ठंड में जैसे–जैसे नौटंकी

आगे बढ़ने लगी, वैसे–वैसे नालीदार टीन की चादरों से घिरे अहाते में क़ैद आँखें भीगने लगीं। अचेत पड़े बेटे रोहिताश्व को देख कर, ज़ार–ज़ार रोती तारामती के बहरतबील में भीगे इन संवादों पर पूरे अहाते की आँखें टिकी हुई हैं–

आया पूजा को लैने यहाँ पुष्प तू, क्या हुआ तुझको छौना बता तौ सही।
किस जगह नाग बैरी ने खाया तुझे, मेरे तोता जुबाँ को हिला तो सही।।
मैं तड़फ़ती हूँ बेकल ऐ रोहित ललन, मेरे दिल को तसल्ली बँधा तौ सही।
रोती गैया–सी मैया कन्हैया तेरी, बेटा बोली अमोली सुना तो सही।।

इधर माँ का रुदन सुन जैसे ही रोहिताश्व के शरीर में थोड़ी हलचल हुई, उधर गाढ़ी होती रात में बँधे हाथ खुलते चले गये और होंठ दुआओं व प्रार्थनाओं से लरज़ने लगे। बेटे के जिस्म में जुम्बिश हुई देख माँ तारामती पछाड़ खाकर गिर पड़ी। रोहिताश्व ने धीरे–से आँखें खोलीं और माँ की ओर पलटते हुए बोला–

मोह माया को तजि भज परब्रह्म को, हो इसी में भला हो इसी में भला।
आ आखीरी समय तेरे छूलूँ चरण, घबराता है दम घिरा आता गला।।
मेरी परनाम ले मैं तो सुरधाम को, अब चला अब चला अब चला अब चला।
बिदा होता है तुझसे सदा के लिए, माँ तुम्हारा लला माँ तुम्हारा लला।।

इतना कह जैसे ही रोहिताश्व की गरदन एक तरफ़ लुढ़की, मंच के दायें ओर के जनाने हिस्से के कुम्हलाए चेहरे आँसुओं से भीगने लगे। देखते–ही–देखते सूखे पत्तों–से चेहरे एक बेटे के वियोग में स्याह पड़ते चले गये। रंगमंच के सामने पथराई आँखों से बहती अविरल धाराओं और गालों पर ठहरी आँसुओं की बूँदों पर, जब–जब जगह–जगह बल्लियों पर लटके दो–दो सौ वाट के बल्बों की रोशनी पड़ती, तब उनसे फूटती किरनों को देख कर लगता मानो उनसे दुःखों की किरनें फूट रही हैं। मजाल है दूर–दूर तक बैठे अविचल जिस्मों में कोई हरकत तो हो जाये। अगले दृश्य के लिए परदा कब गिर गया, वियोग में डूबे दर्शकों को पता ही नहीं चला।

एक बार फिर परदा उठा। श्मशान में अपने बेटे रोहिताश्व की मृत देह पर अपनी फटी धोती का टुकड़ा डालते हुए तारामती विलाप करते हुए कहती है–

जा लाल को नितप्रति नये भूषण बसन पहनावती।
ता लाल को मैं आज हा साड़ी का कफ़न उढ़ावती।।

मैं जानती किसी दिन बेटा मेरी गति करैगो।
पर ये नहीं मालूम तू मेरे ही आगे मरैगो।।
बैरी मेरौ बनि पूत हा किस जन्म कौ बदलौ लिऔ।
करके निपूती चल दियौ तैं कियौ सो अच्छौ कियौ।।

राजा हरिश्चन्द्र ने अपनी पत्नी तारामती को देखते ही पहचान लिया। मगर अपने कर्त्तव्य के पाश में बँधा, वह धीरे–से तारामती के पास आया और मन को कठोर कर बोला–

तजि कर रौना–पीटना, मन में धीरज धार।
मरघट के कर का टका, दे, मत करै अबार।।

सेवक हुआ भंगी का मैं और राज सब जाता रहा।
तू ही बता इससे व तुझसे क्या मेरा नाता रहा।।
न ये सुत मेरा न हूँ मैं पिता, न तू नारि है हरिचन्द की।
काशी में बिकते ही गई बातें ये सब सम्बन्ध की।।
हे श्रीमती अब तौ सुनो चाकर हूँ मैं चाण्डाल का।
दे कर मुझै कर का टका कर डाह अपने लाल का।।
हे महाभागे शव–क्रिया करने का मेरा काम है।
कहै इन्दरमन कर का टका लैने का मेरा काम है।।

पुत्र–वियोग में तपती तारामती द्वारा कर देने में असमर्थता प्रकट करते ही, कुदरत मास्टर ने दायें–बायें दोनों तरफ़ पैडल वाले पेटीबाजे पर ज्यों ही बहरतबील का सुर लिया, हरिश्चन्द्र का पार्ट अदा करने वाले सुल्तान असर खाँ ने इसे पंचम सुर में, स्टेज पर उड़ती राख़ के बीच भाँय–भाँय करते श्मशान में तारामती को इस तरह उठाते हुए जवाब दिया–

तू बहा या जला जी में आवै सो कर, ले टका तुझसे कर का न छोड़ेंगे हम।
मेरा कीजै रहम मेरा कीजै रहम, ऐसा कहते न आती ज़रा भी शरम।।
उदय अस्त का राज धरम पै तजा, किया दिल पै न तब कोई रंजो अलम।
अब टके एक पर तू छुड़ाती धरम, हा सितम हा सितम हा सितम हा सितम।।

थिएटर के डायरेक्टर सूरज प्रसाद शर्मा ने मंच पर श्मशान घाट का ऐसा जीवन्त दृश्य पैदा किया, कि दर्शकों की नज़र वहाँ से हटने का नाम न ले। जगह–जगह सजी चिताएँ और उन पर पंखों की हवा से उड़ती राख़ में, हरिश्चन्द्र व तारामती के दिल को चाक कर देने वाले संवाद देखते ही बन रहे हैं।

कुदरत मास्टर के बाजे और झील–नक्काड़े पर पड़ती चौब की टंक जैसे ही मन्दी पड़ी, तारामती का आर्त्तनाद रात के सन्नाटे को चीरता हुआ बहरतबील में एक बार फिर गूँज उठा–

आधी सारी सिरफ़ मेरे सर पे पड़ी, आधी सारी का ओढ़े है लाला कफ़न।
सिवा इसके न और कछु मेरे पास है, सत्य मानो बचन सत्य मानो बचन।।
जो मैं सारी दूँ जाती है मेरी शरम, दूँ कफ़न तो नगिन हो कुँवरजी का तन।
सत धरम भी रहै और शरम भी रहै, सो जतन कीजिए प्राण प्यारे सजन।।

मगर चाण्डाल का नौकर हरिश्चन्द्र नहीं माना, तो नहीं माना। हार कर तारामती ने अपनी साड़ी फाड़ी और उससे मरघट का कर दिया। बेटे की निष्पृह देह को गोद में उठा, पुत्र–वियोग में रोते हुए तारामती बनी रागिनी श्मशान से गंगा तट की ओर क़दम बढ़ाती, तभी यह दुर्घटना हो गयी। पता नहीं किस बे–ख़याली या चूक के चलते एक तसले में रह गयी पाँच–छह मुट्ठी राख़ को, जैसे ही राख़ उड़ाने वाले लड़के ने चलते पंखे की हवा के आगे छोड़ा, उड़ती राख़ का बना छोटा–सा बवंडर सीधा रागिनी की आँखों में घुस गया। आँखों में राख़ के पड़ते ही तारामती बनी रागिनी दर्द से छटपटाने लगी। रागिनी के देर तक इस तरह छटपटाने को दर्शक पुत्र–वियोग में तड़पती तारामती का तड़पना समझते रहे। डायरेक्टर सूरज प्रसाद शर्मा की समझ में नहीं आ रहा है कि रागिनी इस सीन को बेवजह इतना लम्बा क्यों खींच रही है? यह तो अच्छा हुआ जो राजा हरिश्चन्द्र यानी सुल्तान असर खाँ ने उसे आँखें मलते हुए देख लिया। सुल्तान असर खाँ ने तुरन्त अपना संवाद बदला और परदा उठाने–गिराने वाले कारिन्दे को परदा गिराने का इशारा कर दिया।

परदा गिरते ही स्टेज पर अफ़रा–तफ़री मच गयी। जैसे–तैसे दर्द से छटपटाती रागिनी को ग्रीन रूम में लाया गया। आँखों में पानी के छींटे मारे गये मगर कोई आराम नहीं हुआ। बल्कि दर्द कम होने के बजाय और बढ़ गया। डायरेक्टर सूरज प्रसाद शर्मा ने उसी समय आख़िरी सीन जिसमें राजा हरिश्चन्द्र विश्वामित्र को अपना सर्वस्व दान कर देते हैं, वह लगवाया और जल्दी खेल ख़त्म करने के लिए कह दिया।

शो ख़त्म होते ही रागिनी को उसी समय गोरखपुर के सरकारी अस्पताल में लाया गया। यह तो ग़नीमत है कि मेले का यह आख़िरी शो है, और आने वाले बीस दिनों तक कोई शर्त नहीं है। इसलिए आँखों पर पूरे दो सप्ताह पट्टी बँधी रही। इलाज़ के दौरान पता चला कि राख़ के

महीन कणों ने आँख के भीतरी हिस्सों में इतने छोटे–छोटे घाव कर दिये हैं जिन्हें ठीक होने में वक़्त लगेगा।

11

हिन्दुस्तान थिएटर का इस सीज़न का यह आख़िरी पड़ाव है। वसन्त पंचमी को विदिशा में अपनी आख़िरी शर्त पूरी कर, यहीं से सब एक बार फिर अपने–अपने आशियानों की ओर उड़ जायेंगे। उन आशियानों की तरफ़ जहाँ से बिछुड़े हुए इन्हें छह महीने होने को आ रहे हैं। परिन्दे तो परिन्दे, इतने दिनों में इनसान भी अपनों की सूरतें भूलने लग जाता है। वापस लौटने की सुखद अनुभूतियों और कल्पनाओं में जैसे पूरी कम्पनी डूब–तिर रही है। ये तो इनसान हैं वरना परिन्दे होते, तो अपना–अपना हिसाब करवाते ही कब के उड़ चुके होते। वैसे भी एक तो मलमास होने, ऊपर से बढ़ती गरमी और उसके बाद चौमासे के चलते कम्पनी का काम आने वाले छह महीने तक पूरी तरह बन्द रहता है। जहाँ एक तरफ़ सब अपने–अपने घर जाने की ख़ुशी में चहकते घूम रहे हैं, वहाँ इस कम्पनी में एक शख़्स ऐसा भी है जो अपने आशियाने में जाने के लिए तैयार नहीं है। वह है गीता। उसका तो पहला और आख़िरी आशियाना ही यह थिएटर है। गीता ही क्यों, ख़ुश तो वे भी नहीं हैं, जो अपने पूरे परिवार को लेकर कम्पनी के साथ चलते हैं।

डायरेक्टर सूरज प्रसाद शर्मा की हिदायत पर मैनेजर ने एक–एक कर सारे कलाकारों, साज़िन्दों और कम्पनी से जुड़े कारिन्दों का हिसाब कर दिया। जब सब का हिसाब चुकता हो गया, तब अपने डायरेक्टर की हिदायत के मुताबिक़ मैनेजर उन्हीं के कैम्प में पहुँच गया। मैनेजर के आने के बाद डायरेक्टर सूरज प्रसाद शर्मा ने रागिनी को अपने ही कैम्प में बुलवा लिया। रागिनी पहले से वहाँ मौजूद कम्पनी के मैनेजर, और उसके बग़ल में रखे एक रजिस्टर व बैग को देखते ही समझ गयी कि उसे यहाँ किस लिए बुलवाया गया है।

"आओ रागिनी! बस आख़िर में तुम ही बची हो।" डायरेक्टर सूरज प्रसाद शर्मा रागिनी के आते ही, उसके अनुमान की पुष्टि करते हुए

अपने मैनेजर की तरफ़ पलटे, "मैनेजर साहब, अब इनका भी हिसाब कर दीजिए!"

अपने डायरेक्टर का आदेश सुन कम्पनी का मैनेजर अपने साथ लाये रजिस्टर में खो गया। जब तक मैनेजर हिसाब लगाता डायरेक्टर सूरज प्रसाद शर्मा ने यूँ ही वक़्त काटने की ग़रज़ से पूछ लिया, "रागिनी, तुम्हें याद हो तो कितनी तनख़्वाह में बात तय हुई थी?"

हैरानी हुई रागिनी को कि जब सब कुछ पहले से तय है, तब उसका डायरेक्टर क्यों ऐसा पूछ रहा है? यही सोच कर उसकी धड़कनें बढ़ने लगीं। चेहरे पर खिंचाव आ गया।

"दरअसल, मुझे याद नहीं आ रहा है इसलिए पूछ लिया...मेरे ख़याल से सत्रह सौऽऽऽ..."

"जी दादा, इतनी ही तय हुई थी।" रागिनी के मुश्किल से जान में जान आयी।

"ठीक है...मैनेजर साहब, बन गया इनका हिसाब?" डायरेक्टर सूरज प्रसाद शर्मा ने रजिस्टर में डूबे मैनेजर से पूछा।

"दादा, बस एक मिनट।"

"जल्दी करो यार!"

"लो बन गया दादा।" इतना कह मैनेजर ने अपना बैग खोला और उसमें से रुपये निकाल उन्हें गिनने के बाद रागिनी की ओर बढ़ा दिया।

रागिनी ने रकम ली और उसे बिना गिने अपने थैले में रखती, डायरेक्टर सूरज प्रसाद शर्मा ने उसे टोक दिया, "रकम को गिन तो लो रागिनी!"

"दादा, भरोसा नाम की भी कोई चीज़ होती है।"

"इतना भी भरोसा ठीक नहीं है आज के ज़माने में। पैसे का मामला है...गिन लेने चाहिए।"

अपने डायरेक्टर के इस तर्क पर रागिनी झेंप गयी। सही कह रहे हैं डायरेक्टर साहब। उसने मन–ही–मन ख़ुद से कहा और मैनेजर द्वारा दी गयी रकम को गिनने लगी। जैसे–जैसे वह रकम गिनने के आख़िरी चरण में जाने लगी, उसकी अँगुलियों के पोरों की गति शिथिल पड़ने लगी। अन्त तक आते–आते तो उसके माथे पर सिलवटें गहरा गयीं और साँस चढ़ने लगी। उसने नज़र उठा कर पहले अपने डायरेक्टर की तरफ़ देखा, और फिर नज़रें मैनेजर के चेहरे पर चस्पाँ हो गयीं।

"क्या हुआ, इतनी घबरायी और परेशान–सी क्यों हो?" डायरेक्टर

सूरज प्रसाद शर्मा रागिनी की परेशानी भाँपने की कोशिश करने लगे।

"दा...दादा, यह रकम तो मुझे ठीक नहीं लग रही है? लगता है मैनेजर साहब से कोई ग़लती हो गयी है।'' अचकचाते हुए रागिनी ने कहा।

"ठीक नहीं लग रही है...ज़रा फिर से गिनना! ऐसे कैसे हो सकता है?"

रागिनी की अँगुलियों के पोर एक बार फिर नोटों की देह पर सरसराने लगे। रुपये गिनने के बाद वह फिर से अपने डायरेक्टर की तरफ़ पलटी, "दादा, गिन लिए हैं। उतने ही हैं जितने पहले थे।"

"पहले कितने थे?" डायरेक्टर सूरज प्रसाद शर्मा ने अक्कल दाढ़ को कुरेदते हुए पूछा।

"बारह हज़ार दो सौ।"

"तुम्हारे हिसाब से कितने होने चाहिए?" मसनद से पीठ टिका कर बैठे हिन्दुस्तान थिएटर के डायरेक्टर सूरज प्रसाद शर्मा ने, गले में हमेशा लटकी रहने वाली चाँदी की दन्त कुरेदनी से अक्कल दाढ़ कुरेदते हुए पूछा।

"मेरे हिसाब से दादा दो हज़ार ज़्यादा हैं।" रागिनी ने पहले से बना कर रखे गये हिसाब के मुताबिक़ बताया।

"क्याऽऽऽ! दो हज़ार ज़्यादा हैं। तुम तो हिसाब की बड़ी पक्की हो।'' मसनद से पीठ सीधी कर हैरानी जताते हुए इस बार डायरेक्टर सूरज प्रसाद शर्मा अपने मैनेजर की तरफ़ मुड़े, "मैनेजर साहब, यह लड़की क्या कह रही है?"

इस बीच अपना बैग बन्द कर चुके मैनेजर से नहीं रुका गया, और हँसते हुए बोला, "दादा, क्यों बच्ची को परेशान कर रहे हो। बता क्यों नहीं देते।"

मैनेजर की कोई बात पल्ले नहीं पड़ी रागिनी के। डायरेक्टर सूरज प्रसाद शर्मा को भी लगा कि रागिनी को और परेशान करना अच्छा नहीं है। यही सोच कर उन्होंने वापस मसनद से पीठ टिकाई और मुस्कराते हुए बोले, "रागिनी, न तो इसमें कोई फालतू रकम है और न ही मैनेजर साहब से कोई ग़लती हुई है। अगर कम्पनी और उसका मैनेजर ऐसे ग़लती करने लगा, फिर तो इतनी बड़ी थिएटर कम्पनी चल ली।"

"तो फिर यह सब क्या है दादा?" दुपट्टे से चिपचिपा गये माथे को पोंछते हुए रागिनी ने पूछा।

"कुछ नहीं है। दो महीने बाद ही कम्पनी ने तुम्हारी तनख़्वाह बढ़ाने का फ़ैसला कर लिया था। एक कला पारखी होने के नाते एक बात कहूँ

रागिनी, अब भी यह तनख़्वाह तुम्हारे लिए कम है।" आख़िरकार डायरेक्टर सूरज प्रसाद शर्मा ने राज़ से परदा उठा ही दिया।

"मैं भी एक बात कहूँ दादा, मैं हालाँकि आपकी तरह कला का पारखी नहीं हूँ। मगर आपकी सोहबत में रह कर इतनी परख मुझे भी हो गयी है, कि आने वाले वक़्त में इस पर दौलत और शोहरत दोनों की बड़ी बारिश होगी।"

"आपने दुरुस्त फ़रमाया मैनेजर साहब। मेरा भी यही मानना है। मगर यह तो वक़्त ही बतायेगा कि दौलत और शोहरत, इन दोनों में से यह किसे, कितना और कब तक बचाकर रख पायेगी। इन्हें सँभाल कर और सहेज कर रखना हरेक के बूते की बात नहीं है।" डायरेक्टर सूरज प्रसाद शर्मा ने मसनद पर टिकी पीठ को सीधी करने की कोशिश करते हुए गहरी साँस लेते हुए कहा।

रागिनी की आँखें कम्पनी के मैनेजर और अपने डायरेक्टर की इस भविष्यवाणी व आशीर्वचन से नम होती चली गयीं। वह अपनी जगह से उठी और सूरज प्रसाद शर्मा के पाँव छू लिए।

"शाबाश, ख़ुशी–ख़ुशी अपने घर जाओ! अगले सीज़न में ऊपर वाले ने चाहा तो फिर से मुलाक़ात होती है...जीती रहो!"

नम आँखों से एक तरह से अपने गुरु और डायरेक्टर की ढेर सारी आशीषों को अपनी झोली में भर, रागिनी अपने कैम्प में आ गयी। उसने पहले से विदिशा से आगरा के लिए बुक करायी गयी रेल की टिकट को धीरे–से निहार कर सहलाया, और फिर रात की ट्रेन से आगरा जाने की तैयारियों में जुट गयी।

12

जिया की आँखों को जैसे कोई धोखा हुआ।

एक बार तो वह उसे पहचान ही नहीं पायी। कैसे पहचान पाती। न कोई चिट्ठी, न पत्री। न कोई खैर, न ख़बर। अचानक अपने सामने रागिनी को खड़ा देख कुछ पल के लिए जिया को अपनी आँखों पर यक़ीन ही नहीं हुआ। अपनी काली को वह देखती रह गयी। कराहती

हुई वह एक झटके से चारपाई से उठी, और लपक कर उसे छाती से चिपटा लिया। आँखें बरबस ही ऐसे बरसने लगीं जैसे प्यासे माह के महीने में महावट हो रही हो।

रागिनी के आते ही घर एक बार फिर उसकी कूक से कूकने लगा। जिस घर की दीवारें गुनगुनाना तक भूल गयी थीं, वे फिर से तराने गाने लगीं। रागिनी ने हिन्दुस्तान थिएटर से मिली सारी तनख़्वाह जिया के हाथों में रख दी, जिसे जिया ने उसी समय माला के हवाले कर दिया। बड़ी होने के नाते जैसे वह चाहे, घर चलाये। वैसे भी इतनी कम उम्र में बहन के विधवा होने और उस पर दो–दो मासूमों का भार। इतने बड़े भार को माला कैसे ढोती होगी, छोटी बहन होने के नाते रागिनी से बेहतर और कौन जान सकता है।

अरसे बाद अपने ही घर के बिस्तर पर रागिनी को पूरी रात जैसे नींद नहीं आयी। और ज़रा–सी देर के लिए कोई झपकी आती भी, तो माँ के कराहने से वह फिर से उचट जाती। मुश्किल से आख़िरी पहर में उसकी आँखें लगीं, जो सुबह नौ बजे के आसपास ही जाकर खुलीं।

सुबह रागिनी ने जिया को शहर के किसी अच्छे डॉक्टर से दिखाने की बात कही, तो जवाब जिया के बजाय माला ने दिया, "राजा साहब का बेटा आता है हफ़्ते–दस दिन में। हो सकता है आजकल में आ भी जाये!"

"वह आता है जिया को देखने?"

"हाँ।"

"और उसकी फ़ीस का क्या...घर आने की तो उसकी फ़ीस बहुत होगी?" रागिनी ने पहली बार वह सवाल किया जिसे शायद बहुत बाद में किया जाना चाहिए था।

"शुरू में तो वह ले लिया करता था, पर अब नहीं लेता है।"

"अब नहीं लेता है मतलब? क्या उसने सदा बरत लगा रखी है जो नहीं लेता है?"

"कहता है इकट्ठी ले लूँगा।" माला ने सहजता से कहा।

"जिया, अबकी बार सबसे पहले इस डॉक्टर की पिछली फ़ीस देनी है।" इतना कह रागिनी मुँह बिचकाते हुए ख़ुद से बोली, "बड़ा आया धर्मात्मा...कहता है इकट्ठा ले लूँगा। अगर किसी के पास इकट्ठा देने को नहीं हुई तो।"

"तू क्यों इतना सिर खपा रही है। जब कह रहा है तो ले लेगा...और

रुका ही नहीं जा रहा है तो एकाध दिन में जब आयेगा, परखा देना। एक तो भला आदमी उधार में इलाज कर रहा है, ऊपर से भाषण दिये जा रही है।" जिया ने हल्के–से रागिनी को डाँट दिया।

"इसमें भाषण की बात नहीं है जिया। थोड़ी देर के लिए मान लो किसी के पास देने के लिए इतनी फ़ीस जमा नहीं हुई, तब क्या होगा?"

"तू तो बेमतलब उबाल खा रही है। तुझे क्या पता हमने उससे फ़ीस लेने के लिए नहीं कहा होगा? जब अगला ले ही नहीं रहा है, तो हम क्या करें।" इस बार माला ने भी जिया की तरह रागिनी को डाँट दिया।

"ठीक है इस बार आने दे। मैंने भी उसका सारा हिसाब नहीं कर दिया, तो मेरा भी नाम काली नहीं।" इसके बाद रागिनी मुँह–हाथ धोने चली गयी।

तीसरे दिन दोपहर को घर के बाहर एक बार फिर वही चिर–परिचित घंटी सुनायी दी।

माला समझ गयी कि यह उसी रिक्शे की घंटी है जिस पर जिया को देखने डॉ. सक्सेना अक्सर आते हैं। इससे पहले कि बाहर से कोई दरवाज़ा खटखटाता, माला ने जाकर दरवाज़ा खोल दिया। अनुमान एकदम सही निकला सामने डॉ. सक्सेना ही खड़े हैं।

"लगता है सब सो रहे हैं?" अन्दर प्रवेश कर आँगन में फैले सन्नाटे को भाँपते हुए डॉ. सक्सेना ने पूछा।

"ना, बस जिया ही सो रही है।" माला ने जवाब देते हुए डॉ. सक्सेना के हाथ से अटैची ले ली।

माला के पीछे–पीछे चलते हुए डॉ. सक्सेना इससे पहले कि जिया के कमरे में दाख़िल होते, दाहिनी तरफ़ हल्के–से मटमैले अँधेरे में उन्हें लगा जैसे धूसर कैनवास पर बगुलों की छोटी–सी पाँत बैठी हुई है। इस मोहक कोलाज को देख डॉ. सक्सेना के पाँव मानो ज़मीन से चिपक गये। जब तक वे कुछ समझ पाते कैनवास पर बैठी बगुलों की पाँत जैसे अचानक उड़ गयी। इससे पहले कि उनकी आँखें इस पाँत को खोज पातीं, वही पाँत उन्हें जिया के कमरे में फिर से दिखायी दे गयी। डॉ. सक्सेना की इस पर नज़र पड़ी तो वे हतप्रभ–से उसे देखते रह गये। जो पाँत उन्हें धूसर कैनवास पर नज़र आयी थी, वही तो है यह। वही सफ़ेद मोतियों–सी दाँतों की लड़ी।

डॉ. सक्सेना ने अपने मरीज़ का तसल्ली से मुआयना किया। एक बार फिर पिछली बार की तरह ढेर सारी हिदायतें दीं, और एक काग़ज़ पर कुछ दवाइयाँ लिख उसे माला की तरफ़ यह कहते हुए बढ़ा दिया, "ऐसा करना इन्हें डिस्पेंसरी से मँगा लेना! अब पहले से ज़्यादा आराम है।" डॉ. सक्सेना ने गले में लटका स्टेथसकोप उतारा और उसे लपेट कर अटैची में रख दिया।

अटैची बन्द कर डॉ. सक्सेना जाने के लिए खड़े हो गये। वापस जाने के लिए उन्होंने क़दम अभी बढ़ाये ही थे कि पीछे से माला ने हिचकिचाते हुए पूछा, "डॉक्टर साब, आपकी आज तक की कितनी फ़ीस हो गयी होगी?"

जाते–जाते रुक गये डॉ. सक्सेना। कहा कुछ नहीं। बस माला की तरफ़ देखते रह गये।

"क्या है कि आपकी बहुत फ़ीस जमा हो गयी होगी। अब यह आ गयी है न...यही कह रही थी कि डॉक्टर साब का आज सारा हिसाब कर देना है।" डॉ. सक्सेना ने जिस तरह माला की तरफ़ देखा था, उससे माला को लगा कि क्यों न डॉक्टर को बता ही दिया जाय।

"कहीं गयी थी यह जो आ गयी है?" डॉ. सक्सेना ने ऐसे ही जिज्ञासावश पूछा।

"वो क्या है डॉक्टर साब कि दशहरे से पहले अपने शहर में एक थिएटर कम्पनी आयी थी, क्या नाम है उसकाऽऽऽ...रागिनी ज़रा बताना...?" माला ने जिस तरह धूसर कैनवास पर बैठी बगुलों–सी पाँत की तरफ़ गरदन घुमा कर पूछा था, उससे डॉ. सक्सेना को यह तो पता चल गया कि इस सफ़ेद मोतियों–सी दाँतों की लड़ी का नाम रागिनी है।

"हिन्दुस्तान थिएटर।" रागिनी ने धीमी आवाज़ में बताया।

"हाँ डॉक्टर साब, उसी में काम करने चली गयी थी।" रागिनी से जवाब पा माला ने अपना वाक्य पूरा किया।

डॉ. सक्सेना की आँखें पलक झपकते ही माला के बग़ल में खड़ी रागिनी की ऊपर से नीचे तक, पूरी देहभाषा बाँच गयीं।

"ऐसा करना अम्माँ जिसने पूरा हिसाब करने के लिए कहा है न, उसी को डिस्पेंसरी दवा लेने भेज देना। सारा हिसाब लगवा कर फ़ीस दे आयेगा।" परोक्ष रूप से डॉ. सक्सेना का इशारा रागिनी की ओर था।

इसके बाद डॉक्टर सक्सेना ने माला को अपनी अटैची पकड़ायी और अपनी उसी मन्थर गति से बाहर खड़े रिक्शे की ओर बढ़ गये, जिस गति

से उतर कर वे यहाँ तक धीरे–धीरे चल कर आये थे।

रहट गली से रह–रह कर आने वाली और कानों से दूर होती रिक्शे की घंटी की आवाज़ से, पूरे घर को अनुमान हो गया कि रिक्शा काफ़ी दूर निकल गया है। रिक्शे के जाते ही माला रागिनी को डाँटते हुए बोली, "ले, कर दिया उसका हिसाब। परसों तो बड़ी–बड़ी बातें कर रही थी कि आने दे, मैंने भी उसका सारा हिसाब न कर दिया तो काली मेरा नाम नहीं!"

"दीदी, इसमें ऐसी कौन–सी आफ़त आ गयी। ठीक हैं न, जब डिस्पेंसरी दवाइयाँ लेने जाऊँगी तो कर आऊँगी सारा हिसाब।" रागिनी तमकते हुए बोली।

"हाँ–हाँ, खुद ही जाना!" इतना कह कर माला ने बात यहीं ख़त्म कर दी।

डिस्पेंसरी में मरीज़ों की भीड़ देख एक बार तो रागिनी के मन में आया कि वह वापस लौट जाये। मगर अगले ही पल सोचा कि जब यहाँ तक आ ही गयी है, तो क्यों न जिया की दवाइयाँ लेने के साथ, वह असली काम भी करती चले जिसके लिए वह यहाँ तक चल कर आयी है। यही सोचकर वह मरीज़ों से बचती–बचाती डॉ. सक्सेना के कमरे में पहुँचती, उससे पहले डॉ.सक्सेना की नज़र उस पर पड़ गयी। रागिनी को देखते ही वे उसके पास आये और बग़ल वाले कमरे में बिठाने के बाद वापस आकर अपने मरीज़ों में लग गये।

थोड़ी देर में डिस्पेंसरी में काम करने वाला वार्ड ब्वॉय ट्रे में पानी लाया, और ट्रे को उसकी तरफ़ बढ़ाते हुए पूछा, "आप चाय लेंगी या कॉफ़ी?"

सुनकर रागिनी को बड़ा अटपटा लगा कि इस डिस्पेंसरी में मरीज़ों को यह सब भी मिलता है। वह भी इस छोटे–से शहर की प्राइवेट डिस्पेंसरी में। जब तक रागिनी ने कोई जवाब नहीं दिया, वार्ड ब्वॉय उसके सामने ही खड़ा रहा।

"कुछ नहीं चाहिए।" अनजाने ही माथे को दुपट्टे के पल्लू से पोंछते हुए रागिनी ने बड़े ही रूखेपन से उत्तर दिया।

"पंखा चला दूँ?"

वार्ड ब्वॉय के इतना कहते ही रागिनी हत्थे से उखड़ गयी, "यह क्या पंखा चलाने का मौसम है!"

वार्ड ब्वॉय चुपचाप कमरे से बाहर चला गया। उसके जाते ही रागिनी

ने जैसे राहत की साँस ली और डॉक्टर के बुलाने का इन्तज़ार करने लगी। ऐसा लगता है डिस्पेंसरी में ज़्यादा मरीज़ होने की वजह से डॉक्टर को फुरसत नहीं मिल पा रही है। रागिनी से कमरे में बैठे–बैठे अब समय काटना मुश्किल हो गया। इसी बीच रागिनी ने उसी वार्ड ब्वॉय को हाथ में ट्रे थामे एक बार फिर अपनी तरफ़ आते हुए देखा। जब तक वह कुछ सोचती वार्ड ब्वॉय उस तक आ पहुँचा। उसने ट्रे में रखी चाय उठायी और उसे रागिनी की तरफ़ बढ़ा दिया। रागिनी को ग़ुस्सा तो बहुत आया मगर यह सोचकर चुप हो गयी कि वह यहाँ किसी तरह बखेड़ा खड़ा नहीं करना चाहती। न चाहते हुए उसने चाय ले ली।

क़रीब आधे घंटे बाद डॉ. सक्सेना खुद चल कर उसके पास आये। उससे काग़ज़ का वह पुर्ज़ा लिया जिस पर वे ख़ुद दवाइयाँ लिख कर आये थे, और कमरे से बाहर निकल गये। थोड़ी देर बाद आये तो उनके हाथ में दवाइयाँ थीं। डॉ. सक्सेना से दवाइयाँ ले रागिनी ने अपना पर्स खोला और उसे टटोलते हुए पूछने लगी, "आपकी पिछली फ़ीस का क्या हिसाब है?"

डॉ. सक्सेना ने कोई जवाब नहीं दिया।

डॉक्टर की तरफ़ से किसी तरह का जवाब न पा, अधखुले पर्स में घुसी अँगुलियों को विराम दे रागिनी ने गरदन उठायी और एक बार फिर वही सवाल दोहरा दिया।

"फ़ीस कौन–सी मारी जा रही है, आ जायेगी।" डॉ. सक्सेना ने इतना कहा और कमरे से बाहर निकल आये।

रागिनी की अँगुलियाँ पर्स में ही कसमसा कर रह गयीं। आख़िर यह डॉक्टर है क्या बला? उसकी कुछ समझ में नहीं आया। एक बार तो उसके जी में आया कि वह इस डॉक्टर के बच्चे से जाकर पूछे कि यह रहम वह उन पर क्यों लुटा रहा है? फिर यह सोच कर दवाइयाँ लेकर चल दी कि ठीक है अगली बार आयेगी, तो बिना हिसाब चुकता किये यहाँ से हरगिज़ नहीं जायेगी। डिस्पेंसरी से घर लौटते हुए रागिनी मन–ही–मन न जाने क्या–क्या बड़बड़ाती रही।

इस तरह दिन हफ़्तों में और हफ़्ते महीनों में बदलने लगे। रहट गली में जिस रिक्शे की घंटी पहले हफ़्ते–दस दिन में सुनायी देती थी, उसकी

मधुर आवाज़ अब कानों को लगभग रोज़ाना सुनायी देने लगी। कई बार तो इसे सुनते हुए ऐसा लगता मानो किसी राह के मुहाने, जलते दीये की मढ़ी के बाहर कोई मन्नत–सी माँग रहा है। सबसे बड़ी बात तो यह है कि डॉ. सक्सेना की जो उधार जहाँ पहले थी, अब भी वहीं है। बल्कि उसमें और इज़ाफा हो गया। जिया अपने जिस असाध्य मर्ज़ का हर इलाज करा चुकी है, उससे भी उसने जैसे हार मान ली। यह ठीक होना तो दूर रहा बल्कि और तेज़ी के साथ बेक़ाबू होने लगा। पाख़ाने के रास्ते के बग़ल में बने छेद का मुहाना पहले की अपेक्षा इतना बढ़ गया कि उसने फोड़े की शक्ल ले ली, और जब चाहे फट कर बहने लग जाता। डॉ. सक्सेना जब भी इस फोड़े में पड़े मवाद को निकालते, जिया की मानो जान निकल जाती। बल्कि अब तो पाख़ाना भी इसी रास्ते से आने लगा है।

डॉ. सक्सेना जिया के इस रोग के बारे में ठीक–ठीक किसी को भी नहीं बताते हैं। बस, आते हैं। इसका मुआयना करते हैं। दवाई लगाने के साथ कुछ ज़रूरी हिदायत देते हैं और पहले की तरह दिलासा देकर, जिस मन्थर गति से धीरे–धीरे चलकर आते हैं, उसी गति से रिक्शे में बैठकर वापस चले जाते हैं। सिवाय इस डॉक्टर के कोई नहीं जानता है कि उसकी उधार और जिया का फेस्टुला, जो काफ़ी पहले रिक्टम कैंसर का रूप ले चुका है, इन दोनों पर पार पाना अब किसी के हाथ में नहीं रहा।

रोज़–ब–रोज़ रहट गली में गूँजने वाली घंटियों की तरह पूरी गली ही नहीं, आसपास के दरवाज़ों और खिड़कियों की झिरियों से निकल, अब यह वितंडा निर्द्वन्द्व भाव से रहट गली में विचरण करने लगा कि आख़िर यह कौन–सी थिएटर कम्पनी है, जहाँ से रागिनी इतनी कमाई करके लायी है? यह ऐसी कौन–सी फ़िल्मी हीरोइन बन गयी है जो अपनी माँ का इलाज राजा साहब के डॉक्टर बेटे से करा रही है। थिएटर कम्पनी में तो इसकी बड़ी बहन ने भी काम किया है। मगर उसके काम करने से तो इस घर के कभी ऐसे दिन नहीं फिरे, जैसे अब फिरे हैं? रोज़ाना डिस्पेंसरी से रिक्शे से आना और यहाँ से वापस उसी रिक्शे से लौटना–सचमुच बड़ी मोटी फ़ीस लेता होगा यह। रिक्शे की घंटी की आवाज़ सिर्फ़ माला, रागिनी या जिया के लिए ही जानी–पहचानी नहीं रह गयी है, बल्कि अब तो इसके गली में दाख़िल होते ही सुनने वालों के मुँह से अपने आप निकल जाता है–लो, आ गया राजा साहब का बेटा।

एक तरह से डॉ. सक्सेना के आने का समय निश्चित हो गया। दोपहर के एक और डेढ़ बजे के बीच उनका रिक्शा जैसे ही गली में प्रवेश करता, उन्हें एक अजीब–सा सन्नाटा पसरा हुआ नज़र आता। बैसाख के ख़त्म होने और जेठ के शुरू होने का इसी से पता चलता है कि जो हवा चैत के मध्य तक एक राहत भरी ठंडक से सराबोर रहती, वही गरम होकर धीरे–धीरे लू का रूप लेने लगी है। हवा की तल्ख़ी और धूप की तुर्शी का इसी से अन्दाज़ा लगाया जा सकता है कि उसने सबको अपने–अपने घरों में क़ैद होने के लिए मजबूर कर दिया। घर में दाख़िल होते ही डॉ. सक्सेना की नज़र, सबसे पहले मटमैले अँधेरे में छिपी धूसर कैनवास पर बैठी बगुलों की उसी पाँत को ढूँढ़ती है, जिसे उसने पहली बार देखा था।

रागिनी को डॉ. सक्सेना का इस वक़्त आना बिल्कुल भी अच्छा नहीं लगता है। भला, यह भी कोई वक़्त हुआ। जब पूरी गली और पूरा घर आराम कर रहा होता है, इसे तभी आना होता है। चाहकर भी रागिनी कुछ नहीं कह पाती। वह यही सोच कर चुप हो जाती है कि डॉक्टर तो भगवान का रूप होता है। अगर भगवान को ही उसने बिदका दिया और वह अपने पर आ गया तो...। आगे की कल्पना कर उसका दुस्साहस एक अदृश्य भय में बदल जाता। हो सकता है अपने मरीज़ों से इसे इसी समय फ़ुरसत मिलती हो। चलिए, अपनी ज़रूरत को देखते हुए इसका इस समय आना भी सह लिया जाये। मगर इसका क्या किया जाये कि जब यह पता है कि सब सो रहे हैं, तब चारों तरफ़ नज़र मारते हुए पहले पूरे घर को चुपचाप खँगालना, और फिर अन्दर दाख़िल होते हुए यह पूछने का क्या मतलब है–सब सो रहे हैं?

एक बार हो गया, दो बार हो गया, मगर बार–बार 'सब सो रहे हैं' सुन–सुन कर रागिनी के जैसे कान पक गये हैं। यह तो उसकी मजबूरी है वरना उसका बस चले तो वह इसकी डिस्पेंसरी का मुँह भी न देखे। रागिनी ने जैसे तय कर लिया कि अगली बार वह जब भी डिस्पेंसरी जायेगी, तो वह वहाँ कुछ नहीं लेगी–न चाय, न पानी। न ठंडा, न गरम।

मगर आज तो हद हो गयी।

रागिनी जिया की दवाइयाँ लेने डिस्पेंसरी गयी, तो पाया अन्य दिनों की तरह डॉ. सक्सेना किसी मरीज़ की नब्ज़ टटोलने में व्यस्त हैं। इसीलिए डॉक्टर की नज़र उस पर नहीं पड़ी। वे जैसे ही मरीज़ से फ़ारिग हुए और उनकी नज़र रागिनी पर पड़ी, वे हड़बड़ा कर खड़े हो गये। उन्होंने

उसी समय अपने वार्ड ब्वॉय को आवाज़ देकर बुलाया। वार्ड ब्वॉय तुरन्त उनके सामने हाज़िर हो गया।

"तुमने इन्हें मेरे पास कैसे आने दिया?" डॉ. सक्सेना ने जिस अन्दाज़ में अपने वार्ड ब्वॉय को डाँटा, उससे रागिनी यह अनुमान नहीं लगा पायी कि यह डॉक्टर अपने वार्ड ब्वॉय को डाँट रहा है, या समझा रहा है।

वार्ड ब्वॉय इससे पहले कुछ कहता, डॉ. सक्सेना रागिनी को लेकर उसी कमरे में आ गये। उससे अपनी लिखी दवाइयों का काग़ज़ लिया और यह कह कर बाहर निकल गये, "एक मिनट...मैं अभी आया।"

इधर डॉक्टर बाहर निकला, उधर वार्ड ब्वॉय हाथ में कोका कोला की ठंडी बोतल लिए फिर से हाज़िर हो गया। रागिनी के मन में आया तो बहुत कि वह इस वार्ड ब्वॉय को उसकी इस गुस्ताख़ी पर डाँट दे। मगर प्रचंड गरमी के कारण सूख गये गले को तर करने के लालच ने उसे रोक दिया। उसने चुपचाप वार्ड ब्वॉय से बोतल ली और यह सोच कर हलक से गटागट उतारने लगी कि कौन–सा यह मुफ़्त में पिला रहा है। जब हिसाब करेगा, सब वसूल लेगा। रागिनी ने इत्मिनान से गला तर किया और दवाइयाँ लेकर मज़े से बाहर आ गयी।

"सब सो रहे हैं?"

"क्यों, आपको क्या लग रहा है?"

"बस, ऐसे ही पूछ लिया...क्योंकि ऐसा लग रहा है जैसे सब सो रहे हैं!"

"जब आपको पता है कि इस वक़्त सब सो रहे होते हैं, फिर बार–बार एक ही सवाल पूछने का क्या मतलब है।" डॉ. सक्सेना ने आज जैसे ही पुराना सवाल दोहराया, रागिनी हत्थे से उखड़ गयी।

राजा साहब के डॉक्टर बेटे वीरेन्द्र स्वरूप सक्सेना को इसकी ज़रा भी उम्मीद नहीं थी। उसने हल्के–से कनखियों से रागिनी की तरफ़ देखा और बिना कुछ कहे आगे बढ़ने लगे, कि रागिनी ने डॉ. सक्सेना को फिर धर दबोचा, "और यह क्या मतलब है...आप अपनी फ़ीस क्यों नहीं लेते हैं?"

"ले लेंगे...फ़ीस कौन–सी मारी जा रही है।" डॉ. सक्सेना ने बड़ी शाइस्तगी से कहा।

"ले लेंगे! जब पूछो यही जवाब...और हाँ, आपका वह लड़का हमें

डिस्पेंसरी में कभी चाय, तो कभी को फी; कभी ठंडा, तो कभी गरम—क्यों पिलाता है?"

डॉ. सक्सेना ने रागिनी को कोई जवाब नहीं दिया। इससे पहले कि वे आगे बढ़ते, रागिनी ख़ुद उठकर आयी और यह कहकर डॉ. सक्सेना को जिया के कमरे में ले आयी, "आइए!"

रागिनी जिया को जगाने के लिए आगे बढ़ी ही थी कि डॉ. सक्सेना ने जिया को गहरी नींद में देख कर इशारे से रागिनी को रोक दिया। वे कमरे से बाहर निकल आये। पीछे-पीछे रागिनी भी चली आयी।

"देखिए, इस समय ये गहरी नींद में हैं। इन्हें जगाना ठीक नहीं रहेगा। ये जितना सोयेंगी, उतना ही आराम मिलेगा। अभी तो मैं चलता हूँ, पाँच बजे के आसपास दोबारा आता हूँ।"

"दोबारा आने की ज़रूरत नहीं है। मैं जिया को अभी जगा देती हूँ।"

"ठीक है नहीं आऊँगा...मैं ये कुछ दवाएँ लिख देता हूँ, इन्हें डिस्पेंसरी से मँगा लेना!"

रागिनी के माथे की चढ़ी त्योरियाँ देख डॉ. सक्सेना अपनी अटैची खोलने लगे कि तभी रागिनी तमकते हुए बोली, "आज गयी थी तभी दे देते।"

"ये दूसरी दवाइयाँ हैं। इनसे रात तक और आराम हो जायेगा।"

"ठीक है आ जाऊँगी। मगर अपने उस कम्पाउंडर को समझा देना कि वह मुझे कोई ठंडा-वंडा देने की कोशिश न करे!"

"यह तो हमारी डिस्पेंसरी का उसूल है कि हम अपने मरीज़ का पूरा ख़याल रखें।"

"ख़याल रखो पर सबका। मैंने तो किसी मरीज़ को आज तक कोई चाय-वाय या ठंडा-वंडा पीते नहीं देखा।"

"आगे से ध्यान रखा जायेगा।"

इसके बाद डॉ. सक्सेना ने अटैची खोल उसमें से एक काग़ज़ निकाला और उस पर कुछ दवाइयाँ लिखकर, उसे रागिनी को थमा छोटे-छोटे क़दमों से बाहर आ गये।

डॉ. सक्सेना के जाते ही पीछे-पीछे रागिनी भी दरवाज़ा बन्द करने के लिए आ गयी। अभी उसने दरवाज़ा बन्द करने के लिए हाथ बढ़ाया ही था कि, बाहर गली में आवारागर्दी करता तपती जेठ का एक लू का थपेड़ा, न जाने कहाँ से हरहराते हुए आया और बदन को झुलसाता हुआ तेज़ी-से आगे बढ़ गया।

दरवाज़ा बन्द करने के बाद जब तक रागिनी अन्दर नहीं आ गयी, तब तक दूर जाते रिक्शे की रह–रह कर बजती घण्टियाँ देर तक उसके कानों में गूँजती रहीं।

13

राजा साहब के डॉक्टर बेटे वीरेन्द्र स्वरूप सक्सेना घर में भले ही किसी को जिया की बीमारी के बारे में नहीं बता रहे हैं, मगर एक तरह से नरक भोग रही और इस जानलेवा रोग की भुक्तभोगी जिया ने जैसे भाँप लिया कि वह ज़्यादा दिन तक नहीं जी पायेगी। भादों की उमस भरी सड़ी गरमी में घाव से रिसता मवाद अब इतनी जल्दी नहीं सूखता, जितनी जल्दी दूसरे महीनों में सूखता है। हालाँकि डॉ. सक्सेना अब रोज़ाना आ रहे हैं और पूरा प्रयास कर रहे हैं कि किसी तरह जिया को इस बीमारी से मुक्ति मिल जाये। यहाँ तक हर दूसरे–तीसरे दिन वे दवाइयाँ भी बदल रहे हैं मगर मर्ज़ कम होने के बजाय उलटा बढ़ता जा रहा है।

आज भी वे अन्य दिनों की तरह एक बेमानी–सी दिलासा के साथ कुछ नयी दवाइयाँ लिख कर चले गये। उनके जाते ही जिया ने माला और रागिनी दोनों को अपने पास बैठा लिया। डॉक्टर भले इन बच्चों को न बताये, अच्छा है वही कुछ इशारा कर दे। कम–से–कम ये किसी भुलावे में तो नहीं रहेंगे और मानसिक रूप से आने वाले हालातों से सामना करने की अभी से तैयारी कर लेंगे। अब यह बात दूसरी है कि जिया ने उन दोनों को अपने पास बुला तो लिया परन्तु उनसे सच कहने की हिम्मत नहीं जुटा पा रही है। देर तलक वह इसके लिए मन–ही–मन भूमिका बनाती रही।

इसी बीच सबको लगा जैसे बाहर कोई दरवाज़ा खटखटा रहा है। शायद डॉक्टर कुछ हिदायतें देना भूल गया है, यही सोच कर माला उठी और दरवाज़ा खोल दिया।

"जी कहिए, किस से मिलना है?" सामने दो सम्भ्रान्त–से नज़र आने वाले अजनबियों को दरवाज़े पर खड़ा देख, माला ने हैरानी से पूछा।

"रागिनी जी यहीं रहती हैं?" उनमें से एक अजनबी ने बेहद अदब के साथ पूछा।

"जीऽऽऽ...आप?" माला ने दरवाज़े से पीछे हटते हुए प्रतिप्रश्न किया।

"हम जलाली, ज़िला अलीगढ़ से आये हैं। मेरा नाम अमीचन्द शर्मा है और ये हैं हमारे मैनेजर डालचन्द शर्मा जी।" उनमें से पहले वाले अजनबी ने अपना छोटा–सा परिचय देते हुए कहा।

"वो तो ठीक है परऽऽऽ आप उससे किसलिए मिलना चाहते हैं?"

"सब कुछ यहीं दरयाफ़्त कर लोगी या हमें अन्दर भी आने के लिए कहोगी।" दूसरे सम्भ्रान्त से नज़र आने वाले अजनबी यानी मैनेजर डालचन्द शर्मा ने मुस्कराकर अपनी मैनेजरी का इस्तेमाल करते हुए कहा।

"इससे पहले आपको कभी देखा नहीं, इसलिए पूछ लिया।" माला झेंपते हुए दरवाज़े से पीछे हटी तथा उन दोनों को अन्दर ले आयी, "बैठिए, मैं अभी बुला कर लायी।" उन दोनों को बैठक में बैठा कर माला अन्दर चली गयी।

माला के साथ सामने से आती पन्द्रह–सोलह वर्षीय किशोरी को देख, एक बार तो अमीचन्द शर्मा और उनके मैनेजर डालचन्द शर्मा को भी यक़ीन नहीं हुआ। जब तक वे दोनों कुछ समझ पाते दोनों बहनें उनके सामने पहुँच चुकी थीं, और नमस्ते कर उनके सामने बैठ गयीं।

"जी कहिए?" बैठते ही किशोरी यानी रागिनी ने उन अजनबियों की तरफ़ देखते हुए पूछा।

रागिनी के इतना पूछते ही अमीचन्द शर्मा और उनके मैनेजर डालचन्द शर्मा ने एक–दूसरे की आँखों में देखा।

"आऽऽऽप रागिनी जी ही हैं न?" प्रत्युत्तर में मैनेजर डालचन्द शर्मा ने हिचकिचाते हुए पूछा।

"जी हाँ, मैं ही हूँ।" रागिनी ने पूरे आत्मविश्वास के साथ कहा।

"अच्छा–अच्छा आप ही हैं।" इतना कह मैनेजर ने हाथ जोड़ते हुए पहले रागिनी का अभिनन्दन किया और फिर बोले, "हम जलाली, ज़िला अलीगढ़ से आये हैं। आपने पन्नालाल थिएटर का नाम तो सुना होगा?"

"नहीं, मैंने नहीं सुना है। मैं तो अभी–अभी आयी हूँ थिएटर में।" रागिनी ने बिना किसी लाग–लपेट के सच्चाई स्वीकारते हुए कहा।

"चलिए कोई बात नहीं। मैं उसके बारे में बताता हूँ। वो क्या है कि हमारे डायरेक्टर अमीचन्द शर्मा जी और इनके बड़े भाई साहब पन्नालाल जी थिएटर से जुड़े हुए थे। पिछले बरस एक हादसे में पन्नालाल जी का देहान्त हो गया था। सो उनकी याद को बनाये रखने के लिए हमारे

डायरेक्टर साहब ने अपने बड़े भाई साहब के नाम पर पन्नालाल थिएटर नाम से एक कम्पनी बनायी थी।"

"हमारा थिएटर ज़्यादातर अपने शो बिहार में करता है। हम दशहरे से पहले वहाँ के लिए रवाना होते हैं, और तक़रीबन फागुन तक हमारा थिएटर वहाँ रहता है।" अमीचन्द शर्मा अपने मैनेजर द्वारा पन्नालाल थिएटर के बारे में दिये जा रहे परिचय को बीच में काटते हुए बोले।

"हम चाहते हैं कि आप अपनी गायकी का कुछ मौक़ा हमारे पन्नालाल थिएटर को भी दें!" मैनेजर ने अपने आने का मक़सद बताते हुए कहा।

"पर मैनेजर साहब, मैं तो पहले से भागलपुर वालों की थिएटर कम्पनी में काम करती हूँ।"

"हमें मालूम है कि आपका क़रार पहले से दादा सूरज प्रसाद शर्मा जी की हिन्दुस्तान थिएटर कम्पनी से है।"

"आपको कैसे मालूम?" चौंकते हुए रागिनी ने मुस्कराते हुए पूछा।

"दरअसल, उन्होंने ही हमें आपके बारे में बताया है।" अमीचन्द शर्मा ने रागिनी की जिज्ञासा को शान्त करते हुए जानकारी दी।

"जब आप इतना जानते हैं दादा तो यह भी जानते होंगे कि एक क़रार को तोड़कर, उनकी इजाज़त के बिना मैं कैसे आपकी कम्पनी से क़रार कर सकती हूँ?"

"सब जानते हैं तभी तो हम यहाँ आये हैं।"

"मैनेजर साहब, मैं कुछ समझी नहीं?"

"रागिनी जी, हम यहाँ उनकी ही इजाज़त से आये हैं। उन्होंने ही हमें आपका पता दिया है।" पन्नालाल थिएटर के मैनेजर डालचन्द शर्मा ने खुलासा करते हुए बताया।

"क्या! उनकी इजाज़त से आये हो...मतलब हिन्दुस्तान थिएटर बन्द हो गया है?" पन्नालाल थिएटर के मैनेजर डालचन्द शर्मा के इस नये रहस्योद्घाटन पर रागिनी घबरा गयी।

"नहीं–नहीं बन्द नहीं हुआ है...वो क्या है कि अभी तक उनके पास अगले सीज़न के लिए माघ मेले से पहले की कोई शर्त नहीं आयी है।" पन्नालाल थिएटर के मालिक व डायरेक्टर अमीचन्द शर्मा ने रागिनी को तसल्ली देते हुए कहा।

"और अगर आ गयी तो?" परेशान रागिनी ने पूछा।

"आप ऐसा करिए, उनसे बात कर लीजिए। जैसा वे कहें, वैसा करिए।

पर हाँ, एक बात की हम आपको गारंटी देते हैं कि अगर माघ मेले से पहले हिन्दुस्तान थिएटर के पास कोई शर्त आती है, और आपका बुलावा आ जाता है तो हम आपको उसी वक़्त भेज देंगे। पहला हक़ तो आप पर हिन्दुस्तान थिएटर का है।" अमीचन्द शर्मा ने रागिनी को आश्वासन देते हुए कहा।

"अब आप कह रहे हैं तो झूठ थोड़े ही कह रहे होंगे।" इतना कह रागिनी मैनेजर की तरफ़ मुड़ी, "मैनेजर साहब, फिर तो दादा ने हिन्दुस्तान थिएटर में मिलने वाली तनख़्वाह के बारे में भी बता दिया होगा?"

"तनख़्वाह के बारे में तो उनसे हमारी कोई बात हुई नहीं। मगर आप चिन्ता न करें। हमारी कम्पनी आपका नुकसान नहीं होने देगी।"

"नुकसान तो नहीं होने देगी, पर मैनेजर साहब अगर बात पहले ही तय हो जाये तो ज़्यादा ठीक रहेगा। सब कुछ पहले से तय होने पर कम्पनी भी ख़ुश और आर्टिस्ट भी ख़ुश...क्यों दादा?"

"मैनेजर साहब, रागिनी जी दुरुस्त फ़रमा रही हैं।" पन्नालाल थिएटर के मालिक व डायरेक्टर अमीचन्द शर्मा रागिनी के तर्क से सहमत होते हुए बोले।

"तो फिर बताइए, आपकी हमारी कम्पनी से क्या–क्या उम्मीदें हैं?" मैनेजर डालचन्द शर्मा मुद्दे पर आ गया।

"ऐसा है मैनेजर साहब, हिन्दुस्तान थिएटर मुझे देती है बाईस सौ रुपये।"

"बाईसऽऽऽ सौ!" पन्नालाल थिएटर के मालिक अमीचन्द शर्मा का तनख़्वाह का नाम सुनते मुँह खुला का खुला रह गया।

"आप क्या सोच कर आये थे दादा?" मुस्कराते हुए रागिनी ने पूछा।

"हम तो यही सोच कर आये थे छह सौ–सात सौ।" इससे पहले कि पन्नालाल थिएटर के मालिक अमीचन्द शर्मा कुछ कह पाते, मैनेजर डालचन्द शर्मा ने एक वफ़ादार मुलाज़िम का फ़र्ज़ और धर्म दोनों निभाते हुए कहा।

"मैं झूठ थोड़े ही बोलूँगी। अगर मेरी बात पर आपको यक़ीन नहीं है तो आप दादा सूरज प्रसाद..."

"नहीं–नहीं आप झूठ थोड़े ही बोलेंगी।"

इतना कह मैनेजर पलट कर पन्नालाल थिएटर के मालिक और डायरेक्टर की ओर देखता, अमीचन्द शर्मा तुरन्त बात सँभालते हुए बोले, "हमें आपकी बात मंजूर है। पन्नालाल थिएटर भी आपको बाईस सौ रुपये तनख़्वाह देगी।"

"औऽऽऽर बाकी के सब खर्चे जैसे आना–जाना..."

"मैनेजर साह...ब, यह भी कोई पूछने की बात होती है। यह तो हर थिएटर कम्पनी को करना होता है।" परोक्ष रूप से पन्नालाल थिएटर के मालिक और डायरेक्टर अमीचन्द शर्मा ने अपने मैनेजर को जवाब दे दिया।

"पर मेरा एक बार अपने दादा सूरज प्रसाद जी से भी बात करना ज़रूरी है।"

"हाँ–हाँ शौक़ से करिए!" मैनेजर ने रागिनी से सहमत होते हुए कहा।

"वैसे आपकी पहली शर्त है कहाँ की?" रागिनी ने जिज्ञासावश पूछा।

"हमारी पहली शर्त दशहरा ख़त्म होते ही मुंगेर में शुरू हो जायेगी। इसके बाद हमें तुरन्त पूर्णिया ज़िले के काढ़ा गोला में कार्तिक पूर्णिमा के मौक़े पर लगने वाले मेले के लिए रवाना हो जाना है।"

"ठीक है मैनेजर साहब, आप बेफ़िक्र होकर जाइए। तब तक मैं दादा से भी बात कर लेती हूँ।"

"जी बिल्कुल। वैसे तो हमारा क़रार पक्का है मगर फिर भी हम आपके जवाब का इन्तज़ार करेंगे।"

पन्नालाल थिएटर के मालिक व डायरेक्टर ने अपने मैनेजर के बजाय ख़ुद क़रार पर आख़िरी मुहर लगायी, और फिर अपने मैनेजर डालचन्द शर्मा को आँखों ही आँखों में कुछ इशारा किया। अनुभवी मैनेजर अपने मालिक का इशारा तुरन्त समझ गया। उसने नीचे रखी अटैची उठाकर अपनी गोद में रखी। उसे खोला, उसमें से कुछ रुपये निकाले और रागिनी की तरफ़ बढ़ाते हुए कहा, "ये छोटी–सी पेशगी रख लीजिए!"

रागिनी ने पेशगी ली और उसे गिनने के बाद उसकी पुष्टि करते हुए बोली, "मैनेजर साहब, हज़ार रुपये हैं?"

"जी। अच्छा अब हमें इजाज़त दीजिए!" इसके बाद पन्नालाल थिएटर का मैनेजर जाने के लिए खड़ा हो गया।

पन्नालाल थिएटर के मालिक–डायरेक्टर और मैनेजर दोनों ने रागिनी से विदा ली और बाहर चले आये। बाहर आने पर थिएटर के मैनेजर को जब लगा कि दरवाज़ा बन्द हो चुका है और वे कुछ दूर आ गये हैं, तो उसने पलट कर पहले दरयाफ़्त किया। जब उसे पूरी तसल्ली हो गयी तब उसने अपने मालिक और पन्नालाल थिएटर के डायरेक्टर अमीचन्द शर्मा की तरफ़ धीरे–से देखा।

"भैया जी, रागिनी से इतना मोटा क़रार करके हमने कोई जोख़िम तो

नहीं ले लिया है?" मैनेजर डालचन्द शर्मा ने शब्दों को बड़ी ही सावधानी से चुबलाते हुए कहा।

अनुभवी अमीचन्द को अपने मैनेजर का यह डर भाँपने में ज़रा भी देर नहीं लगी। उनके आगे बढ़ते क़दम ठिठक गये। उन्होंने धीरे–से अपने मैनेजर की आँखों में देखा और मुस्कराते हुए जवाब दिये, "मैनेजर साहब, अगर हमने जोखिम उठाया है तब तो सूरज प्रसाद जी यह ग़लती हमसे बहुत पहले कर चुके हैं। हिन्दुस्तान थिएटर रागिनी को कुछ सोच–समझ कर ही इतनी मोटी तनख़्वाह दे रही होगी। मेरा तजरबा कहता है मैनेजर साहब कि न तो हमने कोई जोख़िम उठाया है, न ही हमने कोई ग़लती की है।"

"अगर आपका तजरबा ऐसा कहता है तो मैं भी मुतमईन हूँ। क्या करूँ भैया जी, मैनेजर जो ठहरा...डर तो लगता ही है।"

पन्नालाल थिएटर के मालिक व डायरेक्टर अमीचन्द शर्मा ज़ोर से ठहाका मार कर हँसे। मैनेजर कुछ समझ नहीं पाया। इससे पहले कि मैनेजर कुछ कहता, एकदम पास आकर रुके रिक्शे में अमीचन्द शर्मा यह कहते हुए चढ़ गये, "आइए, परेशान होने की ज़रूरत नहीं है!"

रिक्शा धीरे–धीरे बस अड्डे की तरफ़ बढ़ने लगा। अपने मैनेजर की पेशानी पर उभरी चिन्ता की लकीरें पन्नालाल थिएटर के मालिक से देखी नहीं गयीं। इसलिए वे अपने आपको रोक नहीं पाये, "मैनेजर साहब, हमने कौन–सा रागिनी से उम्रभर का क़रार कर लिया है। इसी सीज़न की बात है, वह भी एकाध महीने की।"

"यह बात तो आप सही कह रहे हैं भैया जी।" मैनेजर डालचन्द शर्मा के चेहरे पर बमुश्किल मुस्कराहट लौटी।

पन्नालाल थिएटर के मालिक अमीचन्द शर्मा और उनके मैनेजर डालचन्द शर्मा ने रागिनी से ग़लत नहीं कहा था। हिन्दुस्तान थिएटर कम्पनी के डायरेक्टर सूरज प्रसाद शर्मा ने ही रागिनी का पता उन्हें दिया था। रागिनी ने अपने डायरेक्टर सूरज प्रसाद शर्मा को लिखी चिट्ठी में पन्नालाल थिएटर के मालिक अमीचन्द शर्मा और उनके मैनेजर से हुई सारी बातचीत तफ़सील से लिख दी। जवाब में सूरज प्रसाद शर्मा ने कम्पनी की माली हालत ठीक नहीं होने का ज़िक्र करते हुए, रागिनी को सलाह दी कि वह पन्नालाल थिएटर में मिले काम के लिए हरगिज़ मना न करे।

अपने डायरेक्टर सूरज प्रसाद शर्मा की बार–बार चिट्ठी पढ़ते हुए, रागिनी को हिन्दुस्तान थिएटर की माली हालत ठीक न होने वाली बात पर यक़ीन नहीं हो रहा है। अगर ऐसा है तो सूरज प्रसाद शर्मा जी ने क्यों उसकी दो महीने की तनख़्वाह सत्रह सौ से बाईस सौ रुपये कर दी थी? यह तो बाद में पन्नालाल थिएटर में ही आकर असलियत का पता चला कि जहाँ दशहरे से पहले कम्पनी अपनी मंज़िल की ओर रवाना हो जाती थी, वहाँ इस बार अभी तक उसके पास एक भी शर्त क्यों नहीं है।

बहरहाल, पन्नालाल थिएटर की पहली शर्त कामयाबी के साथ पूरी हो गयी। आख़िरी शो आधी रात के तक़रीबन डेढ़ बजे ख़त्म हुआ। शो ख़त्म होते ही थिएटर का मालिक और मैनेजर आपस में काढ़ा गोला रवाना होने के बारे में मशविरा करने लगे। मशविरे के दौरान मैनेजर ने अपने मालिक व डायरेक्टर अमीचन्द शर्मा को एक नायाब मशविरा दिया।

"भैया जी, काढ़ा गोला जाने के लिए हमें जाना पड़ेगा स्टेशन...और स्टेशन यहाँ से कम–से–कम है चालीस मील दूर। इसका मतलब यह हुआ भैया जी कि पहले हम स्टेशन जायें और स्टेशन से दोपहर बाद वहाँ की ट्रेन पकड़ें। इस तरह हमें काढ़ा गोला पहुँचने में पूरा एक दिन लग जायेगा। एक बात और, इसकी भी कोई गारंटी नहीं है कि ट्रेन काढ़ा गोला स्टेशन पर रुक ही जायेगी। अगर नहीं रुकी तो हम सबको पूर्णिया जाकर उतरना पड़ेगा।"

"मैनेजर साहब, आख़िर आपके दिमाग़ में चल क्या रहा है? मेरे पास आपकी इतनी लम्बी रामायण सुनने का वक़्त नहीं है। जो कहना है साफ़–साफ़ कहो!" थिएटर मालिक अमीचन्द शर्मा ने झल्लाते हुए कहा।

"मेरे कहने का मतलब यह है कि सामान और कुछ कारिन्दे–कलाकार तो सवेरे ट्रकों में लद कर पहुँच जायेंगे। हम और कुछ ख़ास कलाकार ऐसा करते हैं, अभी गंगाजी से होकर निकल लेते हैं।" कम्पनी के मैनेजर ने पहली बार अपनी योजना का खुलासा किया।

"मैं कुछ समझा नहीं?" कैम्प में जल रहे एकमात्र बल्ब की रोशनी से पुते अपने मैनेजर के चेहरे के भावों को बाँचने की कोशिश की अमीचन्द शर्मा ने।

"भैया जी, इसमें समझने की कौन–सी बात है। यहाँ से घाट बस तीन–चार कोस दूर है। ऐसा करते हैं, हम ग्रुप को लेकर अभी निकल

लेते हैं। नाव से गंगा पार कर हम आगे बस से निकल जायेंगे। बाकी के लोग आते रहेंगे।"

"सलाह तो मैनेजर साहब आपकी ठीक है, मगर हमारा इस वक़्त निकलना ठीक रहेगा?"

"बिल्कुल भैया जी। इससे एक तो हमारा टाइम बचेगा, दूसरा पैसे की भी कुछ बचत हो जायेगी। देखो न, चाँदनी किस तरह छिटक रही है। एक–एक चीज़ साफ़ नज़र आ रही है!"

एक व्यापारी को इससे ज़्यादा और क्या चाहिए। पन्नालाल थिएटर के मालिक अमीचन्द शर्मा ने उसी वक़्त थिएटर कम्पनी को हुक्म दे दिया कि सब फटाफट रवाना होने की तैयारी कर लें। हमें यहाँ से अभी गंगा घाट के लिए रवाना होना है।

इधर कम्पनी के मालिक ने हुक्म सुनाया, उधर सारे कलाकार अपने चेहरों से उतारे गये आधे–अधूरे मेकअप, और अपने–अपने ज़रूरी सामान के साथ घाट पर जाने के लिए तैयार हो गये। सारे कलाकार उनके साथ एक ट्रक में बैठ कर घाट की तरफ़ रवाना हो गये। इधर उन्हें छोड़ ट्रक तो वापस हो लिया और थिएटर का मालिक, उसका मैनेजर और दूसरे कलाकार किनारे लगी नाव में सवार होकर गंगा में उतर गये।

नाव धीरे–धीरे गंगा के पानी पर पड़ती चन्द्रमा की चाँदनी में आगे बढ़ने लगी। आधे कार्तिक की चाँदनी रात में दूर तलक रह–रह कर उठती छोटी–छोटी लहरों को देख कर लगता, मानो गंगा की सतह पर चाँदी का वरक़ चढ़ा दिया हो। बीच–बीच में पानी की सतह पर खुली हवा में साँस लेने बाहर आती मछलियाँ जैसे नाव का स्वागत कर छपाक से गंगा में ग़ायब हो जातीं। कभी–कभी तो ऐसा लगता मानो ये मछलियाँ आकाश से चाँदनी बिखेरते चन्द्रमा से ठिठोली करने के लिए बाहर निकल रही हैं। गंगा में छायी ख़ामोशी और हवा के बहाव को भाँप मल्लाह ने अपने बग़ल में बैठे मैनेजर को चेताते हुए कहा, "लगता है कोई तूफ़ान आने वाला है। ऐसा करता हूँ बाबू जी नाव को थोड़ी देर के लिए किसी सूखी जगह के किनारे लगा देता हूँ।"

मैनेजर डालचन्द शर्मा ने घड़ी देखी। अभी साढ़े तीन बजे हैं। मल्लाह का अनुमान एकदम सही निकला। अभी मल्लाह ने नाव बीच गंगा में एक टीले के पास लाकर लगायी ही थी कि सचमुच तूफ़ान आ गया। एक–एक कर सब नाव से नीचे उतर आये। तूफ़ानी हवा के साथ

गंगा के छोटे–छोटे टापुओं से उड़ कर आये रेत से सब अट गये। भोर के आसपास जब सब शान्त हो गया, तब जाकर सबने राहत की साँस ली। सुबह के उजास ने धीरे–धीरे पूरी गंगा को अपने अंक में भर लिया।

एक बार फिर पूरा क़ाफ़िला नाव में सवार हो गया। नाव में बैठते ही उनींदी रागिनी ने कम्पनी के मालिक अमीचन्द शर्मा से पूछा, "दादा, अभी कितनी देर और लगेगी?"

कम्पनी के मालिक ने कोई जवाब नहीं दिया। जवाब तो तब देते जब उन्हें कुछ पता हो।

मगर लगता है आज नियति को कुछ और ही मंजूर है।

नाव अपनी मन्थर गति से किनारे की ओर बढ़ी जा रही है। इसी बीच न जाने कहाँ से एक स्टीमर आ गया। जब तक मल्लाह कुछ समझ पाता, स्टीमर ने नाव में टक्कर मार दी। नाव पलटते–पलटते रह गयी। नाव जैसे ही सीधी हुई थिएटर के मालिक अमीचन्द शर्मा अपने मैनेजर पर झल्लाए, "मैनेजर साहब, आपने अच्छी मुसीबत में फँसाया। इससे तो अच्छा होता हम ट्रेन से ही आ जाते।"

मल्लाह एक बार फिर नाव को सही दिशा में लेकर बढ़ने लगा। दिन का उजाला अब पूरी तरह चारों तरफ़ फैल गया। तभी एक कलाकार की नज़र नाव की तली में उठते पानी के बुलबुलों पर पड़ी। उसने मल्लाह को बताया तो देखते ही मल्लाह घबरा गया।

"बाबू जी, नाव में छेद हो गया है।"

मल्लाह की बात सुन नाव में हड़कम्प मच गया। नाव की तली में हुए छेद से पानी तेज़ी से भरने लगा। सबने बहुत कोशिश की छेद को रोकने की मगर सारी कोशिशें नाकाम हो गयीं। पूरी नाव के लोगों के हाथ–पाँव फूल गये। अब बस एक ही तरीक़ा बचा है और वह यह कि सब मिल कर नाव से पानी को उलीच कर बाहर निकालें। इसके बाद सब जी–जान से पानी उलीचने में लग गये। यह तो ग़नीमत है कि सूराख़ ज़्यादा बड़ा नहीं है। मल्लाह ने जैसे–तैसे नाव किनारे पर लगा दी।

मगर यह क्या?

नाव किनारे लग तो गयी पर किनारा वैसा नहीं है जैसा होना चाहिए। यहाँ से तो उतर कर निकलना भी मुश्किल है। दरअसल, जहाँ नाव रुकी वहाँ गंगा की धारा के कटाव से किनारा एक आदमक़द खड़ी दीवार में तब्दील हो गया। पानी के उथलेपन को देख मल्लाह ने सब को

नाव से उतरने के लिए कह दिया। इसके बाद सब नाव को धकियाते हुए आगे बढ़ाने लगे। लगभग आधे मील के बाद बाहर आने लायक किनारा आया। सूरज भी अब मुस्कराता हुआ काफ़ी ऊपर आ गया। रातभर के जगराते और नाव को धकियाते–धकियाते सभी लोग थक कर जैसे चूर हो गयी। न कुछ खाना, न पीना। दूर तलक कुछ नज़र नहीं आ रहा है। तभी सामने से एक बुजुर्ग आता दिखायी दिया। मैनेजर डालचन्द शर्मा लपक कर उसके पास गया, "बाबा, यहाँ से बस कितनी दूर से मिलेगी?"

"यही कोई आधा–एक कोस।" बुजुर्ग ने बताया।

"यहाँ आसपास कुछ खाने को मिल जायेगा?"

"बाबू जी, यहाँ तो कछु ना मिलेगो।" इतना कह कर पहले बुजुर्ग ने किनारे बैठी महिला कलाकारों की तरफ़ देखा, और फिर पता नहीं क्या सोच कर अपनी छोटी–सी पोटली को मैनेजर की तरफ़ बढ़ाते हुए बोला, "बाबू जी, मेरे कनै जरा–सो सत्तू है...लेओ, यासे थोड़ो–भोत काम चला लेओ!"

मैनेजर ने एक बार भी मना नहीं किया। चुपचाप सत्तू लिया और उसे मल्लाह की बाल्टी में गंगा के पानी में घोल कर थोड़ा–थोड़ा सबको दे दिया। पेट में सत्तू जाते ही थके–हारे जिस्मों में मानो ताक़त लौट आयी। सबने इसके बाद गंगा की ठंडी धार में अपने–अपने मुँह–हाथ धोये और गंगा किनारे नाव को अकेला छोड़, पन्नालाल थिएटर का यह छोटा–सा क़ाफ़िला एक बार फिर अपनी मंज़िल यानी काढ़ा गोला जाने वाली बस की तलाश में आगे बढ़ गया।

14

पूरे एक सप्ताह की शर्त पूरी कर पन्नालाल थिएटर कम्पनी का क़ाफ़िला काढ़ा गोला से पटना के लिए रवाना हो गया। कम्पनी के मालिक अमीचन्द शर्मा और मैनेजर डालचन्द शर्मा को रह–रह कर अब अपने इस कौल पर मलाल हो रहा है, कि अगर माघ मेले से पहले हिन्दुस्तान थिएटर के पास कोई शर्त आती है, तो वे रागिनी को मुक्त कर देंगे।

काढ़ा गोला से चलते ही मैनेजर ने अपने मन की बात थिएटर के मालिक से कह ही दी, "भैया जी, काश हम रागिनी से यह क़रार नहीं करते।"

"मैनेजर साहब, अब पता चल गया कि यह रागिनी क्या चीज़ है। आप तो कह रहे थे कि भैया जी, रागिनी को लाकर हम कोई जोख़िम तो उठाने नहीं जा रहे हैं।" अमीचन्द शर्मा ने मुस्कराते हुए अपने मैनेजर से कहा।

"भैया जी, बिल्कुल कहा था।"

"एक बात कहूँ, जब इसने बाईस सौ तनख़्वाह माँगी थी तब मुझे छोटा–सा झटका ही नहीं लगा था बल्कि थोड़ी–सी हैरानी भी हुई थी। मगर मैंने थोड़ा–सा सोचने का नाटक कर तुरन्त हाँ कर दी।"

"पर मुझे तो लगा कि आपने सोचने का वक़्त इसीलिए लिया था कि यह ज़्यादा तनख़्वाह माँग रही थी।"

"मैनेजर साहब, ब्योपारी हूँ। ऐसे ही थिएटर कम्पनी नहीं खोली हुई है। अच्छे–बुरे की परख रखता हूँ...दरअसल, ब्योपार में ऐसे नाटक करने पड़ते हैं। मैंने तो इसकी बातों से ही अन्दाज़ा लगा लिया था कि इस लड़की में दम है।"

"अब समझ में आया भैया जी कि सूरज प्रसाद जी इसका पता देने में क्यों आनाकानी कर रहे थे। यह तो ग़नीमत है कि हिन्दुस्तान थिएटर के ये नयी चाल के जवान मालिक कम्पनी में दिलचस्पी नहीं ले रहे हैं, वरना सूरज प्रसाद जी हमें रागिनी का पता तो देना दूर रहा, हमें इसके पास फटकने भी नहीं देते।"

"आपका सोचना एकदम सही है मैनेजर साहब। उन्होंने तो हमें इसके पास मजबूरी में आने की इजाज़त दी है। खैर, क़रार के मुताबिक़ हम अपनी ज़बान से बँधे हुए हैं। अब तो बस मुरली वाले से यही अरज करो कि हिन्दुस्तान थिएटर के ये नयी चाल के मालिक अपनी बात पर अड़े रहें।"

"वैसे आपको क्या लगता है भैया जी...हिन्दुस्तान थिएटर कम्पनी सचमुच बन्द हो जायेगी?" मैनेजर डालचन्द शर्मा ने पन्नालाल थिएटर के मालिक–डायरेक्टर से पूछा। हालाँकि मैनेजर के चेहरे पर उभरे भावों को देखकर यह अनुमान लगाना मुश्किल था कि ऐसा पूछते समय उसे ख़ुशी ज़्यादा हो रही थी, या एक थिएटर कम्पनी के असमय बन्द होने का रंज हो रहा था।

"मैनेजर साहब, सच कहूँ मेरे कहने के पीछे एक ब्योपारी का लालच ज़्यादा था...पर एक सच्चे कला के पुजारी की हैसियत से एक बात कहूँ, हिन्दुस्तान थिएटर जैसी कम्पनी को बन्द नहीं होना चाहिए। अगर

ख़ुदा–न–ख़ास्ता ऐसा हो गया तो जुलम हो जायेगा। आज तो हिन्दुस्तान थिएटर बन्द हो रहा है, क्या पता कल अपने पन्नालाल थिएटर का नम्बर आ जाये।" कहते–कहते पन्नालाल थिएटर के मालिक की आँखों में एक अनजाने डर की सुर्ख रेखाएँ उभर आयीं।

"ऐसा मत सोचो भैया जी। लागडाट और रश्क अपनी जगह है, पर मेरा भी यही सोचना है कि ऐसी नौबत आनी नहीं चाहिए। मुक़ाबले का असली मज़ा भी तभी आता है भैया जी जब सामने कोई बराबर का टक्कर देने वाला हो।"

"बात मुक़ाबले या टक्कर की नहीं है मैनेजर साहब, बात और उससे बड़ी चिन्ता है कलाओं के ज़िन्दा रहने की। इनके वजूद के बचे रहने की। यह सही है कि इनसे सैकड़ों लोगों के घर–परिवार चल रहे हैं, मगर ये भी तो तभी चलेंगे जब ये हिन्दुस्तान थिएटर–पन्नालाल थिएटर बचे रहेंगे। जब ये ज़िन्दा रहेंगे तभी तो गुलाब बाई और रागिनी जैसे अदाकार पैदा होंगे।"

रास्तेभर पन्नालाल थिएटर कम्पनी के मालिक–डायरेक्टर और मैनेजर के बीच इस विधा को लेकर बातें होती रहीं। बातों–बातों में दोनों को पता ही नहीं चला कि काढ़ा गोला उनसे कितने पीछे छूट गया है, और वे पटना के कितने क़रीब पहुँच गये हैं।

पटना के गाँधी मैदान में पन्नालाल थिएटर ने पहली शर्त की थी कि हिन्दुस्तान थिएटर के डायरेक्टर सूरज प्रसाद शर्मा का सन्देशा आ गया कि वे रागिनी को तुरन्त रवाना कर दें। अमीचन्द शर्मा चूँकि एक मौखिक वायदे और क़रार से बँधे हुए थे, इसलिए सन्देशा आते ही उन्होंने रागिनी का हिसाब किया, और उसे पन्नालाल थिएटर की खट्टी–मीठी यादों के साथ रवाना कर दिया।

हिन्दुस्तान थिएटर के इतिहास में राजगीर की यह शर्त सबसे कामयाब शर्त के रूप में दर्ज़ होगी। ऐसा इसके सबसे पुराने आर्टिस्ट उर्वशी व उनके पति मोहन कुमार का ही नहीं, बल्कि सुल्तान असर ख़ाँ और चरखारी स्टेट की *रॉयल ड्रामेटिक कम्पनी* के पूर्व पेटीबाजा मास्टर और इस थिएटर कम्पनी के सबसे तजरबेकार मेम्बर कुदरत साहब का भी मानना है। मगर सबको यह देख कर हैरानी हो रही है कि कम्पनी के डायरेक्टर होने के

नाते सूरज प्रसाद शर्मा के चेहरे पर इस कामयाबी की जो ख़ुशी होनी चाहिए, वह सिरे से ग़ायब है।

ऐसा भी इस कम्पनी के इतिहास में पहली बार हो रहा है कि जहाँ सीज़न ख़त्म होने पर ही मेकअप मेन, धोबी, तम्बू उठाने–लगाने वालों, परदा उठाने–गिराने वालों, रसोइयों, साज़िन्दों व कलाकारों का हिसाब किया जाता था, इस बार शर्त पूरी होते ही उनका हिसाब किया जा रहा है। किसी की कुछ समझ में नहीं आ रहा है कि आख़िर यह माज़रा क्या है? इस थिएटर कम्पनी में यह कौन–सी नयी रिवायत शुरू होने जा रही है?

सबका हिसाब करने के दौरान मैनेजर ने लगे हाथ सबको ग्रांड रिहर्सल की जगह पर आने के लिए कह दिया। हिन्दुस्तान थिएटर में सालों से काम करने वाले कलाकारों, साज़िन्दों और कुछ कारिन्दों की जानकारी में ऐसा पहली बार हो रहा है, जब पूरी कम्पनी को एक जगह इकट्ठा होने का फ़रमान सुनाया गया है। हालाँकि कुछ का यह अनुमान है कि रागिनी के आने से हिन्दुस्तान थिएटर के एक के बाद एक जिस तरह शो कामयाब हो रहे हैं, उसके मद्देनज़र कोई अच्छी ख़बर भी सुनने को मिल सकती है। मगर दूसरी तरफ़ कुदरत मास्टर जैसे तजरबेकारों को कम्पनी के डायरेक्टर सूरज प्रसाद शर्मा के उतरे चेहरे से कुछ और ही नज़र आ रहा है।

पूरी कम्पनी के इकट्ठा होने के बाद मैनेजर ने सब पर एक उचटती–सी नज़र डाली। जब उसे यह तसल्ली हो गयी कि सब आ चुके हैं, तब उसने अपने बग़ल में बैठे डायरेक्टर सूरज प्रसाद शर्मा की तरफ़ देखते हुए इसरार किया, "दादा, आप शुरुआत करेंगे तो ज़्यादा ठीक रहेगा!"

"मैनेजर साहब, कम्पनी के मैनेजर आप हैं। ऐसे फ़ैसले आपके मुँह से ही सुनते हुए अच्छे लगते हैं।"

आसपास बैठे कुछ लोगों के अपने डायरेक्टर के मुँह से यह बात सुन चेहरे खिल उठे।

"दादा, मेरी तो हिम्मत नहीं पड़ रही है, इसलिए अगर आऽऽऽप..."

"तो क्या इस तरह रेत में गरदन छिपाने से जान बच जायेगी मैनेजर साहब?"

डायरेक्टर सूरज प्रसाद शर्मा ने जिस तल्ख़ लहज़े में मैनेजर को जवाब दिया, उसे देख और सुन कुदरत मास्टर ने अपने पास बैठे सुल्तान असर ख़ाँ की तरफ़ देखा। दोनों के डर को उनके डायरेक्टर के चेहरे पर पुती

इस तल्खी ने और पुख्ता कर दिया। हिन्दुस्तान थिएटर के डायरेक्टर सूरज प्रसाद शर्मा और मैनेजर के इर्द–गिर्द एक ख़ामोशी भरा डर पसर गया।

"मैनेजर साहब, क्यों तो अपना भी वक़्त ज़ाया कर रहे हो और क्यों इन भले लोगों का कर रहे हो...जो कुछ कहना है, कह कर अलग हटो!"

इस बार डायरेक्टर सूरज प्रसाद शर्मा ने जिस अन्दाज़ में कहा उससे इस डर का दायरा और बड़ा हो गया। ग्रांड रिहर्सल की जगह बैठे कलाकारों, साज़िन्दों और कम्पनी के दूसरे कारिन्दों की साँसें मानो थम–सी गयीं। धड़कनें मैनेजर की इस घोषणा को सुनने की बैचेनी में एकाएक तेज़ हो गयीं कि क्यों तो अपना भी वक़्त ज़ाया कर रहे हो, और क्यों इन भले लोगों का कर रहे हो।

"दादा, लगता है इस पाप का ठीकरा मेरे सिर पर फोड़ने की आपने जैसे आज क़सम खा ली है।"

"आप कुछ भी समझ लो मैनेजर साहब। बताना तो आपको ही पड़ेगा।'' डायरेक्टर सूरज प्रसाद शर्मा ने बात अन्ततः मैनेजर पर डाल दी।

"ठीक है, जैसी आपकी मरज़ी दादा।"

इतना कह मैनेजर अपनी जगह से खड़ा हो गया। एक बार फिर उसने सामने बैठे पूरे हिन्दुस्तान थिएटर को निहारा। फिर गले में फाँस बन कर अटक गये शब्दों को खँखारते हुए पहले उन्हें सुलझाया, और फिर उन्हें चुबलाते हुए बोलना शुरू किया, "दोस्तो, आज की यह घड़ी मेरे लिए ही नहीं बल्कि आप सब के लिए भी बेहद मुश्किल भरी घड़ी है। सबसे पहले मैं आप सबका हिन्दुस्तान थिएटर की तरफ़ से तहेदिल से शुक्रिया अदा करना चाहता हूँ कि आपने इस थिएटर कम्पनी को अपने परिवार से भी बढ़ कर माना है। अच्छे और बुरे दिनों में इसका साथ दिया है जिसके बदले में इस कम्पनी ने हमारे परिवारों को पाला है। उनके सुख–दुख में हमारा साथ दिया है। इसलिए मेरी समझ में नहीं आ रहा है कि कैसे मैं आप सबको यह ख़बर सुनाऊँ। मेरी हिम्मत नहीं हो रही है कि कम्पनी के इस फ़ैसले को मैं आपको कैसे सुनाऊँ..."

"मैनेजर साहब, क्यों इन बेचारों के धीरज का इम्तिहान ले रहे हो! जो कहना है कहकर छुट्टी करो।" पहली बार डायरेक्टर सूरज प्रसाद शर्मा ने बड़े ही शान्त भाव से कहा।

"दादा, मैं आपकी बेकसी को समझ सकता हूँ। इतना सख्त फ़ैसला सुनाने के लिए हिम्मत भी तो चाहिए। आख़िर सालों–साल हम सब साथ

रहे हैं इसलिए कैसे कहूँ कि..." कहते–कहते मैनेजर का गला रुँध गया। आँखों के कोर भर आये। मुश्किल से मैनेजर ने अपने आप पर क़ाबू पाया। आँखों के कोरों को आस्तीन से पोंछा और फिर भर्राते हुए बोला, "दादा, ज़रा सोचो क्या बीतेगी उन परिवारों पर जब ये उन्हें जाकर बताएँगे कि इनकी कम्पनी बन्द हो गयी है।"

"क...क...क्या...कम्पनी बन्द हो रही है!" ग्रांड रिहर्सल की जगह बैठी पूरे हिन्दुस्तान थिएटर के मुँह से एकसाथ निकला।

देखते–ही–देखते पूरी कम्पनी में जैसे हाहाकार मच गया। जो चेहरे थोड़ी देर पहले कम्पनी की कामयाबी पर चहक रहे थे, वही ऐसे हो गये मानो उनकी किसी ने आब सोख ली हो। भविष्य की चिन्ता में आँखों में हताशा और निराशा के डोरे तैरने लगे। होंठ ऐसे पपड़ा गये जैसे जेठ की आग बरसती धूप में चल कर आये हों। जिन कलाकारों और कारिन्दों का पूरा परिवार कम्पनी के कारवाँ का हिस्सा थे, वे खानाबदोशों की इस भीड़ से अचानक मानो बिछुड़ गये। रागिनी, उसकी तो आँखों के आगे दर्द से बिलबिलाती जिया का चेहरा कौंध गया। डॉ. वीरेन्द्र स्वरूप सक्सेना की उधार की लम्बी फ़ेहरिस्त हवा में फड़फड़ाने लगी, और रहट गली में आते–जाते रिक्शे की बजती घंटियों की आवाज़ें, कानों में पिघले काँच की बूँद–सी टपकने लगीं।

"हाँ दोस्तो, यह सच है कि कम्पनी के नये मिज़ाज और नयी चाल के जवाँ मालिकों ने इसे बन्द करने का फ़ैसला कर लिया है।" मैनेजर ने दिल पर पत्थर रख आख़िरकार उसकी घोषणा कर ही दी, जिसे सुनने के लिए पूरा हिन्दुस्तान थिएटर बड़ी उम्मीद लेकर आया था। लगभग भीगे हुए शब्दों में अपनी बात का उसने यह कहते हुए समापन कर दिया, "बस, यह समझ लीजिए कि इस हिन्दुस्तान थिएटर कम्पनी के साथ हमारा–आपका दाना–पानी यहीं तक लिखा हुआ था। ज़िन्दा रहे तो किसी–न–किसी मोड़ पर आपसे ज़रूर कभी मुलाक़ात होगी।"

इससे पहले कि मैनेजर अपनी बात ख़त्म करके बैठता, पीछे से परदा उठाने–गिराने वाले ने भयाकुल भाव–भंगिमा के साथ कर्कश आवाज़ में भर्राते हुए पूछा, "पर मैनेजर साहब, बन्द होने की कुछ तो वजह होगी। अच्छी–ख़ासी चलती कम्पनी को ऐसे बन्द कर...और हमें बीच मझदार में इस तरह बेसहारा–बेकस छोड़ने की बात कुछ समझ में नहीं आयी?"

"बाबूलाल जी, आपकी इस बात का जवाब तो दादा ही देंगे।" जब

तक डायरेक्टर सूरज प्रसाद शर्मा कुछ कहते, मैनेजर अपनी जगह पर बैठ गया।

न चाहते हुए हिन्दुस्तान थिएटर के डायरेक्टर सूरज प्रसाद शर्मा अपनी जगह से लड़खड़ाते–से खड़े हुए, और परदा उठाने–गिराने वाले बाबूलाल के सवाल का जवाब देते हुए बोले, "बाबूलाल जी, आपका सवाल एकदम वाजिब है। यह सवाल आपके ही नहीं, पूरी कम्पनी के मन में भी उठ रहा होगा। दरअसल, कम्पनी के नयी सोच वाले नौजवान मालिकों की नौटंकी को लेकर सोच और राय हम सबसे एकदम अलहदा है। वे इसे एकदम मॉडर्न पारसी थिएटर की शक्ल देना चाहते हैं। उनका कहना है कि आने वाले वक़्त में इन चौबोला, बहरतबील, दौड़, दोहा, लावनी, सोहनी, झूलना वगैरा–वगैरा का कोई वजूद नहीं रहने वाला। बल्कि उनका तो यहाँ तक कहना है कि ये हरिश्चन्द्र–तारामती, भक्त पूरनमल, अमर सिंह राठौर, दहेज़, भगत सिंह, दिल की खता–बेटे की कुरबानी जैसे नाटक–नौटंकियों का कोई भविष्य नहीं हैं। साफ़–साफ़ कहूँ तो उनका कहने का मतलब यह है कि इतने भारी तामझाम के साथ, शहर–दर–शहर खानाबदोशों की तरह घूम–घूम कर आदमक़द नालीदार टीनों की बन्द दीवारों में, खेले जाने वाले पंडित नथाराम शर्मा गौड़ के इन तमाशों की थिएटर की दुनिया में अब कोई जगह नहीं है। झील–नक्काड़े की चौब और कुदरत मास्टर के बाजे पर गूँजने वाले कनफोड़ू सुरों पर टसुए बहाने वाले तमाशबीनों का ज़माना चला गया। अब ऐसे अंग्रेज़ी नाटकों का ज़माना आने वाला है, जो बड़े–बड़े शहरों की ठंडी बन्द रंगशालाओं में खेले जायेंगे। कुल मिलाकर कहूँ तो इन नयी चाल के मालिकों की नज़र में नौटंकी कोई कला नहीं, बल्कि आवारा–बेलगाम भीड़ इकट्ठी करने और पैसे कमाने का महज एक औज़ार है।"

"मगर दादा, हम तो कहीं के नहीं रहे...न इस धरती के, न उस आसमान के।" किसी भुरभुरे सूखे टीले पर अधझुके दरख्त से परदा उठाने–गिराने वाले बूढ़े कारिन्दे बाबूलाल ने गुहार लगाते हुए कहा।

"दादा, एक हद तक बाबूलाल जी का कहना एकदम दुरुस्त है। हमने तो अपनी गुज़ार ली मगर वे लोग कहाँ जायेंगे जिनके सामने पूरी ज़िन्दगी पड़ी है। अब इस रागिनी को ही लो। इस कम्पनी में इसका अभी यह दूसरा ही तो सीज़न था। इसका तो कॅरियर शुरू होकर ख़त्म भी हो गया।" एक पल के लिए कुदरत मास्टर के ज़ईफ़ चेहरे पर हल्की–सी जुम्बिश तैर कर ग़ायब हो गयी।

"पर दादा, आप कह रहे हैं कि कम्पनी के नये मालिकों ने थिएटर में मॉडर्न नाटकों को लाने का मन बना लिया है...जबकि मैनेजर साहब कह रहे हैं, कम्पनी बन्द हो गयी है। दोनों बातें एकदम अलग-अलग हैं। असल बात क्या है हमें पता तो चले?"

"सुल्तान साहब, फिलहाल तो आप थिएटर कम्पनी को बन्द हुआ मान कर चलें। दरअसल, ऐसा वे करने की सोच रहे हैं। अब आगे क्या होगा इसके बारे में सिवाय मालिकों के और कोई नहीं जानता। क्यों मैनेजर साहब?"

"दादा, मुझे तो यही बताया गया है कि यह इसकी आख़िरी शर्त है। इसके बाद हिन्दुस्तान थिएटर कोई शर्त नहीं लेगा। अगर ऐसी-वैसी कोई बात होगी तो उसकी सबसे पहले पुराने कलाकारों, साज़िन्दों और कारिन्दों को इत्तिला की जायेगी।"

"वाह मैनेजर साहब, दिल को बहलाने का ग़ालिब ख़याल अच्छा है। जनाब, एक तरफ़ कम्पनी बन्द करने की बात कर रहे हो, और दूसरी तरफ़ इत्तिला करने की बात हो रही है।" कुदरत मास्टर के हाथों से जैसे उम्मीदों की सारी डोर छूट गयी।

इसके बाद धीरे-धीरे ग्रांड रिहर्सल की जगह से हिन्दुस्तान थिएटर कम्पनी बिखरने लगी। मुरझाए चेहरे और सूनी आँखें काँपते हाथों से आपस में एक-दूसरे का पता-ठिकाना लेने लगे। ना-उम्मीदी और थके क़दमों से सब अपने-अपने कैम्प में आ गये। पता नहीं इनमें से किसी से कभी भेंट-मुलाक़ात होगी भी या नहीं। यही सोच कर भारी मन से सब अपना-अपना सामान समेटने लगे।

भागलपुर, बिहार के हिन्दुस्तान थिएटर और इसके डायरेक्टर सूरज प्रसाद शर्मा दोनों की यह आख़िरी शर्त साबित हुई। अगले दिन क्या तो कलाकार और क्या साज़िन्दे, क्या धोबी-रसोइए, क्या दूसरे कारिन्दे-सब भरे मन से राजगीर से अपने-अपने गन्तव्य की ओर रवाना हो गये। ऐसा लग रहा है जैसे कुछ रोज़ पहले तक जिस हरे-भरे रूख पर साँझ होते ही हारे-थके परिन्दे आकर सुस्ताते थे, अचानक वह सूख गया है। उसकी टहनियों की एक-दूसरे से गलबहियाँ करतीं पत्तियों को नोच कर किसी ने उसे मानो निपूता बना दिया। रॉयल ड्रामेटिक कम्पनी के पेटीबाजा

मास्टर कुदरत को लगा जैसे बिना पत्तों के कोई नंगा ठूँठ अपनी बेनूरी पर बिलख रहा है। राजगीर स्टेशन पर सब यानी सुल्तान असर खाँ, कुदरत मास्टर, उर्वशी, मोहन कुमार बाकी के कलाकारों और साज़िन्दों से गले मिलने के बाद ट्रेन में बैठे, तो थोड़ी देर के लिए लगा जैसे चौबोला दौड़ को, दोहा बहरतबील को, दादरा ठुमरी को, छन्द लावनी को, बहरशिकस्त सोहनी को और क़व्वाली ग़ज़ल को स्टेशन पर एक–दूसरे को विदा कर रहे हैं। लग रहा है सब एक–दूसरे को हिन्दुस्तान थिएटर से नहीं, बल्कि तारामती हरिश्चन्द्र से, अमर सिंह राठौर हाड़ी रानी से, रामू चरणा से, बिलवा मंगल से, सब्ज़परी गुलफ़ाम से, वज़ीरज़ादी गबरू से, राहतजान आरामजान से और भगत सिंह श्यामा से बिछुड़ कर जा रहे हैं। गहराती रात के सन्नाटे में बिना सुरों के जैसे झील–नक्काड़े की खनक, ढोलक की थाप और कुदरत मास्टर के दायें–बायें दोनों तरफ़ पैडल वाली धौंकनी से चलने वाली पेरिस के रीड्स वाली पेटी की सुरीली आवाज़ किसी क्षितिज में डूब गयी है।

राजगीर स्टेशन से धीरे–धीरे रवाना होने के बाद, रागिनी अपने आप से दूर होती ट्रेन की खिड़कियों से बाहर निकले, अपने साथी कलाकारों के हवा में हिलते हाथों को देर तलक निहारती रही। डबडबायी आँखों से दूर जाती ट्रेन की खिड़कियों से बाहर लहराते हाथों को देख रागिनी के होठों से बरबस ही ये शब्द झरने लगे–

दूँ विदाई किस तरह, रोक लूँ गर बस चले
दूर मंज़िल रह गयी, पर दूर मुझसे तुम चले।

वापस लौटते हुए पूरे सफ़र के दौरान हिन्दुस्तान थिएटर में समय–समय पर अलग–अलग शो में निभाये गये किरदार उसके कानों में सरगोशियाँ करते रहे। रागिनी ने इन्हें पीछे छोड़ने की बहुत कोशिश की, मगर पूरे रास्ते इन्होंने इसका पीछा नहीं छोड़ा। पूरी रफ़्तार से दौड़ती ट्रेन की खिड़की से पीछे छूटते पेड़–पौधों की तरह सारे किरदार, उसके साथ–साथ इस तरह ऐसे दौड़ते रहे, मानो ये रागिनी को घर तक ही विदा करके आयेंगे। मगर जैसे ही धीमी पड़ी ट्रेन की खिड़की से स्टेशन का पूर्वी केबिन नज़र आया, उसे पता ही नहीं चला कि एक–एक कर सारे किरदार उसके अवचेतन से विदा हो कब चुपचाप वापस लौट गये।

15

रोज़ाना की तरह अपने तय वक़्त पर बड़े बाज़ार की रहट गली के चिर–परिचित सन्नाटे को पार कर रिक्शा दरवाज़े के सामने आ कर रुक गया। डॉ. वीरेन्द्र स्वरूप सक्सेना को इसका ज़रा भी गुमान नहीं था। वे तो इस चेहरे को लगभग बिसरा चुके थे। मगर जैसे ही दरवाज़ा खुला तो एकाएक दरवाज़े के बीचों–बीच सामने खड़े, उसी विस्मृत चेहरे को देख वे सकपका गये। क्षणभर के लिए उन्हें कुछ नहीं सूझा। साँवले चेहरे पर चमकती उसी सफ़ेद मोतियों की लड़ी ने यादों को ताज़ा–सा कर दिया।

रागिनी दरवाज़े से एक तरफ़ हट गयी।

डॉ. सक्सेना अब भी हतप्रभ–से दरवाज़े के बाहर खड़े हुए हैं। दोनों के बीच एक अबोला संवाद देर तक तिरमिराता रहा। आँखों–ही–आँखों में डॉ. सक्सेना एक तरफ़ भरी–पूरी देह को बाँच गये।

"सब सो रहे हैं क्या?" डॉ. सक्सेना को कुछ नहीं सूझा तो उन्होंने अपना वही पुराना संवाद दोहरा दिया।

"ना, सब जाग रहे हैं।" रागिनी ने बड़े रूखेपन से जवाब दिया और वापस मुड़ गयी।

झेंपते हुए डॉ. सक्सेना भी उसके पीछे–पीछे हो लिए। अन्दर जाकर देखा तो पाया सचमुच सब जाग रहे हैं। डॉक्टर ने पूरे इत्मिनान से जिया का चेकअप किया और कुछ ज़रूरी हिदायतें देकर वापस जाने लगे, तो रागिनी ने पीछे से टोकते हुए पूछा, "दवाई लेने डिस्पेंसरी में कब आना है?"

"उसकी ज़रूरत नहीं है।" डॉ. सक्सेना ने बिना पलटे कहा।

"ज़रूरत नहीं है...मतलब?"

"आठ–दस दिन की दवाइयाँ अभी रखी हुई हैं। इन्हें ही देते रहो!" इतना कह कर डॉ. सक्सेना बाहर आये, वापस जाने के लिए बाहर खड़े उसी रिक्शे पर बैठे और अपनी डिस्पेंसरी लौट आये।

डॉक्टर के जाते ही रागिनी ने दरवाज़ा बन्द किया और ख़ुद से यह कहते हुए अन्दर आ गयी–शुक्र है कम–से–कम आठ–दस दिन तो डिस्पेंसरी नहीं जाना पड़ेगा।

डॉ. सक्सेना जिया के चेकअप के लिए आते तो ज़रूर हैं, पर दवाइयाँ नहीं लिखते हैं। अगर किसी की ज़रूरत होती है तो उसे अपने साथ ले

आते हैं। रागिनी को डॉ. सक्सेना में हुए इस बदलाव पर थोड़ी हैरानी हुई। कहीं ऐसा तो नहीं है, पिछली बार कही गयी बात का ये बुरा मान गये हैं? हालाँकि इसमें बुरा मानने वाली जैसी कोई बात थी नहीं। फिर भी अगर बुरा लग गया तो उसकी बला से। अपने आप को रागिनी ने समझाया और अपने काम में लग जाती।

उस दिन अचानक जिया के पास रिश्ते में लगने वाले चाचा चरणसिंह को देख रागिनी को थोड़ी हैरानी हुई। बल्कि इससे ज़्यादा उसे यह देख कर हैरानी हुई कि जो चाचा कभी उसकी तरफ़ देखता तक नहीं था, आज उसे बड़े ग़ौर से देख रहा है। फिर अगले ही पल अपने आपको निरखते हुए ख़ुद को समझाया–यह चाचा ही क्या जब से वह थिएटर कम्पनी में काम करने लगी है, तब से रहट गली ही नहीं, आसपास के लोग भी उसे ध्यान से देखने लगे हैं। और जब–जब कोई उसे ऐसे देखता है, तब–तब वह अकेले में अपने आपको देर तक दर्पण में निहारती रहती है। ख़ुद को निहारते हुए वह उन कारणों को जानने और समझने की कोशिश करती है, जिनकी वजह से आसपास के लोग ही नहीं, आज चाचा चरणसिंह भी उसे इतने ध्यान से देख रहे हैं। हालाँकि इससे पहले दूसरे लोगों द्वारा इस तरह देखने को उसने कभी संजीदगी से नहीं लिया। मगर जिस तरह आज चाचा चरणसिंह ने उसे ऊपर से नीचे तक बड़ी बारीकी से निरखा, उसका माथा ठनका। वह तेज़ी से अपने कमरे में आयी और एक बार फिर अपने आपको चाचा की बारीक निगाहों से ज़्यादा ख़ुद बारीकी से देखने लगी। देर तलक वह अपने आपको अलग–अलग कोणों से निरखती–निहारती रही। और जब उसके कुछ भी समझ में नहीं आया, तब उसने एक बेपरवाह गहरी साँस ली और बाहर आ गयी। बाहर आयी तो उसे पता चला कि चाचा चरणसिंह जिया के पास नहीं हैं।

जिया को अकेला देख वह तेज़ी से उसके पास आयी और आते ही पूछा, "जिया, आज यह चाचा चरणसिंह इस रहट गली का कैसे रास्ता भूल गये?"

"बस, चला आया मेरा हालचाल पूछने।" जिया ने टालना चाहा।

"ना, इतने भले तो ये हैं नहीं। इससे पहले तो ये कभी आये नहीं... आज कैसे इन्हें अचानक याद आ गयी?" जिया के कहे पर रागिनी को जैसे यक़ीन नहीं हुआ।

"याद क्या आ गयी, कट्टा बाज़ार राजा साहब के बेटे की डिस्पेंसरी में गये होंगे कुछ दवा–दारू लेने...वहाँ पता चला तो आ गया होगा!"

"पर जिया ये आये तो थे तेरा हालचाल जानने और घूर–घूर कर मुझे देखे जा रहे थे।"

रागिनी के इस सवाल पर जिया यह सोच कर सहम गयी कि कहीं इस काली की बच्ची को शक तो नहीं हो गया है। जिया ने तुरन्त अपने आपको सँभाला और हँसते हुए बोली, "कह रहा था कि जब से तू थिएटर कम्पनी में जाने लगी है, कित्ती बदल गयी है।" जिया ने बड़ी सफ़ाई से बेटी के सन्देह पर परदा डाल दिया।

पिछले कई दिनों से डॉ. सक्सेना जिया को देखने नहीं आ रहे हैं। लगता है जिया की बीमारी अब ठीक हो रही है। मगर अगले क्षण वह सोचने लगती है कि यह कैसा ठीक होना है जिसके बावजूद जिया दर्द से तड़पती रहती है। और तो और, बिस्तर भी अब पेटीकोट के साथ–साथ ख़ून मिले मवाद से ख़राब होने लगा है। पहले तो वह थोड़ा–सा दर्द होते ही डॉक्टर को बुलाने के लिए कह देती थी, पर अब नहीं कहती है। कहीं ऐसा तो नहीं है कि पिछली उधार और अब उसके किसी थिएटर कम्पनी में काम न करने के कारण, जिया ने डॉक्टर को आने से मना कर दिया। अगर ऐसा है तो यह ठीक नहीं है। वह उसी वक़्त माला के पास गयी।

"दीदी, पिछले कई दिनों से डॉक्टर साहब नहीं आ रहे हैं?"

"हाँ, कह रहे थे कि अब आने की कोई ज़रूरत नहीं है।" माला ने बताया।

"आने की ज़ररूत नहीं है, क्या मतलब? कहीं ऐसा तो नहीं है कि पिछली उधार के चलते वे आने में आनाकानी कर रहे हैं? दीदी, पैसा तो बचा हुआ है न?"

"तू क्या समझ रही है, मैंने उनसे उधार लेने के लिए कहा नहीं होगा...पर क्या करूँ जब भी कहती हूँ कुछ–न–कुछ बात कह कर टाल जाते हैं।"

"अजीब डॉक्टर है। न तो उधार ले रहा है, न जिया को ही देखने आ रहा है। कुछ समझ में नहीं आ रहा है...बीमारी के बारे में भी खुल कर नहीं बताता है।"

"खुल कर क्या बताये...जब भी पूछो कहते हैं ठीक हो जायेगी।"

"पर यह तो वे पिछले कई महीनों से कह रहे हैं।"

सचमुच रागिनी की समझ में कुछ नहीं आ रहा है।

एक सप्ताह में चाचा चरणसिंह को दूसरी बार आया देख रागिनी को किसी अनहोनी की हल्की–सी आहट सुनायी दी। कहीं ऐसा तो नहीं है जिया उनसे अपनी बीमारी के बारे में कुछ छिपा रही है? न जाने क्यों रागिनी को अपने इस चाचा का इस तरह वक़्त–बेवक़्त आना गले से उतर नहीं रहा है। ज़रूर जिया उनसे कुछ–न–कुछ छिपा रही है। उसने माला से जानना चाहा तो उसने भी अनभिज्ञता प्रकट कर दी।

अब क्या करे रागिनी? उसने अपने अनुमानों के सारे घोड़ों को चारों दिशाओं में दौड़ा कर देख लिया। मगर अन्ततः उसे निराशा ही हाथ लगी। हार कर उसको एक ही तरीक़ा सूझा और वह यह कि अगली बार जब भी चाचा यहाँ आयेंगे, वह जिया और उनकी बातों को सुनने की कोशिश करेगी। अपनी इसी योजना के चलते उसने बेफ़िक्री की ऐसी चादर ओढ़ ली जैसे उसे इस घर के बारे में कुछ भी पता नहीं है। उसने जिया और चाचा के बीच धीरे–धीरे पक रही इस खिचड़ी ही नहीं, इसकी गन्ध की तरफ़ से जैसे आँखें मूँद लीं और कानों में रूई ठूँस ली। रागिनी ने भले ही आँख और कान बन्द कर लिए परन्तु कानों के परदों को उसने जान–बूझ कर इस तरह ढीला छोड़ दिया, कि मजाल है उन दोनों की तरफ़ से उछला कोई जुमला या शब्द उससे छूट तो जाये। इस काम के लिए उसने माला को भी जिया के पीछे लगा दिया।

अब जब रागिनी पूरी मुस्तैदी और संजीदगी के साथ अपने काम पर लग गयी, तब ऐसा हो ही नहीं सकता कि कामयाबी उसके हाथ न लगे। इस तरह उसी दिन शाम को बड़ी बहन माला के हाथ लगे एक सुराग को रागिनी हथियाने में कामयाब हो गयी। माला ने जैसे ही उसे इस सुराग का छोटा–सा सिरा थमाया, उसे छूते ही पहले तो रागिनी ज़मीन से गज़भर उछली और फिर बड़ी बहन की आँखों में लगभग उतर कर, इसरार करते हुए चिरौरी करने लगी, "दीदी, यह तो बताया होगा कि वह है कौन?"

"यह नहीं बताया कि कौन है क्योंकि जिया ने अभी चाचा को यह

कह कर टाल दिया है कि उसे इस बारे में थोड़ा सोचने दे।'' माला ने जितनी जानकारी हासिल की थी, उतनी बता दी।

बहन की बात सुन रागिनी के भीतर जैसे कुछ चटकने लगा। वह उसी समय अपने कमरे में गयी और जी भर कर अपने आपको आईने में निरखा। देर तक आईने में अपने आपको निहारने के बाद वह बाहर आयी और एक बार फिर माला के पास जाकर बोली, "दीदी, जिया सही तो कह रही है। आख़िर इतना बड़ा फ़ैसला वह तुरत कैसे ले ले!"

रागिनी उस दिन से अब अपने उसी चाचा चरणसिंह का बेताबी से इन्तज़ार करने लगी, जिस चाचा का उसे शुरू में आना अच्छा नहीं लगा था। इस इन्तज़ार के चलते उसकी रातों की नींद उड़ गयी। मगर पूरे एक सप्ताह तक चाचा है कि जैसे रहट गली का रास्ता भूल गया। रागिनी उसके दरस को तरस गयी। और तो और, इस चाचा के चक्कर में वह डॉ. सक्सेना के आने–जाने के समय को भी भूल गयी। वह भूल गयी कि एक डॉक्टर कभी दोपहर के आसपास इस गली में किसी रिक्शे से चल कर आता भी था। जिन कानों में आते–जाते रिक्शे का मधुर नाद गूँजा करता था, वही कान अब चाचा चरणसिंह के चापों को सुनने और आँखें उनके दर्शन को तरसने लगीं। रागिनी को और जब से यह पता चला है कि जिया ने चाचा से थोड़ी मोहलत माँगी है, तभी से वह बेहद चौकस और चौकन्नी रहने लगी है। दरवाज़े पर होती किसी भी आहट को सुन, वह सतर्क हो जाती है।

और ठीक नौवें दिन रागिनी का यह इन्तज़ार ख़त्म हो गया, जब उसने देखा कि चाचा चरणसिंह मुस्कराते हुए दरवाज़े से अन्दर दाख़िल हो रहे हैं। उन्हें देखते ही रागिनी अपनी योजना को अमलीजामा पहनाने में जुट गयी। जान–बूझकर वह उनके सामने नहीं आयी। यही सोचकर कि कहीं चाचा उसकी आँखों में उभरे व्यग्रता के डोरों को पढ़ न ले। पहले से बनायी अपनी योजना के अनुसार जिया के कमरे के आसपास बेतरतीब पड़ी चीज़ों को, उनके सही ठिकानों पर रखना शुरू कर दिया। इस जगह का चुनाव रागिनी ने बहुत सोच–समझ कर किया है। यहाँ से अन्दर होती बातों को एक हद तक आसानी से सुना तो जा सकता है, परन्तु अन्दर बातचीत करने वालों को यह पता नहीं चलता कि बाहर से कोई उनकी बातों को सुन भी सकता है।

चाचा चरणसिंह के जिया के पास बैठते ही रागिनी ने अपने कानों

को जैसे अधखुले दरवाज़े पर टिका दिया। इस बीच माला चाचा को पानी का गिलास दे कर लौट गयी। उसकी रागिनी पर नज़र ज़रूर पड़ी, पर उसे इसकी ज़रा भी भनक नहीं लगी कि रागिनी चीज़ों को उठाने के बहाने, अन्दर होने वाली बातों को सुनने का प्रयास भी कर रही है। माला का ध्यान इस तरफ़ गया ही नहीं कि आज अचानक रागिनी के मन में इन बेतरतीब पड़ी चीज़ों को सही जगह रखने का कैसे ख़याल आ गया।

"भाभी, कुछ सोचा उस बारे में?"

रागिनी के कानों में चाचा चरणसिंह का पहला वाक्य पड़ा।

"सोचा क्या, मेरी तो कुछ समझ में नहीं आ रहा है...तूने तो मुझे बड़े असमंजस में डाल दिया।"

हैरानी हुई रागिनी को कि चाचा ने जिया को ऐसे किस असमंजस में डाल दिया?

"इसमें असमंजस या दुविधा की कौन–सी बात है। खाता–पीता इज़्ज़तदार परिवार है...राज भोगेगी।"

चाचा के इस वाक्य को सुन रागिनी का पोर–पोर खुलता चला गया। मगर अगले ही पल वह यह सोच कर निराशा से घिर गयी कि जब खाता–पीता इज़्ज़तदार परिवार है, तो जिया अपना फ़ैसला सुनाने में देर क्यों कर रही है?

"राज तो तब भोगेगी जब यह मरी तैयार होएगी।"

"भाभी, इसका तो तभी पता चलेगा जब तू उससे बात करेगी...और बिना बात करे कुछ पता चलने से रहा।"

"चरनसिंह, भइया मेरी तो उससे बात करने की हिम्मत पड़ नहीं रही है।"

"और कौन बात करेगा? देख भाभी, माला की हालत तू देख ही रही है। इतनी छोटी उमर में दो–दो बच्चों के संग विधवा की ज़िन्दगी जीना कोई बच्चों का खेल है। ज़रा सोच, बड़ी नहीं तो कम–से–कम छोटी तो सुख से रहेगी।"

"ये सब बातें तेरी सही हैं चरनसिंह...पर जब इसे पता चलेगा कि..."

"तू इसकी चिन्ता मत कर भाभी। उन्होंने मुझे सारी बातें खुल कर बता दी हैं।'' जिया की बात बीच में काटते हुए चरणसिंह आगे बोला, "सबसे बड़ी बात यह है भाभी कि तेरा भी कुछ पता नहीं है। मैं तो इसीलिए कह रहा हूँ जो दुःख माला ने सहे हैं, वे इसे न सहने पड़ें। वैसे मुझे उनकी नीयत में रत्तीभर भी खोट नज़र नहीं आ रहा है। बाकी तेरी मरजी।"

जिया ने दुविधा भरा इतना गहरा साँस लिया कि जब उसने उसे बाहर छोड़ा, तो उसकी फुफकार रागिनी को साफ़ सुनायी दे रही थी।

"ठीक है। काली से बात करने से पहले तू एक बार मेरी उनसे बात करा। पहले मैं अपनी तसल्ली कर लूँ, फिर उससे बात करूँगी।"

"यह बात तेरी ठीक है भाभी...अच्छा बता उन्हें कब भेज दूँ?"

"अभी रुक जा दो–चार दिन। पहले मैं अपने मन को ठिकाने लगा लूँ। अच्छा ऐसा करियो, इतवार को भेज दीजो। वैसे भी दोपहर में सब सो–वो जाते हैं, इसलिए यही टैम ठीक रहेगा।"

"ठीक है मैं उनसे कह दूँगा।"

चाचा चरणसिंह के जाते ही एक बार तो रागिनी के मन में आया कि वह इसी समय जिया के पास जाये, और जाकर पूछे कि आख़िर वह है कौन? मगर यह सोचकर उसने अपने आपको रोक लिया कि जब इतवार को वह यहाँ आ ही रहा है, तब क्यों न वह भी उसे देख ले कि आख़िर यह रईसज़ादा है कौन? तीन–चार दिन की ही तो बात है। मगर बहुत रोकने के बावजूद रागिनी ख़ुद को रोक नहीं पायी और पहुँच गयी अपनी जिया के पास। बिना किसी भूमिका के उसने जिया से सीधे पूछ लिया, "जिया, आजकल चाचा के कुछ ज़रूरत से ज़्यादा चक्कर नहीं लग रहे हैं?"

"हारी–बीमारी में आदमी आता ही है।'' जिया ने फिर से टालना चाहा।

"यह बात तो है...पर कुछऽऽऽ..."

"तू फालतू की बातों में अपना दिमाग़ मत खपाया कर...कोई आता है तो उसे भगा दूँ?"

जिया की फटकार पर रागिनी यह सोचकर चुप हो गयी कि इतवार को वह आ तो रहा है। सब साफ़ हो जायेगा। उसने बाद में माला से भी इस बारे में कोई बात नहीं की।

हालाँकि जिया अपनी दुविधा और डर चरणसिंह के सामने व्यक्त कर चुकी थी, फिर भी न जाने क्यों उससे यही बात डॉ. सक्सेना से कहे बिना नहीं रुका गया। डॉ. सक्सेना ने पहले की तरह पूरी तसल्ली से जिया का चेकअप किया और कुछ हिदायतें देकर जाने लगे, तो जिया हिचकिचाते हुए बोली, "डॉक्टर साब, वैसे तो माला के चाचा ने सारी बात बता दी होगी फिर भी मुझसे पूछे बिना रहा नहीं जा रहा है..."

"हाँ–हाँ पूछो!" डॉ. सक्सेना ने बात पूरी होने से पहले कहा।

"बात यह है कि फेरे किसी आर्य समाज मन्दिर में लोगे या कहीं कोर्ट–कचहरी में जाकर माला डालोगे?"

"किसी कोर्ट–कचहरी या आर्य समाज मन्दिर में क्यों, इसी घर में फेरे होंगे।'' डॉ. सक्सेना ने बेझिझक कहा।

"वैसे मेरा कहना यह है कि अच्छा होता अगर किसी कोर्ट–कचहरी में चुपचाप जाकर आपस में माला डाल लेते।"

"यहाँ फेरे लेने में आपको कोई दिक्कत या परेशानी है?"

"दिक्कत तो नहीं है परऽऽऽ..."

"आप अपने दिमाग़ पर ज़्यादा ज़ोर मत दो!"

"जैसी तुम्हारी मरजी।'' जिया ने लम्बा साँस ले विषय पर विराम लगा दिया।

16

घायल हिरनिया मैं बन–बन डोलूँ
किसका लगा बाण मुख से न बोलूँ।

रागिनी के लिए इतवार लेना मुश्किल हो गया। जब से उसने जिया और चाचा चरणसिंह की बातें सुनी हैं, तब से उसकी चाल पहले से कहीं ज़्यादा लचीली हो गयी है। जो बोल धीरे–धीरे उसके लबों से रूठ–से गये थे, वे फिर से मानो अपने घर लौट आये हैं। रह–रह कर इतवार से पहले वाले दिन उसकी अँगुलियों के पोरों पर आकर धीरे–से पूछते हैं कि इतवार अभी कितनी दूर है। कई बार उसे यह वहम–सा होता कि किसी ने उसके इतवार को बाहर ही कहीं रोक लिया है।

बड़े इन्तज़ार के बाद ठिठकते हुए इतवार आया। दिन चढ़ने के साथ जब भी दरवाज़े पर कोई आहट, या चाप सुनायी देती, रागिनी को लगता मानो वह आ गया है। दोपहर होते–होते तो उसकी आतुरता और उद्विग्नता की हालत यह हो गयी कि वह ख़ुद जाकर दरवाज़ा खोलने लगी। इस बीच वह कई बार किसी–न–किसी बहाने जिया के पास जा चुकी है। रागिनी को सबसे ज़्यादा यह देख कर हैरानी होती कि उसके

आने को लेकर, जिया के चेहरे पर किसी तरह का कोई जिज्ञासा भरा भाव नज़र नहीं होता। बल्कि चेहरे पर पहले से कहीं अधिक निर्लिप्तता और निस्पृह दिखायी देता।

बाहर गली में एक बार फिर से गूँजी उसी जानी–पहचानी घंटी की आवाज़ सुन, रागिनी का स्वाद जैसे कसैला हो गया। वह होंठों–ही–होंठों में बुदबुदायी, 'पता नहीं, इस डॉक्टर को भी आज ही आना था। इसका क्या बिगड़ जाता अगर आज भी नहीं आता।' इस बार वह नहीं गयी दरवाज़ा खोलने। दरवाज़ा जाकर माला ने खोला। रागिनी का अन्दाज़ा एकदम सही निकला। उसने दूर से डॉ. सक्सेना को अन्दर आते हुए देख लिया। जब तक डॉ. सक्सेना जिया के कमरे में दाख़िल नहीं हो गये, वह हिली नहीं। यहाँ तक कि जिया का चेकअप करने आये डॉक्टर के पास भी नहीं गयी। उसकी नज़र तो बस दरवाज़े पर टिकी हुई है और इन्तज़ार है उसका, जिसकी जिया ही नहीं, वह भी बेसब्री से राह देख रही है।

आज डॉ. सक्सेना पिछले दिनों की अपेक्षा कुछ अधिक ही समय ले रहा है। इससे पहले जब कभी डॉ. सक्सेना जिया का देर तक चेकअप करते थे, तो रागिनी को बड़ी तसल्ली होती थी। मगर रागिनी को डॉक्टर का आज इतनी देर तक चेकअप करना बिल्कुल भी अच्छा नहीं लग रहा है। पता नहीं यह महज इत्तफ़ाक़ था कि जब तक डॉ. सक्सेना जिया का चेकअप करके वापस लौट नहीं गये, वह नहीं आया जिसका रागिनी को बेसब्री से इन्तज़ार है। दरवाज़ा बन्द होते ही बाहर गली में दूर होती घण्टियों की आवाज़ से रागिनी को जँच गया कि रिक्शा अब वापस आने वाला नहीं है। दूर होती रिक्शे की घंटियों की आवाज़ उसके कानों को आज बहुत सुकून दे रही है। दिन भी ढल गया मगर जिसे आना था वह नहीं आया। आशा–निराशा के चलते उसका दिल अब जैसे धीरे–धीरे ढलते सूरज की तरह बैठने लगा। लगता है चाचा चरणसिंह की योजना बदल गयी है। इस तरह रागिनी का पूरा दिन उसके इन्तज़ार में बाहर–भीतर आने–जाने में ही बीत गया।

चाचा चरणसिंह ने दिन भी पूरी तरह नहीं निकलने दिया।

चाचा को देखते ही रागिनी ने अपने चारों तरफ़ नज़र बचाते हुए देखा। माला भी लगता है कहीं गयी हुई है। इधर चाचा चरणसिंह जिया

के कमरे में घुसे, उधर मौक़ा देख रागिनी बड़ी तत्परता से उसी जगह आयी, जहाँ पिछली बार उसने इन दोनों की बातें सुनी थीं, और पूरी मुस्तैदी के साथ साँस रोक कर सारा ध्यान अन्दर होती बातों को सुनने में लगा दिया।

"भाभी, अब तो हो गयी तसल्ली?" चरणसिंह ने दबी आवाज़ में पूछा।

"पहले दरवज्जा फेर दे थोड़ा–सा!" जिया ने चाचा को सतर्क रहने का इशारा करते हुए कहा।

"क्या हुआ?" दरवाज़ा फेरते हुए चरणसिंह ने चौंकते हुए पूछा।

"हुआ क्या, वे तो पूरी तरह तैयार हैं...पर मन में अभी भी एक दुविधा है चरनसिंह।"

"अब क्या दुविधा रह गयी?" चरणसिंह इस बार झल्ला उठा।

"दोनों की उमर में बहुत फरक है। हमारी काली तो अभी सोलह की ही हुई है और वह छब्बीस के आसपास का है। दस साल का फरक थोड़ा नहीं होता है। चलो, थोड़ी देर के लिए उमर की तरफ से मैं तो आँख मूँद लूँगी...पर लोग क्या कहेंगे?"

"भाभी, औरत होकर भी तू यह कैसी बात कर रही है। इसे देख कर कोई कह सकता है कि इसकी उमर सोलह की होगी। उन्नीस–बीस साल से कम नजर नहीं आती है। एक बात कहूँ भाभी, बुरा मत मानना...गरीबी में उमर का फरक नहीं देखा जाता।"

"फिर भी फरक तो फरक है चरनसिंह।"

"अच्छा इन बातों को मार गोली। ये तो बाद की बात है...यह बता कि उनसे और क्या–क्या बात हुई?" चरणसिंह असल मुद्दे पर आते हुए बोला।

"वैसे बात तो सारी खुलके हो गयी है। कह रहा था जिन्दगीभर पूरी ईमानदारी के साथ निभाऊँगा। मेरी तरफ से इसे अपनी मरजी से जीने की पूरी छूट रहेगी। ब्याह के बाद थिएटर–ड्रामा में अगर यह काम करना चाहेगी, तो मुझे कोई हरज नहीं है। अपनी कमाई की खुद मालिक रहेगी। वे तो यहाँ तक कह रहे हैं कि ब्याह के बाद यह इसी बड़े बजार वाले घर में रह लेगी।"

"एक बात बता भाभी, इससे ज्यादा और क्या चाहिए। यह सोच कि दिलद्दर धुल जायेंगे। अगला हर तरह की गारंटी दे रहा है और तू है कि इस उमर के फरक को लेकर बैठ गयी!" आवेश में चरणसिंह की आवाज़ तेज़ हो गयी।

"चलो, थोड़ी देर के लिए मैं तेरी बात रख भी लूँ, तो इसकी क्या गारंटी है कि उसका कुनबा इस रिश्ते को कबूल कर लेगा?"

"क्यों, इस बारे में बात नहीं हुई थी?"

"हुई थी पर इस छोटे–से शहर में इस पर कितनी बातें बनेंगी, सोच–सोच के डर लग रहा है। लोग यही कहेंगे कि दौलत के लालच में निंबोली–सी बेटी को किसके पल्ले बाँध दिया।"

"इसीलिए तो वे इसी घर में रहने की कह रहे हैं। तू तो बेमतलब टेंशन ले रही है भाभी। शादी–ब्याह के बाद किसी के पास ऐसी फालतू की बातों के लिए टाइम नहीं रहता। थोड़े–से दिनों की बात है, पीछे सब ठीक हो जायेगा। मेरी माने तो भाभी तू इस रिश्ते के लिए आँख मूँद कर हाँ कर दे और चैन से गंगा नहा।"

"क्या करूँ चरनसिंह, माँ हूँ न...डर तो लगे ही है। फिर भी काली से तो एक बार बात करनी ही पड़ेगी।"

"क्या बात करेगी उससे। हम कोई उसके दुश्मन हैं। भाभी, हमारी काली राज भोगेगी। ऐसा मौका बार–बार नहीं आता है।"

"ठीक है जब तू इतना जोर डाल रहा है तो मैं उससे बात करती हूँ।"

जैसे ही रागिनी के कानों में जिया का यह अन्तिम वाक्य पड़ा, उसकी आँखों के आगे धुँधलका–सा छा गया। शिराओं में बहता ख़ून एकाएक बर्फ़ की डलियों में बदल गया। देह कसी सूखे ठूँठ–सा अकड़ गया। जिया ने यह क्या कर दिया। इससे पहले कि वह अपनी आँखों के आगे छाये धुँधलके से अपने आपको बाहर लाती, अन्दर से चाचा चरणसिंह को यह कह कर बाहर आते हुए देखा, "ठीक है भाभी, मैं तेरी तरफ से हाँ कह देता हूँ। अगर कोई और बात होगी तो मैं आके बता दूँगा...इस बीच तू उससे बात कर लेना।"

इधर चरणसिंह गया और उधर माला भी आ गयी। माला को देखते ही वह उसकी तरफ़ तेज़ी से लपक कर गयी, और उसे झिंझोड़ते हुए बोली, "दीदी, पता है चाचा आज भी आये थे?"

"हाँ बड़े बाज़ार के पास देखा था।" माला ने सहजता से कहा।

"पता है दीदी वे मेरे लिए जिसकी बात कर रहे थे वह कौन है।"

"कौन है?" माला ने हैरानी से पूछा।

"है कौन, मुझसे दस साल बड़ा है।"

"तुझे कैसे पता?"

"मैंने आज जिया और उनकी बातें अपने कानों से खुद सुनी हैं।"

"वैसे यह है कौन?"

"यही तो पता नहीं चल रहा है दीदी। कल दोपहर को उसे आना था पर नहीं आया। मैं तो पूरे दिन उसकी बाट देखती रही।" कहते–कहते रागिनी की जैसे साँसें उखड़ने लगीं। लगा जैसे वह मीलों दौड़कर आयी है।

माला ने जवाब में कुछ नहीं कहा। सिर्फ़ मुस्कराकर रह गयी।

"दीदी, तू ऐसे क्यों मुस्करा रही है?"

"बस ऐसे ही।" माला रागिनी से नज़रें बचाते हुए बोली।

"ना दीदी, तू ज़रूर उसके बारे में कुछ–न–कुछ जानती है। तुझे मेरी सौं है दीदी जो तूने मुझसे कुछ छिपाया तो।"

"काली, बहन जो हो रहा है उसे होने दे। इसे तू अपने भाग्य पर छोड़ दे। जिन्दगीभर सुख से तो रहेगी। मुझे देख क्या मिला।" कहते–कहते माला की आँखें भर आयीं।

"ज़िन्दगी का सुख ही सब कुछ थोड़े होता है।" रागिनी चीत्कार करते हुए बोली।

"तू इसे नहीं समझेगी काली...जिस सुख की तू बात कर रही है वह सिर्फ जिन्दगी का एक पहलू है। दूसरे पहलुओं को भी देखना जरूरी है। वैसे एक बात कहूँ, आदमी जिसे दिल से चाहता है अगर वह उसे मिल जाये तो उसको पूरी ईमानदारी से निभाता है।"

"दीदी, तेरी यह उलटबाँसी मेरी तो समझ में आ नहीं रही है।" इतना कह कर एक पल के लिए रागिनी रुकी और फिर माला की आँखों में झाँकते हुए बोली, "...दीदी तेरी आँखें यह कहते हुए क्यों भर आयी थीं कि मुझे देख क्या मिला?"

माला अपने आपको नहीं रोक पायी और रागिनी को खींच कर सीने से लगा लिया। कुछ क्षण ठहर कर उसने रागिनी को अपने आपसे अलग किया और आँसू पोंछते हुए कहने लगी, "अभी तो तुझे यही पता है कि वह सिर्फ दस साल बड़ा है, जब तुझे यह पता चलेगा कि वह तुझसे दस साल बड़ा ही नहीं है बल्कि पहले से ब्याहता और दो बच्चों का बाप है, तब तुझ पर क्या बीतेगी।"

"क्याऽऽऽ! दीदी तू यह क्या कह रही है। वह पहले से ब्याहता है और दो बच्चों का बाऽऽऽप है!" सुनते ही रागिनी की कनपटी की नसें जैसे तड़कने लगीं। दिमाग़ में बड़े–बड़े नगाड़े बजने लगे। कानों में किसी

बवंडर–सी साँय–साँय गूँजने लगी। कुछ देर पहले आँखों के सामने से जो धुँधलका छटा था, वह इस बार अँधेरा बन कर छा गया। मुश्किल से आपे से बाहर आयी तो घिघियाते हुए बोली, "फि...फिर तो तुझे यह भी पता होगा कि वह कौन है?"

"हाँ, पता है...पर जिया ने अपनी सौं खिलाते हुए कहा है कि माला तू मेरा मरे का मुँह देखे, जो तूने काली को बताया तो।"

"मैं अभी जिया के पास जाकर पूछती हूँ कि क्या कुएँ में धकेलने के लिए मैं ही मिली हूँ?" तमतमाते हुए रागिनी आगे बढ़ती उससे पहले माला ने आगे आकर उसे यह कहते हुए रोक लिया, "रागिनी, ऐसी जल्दबाजी मत कर। हालात समझने की कोशिश कर। देख, आज नहीं तो कल जिया तुझसे जरूर इस बारे में बात करेगी। उसकी पूरी बात सुनने के बाद तुझे जो करना है करियो।"

रागिनी को बड़ी बहन की सलाह ठीक लगी। उसने जिया के पास जाने का इरादा छोड़ दिया। बस, अब वह जिया द्वारा बुलाने का बेसब्री से इन्तज़ार करने लगी।

"कालीऽऽऽ!"

एक बार तो जिया की इस टेर पर क्षणभर के लिए रागिनी का दिल ज़ोर–से धड़क कर रह गया। माथा पसीजता चला गया। मगर जैसे ही जिया ने उससे संजा–बाती के लिए कहा, उसने राहत की साँस ली। रागिनी के संजा–बाती करते ही साँझ के झुटपुटे को बाहर धकेल एक तनाव भरा उदास उजाला घर में फैल गया। जबसे रागिनी को यह पता चला है कि उसका भावी आगत उससे न केवल दस साल बड़ा है बल्कि दो बच्चों का बाप भी है, तब से उसका धैर्य जैसे अब अपनी बग़ावत पर उतारू हो गया। आज नहीं तो कल जिया ज़रूर उससे बात करेगी। मगर जिया है कि वह तो जैसे भूल ही गयी है।

रात को चौके–बरतन से निपट रागिनी सोने के उपक्रम में जुटी हुई थी कि तभी उसे लगा जिया ने उसे आवाज़ दी है। शायद पानी के लिए बुला रही है, यही सोच वह जिया के पास चली गयी। जिया के पास गयी तो पता चला उसने रागिनी को नहीं माला को बुलाया है। रागिनी वापस लौटने लगी तब तक माला भी आ गयी।

"रागिनी!"

जिया की इस आवाज़ पर रागिनी जाते–जाते रुक गयी और पलटते हुए बोली, "हाँ जिया!" इतना कह रागिनी जिया के पाँयते की तरफ़ बैठ गयी। एक बार फिर उसकी धड़कनें बढ़नी शुरू हो गयीं। माला ने जिया के कमरे में फैली रोशनी में आँखों–ही–आँखों में समझा दिया, कि बिना पूरी बात सुने हत्थे से उखड़ना नहीं है।

"माला, बेटी तू भी बैठ जा!" जिया ने माला से कहा।

एक छोटी–सी ख़ामोशी के बाद जिया ने पहले अपने भीतर बैठी एक असहाय माँ की दुविधा, बेचैनी और उद्वेलन को क़ाबू में किया, और फिर बेहद संयत शब्दों में धीरे–से बोली, "माला, बेटी तू तो जानती है कि तुम्हारे चाचा काली के लिए कितनी भागदौड़ कर रहे हैं। इसके लिए एक रिश्ते की भी बात कह रहे हैं।"

"कह रहे हैं तो कर दो।"

जिया ने पहले एक लम्बा साँस लिया और फिर उसे बाहर छोड़ते हुए बोली, "कर तो दूँ पर एक दुविधा–सी है बेटी।"

"कैसी दुविधा?" माला ने कनखियों से रागिनी की तरफ़ देखते हुए पूछा।

"यही कि है तो खाते–पीते घर से...पर परेशानी यह है कि एक तो लड़का गैर–बिरादरी का है। दूसरा, पहले से ब्याहता है और सबसे बड़ी बात यह है कि दो बच्चों का बाप है। मेरी तो कुछ समझ में नहीं आ रहा है कि क्या करूँ, और क्या न करूँ!"

"जिया, परेशानी या दुविधा तो ठीक है पर यह बता कि तेरा मन क्या कह रहा है?"

"मेरा मन क्या कहे...माँ की तरह सोचूँ तो मन गवाही नहीं दे रहा है, और बेटी के भविष्य की तरफ देखूँ तो..."

"इसका सबसे अच्छा तरीका है जिया, कि क्यों न इसके बारे में काली से ही पूछ लें? बाकी यह जाने, इसका काम जाने।"

"यह बात तेरी ठीक है। जब इसे पता चल ही गया है तो इसी से पूछ लेते हैं।"

"वैसे जिया मैंने कुछ इशारा तो इसे कर ही दिया है। बस, यही बताना बाकी रह गया है कि वह कौन है, किस बिरादरी का है।" माला ने एक तरह से जिया का काम आसान कर दिया।

"जब इतना बता दिया है तो फिर ऐसा कर, यह भी बता दे कि वह कौन है।" जिया ने बिना एक पल गँवाये तपाक से कहा।

"ठीक है जिया, अब इसे इतना पता चल गया है तो उसका नाम भी बता देती हूँ।"

इतना कह माला ने जो नाम बताया, उसे सुनते ही रागिनी की आँखों के आगे छोटे–छोटे जुगनू तिरमिराने लगे। देखते–ही–देखते साँवला चेहरा खिंच कर ताँबई हो गया। वह एक झटके से पाँयते से उतर कर खड़ी हो गयी, और फुँफकारते हुए बोली, "अऽऽऽब समझ में आया सारा किस्सा...मैं भी तो कहूँ कि..."

"मतलब तू जानती है इसके बारे में?"

"जानती तो नहीं हूँ पर अब समझ में आ रहा है कि मेरे जाते ही मेरी इतनी ख़ातिरदारी क्यों हो रही है। क्यों मुझे अलग कमरे में बैठाया जाता है...क्यों मेरी ख़िदमत में कभी चाय–कॉफ़ी आ रही है, तो कभी ठंडी बोतल और शरबत आ रहा है...और क्यों फ़ीस लेने से मना किया जा रहा है। और तो और, पिछली दफ़ा गयी थी तो अगले ने हद ही कर दी।"

"क्या हद कर दी?" माला ने जिज्ञासावश पूछा।

"यही कि ख़ुद मेरे पास आया और बड़ा लाड़ जताते हुए बड़ी अदा से बोला कि आप क्या लेंगी।"

"अरी, अगले ने अगर पूछ लिया तो क्या बुरा कर दिया।"

"जिया, एक मिनट चुप रह! इससे मुझे बात करने दे।" माला ने जिया को बीच में रोकते हुए रागिनी से कहा, "इसका मतलब है तू इनसे पहले भी मिलती रही है?"

"मिलना तो तू ऐसे कह रही है दीदी, जैसे मैं इससे कहीं अकेले में किसी बाग़–बगीचे में मिलती रही हूँ। मैं तो तब की बात कर रही हूँ जब डिस्पेंसरी में दवाई लेने जाती थी। मैं भी तो कहूँ कि यह भली डिस्पेंसरी हुई जिसमें मरीज़ों की इतनी सेवा की जाती है...और इस चाचा चरणसिंह का मामला अब समझ में आ रहा है कि इनके क्यों यहाँ इतने चक्कर लग रहे हैं। इसका मतलब यह हुआ कि यह सारा खेल इस चाचा का रचाया हुआ है।"

"काली, बेटी अब जब सारा माजरा तेरी समझ में आ ही गया है, तो थोड़ा ठंडे मन से इस बात पे विचार करके देख!" जिया की जाती हुई साँस लौट आयी जैसे।

"विचार करके देखूँ! इस डॉक्टर के बच्चे ने क्या इस रागिनी को लौंडी समझ रक्खा है, कि यह कहेगा और मैं इसकी गोदी में जा गिरूँगी।'' जिया के प्रस्ताव पर रागिनी का आपा खो गया।

"वो बात नहीं है बेटी जो तू समझ रही है। मैं हालात से मजबूर हूँ। मेरा बस चले तो मैं अपनी लाडो को किसी राजकुमार के साथ सोने की पालकी में बिदा करूँ...पर इस गरीबी के आगे मेरी पेश चले तब न। भला लड़का है...सीधा–सादा है और सबसे बड़ी बात यह है कि खानदानी है।''

"कितना भला, कितना सीधा और कितना बड़ा ख़ानदानी है, यह तो इसका चरित्तर ही देख कर पता चल रहा है। शक तो मुझे शुरू से हो रहा था कि यह आदमी हमारे ऊपर इतनी मेहरबानी क्यों दिखा रहा है। मैं तो समझ रही थी कि यह हमारी ग़रीबी पर रहम खा रहा है। यह नहीं पता था कि यह रहम नहीं, उससे हमारी ग़रीबी ख़रीद रहा है। अगर यह कल आया तो इसकी सारी उधार इसके मुँह पर मारूँगी...हमें नहीं चाहिए किसी की ऐसी रहम।"

"ऐसा मत बोल बेटी इज्जतदार लोग हैं।"

"सही कह रही है जिया इज्जतदार लोग हैं...पहले से ब्याहता होते हुए दूसरा स्वयंवर रचाने चल दिये। दो–दो बच्चों की माँ के होते हुए उसकी सौतन लाने की लालसा पाले हुए हैं...कह रही है इज्जतदार लोग हैं!" कहते–कहते रागिनी के होंठ वक्र होते चले गये।

जिया का इसके बाद कुछ भी कहने का साहस नहीं हुआ।

"मैं भी तो कहूँ कि यह भला कैसा डॉक्टर हुआ, जो अपने मरीज़ को मौक़ा ताड़ कर देखने आता है...वह भी भरी दोपहरी में। यह कितना भला है इसकी भलमनसाहत का अब पता चल रहा है।"

"तू भी काली कभी–कभी बेसिर–पैर की बातें करती है। अरे, अगले को जब फुरसत मिलेगी तभी तो आयेगा।" माला ने रागिनी का झल्लाते हुए प्रतिवाद किया।

"दीदी, मुझे भी अभी तक यही ग़लतफ़हमी थी, पर असलियत अब समझ में आ रही है, कि क्यों बड़ी मासूमियत से पूछता था 'सब सो रहे हैं'?"

जिया और माला दोनों माँ–बेटी चुप। दोनों के समझ में आ गया कि यह लड़की मानने वाली नहीं है। दोनों को चुप देख रागिनी को जैसे मौक़ा मिल गया और पाँव पटकते हुए वह बाहर आ गयी। मगर उसी समय वापस लौटी, "जिया, चाचा चरणसिंह से कह देना कि इस

घर में वे दुबारा क़दम नहीं रखेंगे। दूसरी बात, आइन्दा मैं नहीं जाऊँगी डिस्पेंसरी में दवा–शवा लेने। ऐसे आदमी का क्या भरोसा, किसी दिन मौक़ा देख ज़बरदस्ती कर बैठे। एक बात और जिया, अबकी बार वह जब भी आयेगा उसकी सारी उधार चुका देनी है। हमें नहीं चाहिए किसी का अहसान।"

रागिनी के जाने के बावजूद उसकी हुंकार और शब्द देर तलक गरम शीरे–से जिया के कानों में खदबदाते रहे। एक–एक कर रागिनी ने जिया के कमरे के अलावा घर की सारी बत्तियाँ बुझा दीं। रातभर अच्छे–बुरे सपनों में घिरी रागिनी की जब भी नींद उचटती और उसकी निगाह जिया के कमरे से बाहर फैले रोशनी के चकत्तों पर पड़ती, उसका दिल ज़ोर–ज़ोर से उछाल मारने लगता। उसे रह–रह कर लगता जैसे रात की ख़ामोशी में अपने कमरे की रोशनी में लिपटे किसी साये से जिया दबी ज़बान में बतिया रही है। कभी–कभी उसे लगता जैसे दरवाज़े के बाहर कोई साया गश्त लगा रहा है। एक बार उसने हड़बड़ाकर उस तरफ़ देखा तो पाया यह साया किसी और का नहीं, एक आवारा बिल्ली का है। उसने राहतभरी साँस ली और करवट लेकर सोने का प्रयास करने लगी परन्तु रागिनी को देर तक नींद नहीं आयी। बिस्तर में अच्छे–बुरे ख़यालों से लड़ते हुए उसे कब नींद आ गयी, उसे खुद ही याद नहीं।

17

उनींदी रागिनी ने सुबह उठकर देखा तो पाया, घर में किसी की किसी से नज़र मिलाने की हिम्मत नहीं हो रही है। जिस रिक्शे पर डॉ. वीरेन्द्र स्वरूप सक्सेना अपने मरीज़ को देखने आते थे, वे भी अब इस रहट गली में नज़र नहीं आते हैं। और तो और, जिस रिक्शे की मधुर घण्टियों की आवाज़ के गलीवाले आदी से हो गये थे, उसी आवाज़ को सुनने के लिए उनके कान तरसने लगे।

लगभग एक सप्ताह बाद डॉ. सक्सेना जिया को देखने आये। इस बीच रागिनी का क्षोभ और गुस्सा काफ़ी हद तक शान्त हो गया। डॉक्टर के आने के बाद रागिनी उनके सामने नहीं पड़ी। एक बार फिर पहले

की तरह डॉ. सक्सेना जिया का चेकअप करने आते और कुछ ज़रूरी हिदायतें देकर चले जाते। रहट गली एक बार फिर उसी जानी–पहचानी घंटी की आवाज़ से गूँजने लगी, जिसे सुनने को उसके कान तरस उठे थे। मगर वह इससे पूरी तरह अनजान है कि उसी के एक मकान में भीतर–ही–भीतर कुछ खदबदा भी रहा है। डॉ. सक्सेना का चुपचाप रिक्शे की मधुर टनटनाती घण्टियों के बीच आना और चुपके–से लौट जाने का यह सिलसिला पूरे दो सप्ताह चलता रहा। इन दो सप्ताह में न तो रागिनी डिस्पेंसरी जिया की दवाएँ लेने गयी, न पिछली उधार की कोई चर्चा हुई। दवाइयाँ या तो माला ले आती, या छोटा भाई जगत ले आता।

उस दिन भी डॉ. सक्सेना जिया का चेकअप करने आये, तो दरवाज़ा रागिनी ने खोला। रागिनी ने डॉक्टर की तरफ़ देखा तक नहीं। डॉ. सक्सेना ने चेकअप किया, कुछ हिदायतें दीं और डिस्पेंसरी से दवाइयाँ लाने के लिए कह कर चले गये। डॉक्टर के जाते ही जिया के सामने एक विकट समस्या खड़ी हो गयी। आख़िर वह कहे तो कैसे कहे। हार कर उसे कहना ही पड़ा, "काली, बेटी डिस्पेंसरी किसे भेजूँ?"

रागिनी चुप। इस परेशानी का अगर किसी के पास इलाज़ है तो वह ख़ुद रागिनी ही है। रागिनी को चुप देख जिया साहस बटोरते हुए बोली, "माला तो जगत के साथ अपने मामा के घर आगरा गयी है। वे दोनों तो आयेंगे चार–पाँच दिन पीछे...ऐसे में क्या करूँ?"

रागिनी के सामने बचने का कोई रास्ता नहीं बचा। जाने से पहले वह कुनमुनाई तो बहुत मगर चाह कर भी कुछ नहीं कर पायी।

डिस्पेंसरी में रागिनी को आया देख वार्ड ब्वॉय बिना कहे कोका कोला ले आया। रागिनी ने बेमन से बोतल ले ली। वह नहीं चाहती है कि वार्ड ब्वॉय वापस जाकर अपने डॉक्टर को कुछ कहे। कोका कोला देकर वह जाने लगा तो रागिनी ने पीछे से टोका और दवाइयों का पुर्ज़ा यह कहते हुए उसको दे दिया, "ये दवाइयाँ ले आना!"

वार्ड ब्वॉय ने पुर्ज़ा लिया और थोड़ी देर बाद सारी दवाइयाँ लाकर रागिनी को दे दीं। रागिनी ने दवाइयाँ लीं और घर आ गयी। घर आने पर जिया ने चुपचाप बारीक निगाह से बेटी को ऊपर से नीचे तक गौर से देखा। रागिनी के निस्पृह चेहरे को देख जिया ने इस मौक़े को छोड़ना उचित नहीं समझा।

"ला पानी दे, दवाई ले लेती हूँ!"

रागिनी चुपचाप उठी और मटके से ताज़ा पानी ले आयी। जिया ने पानी के साथ बतायी गयी गोलियाँ गटकीं और कराहते हुए रागिनी को सुनाते हुए ख़ुद से बोली, "हे मुरली वाले, अब तो तू उठा ले...इससे ज्यादा नरक अब नहीं भोगा जाता!"

जिया के चेहरे पर उभर आयी दुःख की इबारतों को देख रागिनी वहीं पाँयते की तरफ़ बैठ गयी। जिया की बनायी पृष्ठभूमि सही समय पर काम आ गयी।

"काली, बेटी अपने चाचा की बात पर कुछ बिचार किया?"

रागिनी ने जिया के सवाल पर तुरन्त कोई प्रतिक्रिया व्यक्त नहीं की। मगर कुछ सोचते हुए जैसे ही वह कुछ कहने को हुई, जिया ने उसके मुँह से जैसे शब्द छीन लिए, "देख बेटी, मैं माँ हूँ तेरी। तेरे मन की बात समझ सकती हूँ पर मेरी और अपने घर के हालातों की तरफ भी तो देख!"

"वो तो जिया मैं देख ही रही हूँ।"

"फिर क्या सोचा?"

"जिया, एक बात हो तो मैं थोड़ी देर के लिए सोचूँ भी...पर यहाँ तो पग–पग पे गहरी–गहरी खाइयाँ हैं, किस–किस से अपने आपको बचाऊँगी... और फिर लोक–लाज भी तो कोई चीज़ होती है।"

"एक बात बता, जब राजा साहब के बेटे को इस लोक–लाज की चिन्ता नहीं है, तो तू क्यों इस चिन्ता में घुली जा रही है।"

"कैसे ना घुलूँ...लड़की की जात हूँ...किस–किस को जवाब देती फिरूँगी। उनका क्या, वे राजा साहब हैं...बड़े आदमी हैं...इज़्ज़तदार हैं... खानदानी हैं।"

"इसलिए तो कह रही हूँ कि जब इतना खानदानी आदमी अपनी इज्जत और लोक–लाज दाँव पर लगाने को तैयार है...उसकी परवाह नहीं कर रहा है, तो तू क्यों इतना परेशान हो रही है?"

"मैं तुझे कैसे समझाऊँ जिया!" रागिनी का प्रतिवाद जैसे गले में घुट कर रह गया। उससे अब जिया के पास और ज़्यादा बैठना मुश्किल हो गया। वह वहाँ से उठी और अपने कमरे में आ गयी।

जिया ने रागिनी को रोकने की बिल्कुल भी कोशिश नहीं की। बस, अपने कमरे से बाहर जाती एक भरी–पूरी देह को पीछे से निरखती रही। रागिनी की ढीली चाल और लगभग लड़खड़ाते क़दमों को देख जिया ने

एक आश्वस्ति भरा लम्बा साँस लिया, और 'हाय राम' कहते हुए दीवार की तरफ़ मुँह फेर लिया।

चाचा चरणसिंह बड़ा बाज़ार और उसकी इस रहट गली का जैसे रास्ता ही भूल गये। रागिनी समझ गयी कि सारी बातों का चाचा को पता चल गया है। चाचा अच्छी तरह जानते हैं रागिनी का मिज़ाज।

एक महीना बीत गया। रागिनी अपने फ़ैसले पर जैसे पहले अडिग थी, आज भी उसी पर कायम है। डॉ. वीरेन्द्र स्वरूप सक्सेना पहले की तरह आते, जिया का मुआयना करते और छोटे–छोटे क़दमों से रिक्शे में बैठ कर चले जाते। उन्हें यहाँ लाने वाले रिक्शे की घंटी की आवाज़ पूरी रहट गली के कानों में इस तरह घुल गयी, कि उसे सुनते ही कोई भी बता देता कि डॉ. सक्सेना या तो आ गये हैं या फिर जा रहे हैं। इसलिए जिस दिन इसकी आवाज़ इन कानों में नहीं पड़ती, वे बेचैन हो उठते। इधर रागिनी भी पहले की तरह कट्टा बाज़ार जाती, डिस्पेंसरी से दवाएँ लेती और चुपचाप घर आ जाती।

आजिज़ आकर एक दिन जिया ने माला से रागिनी की मौजूदगी में कह ही दिया, "माला, बेटी मैं तेरे चाचा से अब कह देती हूँ कि वे डॉक्टर साब से मना कर दें कि..."

"मना कर दें मतलब?" रागिनी ने अचकचाते हुए पूछा।

"और क्या करूँ...मैं तो तंग आ गयी हूँ। अरे, एक तो यह जानलेवा बीमारी ऊपर से बेटी का जलन।"

"ठीक है जिया, जब इसकी कोई इच्छा ही नहीं है तो हम क्यों एक भले आदमी को अँधेरे में रखें।"

"दीदी, इसमें अँधेरे में रखने की क्या बात है। मेरी बात कोई समझने को तैयार ही नहीं है।" रागिनी किसी घायल हिरनिया–सी कातर स्वर में गुहार लगाती हुई बोली।

"काली सही कह रही है माला। मैं ही पागल हूँ जो दिन–रात तुम सबकी चिन्ता में घुली रहती हूँ। एक ही का पहाड़ जैसा दुख कम है, जो दूसरी का छाती पर लिए घूमूँ।" कहते–कहते जिया की हिलकियाँ बँध गयीं।

जिया का कमरा देखते–ही–देखते किसी अधसूखे तालाब में तब्दील होता चला गया। इधर रागिनी सिर झुका बस टकटकी लगाये खुरदरे फ़र्श

को देखती रही। कब उसकी आँखें अपनी विवशता के चलते भर आयीं, और कब उसने जिया व माला से नज़रें बचाते हुए उन्हें पोंछ लिया किसी को पता ही नहीं चला।

"जिया, तू अपनी इस बीमारी और मेरी वजह से पहले ही कौन–सा कम नरक भोग रही है। मत डाल इस पर दबाव। रही बात मेरी, तो मैं भी जैसे–तैसे बाकी जिन्दगी काट ही लूँगी। जिन्दगी में सुख हर किसी के नसीब में थोड़े ही होता है।"

"ठीक है। कल डॉक्टर साब आयेंगे तो मैं खुद ही उनसे मना कर दूँगी कि मुझे मेरे हाल पे छोड़ दें।"

"हाँ, जिया यही ठीक रहेगा। डिस्पेंसरी से दवाएँ भी मैं ही ले आऊँगी।" माला ने जिया का समर्थन करते हुए कहा।

इससे पहले कि जिया कुछ और कहती रागिनी बिना कुछ कहे उनके पास से उठकर चली गयी।

कई दिनों के बाद डॉ. सक्सेना अपने निश्चित समय के आसपास आये। चेकअप के दौरान जिया से अपनी आदत के मुताबिक़ पुराने ही सवालों को दोहराते रहे। जब तक डॉ. सक्सेना चले नहीं गये, तब तक रागिनी साँसें रोक इन्तज़ार करती रही। मगर जिया ने उसका कोई ज़िक्र नहीं किया, जिसका रागिनी को इन्तज़ार था। चेकअप कर वे जैसे आये, वैसे ही चले गये।

घर में एक घुटे–घुटे–से सन्नाटे ने जैसे अपना क़ब्ज़ा कर लिया। वही रागिनी जो चंचल हिरनी–सी सारे घर में कुलाँचें मारती नज़र आती थी, उसने ख़ामोशी की एक ऐसी चादर ओढ़ ली कि लाख कोशिशों के बावजूद वह उससे बाहर नहीं निकल पाती। गाहे–बगाहे घर के किसी अँतरे से कानों में कोयल की कूक सुनायी दे जाती थी, उसने भी जैसे चुप्पी साध ली। जिस घर में रागिनी के होने का पता उसकी गुनगुनाहट से चलता था, अब पता ही नहीं चलता है कि इस घर में वह रहती भी है।

रागिनी ने एक बार फिर से डिस्पेंसरी जाना शुरू कर दिया।

उस दिन शाम को माला रागिनी को लेकर छत पर गयी और फिर से उससे साफ़–साफ़ पूछा। रागिनी बहन के सवाल का कोई जवाब नहीं दे पायी। माला समझ गयी रागिनी के द्वन्द्व को।

"देख, तुझ पर किसी का कोई दबाव नहीं है। फैसला तो तुझे ही

करना है। अगर तू इस रिश्ते से खुश नहीं है तो साफ–साफ बता!"

"दीदी, जिया ने मुझे बड़ी मुश्किल में डाल दिया। मेरी समझ में नहीं आ रहा है कि इस भँवर से कैसे बाहर निकलूँ। मैं करूँ तो क्या करूँ?" रागिनी ने पश्चिम में डूबने को आतुर सूरज की तरफ़ देखते हुए कहा।

"तेरी सब बातें ठीक हैं...पर बावली, एक माँ के डर को भी तो समझने की कोशिश कर। जिसके सिर पर पति का साया ना हो। जिसकी दो–दो बच्चों की छोटी–सी उमर में एक बेटी विधवा की जिन्दगी काट रही हो, भला उस माँ के डर के बारे में भी तो सोच! मैं समझ रही हूँ कि तेरे दिल पर क्या बीत रही है।"

"यहीं आकर तो मरना हो रहा है। एक तरफ़ माँ की ज़िन्दगी का सवाल है और दूसरी तरफ़ बेटी की।"

"मैंने उस दिन तुझसे कहा था कि तू जिस सुख की बात कर रही है, वह जिन्दगी का एक पहलू है। दूसरे पहलुओं को भी देखना जरूरी है। इसका मतलब यही है कि सुख का मतलब खाली मर्द की चाह ही नहीं होती है, वह भी होती है जो बुरे वक्त में काम आये। अगर हमारे घर में इतनी तंगी नहीं होती, तो क्या हमें आज ये दिन देखने पड़ते। जिया की अपनी मजबूरी है। मुझे ही देख, तेरे जीजा के पास थोड़ी–बहुत जमा–पूँजी होती, तो अपने बच्चों के लिए मुझे दूसरों के आगे हाथ पसारना नहीं पड़ता।'' इसके बाद माला के होंठ टेढ़े होते चले गये, "और तू जिस लोक–लाज की बात कर रही है न, वह कहने–सुनने में ही अच्छी लगती है। तंगी में लोक–लाज के कोई मायने नहीं रहते। ऐसे किस्सों से दुनिया भरी पड़ी है कि फलाँ अपनी मरजी से फलाने के साथ बीवी बनके रह रही है।'' इसके बाद रागिनी के चेहरे को गौर से देखते हुए माला ने उसकी ठुड्डी को अपने पोरों से ऊपर उठाया, और मुस्कराते हुए कोंचते हुए बोली, "कुछ तो है मेरी इस काली में जिस पर राजा साहब का डॉक्टर जैसा बेटा लोक–लाज की चिन्ता छोड़ अपने आपको लुटा बैठा है। वैसे एक बात कहूँ काली, ऐसा आदमी औरत को बहुत सुख देता है जो दुनिया और समाज की परवाह नहीं करता है...बहन, बाकी तेरी मरजी।"

"तेरी ये सारी बातें सही हैं दीदी लेकिन..."

"मैं तेरी सारी मुश्किलें समझ रही हूँ, पर यह भी तो सोच कि एक आदमी यहाँ तक तैयार है कि जो दर्जा और मान–सम्मान वह अपनी पहली ब्याहता को दे रहा है, वही तुझे भी मिलेगा। तुझे अपनी मरजी

जीने का हक दे रहा है, इससे ज्यादा एक मर्द औरत के लिए और क्या कर सकता है।"

रागिनी कुछ नहीं बोली। बस, तेज़ी से पीले पड़ते क्षितिज में अपने–अपने आशियानों की ओर लौटते परिन्दों को टकटकी लगाये देखती रही। इसके बाद वह बड़ी बहन माला के पीछे–पीछे छत से नीचे उतर आयी। नीचे आकर रागिनी ने संजा–बाती के नाम पर घर की सारी बत्तियाँ जला दीं। बत्तियाँ जलते ही जो अँधेरा घर में ज़बरन घुस कर बैठा हुआ था, उससे किसी ने बाहर जाने के लिए नहीं कहा बल्कि वह खुद ही बाहर चला आया।

रागिनी ने जैसे मौन धारण कर लिया।

जिया ने मौक़ा देख चाचा चरणसिंह को सन्देशा भिजवा दिया कि जितनी जल्दी हो सके वह उससे आकर मिले। सन्देश मिलते ही चरणसिंह ने देर नहीं लगायी और अगले ही दिन रहट गली पहुँच गये। इतने दिनों के बाद अचानक चाचा को घर पर आया देख वह समझ गयी कि जिया ने उसकी ख़ामोशी को उसकी रज़ामन्दी समझ लिया है। मगर न जाने क्यों आज उसे अपने इस चाचा पर बिल्कुल भी ग़ुस्सा नहीं आ रहा है। वह समझ गयी कि चाचा को आज क्यों बुलाया गया है।

रागिनी का अनुमान एकदम सही निकला। उसे जल्दी ही जिया ने अपने कमरे में बुलवा लिया। वह कमरे में गयी और चुपचाप जिया के पाँयते की तरफ़ बैठ गयी। उसके आते ही कमरे में सन्नाटा छा गया। सबने एक–दूसरे को चुपके से निहारा। जिया ने पहले अपने आप को सीधा किया और बिना किसी भूमिका के मुद्दे पर आ गयी।

"काली, बता न तेरे चाचा डॉक्टर साब को जाकर क्या जवाब दें?"

"मैं क्या जवाब दूँ। जो सबको ठीक लगे वही कह दो।" रागिनी चाह कर भी आज प्रतिरोध नहीं कर पायी।

"ऐसे कैसे कह दें बेटी...अरे, फैसला तो तुझे लेना है।"

"चाचा, मैं तो अपना फ़ैसला जिया को बहुत पहले सुना चुकी हूँ।'' रागिनी ने गरदन झुकाये हुए कहा।

"यानी मैं डॉक्टर साब को जाकर तेरी तरफ़ से हाँ कर दूँ?" चरणसिंह ने अपनी जगह से उचकते हुए कहा।

रागिनी ने चाचा की बात का कोई जवाब नहीं दिया। इस पर चरणसिंह ने अपनी मूढ़ी धीरे–से रागिनी की तरफ़ सरकाई और बड़े ही सधे हुए अन्दाज़ में बोला, "देख बेटी, हम तेरे दुश्मन नहीं हैं। एक बात बताऊँ, जब डॉक्टर साब ने पहली बार मुझसे तेरे बारे में बात छेड़ी थी, तो सच बताऊँ मुझे तुझसे भी ज्यादा हैरानी और गुस्सा आया था। मगर बाद में मैंने जब ठंडे दिमाग से इस पर विचार किया, तो मुझे लगा कि इसमें बुराई क्या है। बुराई मुझे इसलिए नज़र नहीं आयी कि इस घर के जैसे हालात हैं, मैंने जब उनके बारे में गहराई से सोचा, तो मुझे लगा यह बात आगे बढ़नी चाहिए। देख बेटी, यह समाज है इसमें बिधवा और रँडुए के बच्चों को कोई भी अच्छी नज़र से नहीं देखता है। अगर आज हमारे भाई साब मास्टर ज्ञानसिंह जी यानी आपके पिता जी होते तो दूसरी बात थी। इसलिए बच्चों का भला–बुरा सोचने की हमारी भी कोई जिम्मेवारी है कि नहीं।"

इस बार भी रागिनी ने प्रत्युत्तर में कुछ नहीं कहा।

"यह बात मैंने तेरी जिया को इसीलिए आकर बतायी कि अपने जीते–जी कम–से–कम एक बेटी का सुख तो देख जायेगी। वैसे एक बात बताऊँ..." इतना कह चरणसिंह ने बारी–बारी से पहले तीनों बच्चों की तरफ़ देखा, और फिर थोड़ी हिम्मत बटोरते हुए बोला, "तुम्हारी जिया ज़्यादा दिनों की मेहमान नहीं है। जिसे तुम लोग अभी तक बवासीर या भगन्दर मान कर चल रहे हो असल में वह क्या बीमारी है, पता है?"

चाचा चरणसिंह ने जिस तरह रागिनी की तरफ़ देखते हुए पूछा, उससे रागिनी भीतर तक सहम गयी। निर्निमेष बस चाचा के अगले वाक्य को सुनने के लिए उसकी साँसें उखड़ने लगीं। भयातुर आँखें चाचा के चेहरे पर चस्पाँ हो गयीं।

"इसेऽऽऽ कैंसर है।"

चाचा चरणसिंह के मुँह से कैंसर का नाम सुनते ही रागिनी समेत माला और जगत की रुलाई फूट पड़ी। रागिनी लपक कर जिया से लिपट गयी। जब तक वह माँ से लिपटी रही, उसकी आँखों के आगे एक के बाद एक खौफ़नाक दृश्य आते–जाते रहे। थोड़ा–सा मन कुछ हल्का हुआ, तो उसने चाचा की ओर देखा।

चरणसिंह ने इसके बाद कुछ नहीं कहा। वे यह कहते हुए जाने के लिए खड़े हो गये, "ठीक है भाभी, मैं डॉक्टर साब से कह देता हूँ।"

"चरनसिंह, डॉक्टर साब से कह तो देगा पर यह सब होगा कैसे?" जिया ने अपनी एक और दुविधा चरणसिंह के सामने उँड़ेलते हुए पूछा।

"भाभी, यह सोचना डॉक्टर साब का काम है।"

"यह तो ठीक है पर इसमें जितनी सावधानी बरती जाये उतना अच्छा है।"

"हमें तो अपनी काली के भाँवरों से मतलब है। अब यह सब वे कहाँ और कब करते हैं, हमें उन्हीं पर छोड़ देना चाहिए। फिर भी मैं उनके कानों में ये सब बातें डाल दूँगा।"

"बस, यही कहना था।" जिया ने पूरे घर के सामने एक तरह से इस रिश्ते की मंजूरी दे दी।

चाचा चरणसिंह के जाने के बाद रागिनी उठ कर जाने लगी, तो जिया ने एक बार फिर रागिनी को टोहते हुए पूछा, "काली, बेटी तू खुश तो है न?"

"जिया, मेरी ख़ुशी–नाख़ुशी का अब कोई मतलब नहीं रह गया हैं।"

रागिनी ने जिस तल्खी के साथ जवाब दिया, जिया से इसके बाद कुछ भी कहते नहीं बना।

"माला, ऐसा कर आगे से डिस्पेंसरी तू जाया कर। अब यह काली जाती हुई अच्छी नहीं लगेगी।"

"माला क्यों जायेगी...और मैं क्यों जाती हुई अच्छी नहीं लगूँगी?" रागिनी ने तमकते हुए पूछा।

"समझा कर, अब तेरा वहाँ जाना नहीं बनता है।"

"जियाऽऽऽ, अभी तो वहाँ जाने में मज़ा है।" रागिनी के होंठ वक्र होते चले गये।

"काली सही कह रही है जिया, इसे ही जाने दे।"

"जैसी तुम्हारी मरजी।" इतना कह जिया ने विषय पर एक तरह से विराम लगा दिया।

हालाँकि जिया अपनी सारी दुविधा चरणसिंह को पहले ही बता चुकी है, मगर न जाने क्यों उससे अपना यह असमंजस डॉ. सक्सेना से बाँटे बिना रहा नहीं गया। डॉ. सक्सेना ने अन्य दिनों की तरह इत्मिनान से चेकअप किया और कुछ हिदायतें दे कर जाने लगा, तो पीछे से जिया टोकते हुए बोली, "डॉक्टर साब, वैसे तो माला के चाचा ने सारी बातें बता दी होंगी फिर भी मुझसे कहे बिना रहा नहीं जा रहा है।"

"हाँ–हाँ कहो!" डॉ. सक्सेना ने अनुमति देते हुए कहा।

"मेरी मानो फेरे किसी आर्य समाज मन्दिर में ले लो...बल्कि सबसे अच्छा तो यह रहेगा कि किसी कोर्ट–कचहरी में जाकर चुपचाप तुम दोनों एक–दूसरे के गले में माला डाल लो!"

"इस घर में फेरे लेने में कोई दिक्कत या परेशानी है?"

"दिक्कत या परेशानी तो ऐसी कोई खास नहीं है। बस, यही सोच रही थी कि राजा साहब के घर–परिवार के लोग आयेंगे तो उन्हें कहाँ उठाऊँगी–बिठाऊँगी।"

जिया की यह परेशानी सुन डॉ. वीरेन्द्र स्वरूप सक्सेना जैसे तड़ाक से ज़मीन पर आकर गिरे। इसकी तो उसने कल्पना ही नहीं की थी कि जिया यह भी पूछ लेगी। निरुत्तर डॉ. सक्सेना से न जाते बन रहा है, न रुकते बन रहा है। माथे पर जिस तरह पसीना चू आया उसके साफ़ संकेत हैं कि अब वापस लौटना सम्भव ही नहीं मुश्किल भी है। बमुश्किल डॉ. सक्सेना ने साहस बटोरा और धीरे–से बोला, "माँ जी, इसमें मेरे परिवारवाला कोई नहीं आयेगा क्योंकि यह शादी मैं चुपचाप उनकी मरजी के ख़िलाफ़ कर रहा हूँ।"

"अच्छाऽऽऽ अब समझ में आया कि ब्याह के बाद काली क्यों इसी घर में रहेगी।"

"कुछ भी समझ लो माँ जी।" डॉ. सक्सेना ने दो टूक कहा।

"फिर तो किसी को यह भी पता नहीं होगा कि आप दूसरी शादी करने जा रहे हो?"

"जी हाँ।"

इतना सुन जिया ने माथा पकड़ लिया। यह तो अच्छा हुआ जो इस समय रागिनी नहीं है वरना पता नहीं वह क्या कर बैठती।

"पर आप इस सब को लेकर परेशान क्यों हो रहे हो। जब मुझे इस घर में फेरे लेने में कोई दिक्कत नहीं है, तो आपको क्यों हो रही है। वैसे ये सारी बातें तो मैं पहले ही चाचा जी से खुलकर कह चुका हूँ। अब इन सब बातों का क्या मतलब है।"

"नहीं–नहीं मैंने तो ऐसे ही कह दिया।" जिया ने तुरन्त अपने आप को सँभाला।

"माँ जी, इन सब बातों को छोड़ो और शादी की तैयारियाँ करो!" डॉ. सक्सेना इतना कह तेज़ी से बाहर चले आये।

18

अगहन के उतरते–उतरते दिन काफ़ी छोटे हो गये। जितनी देर से सूरज उगता है, उससे कहीं ज़्यादा जल्दी उसे शाम को पश्चिम में डूबने की रहती है। गाँव–देहातों की ही नहीं बल्कि छोटे शहरों की शामें भी बड़ी उदास और थकी–थकी–सी रहती हैं। सूरज छिपते–छिपते आधी से ज़्यादा दुकानें बन्द होनी शुरू हो जाती हैं, और जैसे–जैसे शाम का धुँधलका फैलता जाता है, बाज़ार वीरानी में बदलते चले जाते हैं। हालत यह होती है कि बहुत से गली–मोहल्लों के दरवाज़े इशा की अज़ान के आसपास ऐसे बन्द होते हैं कि वे अगली ही सुबह खुलते हैं। बड़ा बाज़ार की यह रहट गली भी ऐसी ही गलियों में से एक है। यह गली दिन छिपते–छिपते अपने आप से इस तरह बेपरवाह हो जाती है कि उसे ख़ुद ही पता नहीं होता कि यहाँ हो क्या रहा है।

इसी अगहन यानी नवम्बर 1964 का आख़िरी दिन। गली में दिन में किसी ने किसी को आते–जाते नहीं देखा। बल्कि आज तो किसी ने रिक्शे की घंटी की आवाज़ भी नहीं सुनी। हाँ, चरणसिंह के सवेरे से कई चक्कर ज़रूर लग चुके हैं। किसी को इसकी भनक तक नहीं है कि रहट गली के मास्टर ज्ञानसिंह के घर में कुछ ऐसा होने वाला है जिसकी रहट गली ही नहीं, बड़ा बाज़ार और पूरा नगर सोच भी नहीं सकता। चाचा चरणसिंह ने सारी तैयारियाँ इतनी सफ़ाई से की हैं कि किसी को रत्तीभर भी शक नहीं हुआ। यहाँ तक कि बाहर गली के मुहाने पर निगम के घासलेट से जलने वाले कन्दील को भी नहीं। भाँवर डलवाने के लिए पंडित भी चाचा चरणसिंह किसी दूसरे क़स्बे से लेकर आये हैं। पिछले डेढ़ साल में ऐसा पहली बार हुआ है। जो क़दम इससे पहले बिना रिक्शे के रहट गली में नहीं पड़ते थे, वे कब एक उनींदे शहर से नज़र बचाते हुए, अँधेरे में लिपटी इस गली में पड़े और कब एक घर में दाख़िल हो गये, किसी को इसकी आहट तक नहीं सुनायी दी।

राजा साहब के डॉक्टर बेटे ने अपने ही शहर की एक गली की सोलह वर्षीय रागिनी को कब अर्धांगिनी के रूप में स्वीकार कर लिया–इसकी गवाही या तो ख़ुद रागिनी दे सकती है, या इसका छोटा–सा परिवार। या तो चाचा चरणसिंह दे सकता है, या वे दर–ओ–दीवार दे सकती

हैं, जिन्होंने अग्नि की भभकती लौ के चारों तरफ़ उसे भाँवरे लेते हुए देखा है।

यह विवाह भारतीय इतिहास के सबसे अभागे व अभिशप्त जीवन जीने वाले राजकुमारों में शुमार, और अपनी हथेलियों पर बदनसीबी की अमिट लकीरों के साथ पैदा हुए शाहज़ादे दारा शिकोह के बसाये गये, इस शहर का ऐसा अन्यतम विवाह है, जिसमें रस्में तो सारी निभाई गयीं मगर एक पिता के घर से बेटी की विदाई नहीं हुई। यह पहला ऐसा परिणय है जिसमें न तो बेटी की विदाई हुई, न एक माँ बेटी के विरह में फूट–फूट कर रोयी। रात के सन्नाटे में एक वर कब चुपचाप दबे पाँव आया, और फेरे लेकर कब पूरे शहर को गहरी नींद में सोया छोड़, वापस अपने घर आकर अपने परिवार में शामिल हो गया–किसी को इसकी भनक नहीं लगी।

अगले कई दिनों तक रहट गली में पहले की तरह रिक्शे की घंटी की आवाज़ ब–दस्तूर गूँजती रही। ऐसे में किसी को भला कैसे पता चलता कि एक घर में कुछ हुआ भी है। यह बात दूसरी है कि रिक्शा अब वक़्त–बेवक़्त आने–जाने लगा है। मगर अचानक कुछ दिनों के बाद रिक्शे की घंटी की आवाज़ ऐसी ख़ामोश हुई, कि आसपास की कुछ बेचैन खिड़की–दरवाज़ों ने इस ख़ामोशी की वजह जाननी चाही, तब एक नयी जानकारी इनके हाथ लगी। यह जानकारी थी कि रागिनी भी तब से घर में नहीं है, जब से रिक्शे की घंटी की आवाज़ आनी बन्द हुई है। रागिनी का इस तरह घर से ग़ायब होना रहट गली के लिए कोई ताज्जुब की बात नहीं है। वह इसलिए कि शायद फिर से यह किसी थिएटर कम्पनी के साथ चली गयी होगी। हाँ, डॉक्टर के न आने की जो वजह पता चली, उससे इस गली के स्वर्गीय मास्टर ज्ञानसिंह की बीमार पत्नी के कुछ शुभचिन्तकों ने राहत की साँस ज़रूर ली, कि चलो डॉक्टर साहब अपने जिस मरीज़ का इलाज कर रहे हैं, उसकी हालत में काफ़ी सुधार है।

तक़रीबन एक महीने बाद इसी रागिनी को जब इन्हीं बेचैन आँखों ने कुछ बदले रंग में देखा, तो उन्हें थोड़ी हैरत हुई। मगर एक बार फिर यह सोच कर मौन धारण कर लिया कि ड्रामा–थिएटर की दुनिया ऐसी ही होती है, जिसमें रह कर औरत के बाँकपन और सलोनेपन में निखार आ ही जाता है। हाँ, इस बीच रिक्शे की घंटी की जो आवाज़ ख़ामोश हो गयी थी, वह फिर से गली में सुनायी देने लगी। अब तो रागिनी महीने में दो–तीन बार एक–एक, दो–दो सप्ताह के लिए बाहर रहने लगी।

बड़ा बाज़ार की यह गली पता नहीं और कितने दिन भ्रम में रहती, अगर उस दिन पड़ोस के जगदम्बा यादव की नज़र आगरा के महताब बाग के एक होटल के बाहर देखे–भाले से दो चेहरों पर नहीं पड़ती। जगदम्बा यादव आगरा अपनी ससुराल आया हुआ था। आगरा से महताब बाग के इस होटल के सामने से बस अड्डे की ओर गुज़रते वक़्त यूँ ही उसकी नज़र इस जोड़े पर पड़ गयी। पहले तो उसे यह अपनी नज़र का कोई धोखा लगा। मगर बड़ी सफ़ाई से नज़दीक आकर उसने एक दरख़्त की ओट से इसे देखा, तो इनको पहचानने में उसे देर नहीं लगी। कैसे नहीं पहचानता? अपने पड़ोसी मास्टर ज्ञानसिंह की जिस बेटी को वह बचपन से देखता आ रहा है, उसी को न पहचाने, ऐसा कैसे हो सकता है। पर सबसे ज़्यादा हैरानी तो जगदम्बा यादव को यह देख कर हो रही है कि मास्टर ज्ञानसिंह की इस थिएटर–ड्रामा वाली लड़की के साथ जिस लड़के को वह देख रहा है, वह और कोई नहीं, राजा साहब का वही डॉक्टर बेटा है, जिसे वह न जाने कितनी बार अपनी गली में रिक्शे से आते–जाते देख चुका है।

जगदम्बा यादव की आँखें धोखा नहीं खा सकतीं। फिर भी दरयाफ़्त करना ज़रूरी है। इसलिए आगरा से लौटते ही उसने अपनी पत्नी पार्वती को मास्टर ज्ञानसिंह के घर उनकी बीमार पत्नी का हालचाल जानने के बहाने भेजा। पार्वती ने वापस आकर पति को बताया कि उनका अनुमान एकदम सही है। सचमुच मास्टर की लड़की कई दिनों से घर में नहीं है। बावजूद इसके जगदम्बा यादव ने पड़ोस धर्म निभाते हुए किसी तरह की जल्दबाजी नहीं दिखायी। बस, वे रागिनी के लौटने का बेसब्री से इन्तज़ार करने लगे।

आख़िर जिया लोगों से सच्चाई कब तक छिपा कर रखती।

पति जगदम्बा यादव द्वारा मुहैया करायी गयी जानकारी के आधार पर पार्वती ने रागिनी की माँ भगवती के सामने जो हुलिया बताया, और जब रागिनी को बुलाने के लिए कहा, तो भगवती समझ गयी कि जगदम्बा ने ज़रूर रागिनी व डॉ. सक्सेना को ही आगरा में देखा है। भगवती को टूटते हुए देर नहीं लगी, "हाँ पार्वती, ये दोनों ही थे।"

यह तो पार्वती और जगदम्बा यादव ही भले पड़ोसी निकले, जिन्होंने

सब जानने के बावजूद किसी को कुछ नहीं बताया। दोनों पति–पत्नी यह सोचकर चुप्पी साध गये कि धीरे–धीरे उनकी तरह एक दिन रहट गली, बड़ा बाज़ार, कट्टा बाज़ार समेत राजा साहब के पूरे परिवार को इसका पता चल जायेगा। ऐसा हुआ भी, जिसे पता नहीं था उसे भी पता चल गया। मगर सब यह सोचकर चुप लगा गये कि बड़े लोग हैं। वैसे भी हिन्दू समाज के पथ–प्रदर्शक कवि बाबा तुलसीदास ऐसे ही लोगों के बारे में अपने *रामचरितमानस* के बालकांड में पहले ही कह चुके हैं–*समरथ को नहीं दोष गुसाईं* अर्थात समर्थ द्वारा उठाया गया हर एक क़दम, समाज में इज़्ज़त की नज़र से देखा जाता है।

रहट गली सहित शहर के जिन लोगों ने राजा साहब के डॉक्टर बेटे के इस कृत्य के बारे में सुना, सबने उसके इस क़दम को एक क्रान्तिकारी क़दम मान, इस रिश्ते को शिरोधार्य कर सहर्ष स्वीकार कर लिया। जबकि माँ के असाध्य रोग से डरी–सहमी और बड़ी बहन के अनिश्चित भविष्य से भयाक्रान्त काली यानी रागिनी से बनी रागिनी सक्सेना, इसे विधाता का प्रसाद समझ ज़िन्दगी की नयी शुरुआत में जुट गयी।

19

राजा साहब के नाम से मशहूर सक्सेना परिवार की बहू रागिनी सक्सेना भूल गयी कि वह कभी हिन्दुस्तान थिएटर कम्पनी में काम भी करती थी। बहरतबील, दोहा, चौबोला, दादरा, लावनी, सोहनी में अपनी गायकी को अपने पहले गुरु सूरज प्रसाद शर्मा की सरपरस्ती में जिस मेहनत के साथ निखारा था, वह अब जैसे एक क़िस्सा बन कर रह गया। पेटीबाजे के सुर, झील–नक्काड़े की टंक और मंच के परदों को उठाने–गिराने वाले हाथ धीरे–धीरे स्मृतियों से लोप होने लगे। रागिनी की दुनिया घर की चहारदीवारी में सिमट कर रह गयी। हालाँकि वह रिक्शा जिस पर डॉ. सक्सेना आते थे, पहले की तरह उसकी घंटियों का मधुर नाद रहट गली के कानों में अब भी रह–रह कर सुनायी देता है।

सुना है डॉ. सक्सेना और रागिनी के इस विवाह की भनक डॉक्टर साहब की 'धर्मपत्नी' को अभी तक नहीं लग पायी है। क्या ऐसा हो

सकता है, इस पर यक़ीन करना मुश्किल है। अगर लग भी गया होगा तो किसको पता? अपनी व्यथा वह किसके सामने प्रकट करे? बड़े घरों के स्त्री–विद्रोह अक्सर इनकी दीवारों में ही घुट कर दम तोड़ देते हैं। वे चित्तौड़ की पद्मिनी की तरह अपने सतीत्वरक्षा के निमित्त जौहर तो कर सकती हैं, मगर मीरा की तरह मर्दों के ख़िलाफ़ बग़ावत, वह भी अपने घर में, बड़े घरों की रिवायत में शुमार नहीं है। इन घरों की दीवारों के आसार इतने चौड़े और मज़बूत होते हैं कि इनकी ख़िलाफ़तों के सुर इनसे सिर पटक–पटक कर दम तोड़ देते हैं। क्या पता डॉ. वीरेन्द्र स्वरूप सक्सेना की 'धर्मपत्नी' को सचमुच इसका पता चल भी गया हो, पर वह अब कर भी क्या सकती है। बड़े घरों का शायद यही दस्तूर है।

शादी के बाद दस महीने कब बीत गये और कब रागिनी एक बच्चे की माँ बन गयी, इसका डॉ. सक्सेना ही क्या ख़ुद रागिनी को भी पता नहीं चला। बड़ा बाज़ार की रहट गली ही अब रागिनी की कायनात बन कर रह गयी। लगता है रागिनी अब शायद ही किसी थिएटर या नौटंकी–ड्रामा कम्पनी में लौट पायेगी। सुरों का जो अध्याय 1963 के लगभग अन्त में शुरू हुआ था, वह 1966 के मध्य तक आते–आते अपनी ताल और गति बिसरा गया।

जेठ की पकी गरमी और लू के थपेड़े रह–रह कर रहट गली में नज़रें छिपा कर धीरे–से आते। अधखुले किवाड़ों से होकर कूलर की ठंडी हवा के साथ बीच–बीच में जब ये थपेड़े अलसायी देह से आकर टकराते, तब अहसास होता कि सचमुच बाहर आग बरस रही है। बग़ल में कुनमुनाते शिशु को सुलाने की कोशिश में रागिनी कभी उसे थपथपाती, तो कभी सहलाती।

दो बजते–बजते प्रचंड गरमी ने अपना असली रंग दिखाना शुरू कर दिया। मुश्किल से शिशु की आँखें अभी लगी ही थीं कि तभी बाहर दरवाज़े पर दस्तक हुई। अलसाए जिस्म को माला ने सीधा किया और जाकर दरवाज़ा खोल दिया। दरवाज़ा खुलते ही पहले तो लू के तेज़ थपेड़े ने उसका स्वागत किया, और इसके बाद उसका तीन अजनबियों से सामना हुआ।

"जी कहिए?" माला ने बीच दरवाज़े पर खड़े–खड़े पूछा।

"हमें रागिनी जी से मिलना है।" उनमें से एक ने कहा।

"आइए, अन्दर आ जाइए!" इतना कह माला उनके आगे–आगे हो ली।

वे तीनों उसके पीछे–पीछे चले आये। उन्हें बाहर के कमरे में बिठा माला यह कह कर अन्दर चली आयी, "बैठिए, मैं अभी भेजती हूँ।"

थोड़ी देर बाद रागिनी आयी, तो उसे देखते ही तीनों ने हाथ जोड़कर उसका अभिवादन किया।

"जी कहिए?" रागिनी ने बिना किसी भूमिका के सीधे ही पूछ लिया।

"हम हाथरस से आये हैं। मेरा नाम राधेश्याम शर्मा है। ये गिर्राज प्रसाद जी हैं और ये हाथरस के लाला रामबाबूलाल की मशहूर बिजली कॉटन मिल के मैनेजर साहब हैं।"

अपने साथ–साथ बाकी दो लोगों का परिचय कराने वाले राधेश्याम शर्मा के मुँह से गिर्राज प्रसाद का नाम सुनते ही रागिनी अपनी जगह पर खड़ी की खड़ी रह गयी।

"दादा प्रणाम! बड़ा नाम सुना है आपका तो। आज बंसीवाले ने आपके दर्शन भी करा दिये।"

गिर्राज प्रसाद हल्के–से मुस्करा भर दिये।

"वैसेऽऽऽ आपको मेरा पता–ठिकाना कहाँ से मालूम हुआ?" रागिनी ने खड़े–खड़े पूछा।

"वो अलीगढ़ वाले पन्नालाल थिएटर के मालिक अमीचन्द शर्मा जी हैं न, उन्होंने आपके बारे में बताया है।'' बिजली कॉटन मिल के मैनेजर ने कहा।

"अच्छा अमीचन्द जी ने मेरे बारे में बताया है।" फिर कुछ पल सोचते हुए बोली, "पन्नालाल थिएटर कम्पनी क्या अभी भी चल रही है?"

"वह तो बहुत पहले बन्द हो चुकी है।" राधेश्याम शर्मा ने जवाब दिया।

"ओह, वह भी बन्द गयी!" यह कहते हुए रागिनी का चेहरा अवसाद से घिरता चला गया। एक झटके में वह अतीत के दृश्यों में खो–सी गयी। मगर सामने बैठे लोगों को देख फिर से अपने आप को वापस वर्तमान में लाते हुए बोली, "बताइए, यहाँ आप कैसे आये हैं?"

"हम आपके पास एक ख़ास काम से आये हैं।" राधेश्याम शर्मा ने शुरुआत की।

"ख़ास काम से, मैं कुछ समझी नहीं?"

"मास्टर जी, साफ़–साफ़ कहो न।" बग़ल में बैठे गिर्राज प्रसाद ने राधेश्याम शर्मा को टोका।

"जी, ख़ास काम ही है। वो क्या है कि हाथरस में बनने वाले बाबू गंगा सहाय इंटर कॉलेज का उद्घाटन होने जा रहा है। इस मौके पर नौटंकी का एक शो कराने का इरादा है। इसी के लिए हम आपके पास आये हैं।" राधेश्याम शर्मा ने अपने आने का प्रयोजन स्पष्ट करते हुए कहा।

"परऽऽऽ...मुझे तो स्टेज छोड़े कई साल हो गये हैं। वैसे भी मैंने अब शर्त लेनी बन्द कर दी है।'' रागिनी अपनी स्थिति साफ़ करते हुए बोली।

"बन्द कर दी है, पर क्यों?" गिर्राज प्रसाद ने हैरानी से पूछा।

"हाँ दादा, आप तो जानते ही हैं कि शादी के बाद और ऊपर से एक छोटा–सा बच्चा हो, तो यह सब करना कितना मुश्किल होता है।" रागिनी ने जैसे मन मारते हुए निराशा के साथ जवाब दिया।

रागिनी के इतना कहने पर गिर्राज प्रसाद ने राधेश्याम शर्मा, और राधेश्याम शर्मा ने गिर्राज प्रसाद की आँखों में लाचारी के साथ झाँक कर देखा।

"मगर हम तो बड़ी उम्मीद लेकर आये हैं। आप पेमेंट की चिन्ता न करें। अमीचन्द जी ने हमें सब बता दिया है। बस आप हाँ कह दीजिए।"

"वो बात तो आपकी ठीक है...पर भइया क्या करूँ मैं भी मजबूर हूँ।" रागिनी ने एक तरह से अपना फ़ैसला सुना दिया।

"मास्टर जी, इसका कोई इलाज नहीं है। यह भी क्या करे...मजबूर है बेचारी। स्टेज छूटना तो कोई बड़ी बात नहीं है...एक ही रिहर्सल में सुर लौट आयेगा...पर असल मसला बच्चे का है।" गिर्राज प्रसाद ने निराशा भरी एक गहरी साँस ली और कह कर जाने के लिए खड़े हो गये, "चलिए मास्टर जी, किसी और को देखते हैं।"

"चलिए...वैसे ये होतीं तो बात ही कुछ और थी।"

हाथरस से आये गिर्राज प्रसाद, राधेश्याम शर्मा और बिजली कॉटन मिल के मैनेजर तीनों निराश होकर जाने के लिए खड़े ही हुए थे, कि बाहर गली से आयी जानी–पहचानी घंटी की आवाज़ सुन, रागिनी ने सब को सुनाते हुए ख़ुद से कहा, "लगता है डॉक्टर साब आ गये हैं!"

माला ने जाकर दरवाज़ा खोल दिया।

"कोई आया हुआ है क्या?" बग़ल के कमरे से आती आवाज़ को सुन माला के साथ–साथ चलते डॉ. सक्सेना ने पूछा।

"हाँ, हाथरस से कुछ लोग आये हुए हैं।" माला ने बताया।

"हाऽऽऽथरस से...कौन हो सकता है?" इतना कह वे भी उसी कमरे की तरफ़ बढ़ गये।

जब तक वे तीनों कुछ समझ पाते और जाने के लिए आगे बढ़ते, डॉ. सक्सेना भी तब तक उन तक पहुँच गये। वे तीनों जाते–जाते रुक गये।

"ये डॉक्टर साब हैं मेरे पति।" रागिनी ने डॉ. सक्सेना का अनौपचारिक–सा परिचय दिया।

तीनों को अपने सामने गोरे रंग के सजीले, सुन्दर व सौम्य नौजवान को देख हैरानी हुई कि सचमुच का डॉक्टर रागिनी का पति।

"बैठिए–बैठिए!" इतना कह कर डॉ. सक्सेना रागिनी की तरफ़ पलटे, "कुछ ठंडा–वंडा भी पिलाया या नहीं?" इसके बाद वे माला को आवाज़ देते हुए बाहर निकल गये।

इससे पहले कि उन तीनों में से कोई कुछ कहता डॉ. सक्सेना उलटे पाँव लौट आये। उनके लौटते ही रागिनी उन तीनों का परिचय कराने लगी, "डॉक्टर साब, ये लोग हाथरस से आये हैं। ये गिर्राज प्रसाद जी हैं कामाँ वाले। मनोहर–गिर्राज की जुगल जोड़ी संगीत में बड़ी मशहूर है। मनोहर यानी मनोहर लाल शर्मा जी के बाद गिर्राज जी का नौटंकी में बड़ा नाम है...और ये मास्टर राधेश्याम शर्मा जी हैं।"

"अच्छा–अच्छा।" डॉ. वीरेन्द्र स्वरूप सक्सेना ने सौम्यता के साथ मुस्कराते हुए कहा।

"जी, आपने हाथरस की बिजली कॉटन मिल के मालिक लाला रामबाबूलाल जी का नाम सुना होगा, उन्हीं के यहाँ से आये हैं।" मास्टर राधेश्याम शर्मा ने तीनों का एक साथ परिचय दिया।

"अजी साहब, उन्हें कौन नहीं जानता है। वे ख़ाली मिल के ही मालिक नहीं हैं बल्कि हाथरस नगर पालिका के चेयरमैन भी हैं। उनका सुरुचि उद्यान बड़ा मशहूर है। क्या रुतबा है साब उनका। कलेक्टर को भी मिलना होता है, तो लाला जी से टाइम लेकर मिलते हैं। अगर ख़बर मिलती है कि लाला जी नहीं मिल सकेंगे, तो कलेक्टर साहब वापस लौट जाते हैं। शर्मा जी, ग़लत तो नहीं कह रहा हूँ?"

"आप बिल्कुल सही कह रहे हैं।" राधेश्याम शर्मा ने डॉ. सक्सेना से सहमति जताते हुए कहा।

"रागिनी, दिन और रात दोनों शिफ़्ट मिला कर लाला जी की मिल में पाँच हज्जार वर्कर काम करते हैं। घर के बाहर हमेशा दो–दो गार्ड तैनात रहते है...अजी बड़े क़िस्से हैं उनके।"

"डॉक्टर साब, आप तो बहुत कुछ जानते हैं उनके बारे में।" गिर्राज प्रसाद ने हँसते हुए कहा।

"जानता क्या हूँ, ऐसा सुना है। चलिए छोड़िए, हुकम करिए कैसे आना हुआ?"

"जिस लिए आये थे वो तो इन्हें बता चुके हैं, फिर भी आप पूछ रहे हैं तो बता देते हैं। वो क्या है डॉक्टर साब, दरअसल हमारे इन गिर्राज प्रसाद जी के आग्रह पर लाला जी ने हाथरस में *ब्रजलोक मंच* नाम की एक संस्था की स्थापना की है। इसके पीछे उनकी सोच संगीत लोकनाट्य परम्परा को ज़िन्दा रखने की रही है। इसमें दिल्ली के बड़े–बड़े संगीत और कला प्रेमी जैसे नेमिचन्द्र जैन, अनिल बिस्वास, शान्ता गाँधी व रामनारायण अग्रवाल जैसी हस्तियों का पूरा सहयोग मिल रहा है। रामनारायण अग्रवाल जी के बारे में कौन नहीं जानता है...अजी, वही आल इंडिया रेडियो, दिल्ली के मशहूर *ब्रज माधुरी* कार्यक्रम के स्तम्भ। वैसे इनके अलावा राज्यसभा सदस्य सेठ गोविन्ददास और पंडित नथाराम शर्मा गौड़ के सुपुत्र राधावल्लभ गौड़ की भी पूरी मदद मिल रही है।"

"हम दरअसल इसी सिलसिले में रागिनी जी के पास आये हैं कि लाला रामबाबूलाल हाथरस में एक इंटर कॉलेज बनवाने जा रहे हैं। जिस दिन इस कॉलेज का शिलान्यास होना है, उसी दिन हाथरस में लाला जी की बिजली कॉटन मिल के सुरुचि उद्यान में उनका ब्रजकला मंच की तरफ़ से एक शो करवाने का विचार है। बस, उसी सिलसिले में हमारा इनके पास आना हुआ है।" गिर्राज प्रसाद ने मास्टर राधेश्याम शर्मा की बात को विस्तार देते हुए, अपने आने की वजह और स्पष्ट कर दी।

"तो फिर हो गयी इनसे बात?" डॉ. सक्सेना ने रागिनी की तरफ़ देखते हुए पूछा।

"बात तो हो गयी है डॉक्टर साब, पर बात कुछ बनी नहीं।" राधेश्याम शर्मा ने उत्तर दिया।

"बात कुछ बनी नहीं...मैं कुछ समझा नहीं?" डॉ. सक्सेना ने हैरानी भरी मुद्रा में एक तरह से सबसे पूछा।

"यही कि रागिनी ने शर्त लेनी बन्द कर दी है।"

"यह आपसे किसने कह दिया?" डॉ. सक्सेना ने राधेश्याम शर्मा की तरफ़ देखते हुए हैरानी के साथ पूछा।

"रागिनी ने ही बताया है कि शादी के बाद शो करने बन्द कर

दिये हैं। वैसे भी अब तो इनके एक बच्चा भी है इसलिए परेशानी तो होगी ही।''

"रागिनी, ये लोग क्या कह रहे हैं! आपने इनसे शर्त और शो के लिए क्यों मना कर दिया? अरे भई, आपको मौक़ा मिल रहा है और आप उसे गँवा रही हो।"

"वो क्या है डॉक्टर साब कि इतने छोटे बच्चे को साथ ले जाना..."

"क्या छोटा बच्चा! जिनके छोटे बच्चे होते हैं उनकी ज़िन्दगी उन्हीं के साथ ख़त्म हो जाती है...वे लोग क्या काम करना छोड़ देते हैं? देखो, बच्चे की चिन्ता मत करो। ज़्यादा से ज़्यादा यही होगा न कि शो करके घर आना होगा, आ जायेंगे। मैं साथ चलूँगा।'' इसके बाद डॉ. सक्सेना राधेश्याम शर्मा की तरफ़ पलटे, "शर्मा जी, आप बेफ़िक्र होकर जाइए। रागिनी आपका शो करने ज़रूर आयेगी। इन्हें भेजना मेरी गारंटी रही। अगर मुझे साथ आना पड़ा तो मैं भी आऊँगा। समाज की नेकी के लिए हमसे जो बन पड़ेगा, हम करेंगे।" डॉ. वीरेन्द्र स्वरूप सक्सेना ने रागिनी की तरफ़ से इजाज़त देते हुए कहा।

इस बीच माला कोका कोला की बोतलें ले आयी।

"लीजिए, ठंडा पीजिए!" पूरी विनम्रता के साथ डॉ. सक्सेना ख़ुद बोतलें बढ़ाते हुए बोले।

ठंडा पीने के बाद सबने जाने के लिए विदा ली। मगर जाते–जाते राधेश्याम शर्मा ने एक पल रुकते हुए कहा, "डॉक्टर साब, शो की ता़रीख़ और लिख लीजिए!"

"हाँ–हाँ बताइए!"

"शो तो वैसे सोलह जुलाई का है मगर रागिनी जी को एक दिन पहले आना होगा ताकि रिहर्सल हो जाये। रिहर्सल के बहाने बाकी के कलाकारों और साज़िन्दों से भी मुलाक़ात हो जायेगी।"

"सोलह जुलाई यानी अगले महीने।" रागिनी ने दरयाफ़्त करते हुए पूछा।

"और क्या ये अगली जुलाई की बात कर रहे हैं...ये इसी 16 जुलाई, 1966 की बात कर रहे हैं, लिख लेना कहीं।" डॉ. सक्सेना ने रागिनी का काम पूरी तरह पुख़्ता कर दिया।

"ठीक है शर्मा जी। बस, आप हमें बीच में एक बार ज़रूर बता देना कि रिहर्सल के लिए कब आना होगा।"

"बता देंगे...वैसे डॉक्टर साब, अगर ये अपना मेहनताना और बता देती तोऽऽऽ..." राधेश्याम शर्मा ने हिचकते हुए कहा।

"आप भी कैसी बातें कर रहे हो शर्मा जी। यह भी कोई कहने की बात है। सब कर लेंगे।" हँसते हुए डॉ. वीरेन्द्र स्वरूप सक्सेना ने राधेश्याम शर्मा को हल्के–से डाँट दिया।

"ठीक है अब हम चलते हैं...राधे–राधे!" राधेश्याम शर्मा के इतना कहने के बाद वे तीनों चले गये।

20

गिर्राज प्रसाद।

नौटंकी, बल्कि कहिए स्वाँग के पाँचवें और छठे दशक की ऐसी हस्ती जिसके नाम भरतपुर के राजमहलों से लेकर, उसी की एक तहसील डीग की कन्हैयालाल–रामचन्द्र की मंडली, हाथरस के पंडित नथाराम शर्मा गौड़; कन्नौज के निवासी, जाति से कुर्मी व नौटंकी की कानपुर शैली के पितामह त्रिमोहनलाल, और कन्नौज के ही बन्धना गाँव के लालमन नम्बरदार की कम्पनियों की ख़ाक छानने का इतिहास दर्ज़ है।

भरतपुर के राजमहलों से जुड़ने का वाक़या, गिर्राज प्रसाद की यादों में आज भी किसी पुरानी हवेली के प्रवेश–द्वार के दोनों तरफ़, मेहँदी के अमिट हाथिए की तरह आज भी छपा हुआ है। यह गाना इन्हें आज भी याद है जिसे यहाँ के महाराजा प्रद्युम्न सिंह *काँसे* (शाम का खाना खाना) पर बैठने के बाद, आख़िर में ज़रूर सुनते थे। इस गाने का ज़िक्र एक बार जब राधेश्याम शर्मा ने बिजली कॉटन मिल के मालिक लाला रामबाबूलाल के सामने किया, तो वे भी इसे सुनने का लोभ संवरण नहीं कर पाये।

"गिर्राज जी, आपके उस गीत की हमने बड़ी चर्चा सुनी है, जिसे सुने बिना महाराजा भरतपुर को नींद नहीं आती थी। ज़रा हमें भी तो सुनाओ उस गीत को! आख़िर उसमें ऐसा क्या है जिसे महाराज रोज़ाना सुनते थे।"

गिर्राज प्रसाद बिजली कॉटन मिल के मालिक लाला रामबाबूलाल के इस इसरार को टाल नहीं पाये, और सुनाने लगे यह गीत–

प्रेम कहानी सखी सुनत सुहावै,
चोर चुरावै माल खज़ाना
सैंया नैनवा की निंदिया चुरावै
प्रेम कहानी सखी सुनत सुहावै।

लाला रामबाबूलाल ने गिर्राज प्रसाद के सुरीले कंठ से यह गीत सुना, तो वे भी पलभर के लिए जैसे सुधबुध खो बैठे। इसके बाद तो जब भी लाला रामबाबूलाल को फ़ुरसत मिलती, गिर्राज प्रसाद की यादों में क़ैद नौटंकी से जुड़े क़िस्सों की पिटारी खुलवाने के लिए मचल उठते। उस दिन भी ऐसा ही हुआ।

"गिर्राज जी, हाजी साहब का वो क़िस्सा ज़रा एक बार फिर से सुनाओ!"

"बाबू जी, आपको भी इन क़िस्सों को सुनने में बड़ा मज़ा आता है। इन्हें बार–बार सुनने के बावजूद आपका मन नहीं भरता है।'' गिर्राज प्रसाद मुस्कराते हुए कहते।

"एक बात कहूँ गिर्राज जी, ये आपको लगते होंगे क़िस्से। मगर आप नहीं जानते कि दरअसल इन क़िस्सों में ही स्वाँग, मेरा मतलब है नौटंकी का इतिहास छिपा हुआ है।" लाला रामबाबूलाल ने धीरे–से अपने पोर से इतिहास का ज़र्द पन्ना पलटते हुए कहा।

"चलिए, आपको ऐसा लगता है तो एक बार फिर से यह क़िस्सा सुना ही देता हूँ। जैसाकि कि बाबू जी, मैं पहले भी बता चुका हूँ कि मुझे यह तो याद नहीं रहा कि यह वाक़या है कहाँ का। मगर है बड़ा ही दिलचस्प। हुआ यह कि एक बार हमारी मंडली को नौटंकी के लिए बुलाया गया। हमारी मंडली जब वहाँ पहुँची, तो वहाँ के एक रुसूख़दार हाजी साहब ने नौटंकी करने से यह कहते हुए साफ़ मना कर दिया कि उनके घर में आज उनकी पोती की शादी है। हमारी मंडली के वहाँ पहुँचने पर उन्हें शायद यह लगा था कि इस नौटंकी मंडली को बेटे वाले लाये हैं। वैसे वे ख़ुद ऐसा नहीं चाहते थे, उन्हें तो किसी मौलाना ने यह समझा दिया था कि मुसलमानों में शादी–ब्याह के मौक़ों पर नाच–गाना शरीयत के ख़िलाफ़ होता है।

तो साब, अब हमारे लिए बड़ी परेशानी खड़ी हो गयी। बड़े मान–मनौव्वल के बाद वहाँ के लोगों ने हमारे ठहरने का इन्तज़ाम कर दिया। खाने का हमें सूखा सामान भी दे दिया। मगर इसके बाद जैसे–जैसे वहाँ के लोगों में यह ख़बर फैलने लगी कि गिर्राज की नौटंकी पार्टी आयी

है, तो लोग इकट्ठे होने लगे। देखते–ही–देखते कुछ ही घंटों में तक़रीबन दस हज़ार आदमी इकट्ठे हो गये। अब तो पार्टी बुलाने वाले भी परेशान हो गये कि इस हाजी साहब को कैसे समझाया जाये। हार कर मैंने पब्लिक के सामने यह ऐलान कर दिया कि साहिबान आज आपके यहाँ खेल नहीं होगा। बस साब, इधर मैंने ऐलान किया और उधर पब्लिक जम कर बैठ गयी। मैंने उन्हें बहुत समझाने की कोशिश की कि जिन हाजी साहब की पोती की शादी है, जब वही कह रहे हैं कि हमारे मज़हब में इसका फ़रमान नहीं है, तो हम इस फ़रमान की कैसे तौहीन कर सकते हैं। अब साब, हमने ऐसा कह तो दिया मगर ऊपर से यह भी डर लग रहा था कि अगर शो नहीं होगा, तो पैसे भी नहीं मिलेंगे...और अगर पैसे नहीं मिलेंगे तो आर्टिस्टों और साज़िन्दों का ख़र्चा कैसे निकलेगा।"

"तो आपकी पार्टी वहाँ से बिना शो किये चली आयी?" वहाँ मौजूद पहली बार इस क़िस्से को सुन रहे एक श्रोता ने जिज्ञासा प्रकट करते हुए पूछा।

"अजी साब, कैसे चले आते। उसी वक़्त मुझे वहाँ एक बुज़ुर्ग दिखायी दिये। मैं उनके पास गया और उनसे गुज़ारिश की कि आप हमारे ऊपर एक अहसान कीजिएगा कि जहाँ हाजी साहब तशरीफ़ रखते हैं, आप हमें वहाँ ले चलिए। हम उनका दीदार करना चाहते हैं। वे हमें हाजी साहब के पास ले गये। हमने उन्हें आदाब किया और उनकी इजाज़त पाकर हम बैठ गये। 'कहिए जनाब, कैसे आना हुआ?' हाजी साहब ने बिना हमारी तरफ़ देखे बड़ी रौआबदार आवाज़ में पूछा। मैंने बड़ी मुलामियत के साथ कहा, 'बन्दा परवर, आपसे एक दरख़ास्त और गुज़ारिश यह है कि बाहर जो दस हज़ार आदमी धरना देकर बैठे हैं, वे क्या करें?' 'क्या करें, चले जायें अपने–अपने घर। आपको बता तो दिया गया है कि ऐसे खेल–तमाशे हमारी शरीयत के ख़िलाफ़ हैं।' हाजी साहब ने पहले से ज़्यादा कड़क आवाज़ में कहा। इस पर मैंने कहा, 'जनाब, आप दुरुस्त फ़रमा रहे हैं. ..बिल्कुल शरीयत के ख़िलाफ़ है। मगर एक छोटी–सी दरख़ास्त है कि आप खेल देख लें। आपको जहाँ भी खेल पसन्द नहीं आयेगा, हम उसे उसी वक़्त रोक देंगे और अपना सामान समेट कर बाइज़्ज़त वापस लौट जायेंगे। इससे पब्लिक का भी मन रह जायेगा और जो लोग आपके यहाँ शादी में आये हैं उनकी भी परेशानी दूर हो जायेगी।'

'चलिए, आपकी बात मान लेता हूँ मगर इस शर्त के साथ कि अगर

हमें यह पसन्द नहीं आया, तो इसे हम उसी वक़्त रुकवा देंगे!' 'बिल्कुल जनाब। बहुत–बहुत–शुक्रिया आपका।' तो साब, हाजी साहब ने अपने नौकरों से यह कहते हुए उसी समय दो गैस जलवा दी कि हम भी आ रहे हैं। देखेंगे क्या है। इस तरह हमने नौटंकी *स्याहपोश* शुरू कर दीं। इस बीच हाजी साहब भी एक मूढ़े पर वहाँ आकर बैठ गये। हमने हाजी साहब के डर से कम, उनकी लम्बी और गहरी दाढ़ी के डर के मारे कुछ भी नाच–गाना नहीं कराया। सीधा स्याहपोश का वही सीन शुरू दिया, जिसमें महल के झरोखे में बैठी वज़ीरज़ादी अपने सामने रहल पर रखी कुरान की ग़लत तिलावत करती है।"

इसके बाद गिर्राज प्रसाद ने सुर लिया और वज़ीरज़ादी द्वारा कुरान की ग़लत तिलावत करने वाले दोहे को गा कर सुनाने लगा–

अव्वल बिसमिल्लाह पढ़ूँ, अल्लाः अल रहमान
करती सिपारा शुरू, अल्लाः अलम कुरान।

"तो साब, महल के नीचे खड़े गबरू ने जब यह सुना तो वह वज़ीरज़ादी को सुनाते हुए कहता है...क्या कहता है, ज़रा आप भी सुनें!" इतना कह गिर्राज ने फिर से बायें कान पर हाथ रखा, और वज़ीरज़ादी को जवाब देते हुए गबरू के इस दोहे को सीधे पंचम सुर में लेते हुए गाकर सुनाने लगता है–

अव्वल आयत सही है, अल्लाः अल रहमान
सूरत सानी तलफ्फुज़, अल्लमल कुरान।

"तो बाबू जी, वज़ीरज़ादी ने पलट कर जैसे ही यह कहकर जवाब देना चाहा कि *क्या मतलब है आपका, लीजै अपनी राह,* वज़ीरज़ादी का किरदार निभाने वाली आर्टिस्ट को रुकने का इशारा कर, मैं हाजी साहब का चेहरा पढ़ने लगा। मैंने देखा कि अब वे नौटंकी की तरफ़ मुख़ातिब हो गये और अपनी दाढ़ी पर हाथ फेरने लगे। पहले उन्होंने शान्त बैठी भीड़ पर नज़र मारी और फिर एक पल रुक कर, हाथ उठा कर शो चालू रखने के लिए इशारा कर दिया। आप यक़ीन मानिए, बाख़ुदा ईमान से कह रहा हूँ कि जब तलक खेल ख़त्म नहीं हो गया, हाजी साहब अपनी जगह से हिले तक नहीं। वे भूल गये कि उनके घर में उनकी पोती की शादी भी है। जब खेल ख़त्म हो गया, तब वे मूढ़े से उठ कर मेरे पास आये और मेरा हाथ अपने हाथ में लेते हुए बोले, 'माशा अल्लाह, हम आपसे बहुत ख़ुश हुए। क़सम से क्या गला पाया है आपने।'

मैंने इस पर कहा कि मुझे फ़ख्र है आप पर कि आप मेरी झोली में ख़ुशी भर रहे हैं...लेकिन यह बताइए कि आपको हमारा खेल कैसा लगा? इस पर हाजी साहब बोले कि मेरे ईमान में ताज़गी आयी है। इससे ज़्यादा मैं कुछ नहीं बता सकता। बल्कि जाते–जाते बोले कि गिर्राज जी एक बार गबरू का वह डायलॉग और सुना दीजिए! तो साब, मैंने उनकी इस गुज़ारिश पर, उनका मान रखते हुए एक बार फिर गबरू का यह डायलॉग सुना दिया कि–

ग़लत ना पढ़ना चाहिए, है ये कुरान शरीफ़।
इसी वास्ते आपको, देता हूँ तकलीफ़।।
देता हूँ तकलीफ़ इनायत जो हुजूर फ़रमावे।
दिलो जान हो शाद महल के ऊपर हमें बुलावे।।"

गिर्राज प्रसाद ने आलाप लेते हुए चौबोला पूरा भी नहीं किया था कि लगा मानो लाला रामबाबूलाल के दफ़्तर में झील–नक्काड़े की धमक गूँजने लगी। थोड़ी देर के लिए लगा जैसे वज़ीरज़ादी और गबरू के आपस में अब भी संवाद गूँज रहे हैं।

"इसीलिए तो कह रहा था गिर्राज जी कि भले ही ये आपके लिए क़िस्से होंगे, मगर ये अपने आप में एक इतिहास है। देखा, हमारी इन लोक विधाओं में गंगा–जमुनी तहज़ीब की कितनी बड़ी ताक़त छिपी हुई है। जो आदमी यह कह रहा था कि खेल–तमाशे हमारे मज़हब या शरीयत के ख़िलाफ़ हैं, उसी को यह कहने पर मजबूर कर दिया कि मेरे ईमान में ताज़गी आयी है। यह नौटंकी और उस गायकी का ही कमाल था कि हाजी साहब भी यह भूल गये कि उसके घर में उसी की पोती का निकाह भी है। इसीलिए कहते हैं कि गीत–संगीत का किसी धर्म या मज़हब से कोई वास्ता नहीं होता। उसका वास्ता तो सिर्फ़ और सिर्फ़ इनसानियत से होता है। वैसे गिर्राज जी, आपने तो कानपुर वाले त्रिमोहनलाल जी के साथ भी काम किया है, उनसे जुड़े हुए भी आपके पास बड़े क़िस्से होंगे?" लाला रामबाबूलाल गिर्राज प्रसाद को उकसाते हुए बोले।

"बाबू जी, क्या सुनोगे त्रिमोहनलाल जी और उनकी कम्पनी के बारे में। उनसे जुड़े मेरे पास कई क़िस्से हैं। किसी दिन फुरसत मिलेगी तो आपको ज़रूर सुनाऊँगा। आज कई काम हैं। सोलह जुलाई के शो की भी तैयारियाँ बची हुई हैं। ऐसा करते हैं, यह शो निपट जाये तब बैठेंगे

फुरसत में।" इतना कह गिर्राज प्रसाद लाला रामबाबूलाल के पास से उठकर चले आये।

21

आधे आषाढ़ अर्थात 16 जुलाई, 1966 की देह को सहलाती हल्की–हल्की ठंडी पुरवाई। पिछले कई दिनों से रह–रह कर होती बूँदा–बाँदी सुबह थम चुकी है। लगता है जैसे इन्द्र देवता भी किसी पुराने आम के दरख्त पर अभी–अभी आकर कूकने वाली कोयल को सुनने का लोभ संवरण नहीं कर पा रहे हैं। वह भी बाबू गंगा सहाय इंटर कॉलेज के शिलान्यास के इस अवसर पर अपना योगदान देने से वंचित नहीं रहना चाहता है।

बिजली कॉटन मिल के सुरुचि उद्यान में भारी तादाद में उमड़ी स्वाँग–प्रेमी उन्मादी भीड़ को देख कर, मिल मालिक और हाथरस नगर पालिका के चेयरमैन लाला रामबाबूलाल अपने आप को कुछ विचलित–से महसूस कर रहे हैं। उनकी जहाँ तक नज़र जाती, बस आदमी–ही–आदमी दिखायी दे रहे हैं। उन्होंने ब्रजलोक मंच के डायरेक्टर व अपने प्रमुख सलाहकार राधेश्याम शर्मा और कलाकार गिर्राज प्रसाद को मेकअप के बीच से बुलवाया। दोनों के आते ही लाला रामबाबूलाल इनके सामने अपना डर व्यक्त करते हुए बोले, "गिर्राज जी, यह लड़की हमें कहीं मरवा तो नहीं देगी! इतनी ख़लकत को यह सँभाल भी लेगी?"

गिर्राज प्रसाद ने जवाब में कुछ नहीं कहा। बस, अपने बग़ल में खड़े स्टेज डायरेक्टर राधेश्याम की आँखों में लाला रामबाबूलाल की आशंका से उपजे भय को पढ़ने की कोशिश करने लगे।

"कहींऽऽऽ हमने इस पर ग़लत दाँव तो नहीं लगा दिया?" लाला रामबाबूलाल ने इस बार दोनों की तरफ़ देख कर कहा।

"इस वक़्त तो कुछ भी कहना मुश्किल है बाबू जी। यह तो स्टेज पर ही पता चलेगा। हालाँकि इसके बारे में बहुत सुना है।"

"मेरा एक सुझाव है गिर्राज जी कि आप और मास्टर जी, उससे एक बार जाकर बात कर लें!"

"वैसे अब बात करने से कुछ हासिल नहीं होगा। फिर भी आप कह रहे हैं तो हम उसके पास हो आते हैं।"

"हासिल तो क्या होना है, पर यह जाकर तो पूछ ही सकते हैं कि इतनी भीड़ देख कर वह घबरा तो नहीं जायेगी?" लाला रामबाबूलाल ने पहली बार अपना असली डर व्यक्त किया।

न चाहते हुए गिर्राज प्रसाद और राधेश्याम शर्मा दोनों सुरुचि उद्यान में ही बने गेस्ट हाउस, जहाँ रागिनी अपने डॉक्टर पति के साथ ठहरी हुई थी, उसके पास चले गये। हालाँकि भीतर–ही–भीतर डर इन दोनों को भी लग रहा है, मगर किसी ने अपना यह डर किसी को नहीं बताया। कहीं ऐसा न हो कि इतने दर्शकों की भीड़ की बात सुन रागिनी सचमुच न घबरा जाये।

जिस समय ये दोनों रागिनी के पास पहुँचे, रागिनी अपने तारामती के मेकअप को अन्तिम रूप देने में व्यस्त थी। दोनों को देख रागिनी को तनिक भी हैरानी नहीं हुई। वह यही सोच कर अपने मेकअप में लगी रही कि शायद ये दोनों उसे यह सूचित करने आये हैं कि शो कब शुरू होना है।

"रागिनी, हो गयी तैयारी?" राधेश्याम शर्मा ने बात शुरू करने की छोटी–सी भूमिका बनाते हुआ पूछा।

"हाँ मास्टर जी, बस हो ही गयी समझो।"

"वैसे मास्टर जी, आपको नहीं लग रहा है कि ऑडियंस बहुत ज़्यादा है?" गिर्राज प्रसाद ने रागिनी को सुनाते हुए, राधेश्याम शर्मा के बहाने एक तरह से लाला रामबाबूलाल समेत सबका डर व्यक्त करते हुए कहा।

"यह तो अच्छी बात है दादा। कम–से–कम कॉलेज़ के लिए अच्छा–ख़ासा चन्दा तो इकट्ठा हो जायेगा।" इसके बाद रागिनी मेकअप को रोक, धीरे–से राधेश्याम शर्मा की तरफ़ पलटी, और मुस्कराते हुए चेहरे पर ज़्यादा लग गये सुर्खी मिले क्रीम–पाउडर को ब्रश से हल्का करते हुए, एक बे–परवाह जवाब उछालते हुए बोली, "मास्टर जी, शो का असली मज़ा ही इतनी भीड़ के सामने आता है।"

रागिनी का जवाब सुन दोनों हैरान। राधेश्याम शर्मा ने पहले सन्तोषभरा गहरा साँस लिया और फिर मुस्कराते हुए गिर्राज प्रसाद की ओर ऐसे देखा, मानो उससे कह रहे हैं कि लाला रामबाबूलाल तो बे–वजह घबरा रहे हैं। इसके बाद दोनों ने कुछ नहीं कहा और वापस लौट पड़े। लौटने से पहले राधेश्याम शर्मा बोले, "ठीक है, इत्मिनान से मेकअप कर लो। जैसे ही शो शुरू होगा मैं ख़बर भिजवा दूँगा।"

गेस्ट हाउस से बाहर आते ही राधेश्याम शर्मा हुलसते हुए बोले, "दादा, इस लड़की में तो ग़ज़ब का आत्मविश्वास है। क्या पारखी नज़र है आपकी।"

"बाबू जी तो बेमतलब परेशान हो रहे थे। रही बात आपके आत्मविश्वास की, तो मास्टर जी आपको पता है यह किस उस्ताद की शागिर्द है...यह सूरज प्रसाद शर्मा जी की शागिर्द है।"

"क्या कह रहे हो दादा, उन्हीं जयपुर वाले सूरज प्रसाद जी की, जो भागलपुर के हिन्दुस्तान थिएटर कम्पनी के डायरेक्टर थे?" राधेश्याम शर्मा ने गिर्राज प्रसाद के इस रहस्योद्‌घाटन पर हैरान होते हुए पूछा।

"जी हाँ। आपको पता है सूरज प्रसाद जी इस लड़की को महज चौदह साल की उम्र में, हिन्दुस्तान–चीन के बीच हुई लड़ाई के कुछ दिन बाद अपने साथ ले गये थे। मास्टर जी, ज़रा सोचो कि जिस कलाकार का सुर छोटी–सी उम्र में तोप के गोलों की गरज; और बन्दूकों की तड़ातड़ बरसती गोलियों के बीच सधा हो, वह इतनी भीड़ देख कर घबरायेगी?" गिर्राज प्रसाद ने मुस्कराते हुए कहा।

"आप सही कह रहे हैं दादा। मुझे भी पूरा यक़ीन है कि अपने लाला रामबाबूलाल जी ही नहीं बल्कि रामनारायण अग्रवाल, सेठ गोविन्ददास, अनिल बिस्वास और राधावल्लभ गौड़ जी इस लड़की की गायकी को देख झूम उठेंगे।"

"बस, अब तो इन्तज़ार करो मास्टर जी।"

इतना कह गिर्राज प्रसाद मंच के पीछे बने ग्रीन रूम की तरफ़ और राधेश्याम शर्मा आख़िरी मुआयने के लिए मंच की ओर बढ़ गये।

रात जैसे–जैसे अपनी मंज़िल की ओर सरकने लगी, झील–नक्काड़े व ढोलक की मिश्रित धमक पेटीबाजे के महीन सुरों के साथ तेज़ी पकड़ने लगे। इसी बीच झील–नक्काड़े की धीमी हुई आवाज़ के साथ, मंच से हुए इस ऐलान के साथ सुरुचि उद्यान की चिल्ल–पों थम गयी।

"तो मेहरबान, पेश होने जा रहा है ब्रजलोक मंच द्वारा प्रस्तुत संगीत शिरोमणि हिन्दी भूषण, उस्ताद इन्दरमन के शागिर्द और भारतीय लोकमंच के अमर कलाकार पंडित नथाराम शर्मा गौड़ द्वारा रचित सांगीत *हरिश्चन्द्र उर्फ़ गुलशन का नाग,* जिसे आप सभी सत्यवादी हरिश्चन्द्र के नाम से जानते हैं!"

इस उद्घोषणा के ख़त्म होते ही पहले पुरुष कलाकारों द्वारा वन्दना हुई। जैसे ही वन्दना के बाद मंच से परदा उठा, उद्यान में दूर तक बैठे दर्शकों की नज़र मंच पर टिक गयी।

सही कहा था गिर्राज प्रसाद ने। हाथरस के बिजली कॉटन मिल के सुरुचि उद्यान में आधी रात के बाद तक झील–नक्काड़े व पेटीबाजे के सुरों पर थिरकते आरोह–अवरोह, गमक, मीड़, घात–प्रतिघात, मुर्की, खटका की ऐसी विलक्षण संगत इससे पहले सचमुच न तो कभी लाला रामबाबूलाल को नसीब हुई, न रामनारायण अग्रवाल को। न सेठ गोविन्ददास के कानों ने संगीत का ऐसा सुरीला सुर सुना, न अनिल बिस्वास के कानों ने। और राधावल्लभ गौड़, उन्हें तो ऐसा लग रहा था मानो उनके पिता पंडित नथाराम शर्मा गौड़ के रचे गये शब्द, शब्द नहीं उनकी जगह कानों में शहद की बूँदें टपक रही हैं। रह–रह कर लग रहा था जैसे आसमान में तनी सलमें–सितारों से सजी अँधेरे की चादर के पार्श्व में वेदों की ऋचाएँ गूँज रही हैं।

राजा हरिश्चन्द्र का किरदार अदा करने वाले पूरनचन्द शर्मा, रानी तारामती की भूमिका निभाने वाली रागिनी, और विश्वामित्र का पार्ट अदा करने वाले गिर्राज प्रसाद के भाव–प्रवण अभिनय को देख दस हज़ार से ऊपर खचाखच भरे दर्शकों की जैसे अंतड़ियाँ चिरती चली गयीं। राजा हरिश्चन्द्र, विश्वामित्र और तारामती के भाव–विह्वल कर देने वाले सवाल–जवाब देखते ही बन रहे थे। दौड़, दोहा, चौबोला, बहरतबील, ठुमरी और छन्द में जब–जब सुरों के संकोच व विस्तार, ढोलक की थाप के साथ झील–नक्काड़े की धमक, पेटीबाजे की ताल पर कानों से टकराते तो सुनने वाले को लगता जैसे बर्फ़ की महीन डलियाँ खनकती हुई गिर रही हैं।

कुँवर रोहिताश्व की सर्पदंश से हुई मृत्यु पर तारामती बनी रागिनी ने जो अश्रुपूर्ण व विगलित विलाप किया, उसे सुन और देख कर सुरुचि उद्यान में बैठे दर्शक अपने आँसुओं को नहीं रोक पाये। राजा हरिश्चन्द्र विश्वामित्र को जब अपना सर्वस्व दान करते हैं, इसी बीच बिजली कॉटन मिल के सुरुचि उद्यान में टँगे लाउडस्पीकरों से यह उद्घोषणा हुई।

"अरे दातारो, तुम भी इस बहती गंगा में नहाओ और पुण्य लूटो! देखो, आपका बनने वाला बाबू गंगा सहाय इंटर कॉलेज, कॉलेज नहीं तुम्हारे बच्चों के भविष्य का विद्या मन्दिर है। यह हमारे समाज की नींव है...यहीं से निकलेंगे हमारे भाग्य–विधाता। देखो, आज जो तुम्हारे बच्चे खुले आसमान के नीचे पढ़ते हैं, वे कल इस कॉलेज के कमरों में पढ़ेंगे।"

इधर उद्घोषणा समाप्त हुई, उधर दान दाताओं में जैसे दान देने की होड़ लग गयी। किसी ने दस हज़ार ईंटें दान में देने की घोषणा कर दी, तो किसी ने पचास कट्टे सीमेंट देने की। सौ–पचास रुपये दान देने वालों की तो गिनती ही नहीं। बहुत–सी महिलाओं ने अपने हाथों से सोने की चूड़ियाँ उतार कर दान कर दीं। इधर शो ख़त्म हुआ उधर लाला रामबाबूलाल ने मंच से अगले दिन मिल की छुट्टी की घोषणा कर दी। शो के बाद विशेष रूप से आमन्त्रित सेठ गोविन्ददास ने लाला रामबाबूलाल को बधाइयाँ तो दीं ही, साथ में कॉलेज के लिए किसी भी तरह की मदद का भरोसा देते हुए कहा, "लाला जी, मान गये क्या हीरा खोज कर लाये हो। गाते हुए बीच–बीच में जब हरकतें लेती है, तो लगता है मानो किसी दरिया की लहरों में कम्पन हो रही है।"

शो का समापन भारत–चीन युद्ध में मारे गये सैनिकों की याद में गाये गये राष्ट्रभक्ति से ओत–प्रोत इस गीत से हुआ, जो बाद में एक तरह से सालों तक रागिनी के शो का समापन गीत बना रहा–

शंकरपुरी में चीन ने सेना को उतारा
चालीस करोड़ों को हिमालय ने पुकारा।

शो के बाद ब्रजलोक मंच के अध्यक्ष और बिजली कॉटन मिल के मालिक लाला रामबाबूलाल ने रागिनी की गायकी की जम कर तारीफ़ की। नौकर इस बीच चाय लेकर आ गया। चाय के दौरान रागिनी की नज़र लाला रामबाबूलाल के बग़ल में बैठी महिला पर पड़ी। जिस तरह रागिनी उसे देख रही थी, लाला रामबाबूलाल की उस पर नज़र पड़ गयी।

"रागिनी, ये हमारी धर्मपत्नी ही नहीं, ब्रजलोक मंच की कोषाध्यक्ष भी हैं।" लाला रामबाबूलाल रागिनी का अपनी पत्नी से परिचय कराने के बाद अपने सलाहकार राधेश्याम शर्मा की तरफ़ पलटे, "मास्टर जी, मेरा एक सुझाव है इस पर ज़रा गौर करना!"

"कैसा सुझाव बाऊ जी?"

"यही कि क्यों न हम रागिनी जी को अपने मंच में शामिल कर लें!"

"ख़याल तो आपका एकदम नेक है बाऊ जी। इनके आने से मंच की हैसियत ही बढ़ेगी...क्यों गिर्राज जी?"

"आपका सोचना सही है मास्टर जी। वैसे भी रागिनी आज इत्तफ़ाक़ से हमारे सामने हैं इसलिए इनसे पूछने में क्या बुराई है।"

गिर्राज प्रसाद के इतना कहने के बाद सबकी नज़र रागिनी की तरफ़ मुड़ गयी।

"बोलो रागिनी, क्या विचार है?" लाला रामबाबूलाल ने चाय की चुस्की लेते हुए पूछा।

रागिनी किसी तरह का जवाब न देकर अपने पति डॉ. वीरेन्द्र स्वरूप सक्सेना की तरफ़ देखने लगी।

"इनकी तरफ़ क्या देख रही हो? तुमसे पूछा है तो तुम ही जवाब दो!" रागिनी के द्वन्द्व को ताड़ते हुए लाला रामबाबूलाल ने मुस्कराकर कहा।

"लाला जी सही कह रहे हैं। इसका फ़ैसला आपको लेना है।" डॉ. सक्सेना ने रागिनी की हिम्मत बँधाते हुए एक तरह से अपनी स्वीकृति दे दी।

"बाऊ जी, मैं क्या जवाब दूँ...अगर इन्हें कोई एतराज़ नहीं है तो..."

"मुझे क्या एतराज़ होगा, मैंने कह तो दिया है कि फ़ैसला आपको लेना है।"

"अगर इन्हें कोई एतराज़ नहीं है तो मैं तैयार हूँ।" रागिनी ने भी अपनी स्वीकृति दे दी।

"चलो, यह बात तो हो गयी। अब लगे हाथ दूसरे पहलुओं पर भी बात कर लेते हैं, क्यों मास्टर जी?" लाला रामबाबूलाल ने अपने सलाहकार की ओर देखते हुए कहा।

राधेश्याम शर्मा ब्रजलोक मंच के अध्यक्ष के नाते लाला रामबाबूलाल द्वारा अपनी तरफ़ इस तरह देखने का इशारा समझ गये।

"हाँ रागिनी जी, अगर हम आपको मंच में तनख़्वाह पर रखें, तो आपकी क्या डिमांड होगी और शर्त पर रखें तो फ़ी शर्त आपकी क्या माँग होगी?"

"मास्टर जी, आपने मेरा काम तो देख ही लिया है। यह तो आप बताओ कि मुझे तनख़्वाह पर शामिल होना चाहिए, या कि शर्त के हिसाब से?"

"यह तो आपको तय करना है।"

राधेश्याम शर्मा की इस बात का रागिनी कोई उत्तर नहीं दे पायी।

"ठीक है। अगर हम तुम्हें हिन्दुस्तान थिएटर और पन्नालाल थिएटर जितनी तनख़्वाह दें तो?" लाला रामबाबूलाल ने रागिनी को उसके द्वन्द्व से बाहर निकालते हुए पूछा।

"बाऊ जी, आप कोई ग़लत फ़ैसला थोड़े ही लोगे।"

"नहीं रागिनी, यह उसूल की बात है। अगर तुम्हारे मन में कोई संशय, दुविधा या फिर तुम्हारी कोई और डिमांड है तो हमें खुल कर बता दो!"

"मेरी कोई डिमांड नहीं है बाऊ जी। आप जैसा कह रहे हैं मुझे मंजूर है।"

"हाँ गिर्राज जी, ठीक है?"

"बाबू जी, एकदम ठीक है।" गिर्राज प्रसाद ने भी लाला रामबाबूलाल के फ़ैसले पर अपनी स्वीकृति की मुहर लगा दी।

"ठीक है। आप ब्रजलोक मंच में तनख़्वाह पर ही काम करेंगी। अब आप यहाँ रुकना चाहें तो गेस्ट हाउस आपका इन्तज़ार कर रहा है, और जाना चाहें तो शौक़ से जाइए!"

"बाऊ जी, हमें आप जाने की इजाज़त दीजिए! मेह–बरसात का मौसम है।" अपनी जगह से उठते हुए डॉ. सक्सेना ने जाने का आग्रह किया।

"मास्टर जी, बातों–बातों में हम असली चीज़ तो भूल ही गये।"

लाला रामबाबूलाल ने जिस अन्दाज़ में राधेश्याम शर्मा से कहा, वे उनका आशय तुरन्त समझ गये और झेंपते हुए बोले, "माफ़ करना!" इतना कहकर राधेश्याम शर्मा ने अपनी कलाई में लटके रेक्सीन के छोटे–से बैग को खोल, उसमें से काग़ज़ का एक लिफ़ाफ़ा निकाला और उसे रागिनी को दे दिया।

वहाँ उपस्थित सभी लोग समझ गये कि इस लिफ़ाफ़े में रागिनी का मेहनताना है। रागिनी ने बिना किसी हुज्जत के लिफ़ाफ़ा लिया और उसे डॉ. सक्सेना की ओर बढ़ा दिया।

"रागिनी, इसे देख तो लो!" गिर्राज प्रसाद ने रागिनी को टोकते हुए कहा।

"दादा, आप भी कैसी बात कर रहे हो।"

इतना कह रागिनी ने अपने पति की ओर देखा। पता नहीं दोनों पति–पत्नी के बीच आँखों–ही–आँखों में क्या गुफ़्तगू हुई कि डॉ. सक्सेना ने लिफ़ाफ़ा वापस रागिनी को दे दिया। रागिनी धीरे–से ब्रजलोक मंच के अध्यक्ष, बिजली कॉटन मिल के मालिक और हाथरस नगर पालिका के चेयरमैन लाला रामबाबूलाल के पास आयी, और लिफ़ाफ़े को उनकी तरफ़ बढ़ाते हुए बोली, "बाऊ जी, आप इसे अपने ही पास रख लीजिए!"

रागिनी के मुँह से यह सुनते ही पूरे कार्यालय में मौजूद दर्ज़नभर लोगों की ही नहीं, ख़ुद लाला रामबाबूलाल के भी कुछ समझ में नहीं आया कि यह लड़की कर क्या रही है। कहीं मेहनताने में कोई कमीबेशी तो नहीं रह गयी है? लाला रामबाबूलाल ने अकबकाते हुए पहले गिर्राज प्रसाद की तरफ़ देखा, और फिर अपने सलाहकार राधेश्याम शर्मा की ओर ऐसे देखा

मानो वे इन दोनों से कह रहे हैं कि बिना तय किये ऐसा ही होता है?

"हाँ बाऊ जी, रख लीजिए!" डॉ. वीरेन्द्र स्वरूप सक्सेना ने स्निग्ध मुस्कान बिखेरते हुए एक तरह से अनुनय किया।

"रख लीजिए! डॉक्टर साब, क्या मतलब है आपका?" लाला रामबाबूलाल का चेहरा खिंचता चला गया। रात के ढाई बजने के बावजूद उनकी आँखों में आते–जाते भावों को साफ़ पढ़ा जा सकता है।

"ऐसा कुछ नहीं है बाऊ जी, जैसा आप सोच रहे हैं।" रागिनी ने मुस्कराते हुए कहा।

"ऐसा कुछ नहीं है तो फिर यह क्या है?" लाला रामबाबूलाल के शब्दों में झल्लाहट और तिलमिलाहट साफ़ दिखायी देने लगी।

"हाँ बाऊ जी, आप इसे इस तारामती और हरिश्चन्द्र की तरफ़ से बनने वाले कॉलेज के लिए छोटी–सी भेंट समझ कर रख लीजिए! आप रख लेंगे तो हम समझेंगे कि हमने भी इस यज्ञ में थोड़ी–सी आहुति दी है। क्या पता, इस कॉलेज से निकले किस छात्र से कहाँ भेंट हो जाये!"

लाला रामबाबूलाल ने ही नहीं, वहाँ मौजूद लोगों में से किसी ने इसकी कल्पना नहीं की थी। सबने जैसे राहत की साँस ली। एक बार तो सबकी साँस जैसे गले में अटक गयी थी।

"वा डॉक्टर साब, जैसा राजा साहब के कुल के बारे में सुना था, आप लोग तो उससे भी कहीं बढ़ कर निकले।" लाला रामबाबूलाल ने हुलसते हुए कहा।

"तो फिर हम चलें बाऊ जी?" इस बार रागिनी ने इजाज़त लेते हुए कहा।

"जीते रहो! आराम से जाना, रात का वक्त है।"

लाला रामबाबूलाल से इजाज़त ले रागिनी और डॉ. सक्सेना उसी समय वापस जाने के लिए रवाना हो गये। इधर ये दोनों रवाना हुए और उधर लाला रामबाबूलाल पहले थोड़ा कसमसाए, और फिर मुस्कराते हुए बोले, "गिर्राज जी, उस दिन आपने त्रिमोहनलाल जी के क़िस्सों को सुनाने का वायदा किया था। याद है आपको?"

"लगता है बाबू जी आप भूले नहीं हैं।" गिर्राज प्रसाद ने कहा।

"उनके बारे में कई तरह की बातें कही जाती हैं...इनमें कुछ सच्चाई भी है, या ये कोरी अफ़वाहें थीं?" लाला रामबाबूलाल ने गिर्राज प्रसाद को कुरेदते हुए पूछा।

"बाबू जी, आपने सच कहा। ये वास्तव में अफ़वाहें ही थीं। जैसे एक बहुत बड़ी अफ़वाह यह थी कि त्रिमोहनलाल जी ऐसा नक्काड़ा बजाते थे कि उसकी आवाज़ से हामिलाओं (गर्भवती स्त्रियाँ) का हमल गिर जाते थे। इसलिए हमल गिरने के डर से हाकिमों ने रात के दस बजे के बाद, उनके नक्काड़ा बजाने पर रोक लगा रखी थी। उनके बारे में एक अफ़वाह यह भी थी कि वे नक्काड़े के संग अपनी चोब से एकसाथ नौ झीलें (छोटी नक्कारियाँ) बजाते थे। सच तो यह है बाबू जी कि ये दोनों बातें एकदम झूठी हैं। यह बात सही है कि वे गायक नहीं थे। गाहे–बगाहे नक्काड़ा बजाते थे। बाबू जी आज इतना ही बहुत है। यह तो हरि अनन्त, हरि कथा अनन्ता जैसा मामला है...रात बहुत हो गयी है। थोड़ा–सा आप भी आराम कर लीजिए!" गिर्राज प्रसाद ने थकान के चलते, ख़ुद ही सोने की पहल करते हुए कहा।

"ठीक है। जाइए, आप सब भी कुछ घंटे सो जायें!" इस तरह बिजली कॉटन मिल के मालिक ब्रजलोक मंच के अध्यक्ष लाला रामबाबूलाल ने सबको सोने के लिए विदा कर दिया।

इधर जैसे ही डॉ. सक्सेना और रागिनी की कार ने हाथरस को पार किया, उधर बारिश शुरू हो गयी। उन दोनों ने आधे आषाढ़ में ऐसी बारिश कभी नहीं देखी। रास्तेभर होती मूसलाधार बारिश के सघन जंगल से गुज़रते हुए, उन्हें पता ही नहीं चला कि वे कब घर पहुँच गये और कब फ़ज्र की अज़ान में लिपटा सुबह का उजास चारों तरफ़ फैल गया!

22

यह तजवीज़ ब्रजलोक मंच के अध्यक्ष लाला रामबाबूलाल के सामने उनके सलाहकार राधेश्याम शर्मा ने ही रखी, कि स्थानीय कवि होने के नाते क्यों न इनकी साठवीं सालगिरह यानी इनका हीरक जयन्ती समारोह मनाया जाये। साथ में इस मौक़े पर मंच की तरफ़ से एक नौटंकी का मंचन भी किया जा सकता है। लाला रामबाबूलाल को अपने सलाहकार की इस तजवीज़ में दम नज़र आया। उन्होंने उसी समय ब्रजलोक मंच के प्रमुख कलाकार गिर्राज प्रसाद को बुलाया, और उनके सामने राधेश्याम

शर्मा के इस प्रस्ताव को रखते हुए सलाह लेते हुए पूछा, "गिर्राज जी, मास्टर जी की इस तजवीज़ पर आपकी क्या राय है?"

"बाबू जी, नेकी और पूछ–पूछ। इस बारे में जो राय आपकी है, मेरी भी वही है। अब तो हमारे पास आर्टिस्टों की भरी–पूरी जमात भी है।'' गिर्राज प्रसाद ने जैसे लाला रामबाबूलाल के मन की बात उनके कहने से पहले बाँच ली, "सही कह रहे हो। अब तो हमारे पास रागिनी भी है। मुझे लगता है बाबू जी कि मास्टर जी की इस बात पर हमें संजीदगी से सोचना चाहिए।"

"आप सही कह रहे हो गिर्राज जी। इस बहाने एक तो हमारे नगर ही नहीं, देश के जाने–माने कवि का सम्मान हो जायेगा और दूसरा, मंच के खाते में एक और उपलब्धि जुड़ जायेगी। अब देखिए, पिछले तीस–बत्तीस साल से बिना नागा संगीत पर पत्रिका निकालना कोई हँसी खेल है!"

"एक बात कहूँ बाबू जी, मैंने इनकी इस संगीत पत्रिका से जितना गीत और संगीत के बारे में जाना है, उतना तो शायद किसी उस्ताद से भी नहीं सीखता।"

"गिर्राज जी, अपने हिन्दुस्तानी संगीत के बारे में ही नहीं बल्कि दूसरे मुल्कों के संगीत के बारे में भी इस पत्रिका में बड़ी गहरी जानकारी होती है। वैसे मेरा एक विचार है गिर्राज जी, कि उस दिन शो का उद्‌घाटन क्यों न हम इन्हीं के कर–कमलों से करायें!"

"आपने मेरे मुँह की बात छीन ली बाबू जी। मंच पर इनका सम्मान भी हो जायेगा और इन्हीं के हाथों शो का उद्‌घाटन भी हो जायेगा।'' गिर्राज प्रसाद लाला रामबाबूलाल से सहमति जताते हुए बोले।

"यही ठीक रहेगा।'' इसके बाद कुछ पल सोचने के बाद लाला रामबाबूलाल बोले, "वैसे मास्टर जी, इनकी साठवीं सालगिरह पड़ेगी किस महीने में?"

"बाऊ जी, इसी साल अगस्त के महीने में पड़ेगी।"

"पर इतनी जल्दी तो मुमकिन नहीं है क्योंकि अभी तो एक शो किया है। ऐसा करते हैं कार्तिक का महीना ठीक रहेगा। तब तक मौसम भी एकदम गुलाबी हो जायेगा। क्यों गिर्राज जी?"

"आपने बिल्कुल दुरुस्त फ़रमाया बाऊ जी। तब तक तैयारियाँ भी अच्छी तरह हो जायेंगी।"

इस तरह ब्रजलोक मंच के अध्यक्ष लाला रामबाबूलाल समेत सब ने एकमत से अपने नगर के कवि काका हाथरसी के साठवें जन्मदिन अर्थात

उनके हीरक जयन्ती के दौरान होने वाली नौटंकी पर अपनी रज़ामन्दी दे दी। बस, अब यह तय करना बाकी रह गया कि उस दिन खेल कौन–सा खेला जाये। लाला रामबाबूलाल के सामने कई नौटंकियों के प्रस्ताव आये। किसी ने *स्याहपोश* का सुझाव दिया, तो किसी ने *भक्त पूरनमल* का। किसी ने *श्रीमती मंजरी* का प्रस्ताव रखा, तो किसी ने नौटंकी *शाहज़ादी* का। कोई बोला कि *इन्दल हरण* ठीक रहेगा, तो किसी ने कहा *सत्यवादी हरिश्चन्द्र* भी चल जायेगा। सत्यवादी हरिश्चन्द्र पर तो इसलिए विचार नहीं किया गया कि इसे अभी खेला गया है। बाकी बची और दूसरी नौटंकियों पर बहुत सोच–विचार के बाद अन्तिम सहमति *अमर सिंह राठौर* पर बनी। लगे हाथ 16 अक्तूबर, 1966 का दिन भी तय हो गया।

शो, दिन और स्थान तय होने के बाद राधेश्याम शर्मा को रागिनी के पास इसकी इत्तिला देने के लिए भेज दिया गया। वापस आकर उन्होंने अपने और रागिनी के बीच हुई बातचीत का ब्योरा दिया, तो सुनते ही लाला रामबाबूलाल एक बार तो थोड़ा असहज और असमंजस में घिर गये।

"मास्टर जी, कहीं बिना रिहर्सल के बात बिगड़ न जाये?" अपनी असहजता प्रकट करते हुए ब्रजलोक मंच के अध्यक्ष लाला रामबाबूलाल बोले।

"बाऊ जी, ऐसा कुछ नहीं होगा। उसने कहा है कि वह ग्रांड रिहर्सल के दिन आ जायेगी। उसका कहना है कि वह इस शो को कई बार पहले भी कर चुकी है। उसके इस भरोसे को देख कर मेरा मानना है कि सब ठीक ही रहेगा।"

"देख लो मास्टर जी। कोई ऊँच–नीच न हो जाये!" माथे पर चू आये पसीने को पोंछते हुए डूबी–सी आवाज़ में लाला रामबाबूलाल ने कहा।

"बाऊ जी, आप तो पहली दफ़ा भी परेशान हो रहे थे। आपको याद होगा आपके कहने पर मैं और गिर्राज जी दोनों रागिनी के पास गेस्ट हाउस में गये थे।"

"हाँ, मैंने यह कह कर भेजा था कि इतनी भीड़ देख कर वह कहीं घबरा न जाये।"

"आपको पता है, जब हमने रागिनी से आपकी बात कही थी तब वह क्या बोली थी।"

"क्या बोली थी?" प्रतिप्रश्न करते हुए लाला रामबाबूलाल ने पूछा।

"बोली कि मास्टर जी, शो का मज़ा ही इतनी भीड़ के सामने आता है। सच कहूँ बाऊ जी, मैं तो उस दिन इस लड़की का आत्मविश्वास देख

कर दंग रह गया...और आपने उसके इस आत्मविश्वास का रंग पिछली दफ़ा उसकी अदायगी के रूप में देख ही लिया है।"

"शायद आपका कहना ठीक है मास्टर जी। उसे सीधे ग्रांड रिहर्सल पर ही आने दो। मगर बाकी के आर्टिस्टों से तो कह दो कि वे अपनी रिहर्सल करते रहें।"

"ठीक है बाऊ जी।" ब्रजलोक मंच के अध्यक्ष और बिजली कॉटन मिल के मालिक लाला रामबाबूलाल की इस हिदायत के बाद राधेश्याम शर्मा उनके दफ़्तर से बाहर चले आये।

कार्तिक के महीने की सुकून और राहत देने वाली हवा ने पूरे ब्रजलोक मंच के कलाकारों का जोश जैसे दोगुना कर दिया। ग्रांड रिहर्सल में इस बार खुद लाला रामबाबूलाल भी आ गये। उन्होंने एक नज़र सारे कलाकारों और साज़िन्दों पर डाल कर गिर्राज प्रसाद और राधेश्याम शर्मा को अपने पास बुलाया।

"ऐसा न करें कि ग्रांड रिहर्सल से पहले एक कच्ची रिहर्सल और कर लें! इससे रागिनी को भी पता चल जायेगा कि किसका किरदार कौन निभा रहा है।" लाला रामबाबूलाल ने दोनों से एकसाथ कहा।

"आप ठीक फ़रमा रहे हैं बाऊ जी। दरअसल, मैं भी यही कहना चाह रहा था। ग्रांड रिहर्सल से पहले कम–से–कम सबको एक–दूसरे के सुर–तालों का तो अन्दाज़ा हो जायेगा।"

"इसीलिए कह रहा था मैं।" लाला रामबाबूलाल गिर्राज प्रसाद से सहमत होते हुए बोले।

इस तरह सबकी रज़ामन्दी से रिहर्सल शुरू हो गयी।

पहला हिस्सा उम्मीद के मुताबिक़ पूरा हो गया। हाड़ी रानी का किरदार निभाने वाली रागिनी और अमर सिंह राठौर का पार्ट अदा करने वाले पूरनचन्द शर्मा के संवादों को सुन, लाला रामबाबूलाल जैसे अतीत की खोह में उतरते चले गये। दूसरा हिस्सा शुरू हुआ। रागिनी ने अभी हाड़ी रानी का लोकधुन मिश्रित संवाद पूरा भी नहीं किया, कि बड़े ध्यान से रिहर्सल को देख रहे गिर्राज प्रसाद ने उसे बीच में रोक दिया, "रागिनी, यह क्या कर रही हो?"

गिर्राज प्रसाद के इस दख़ल से रिहर्सल रुक गयी। गायकी के एक

अलग ही आस्वाद में डूबे लाला रामबाबूलाल हड़बड़ा कर जैसे नींद से जागे, "क्या हुआ गिर्राज जी?"

"बाबू जी, यह इसका हिस्सा नहीं है। यह तो एक लोकगीत है।"

"यह तो मुझे भी मालूम है। मेरा मानना है कि अगर इसमें इस लोकगीत का इस्तेमाल हो रहा है, तो इससे गायकी में जान ही आ रही है...उसका निखार बढ़ रहा है। मेरे हिसाब से इसमें कोई बुराई नहीं होनी चाहिए।"

"यह तो ठीक है बाबू जी मगर..."

"देखो गिर्राज जी, नौटंकी देखने वाले एक आम दर्शक के नज़रिये से आप मेरी राय जानना चाहते हैं, तो मेरा मानना है कि मूल संगीत में दूसरे लोकगीतों और लोकधुनों से खेल में जान आ जायेगी। अगर हमें संगीत–नौटंकियों को ज़्यादा असरदार और लोगों के बीच पहुँचाना है, तो ऐसे प्रयोग हमें ज़रूर करने चाहिए। इससे संगीत विधा मजबूत ही होगी। पारसी थिएटर से हमें कुछ सीखना चाहिए। क्यों, रागिनी तुम्हारा क्या कहना है?" इस बार लाला रामबाबूलाल ने रागिनी से पूछा।

"इसलिए तो बाऊ जी, मैंने इस गीत को डायलॉग के बीच में चुपचाप डाला। मगर दादा ने इसे पकड़ लिया। एक बात कहूँ बाऊ जी, हिन्दुस्तान थिएटर कम्पनी के बन्द होने का एक कारण यह भी रहा है कि हम पुराने ढर्रे से उसे चला रहे थे। इसीलिए उसके नये मिज़ाज के मालिकों की नौटंकी के बारे में यह राय थी कि नौटंकी कोई कला नहीं बल्कि आवारा भीड़ इकट्ठा करने और पैसा कमाने का ज़रियाभर है।"

"हिन्दुस्तान थिएटर कम्पनी के नये मिज़ाज के मालिकों की नौटंकी के बारे में यह राय एकदम ठीक थी।"

"बाऊ जी, मुझे आप सब थोड़ी–सी मोहलत और छूट दे दें, तो मैं अपने डायलॉग में कुछ ऐसी चीज़ डालना चाहूँगी, जिससे खेल में और निखार पैदा होगा।"

"गिर्राज जी, हमें रागिनी का इसरार मान लेना चाहिए। अगर यह प्रयोग कामयाब हो जाता है, तो ठीक है वरना आगे से इसे छोड़ देंगे।"

"आप शायद ठीक कह रहे हैं बाबू जी। आजमाने में क्या बुराई है।"

"...तो रागिनी अपना डायलॉग शुरू से बोलो!"

लाला रामबाबूलाल के आदेश के बाद रिहर्सल फिर से शुरू हो गयी। जगह–जगह रागिनी के कुछ नये प्रयोगों से रिहर्सल पूरी होते ही बिजली

कॉटन मिल के मालिक और ब्रजलोक मंच के अध्यक्ष लाला रामबाबूलाल अपनी जगह से खड़े हो गये। उनकी आँखों में काका हाथरसी हीरक जयन्ती के मौक़े पर होने वाली नौटंकी *अमर सिंह राठौर* की कामयाबी की चमक साफ़ दिखायी दे रही है। एक ताज़गी भरे ठसक और बाँकपन के चलते उनकी देहभाषा और चाल ही बदल गयी।

हाथरस की वही बिजली कॉटन मिल। बिजली कॉटन मिल का वही सुरुचि उद्यान और सुरुचि उद्यान में उसी जगह रंगमंच, जहाँ तीन महीने पहले दर्शकों से ठसाठस भरे उद्यान की मौजूदगी में सत्यवादी हरिश्चन्द्र अर्थात *हरिश्चन्द्र उर्फ़ गुलशन का नाग* का तमाशा खेला गया था। आज भी लगता है बिजली कॉटन मिल के इस सुरुचि उद्यान में ही नहीं, हाथरस की गलियों में जैसे तारामती का विलाप गूँज रहा है। आज देखना है कि नयी–नवेली हाड़ी रानी किन अदाओं से और किस–किस का वास्ता देकर, अपने पति अमर सिंह राठौर को दरबार में जाने से रोकती है। दूर तलक खचाखच भरे सुरुचि उद्यान में पाँव रखने की जगह नहीं है।

पहले से तय कार्यक्रम के मुताबिक़ मंच पर सबसे पहले काका हाथरसी की हीरक जयन्ती के मौक़े पर काका का सार्वजनिक अभिनन्दन किया गया। अभिनन्दन के बाद काका ने शो का उद्घाटन किया, और उसके बाद मंच के ठीक सामने बिछे सोफ़े पर लाला रामबाबूलाल के बग़ल में बैठ गये।

इनके बैठते ही वन्दना शुरू हुई और वन्दना ख़त्म होने के बाद मुग़ल सिपाही की वेशभूषा में एक कलाकार का मंच पर पदार्पण हुआ। मुग़ल सिपाही ने मंच पर आते ही बादशाह के दरबार में मुनादी की, "बामुलाहिज़ा होशियार हिन्दुस्तान के वज़ीरे आज़म तशरीफ़ ला रहे हैंऽऽऽ!" और जैसे ही बादशाह शाहजहाँ अपनी गद्दी पर बैठा, वैसे ही अमर सिंह राठौर ने आकर पूरे अदब के साथ कोर्निश बजाते हुए अर्ज़ किया–

शहनशाह जापनाः को, बन्दे का आदाब।
कमतरीन पा–माल की, है एक अर्ज़ जनाब।।

सुनिये अर्ज़ जनाब इरादा जो दिल ठहराया है।
फागुन बदी पंचमी का गौना क़रार पाया है।।
ख़ुशख़बरी का बूँदी से हरकारा ख़त लाया है।
रुख़सत लेने को हुजूर से, ख़ाकसार आया है।।

गुज़ारिश यही हमारी। हुक्म होवै सरकारी।।
इनायत हो हुजूर की।
तौ हम त्यारी करें क्योंकि मंज़िल है बड़ी दूर की।।

पहले ही दृश्य में जिस तरह अमर सिंह राठौर बने कलाकार पूरनचन्द शर्मा ने बादशाह शाहजहाँ के सामने बड़े अदब के साथ दोहा, चौबोला और दौड़ में एकसाथ अपनी अर्ज़ पेश की, और साथ में जिस तरह पेटीबाजे की कानों में रस घोलती महीन आवाज़ के साथ, झील–नक्काड़े पर पड़ी चौब की टंक रात के सूनेपन में गूँजी, तो इनके साथ–साथ सुरुचि उद्यान में दूर तक बिछे नरमुंड झूम उठे। लाला रामबाबूलाल की निगाह जब–जब चौब की टंक के साथ–साथ झूमते इन नरमुंडों पर पड़ती, तो लगता मानो हल्की हवा के साथ दूर तक लहलहाती पकी हुई रबी की फ़सल झूम रही है।

बादशाह शाहजहाँ ने अमर सिंह की सात दिन की छुट्टी इस शर्त के साथ मंजूर कर दी कि उसे ठीक सात दिन बाद दरबार में हाज़िरी बजानी होगी। अगर सात दिन के बाद वह हाज़िर नहीं हुआ तो रोज़ाना उस पर एक लाख जुर्माना लगेगा। अमर सिंह छुट्टी मंजूर होते ही गौने के लिए रवाना हो गया।

अगले दृश्य में अमर सिंह राठौर ने जैसे ही सिलवरी और सुनहरी घाघरा–चुनरी में अपनी पत्नी हाड़ी रानी के साथ मंच पर प्रवेश किया, सामने बैठे दर्शकों की आँखें इस राजसी परिधान में लिपटी बला की ख़ूबसूरत रानी को देख चौंधिया गयीं। इधर सात दिन की छुट्टियाँ ख़त्म हो गयीं। मगर अमर सिंह एक सप्ताह बाद भी दरबार में हाज़िर नहीं हुआ। बादशाह शाहजहाँ ने तुरन्त अमर सिंह के भतीजे रामसिंह को बुलवाया और उसे हुक्म दिया–

जा नौमहले को चला, रामसिंह तत्काल।
अमर सिंह को सुनाना, कुल यहाँ का अहवाल।।

कुल यहाँ का अहवाल चचा अपने से कहदे जाकर।
अगर खैरियत चाहै तौ फ़ौरन हाज़िर हो आकर।।
सात रोज़ के सात लाख जुरमाना जाय अदा कर।
वरना उसका नौमहला दूँ तोपों से उड़वा कर।।

मर्त्तबा पाकर आला। हुआ ऐसा मतवाला।।
किया इरशाद अदूली।
सरकारी क़ानून समझलौ क्या बातें मामूली।।

रामसिंह उसी समय अपने चाचा को दरबार का हुक्म सुनाने के लिए रवाना हो गया। चाचा अमर सिंह को वह बादशाह का हुक्म सुनाने के साथ यह भी बताता है कि बादशाह को उसके ख़िलाफ़ सलावत खाँ ने भड़काया है। चाचा–भतीजे का संवाद सुन गौनावली हाड़ी रानी जब पूछती है कि दरबार से क्या हुक्म आया है, इस पर अमर सिंह उससे इसी वक़्त दरबार में हाज़िर होने की बात कहता है। साथ में यह भी बताता है कि अगर उसने हाज़िरी नहीं बजायी, तो हरेक तारीख़ के बदले उसे एक लाख जुर्माना भुगतना पड़ेगा। इतना सुन किसी अनिष्टता के भय से हाड़ी रानी बेचैन हो उठती है, और इससे पहले कि पति से वह कुछ कहती, लाउडस्पीकरों से एक उद्‌घोषणा हुई, "साहिबान, आपने ठुमरी तो बहुत सुनी होगी। मगर आज आप जो ठुमरी सुनने जा रहे हैं, ऐसी आपने कभी नहीं सुनी होगी। तो लीजिए, हाड़ी रानी अपने पति अमर सिंह राठौर से क्या कहती है, ज़रा सुनिए!"

इसके बाद हाड़ी रानी पति से पहले दोहे में पूछती है–

जाना जो जाना तुम्हें, जाना होत प्रभात।
कौन वक़्त दरबार का, इस दम आधी रात।।

और इसके बाद वह ठुमरी में गुजारिश करती है–

दरबार को न जाऔजी, सैंया आधी रात।
क्या सूझी बारह बजे, आप अकेले जात।
सुनि–सुनि बतियाँ आपकी म्हारी छतियाँ धड़का खात जी।।
दरबार को न जाऔजी, सैंया आधी रात।

जोबन ज़ोर हिलोर ले, लहर–लहर लहरात।
प्याले पियो शराब के हिलमिल पौढ़ो साथ जी।।
दरबार को न जाऔजी...।

फूलन की शैया मेरी, सजी पिया कुम्हिलात।
कामवती कामिन तजौ कोई है अचरज की बात जी।।
दरबार को न जाऔजी...।

जो अब करौ सो कल करौ, कहूँ ज़ोरकर हाथ।
रैनि गुज़ारौ चैन से, उठ जइयो परभात जी।।
दरबार को न जाओजी, सैया आधी रात।

अमर सिंह राठौर से जिस वक़्त हाड़ी रानी यह मनुहार कर रही थी, तब ऐसा लग रहा था मानो बिजली कॉटन मिल के सुरुचि उद्यान में बने मंच पर, अनगिनत कलियाँ चटक रही हैं। लग रहा था जैसे खुले मैदान में बैठे दर्शकों के ऊपर तनी स्याह चादर से कार्तिक की नन्ही–नन्ही बूँदें बरस रही हैं। मगर अमर सिंह नहीं माना, तो नहीं माना। इस पर हाड़ी रानी आख़िरी कोशिश करती है–

इस दम नशा जवानी, सरकार हो रहा है।
मनमथ मेरे बदन में, सर–शार हो रहा है।।
चलिए पलँग पै प्यारे, लूटो बहार हिलमिल।
हुश्ने चमन हमारा, गुलज़ार हो रहा है।।
बनकर भँवर भँवर जी रस लो हरेक गुल का।
इस वक़्त मेरा जोबन फुलवार हो रहा है।।
दरबार को जो जाना, जाना फ़जर को जाना।
क्या इस घड़ी वहाँ पर दरबार हो रहा है।।
रणभूमि सेज पर चल, दो मोर्चा लगा कर।
करने को जंग जोबन तैयार हो रहा है।।

मगर हाड़ी रानी की यह कोशिश भी बेकार जाती है। पति अमर सिंह राठौर पर किसी तरह का बस न चलता देख हाड़ी रानी तमतमाते हुए ग़ुस्से में कहती है–

अगर ऐसा ही करना था, तो क्यों क़िस्सा बढ़ाना था।
जो मरना था तो मर जाते, ना गौना करके लाना था।।
विधाता को नहीं दुनिया में मेरा जन्म देना था।
न चिरबेदार–चाकर से मेरी जूरी मिलाना था।।
पिता–माता भी अन्धे थे जो इनके साथ शादी की।
कुएँ में डाल दी क्या, मर गया सारा ज़माना था।।

मरे वो बामन नाई, जिनने करी सगाई।
न सुख को रहौ सहारो।
कौन जनम को पाप उदय भयौ जगदीश हमारौ।

रागिनी ने देख लिया कि सामने बैठे दर्शक पहले कव्वाली और उसके साथ दौड़ के पाश में मानो पूरी तरह बँध चुके हैं। इससे अच्छा मौक़ा और कोई नहीं होगा। उसे रिहर्सल के दौरान ब्रजलोक मंच के अध्यक्ष लाला रामबाबूलाल और गिर्राज प्रसाद से मिली मोहलत व छूट याद आ गयी। उसने पहले से पेटीबाजा मास्टर और दूसरे साज़िन्दों के साथ बनी योजना के तहत कुछ इशारा किया, और बड़ी सफ़ाई से इस छोटे–से लोकगीत को उठा लिया–

मर जइयो मेरे बैरी बाप, बिटरिया ब्याही देई तैने चाकर को।
परे बिजुरिया नाई–बामन पे।
हे री मुख भर देई शाप, बिटरिया ब्याही देई तैने चाकर को।

जहाँ बिटिया को दुख ही दुख दरसे।
सुख को ना ही रहो वहाँ आप, बिटरिया ब्याही देई तैने चाकर को।

इस पर अमर सिंह राठौर पत्नी हाड़ी रानी को समझाते हुए कहता है–

जाने दे जाना मुझे, मत कर रंज मलाल।
जाने की ही देर है, वापिस आऊँ हाल।।

वापिस आऊँ हाल मना मत कर मेरे जाने को।
क्या लिक्खा है ज़रा नज़र कर शाही परवाने को ।।
बट्टा मत लगने दे रजपूती बाने को।
इसी वक़्त ऐ नेक वक़्त चुकने दे जुरमाने को।।

आज की हाज़िरी जाकर रजिस्टर में लिखाने दे।
शहन्शाः का सलावत का मुझै मुज़रा बजाने दे।।
पड़े दरबार में आराम से इस वक़्त हों दोनों।
सुभीते का ये मौक़ा है अभी लेखा चुकाने दे।।
हर एक तारीख़ का एक लाख चढ़ता मुझ पै जुरमाना।
निबट जाने दे सरकारी करज को मत बढ़ाने दे।।
अगर इस दम न जाऊँ तौ सुबह मौक़ा न यह मिलना।
अभी जाने दे जाने दे मिटा झगड़ा ही आने दे।।

तू रह प्यारी बेखटके। मैं जाऊँ अभी पलटके।।
महल आराम करौ तुम।
सोच फिकर शशपंज रंज गम दूर तमाम करौ तुम।।

ब्रजलोक मंच के अध्यक्ष लाला रामबाबूलाल ही नहीं बल्कि काका हाथरसी की आँखों के कोर भर आये। लाला रामबाबूलाल का बस चलता तो अपने इस अप्रतिम कलाकार पूरनचन्द शर्मा को मंच पर ही जाकर अंक में भर लेते। मान गये लाला रामबाबूलाल अपने इस कलाकार को। दोहा, चौबोला, कव्वाली और दौड़ को एकसाथ कोई बिरला ही साध सकता है जिस तरह उनके इस अदाकार ने साधा है। पूरनचन्द को सुनते हुए लाला रामबाबूलाल का एक–एक रौआँ सिहर उठा। अभी लाला रामबाबूलाल अपने आपको सँभाल पाते कि तभी उन्हें लगा जैसे कानों में मिसरी की डलियाँ घुल रही हैं। किसी निचाट बियाबान में मानो कोई आहत अकेली कोयल कूक रही है, जो अपने दुख को इस तरह व्यक्त कर रही है–

इक दिन का एक लाख क्या, जुरमाना है बात।
लाख–लाख की यहाँ पति छिन–छिन छीजै रात।।

छिन–छिन छीजै रात, रात में तरक करो जाने को।
लूटौ मौज बहार भाड़ में पटको परवाने को।।
नौ करोड़ का हार मेरा है हाज़िर जुरमाने को।
काफ़ी है एक लड़ी लाख चौदह तक जुरमाने को।।

बिजली कॉटन मिल के सुरुचि उद्यान में बैठे दर्शक ही नहीं, उसकी दीवारें भी झंकृत हो उठीं। इससे पहले कि पेटीबाजे की धुन को आगे बढ़ाती हाड़ी रानी अमर सिंह राठौर से कुछ और कहती, एक बार फिर बीच में लाउडस्पीकरों से होते इस ऐलान से सुरुचि उद्यान ठिठक–सा गया।

"तो साहिबान, आपने थोड़ी देर पहले ठुमरी का आनन्द लिया और अब आप दादरा का रसपान कीजिए। हाड़ी रानी अपने पति अमर सिंह राठौर को किस अन्दाज़ में रिझाती है, ज़रा इसका मज़ा इस दादरा में लीजिए!"

उधर ऐलान ख़त्म हुआ और इधर पेटीबाजे की दादरा उठाने से पहले की धुन फ़िज़ा में घुलने लगी। हाड़ी रानी बनी रागिनी पति अमर सिंह राठौर से इज़हार करते हुए आगे कहती है–

कही मानौ कचहरी न जाऔ पिया।
फ़िकर तुमको पड़ी करने अदा जुरमाने की।

मुझे ख़्वाहिश है सनम सेज पै सुलाने की।।
बहार आयी है मजे मौज उड़ाने की।
घड़ी इशरत की फेर नहीं आने की।।
क्यों मजे का ये मौसम गँवाओ पिया।
कही मानौ कचहरी न जाऔ पिया।।

आपके वास्ते किया मैंने शृंगार पिया।
सेज फूलों की भी चुन–चुनके की तैयार पिया।।
ज़रा जोबन चमन की देखिए बहार पिया।
हरेक क़िस्म की फूली है क्या फुलवार पिया।।
ज़रा सीने से सीना मिलाओ पिया।
कही मानौ कचहरी न जाऔ पिया।।

पहले दोहा और फिर रिझाते हुए दादरा में कहन की इस अदा को देख, गहराती रात की ख़ामोशी में रागिनी के खनकते सुरों को सुन लाला रामबाबूलाल ही नहीं, दूर तक फैला जन समन्दर भी बौरा–सा गया। मगर अमर सिंह फिर भी नहीं माना। हारकर हाड़ी रानी अपने डर को व्यक्त करते हुए भर्राये गले से गुहार लगाती है–

मैं हूँ नारी तुम्हारी हज़ारी बलम, जो उड़ा दोगे सर तौ उजर ही नहीं।
कहीं मारे न जाओ यही ख़ौफ़ है, बस कोई और मुझको फ़िकर ही नहीं।।
क्योंकि पीछे तुम्हारे सहारा जो दे, मुझे दीखै सो कोई किधर ही नहीं।
मेरी नैया खिवैया सिवा आपके, कोई आता यहाँ पै नज़र ही नहीं।।

"मैं तो जाकर के आता हूँ वापिस अभी, कुछ समझना तू इसमें कसर ही नहीं।
मारा जाऊँगा तौ भी अन्देशा है क्या, रहा दुनिया में कोई अमर ही नहीं।।
मैं कुँवर रामसिंह को तेरे पास में, छोड़ूँ करना कोई भी फ़िकर ही नहीं।
ये करैगा उमरभर टहल–चाकरी, कभी करने का तुझसे उजर ही नहीं।।"

देर रात तक अमर सिंह राठौर और हाड़ी रानी के बीच बहरतबील का बहरतबील में, कव्वाली का कव्वाली, चौबोला का चौबोला और दौड़–दोहे का दौड़–दोहे में सवाल–जवाब, रार–तकरार होती रही। अल्लसुबह अमर सिंह राठौर सुनहरी व सिलवरी साड़ी में लिपटी अपनी गौनावली पत्नी को रोता–बिलखता छोड़, अपने भतीजे रामसिंह के साथ दरबार के लिए रवाना हो गया।

अगले दिन रामसिंह बदहवास उलटे पाँव वापस अपनी चाची हाड़ी रानी के पास आता है और उसे ख़बर देता है–

गोला आकर ग़ज़ब का गिरा अचानक टूट।
ऐ चाची भगवान लिए सब तरह से लूट।।
करतार ने लूटा हमें, आँसू बहाना हो गया।
राठौर कुल मणि मुकुट बिन सूना ज़माना हो गया।।
आज घर के दुश्मनों के जल गये घी के चिराग़।
रजपूतों का मकाँ ग़म का ख़जाना हो गया।।

हाड़ी रानी ने जैसे ही अपने पति अमर सिंह राठौर के धोखे से मारे जाने की ख़बर सुनी, अपनी कलाइयों की चूड़ियाँ ज़मीन पर मारकर तोड़ते हुए विलाप करती हुई अपने भतीजे से कहती है–

बाँके तैगा चलैया जितैया समर, सैंया हटके परन के निभैया मेरे।
मेरे बेड़ा का तजि करके मझधार में, जा छिपे आज नैया खिवैया मेरे।।
बिना प्रीतम के ये ज़िन्दगी ख्वार है, कर महर की नज़र इतनी छैया मेरे।।
तेरी बिनती करूँ पति के लाशें संग, मुझे सती करा दे कन्हैया मेरे।।

झील–नक्काड़े और पेटीबाजे के सुरों में गुँथे हाड़ी रानी के इस विलाप ने दर्शकों की शिराओं में बहते रक्त को मानो जमा दिया। दूर तक जहाँ भी नज़र जाती, निःशब्दता की झीनी–सी तिरमिराती चादर ही दिखायी देती। एक ही संवाद में दौड़, दोहा, चौबोला, बहरतबील, ठुमरी, दादरा, कव्वाली के साथ लोकरंजन का ऐसा विलक्षण और अद्भुत मिश्रण न इससे पहले हाथरसवासियों ने कभी देखा, और शायद कभी देखने को भी न मिले। कई बार तो ऐसा लगता जैसे कानों से होकर दिल में शब्द नहीं, पिघला हुआ शीशा उतर रहा है।

बोल अटल छत्र की जय के साथ तमाशा ख़त्म होने के बावजूद दर्शक देर तक अपनी–अपनी जगह से खड़े नहीं हुए। काका हाथरसी को इससे अच्छा मौक़ा नहीं सूझा। वे एक झटके से अपनी जगह से खड़े हुए और तेज़ी से मंच की ओर लपके। जब तक लाला रामबाबूलाल कुछ समझ पाते, तब तक काका मंच पर चढ़ गये। इससे पहले कि बिजली कॉटन मिल के सुरुचि उद्यान में बैठे दर्शक अपनी–अपनी जगह से खड़े होते, काका उन्हें हाथ से इशारा करते हुए बोले, "मेरी आप सबसे हाथ जोड़के बिनती है कि बस दो मिनट और रुक जायें!"

काका के इस अनुरोध पर दर्शक जहाँ थे, वहीं रह गये। एकाएक चिल्ल–पों वहीं थम गयी।

"मेरे हाथरसवासियो, पहले तो मैं आप सबका आभार व्यक्त करता हूँ जो आपने मुझे इतना स्नेह और सम्मान दिया। पर सच बात यह है कि मैं इस मंच पर आपका आभार जताने नहीं आया हूँ। मैं तो उस देवी का सम्मान करने आया हूँ जिसके दरसन मेरे अभिन्न मित्र लाला रामबाबूलाल जी की कृपा से आज यहाँ हुए हैं।"

पूरे सुरुचि उद्यान की निगाहें जैसे बिजली कॉटन मिल में इस देवी को तलाशने में जुट गयीं।

जब तक दर्शकों की समझ में कुछ आता, काका की आवाज़ फिर से रात के सन्नाटे में गूँज उठी, "इधर–उधर देखने की ज़रूरत नहीं है। मैं अभी आपके सामने उसे बुलाता हूँ।" इतना कह काका हल्के–से मुस्कराते हुए पीछे मुड़े और आवाज़ देते हुए बोले, "रागिनी, बेटी थोड़ी देर के लिए मंच पर अइयो!"

लाला रामबाबूलाल की समझ में अब भी कुछ नहीं आया। रागिनी हिचकते हुए मंच पर आ गयी।

"लाला जी, आपसे अनुरोध है कि आप भी मंच पर आ जायें!" काका हाथरसी ने इस बार ब्रजलोक मंच के अध्यक्ष लाला रामबाबूलाल को मंच पर बुलाते हुए कहा।

लाला रामबाबूलाल के मंच पर आने के बाद काका धीरे–से रागिनी की तरफ़ पलटे, और लगभग हुलसते हुए माइक पर बोले, "आज मेरा यह हीरक जयन्ती समारोह जैसे धन्य हो गया। नौटंकी के शो तो मैंने बहुत देखे हैं पर जो ऊँचाई मैंने आज अपने इस नगर में देखी है, उसे मैं शब्दों में नहीं बाँध सकता। इसका जितना श्रेय अपने ब्रजलोक मंच के अध्यक्ष लाला रामबाबूलाल को जाता है, उतना ही इन कलाकारों, विशेषतौर से इस रागिनी को जाता है। इसलिए मैं अपनी तरफ़ से अपनी इस बच्ची का सम्मान करना चाहता हूँ।" इतना कह काका हाथरसी ने अपने सम्मान में ओढ़ाई गयी शाल अपने गले से उतारी, और उसे रागिनी के गले में डाल दिया।

इधर काका हाथरसी ने रागिनी के सम्मान में उसके गले में अपनी शाल डाली, उधर पूरा सुरुचि उद्यान करतल ध्वनियों से गूँज उठा। देर तलक तालियों की इन गड़गड़ाहट को सुन ऐसा लगा, मानो कच्ची नींद में सोई रात में बिना बिजली के बादल गरज रहे हैं।

वापस लौटते हुए नौटंकी के सुर, ताल और धुनों में पगे संवाद

जब–जब काका हाथरसी के कानों से टकराते तो पूरी देह में झुरझुरी होने लगती। हाड़ी रानी मनौव्वल, मनुहार, शिकवा, गिला व तंज़ कसते हुए जब–जब मीड़, गमक, खटका के साथ हरकतें लेते हुए सुरों को पूरे गले से उठाती, और दादरा व ठुमरी में उन्हें नीचे लाती, तो महसूस होता जैसे कानों में फ़ज्र की अज़ान के बोल, या किसी देवालय में बजती घण्टियों की मीठी आवाज़ घुल रही है। इलियास के हाथों में नृत्य करती चौबें जब नक्काड़े की गर्वीली धमक और कोयलों की धधकती आँच में तपी झील की खिंची देह पर पड़तीं या उन पर सरसरातीं, तब लगता मानो किसी भोजपत्र पर दो आदिम कलम ऋचाएँ रच रही हैं। गले और सुर की ऐसी संगत वह भी साज़िन्दों की धुनों पर, देखते ही बन रही थी। ऐसा लग रहा था मंच पर जैसे सुरों की बारिश हो रही है।

फ़िल्मी गानों और लोकगीतों का बीच–बीच में जिस निपुणता के साथ रागिनी बिना आहट किए इस्तेमाल करती, उसका तो कोई सानी ही नहीं। 1961 की फ़िल्म *जय चित्तौड़* के *ओ पवन वेग से उड़ने वाले घोड़े/तुझपे सवार है जो, मेरा सुहाग है वो/रखियो रे आज उनकी लाज हो* को रागिनी ने अमर सिंह राठौर के दरबार में जाने के समय गाया, तो थोड़ी देर के लिए लगा जैसे चेतक घोड़े पर महाराणा प्रताप सवार होकर जा रहा है। और अपने भाई अर्जुन गौड़ से अपने पति की सलामती के लिए हाड़ी रानी बनी रागिनी 1959 में बनी फ़िल्म *छोटी बहन* का यह गीत गाती है कि *भैया मेरे, राखी के बन्धन को निभाना/भैया मेरे, छोटी बहन को न भुलाना* तभी दर्शकों को जैसे अहसास हो गया कि ज़रूर *अमर सिंह राठौर* के साथ कोई बहुत बड़ा अनर्थ होने वाला है। फ़िल्मी गीत ही क्यों जब रागिनी ने *मर जइयो मेरे बैरी बाप/बिटरिया ब्याह दई तैने चाकर को* लोकगीत गाया, तो लोकरंजन में पगी एक स्त्री की पूरी करुणा और वेदना का चित्र आँखों के सामने जीवन्त हो उठा।

रागिनी ने जिस तरह अपनी कुशल गायकी के संग लोकधुनों पर रचे गये गीतों, लोकगीतों और फ़िल्मी गानों का जिस सफ़ाई से पंडित नथाराम शर्मा गौड़ के मूल संगीत में समावेश किया, उससे नौटंकी *अमर सिंह राठौर* की रेंज और बढ़ गयी। रागिनी ने दर्शकों के मिज़ाज और उनकी रुचि को जैसे पहले ही पढ़ लिया था। लाला रामबाबूलाल को पहली बार लगा कि इससे पहले उस्ताद इन्दरमन के शागिर्द पंडित नथाराम शर्मा गौड़ द्वारा रचित सांगीत, काग़ज़ पर छपे फ़क़त हर्फ़ों का

पुस्तभर था। इसमें जान तो इस रागिनी ने डाली है। हिन्दुस्तान थिएटर और पन्नालाल थिएटर में अदाकाराएँ तो और भी रही होंगी लेकिन दर्शकों की माँग सिर्फ़ और सिर्फ़ क्यों इस रागिनी की रहती होगी, इसका उन्हें अब पता चल रहा है। हालाँकि इसका पता कुछ तो पिछली दफ़ा चल गया था। बाकी आज चल गया।

23

"बाबू जी, सम्पादक जी आये हैं।" लाला रामबाबूलाल के दफ़्तर में तैनात कारिन्दे ने आकर बताया।

"अच्छा–अच्छा तोताराम जी आये हैं। अरे भई, तुरन्त लाओ उन्हें!"

कुछ ही देर में हाथरस के स्थानीय दैनिक समाचार–पत्र *नागरिक* के सम्पादक तोताराम शर्मा अपने सह–सम्पादक जगदीश प्रसाद के साथ दफ़्तर में दाख़िल हो गये।

"आइए तोताराम जी, बिजली कॉटन मिल में आपका तहेदिल से स्वागत है!" लाला रामबाबूलाल ने अपनी जगह से खड़े होते हुए दैनिक *नागरिक* के सम्पादक का अभिवादन किया, और फिर अपने बग़ल में बिठाते हुए बोले, "आइए, इधर बैठिए इत्मिनान से!"

"लाला जी, सबसे पहले तो आपको इतने बढ़िया और सफल आयोजन के लिए ढेर सारी बधाई। वा साब, कमाल कर दिया आपके कलाकारों ने तो...क्या ग़ज़ब की अदाकारी की है।"

"सब आपके सहयोग और प्यार की बदौलत मुमकिन हो पाया है तोताराम जी।"

"उस लड़की क्या नाम है उसका...साब उसने तो समाँ ही बाँध दिया। गले में तो जैसे कोयल वास करती है। क्या गला पाया है...जब सुर उठाती है तो लगता है जैसे किसी पेड़ पर बैठी कोई कोयल कूक रही है।"

"आप सही कह रहे हैं तोताराम जी। ऊपर वाले ने सचमुच क्या गला दिया है।"

"मैंने तो अपने अख़बार में इस कार्यक्रम की पूरे दो कॉलम की ख़बर लगायी है।" इतना कह दैनिक *नागरिक* के सम्पादक अपने पास बैठे अपने

सह–सम्पादक से बोले, "जगदीश प्रसाद जी, लाला जी को अख़बार तो दो!"

"वैसे मुझे पता चल चुका है इस ख़बर के बारे में।" लाला रामबाबूलाल ने तोताराम शर्मा द्वारा अपने अख़बार में छपी ख़बर की पुष्टि करते हुए बताया।

"लीजिए!" सह–सम्पादक ने अपने थैले से *नागरिक* की तीन प्रतियाँ निकाल, उनमें से एक का वह पृष्ठ जिस पर ख़बर छपी हुई थी, उसे खोलकर बिजली कॉटन मिल के मालिक लाला रामबाबूलाल के सामने फैला दिया।

एक पृष्ठ के सबसे ऊपर छपी ख़बर को लाला रामबाबूलाल ख़ुद पढ़ने लगे, ''अमर सिंह राठौर का सफल प्रदर्शन : श्रीमती रागिनी कुमारी ने पार्ट अदा करने में रिकॉर्ड तोड़ दिया। तोताराम जी ख़बर का शीर्षक तो आपने अच्छा लगाया है।"

"पूरी ख़बर पढ़िए लाला जी। पढ़ कर तबियत ख़ुश हो जायेगी।" इतना कह तोताराम शर्मा ने अपनी प्रति अपने सह–सम्पादक को दी, और बोला, "जगदीश जी, ज़रा आप पढ़ कर सुनाइए!"

अपने सम्पादक के निर्देश का पालन कर सह–सम्पादक *नागरिक* में प्रकाशित ख़बर को पढ़ कर सुनाने लगा–

काका हाथरसी हीरक जयन्ती समारोह के कार्यक्रम के अन्तर्गत कल रात स्थानीय सुरुचि उद्यान में ब्रजलोक मंच द्वारा लोक नाट्य अमर सिंह राठौर का सफल प्रदर्शन किया गया। जिसे लगभग पन्द्रह हज़ार व्यक्तियों ने बड़ी रुचि के साथ देखा और सराहा।

यों तो सभी पात्र का काम सुन्दर रहा परन्तु रागिनी कुमारी ने हाड़ी रानी का पार्ट अदा करने में बहुत ही कमाल कर दिया। श्रीमती रागिनी की कीमती वेशभूषा उनका एक विशेष आकर्षण थी। सिलवरी व सुनहरी घाघरा–चुनरी ने श्रीमती रागिनी की ख़ूबसूरती में चार चाँद लगा दिये। श्रीमती रागिनी के मेकअप और कला को देखकर दर्शक अपने को ही भूल गये।

पूरनचन्द शर्मा द्वारा अमर सिंह राठौर का भी अभिनय बड़ा सुन्दर और आकर्षक रहा। बादशाह शाहजहाँ की तेगा से कुन्नस जिस कमाल से श्री पूरनचन्द ने बजायी, उसे देखकर तो दर्शक बहुत ही प्रभावित हुए। वह सीन भी वास्तव में बहुत ही प्रशंसनीय था।

नबी रसूल का पार्ट अदा करने वाले बालक का भी काम बहुत अच्छा

रहा। कुल मिलाकर प्रोग्राम बहुत ही सुन्दर रहा जिसका श्रेय मुख्यतः श्रीमती रागिनी कुमारी को ही दिया जा सकता है।

"तोताराम जी, आपने तो रागिनी की तारीफ़ों के पुल ही बाँध दिये।'' पूरी ख़बर को सुन लाला रामबाबूलाल ने मुस्कराते हुए कहा।

"एक बात कहूँ लाला जी, चाहे वह तीन महीने पहले हरिश्चन्द्र–तारामती का खेल रहा हो, या फिर यह *अमर सिंह राठौर,* जान तो इन दोनों लोक नाटकों की यह रागिनी ही थी। पिछली बार भी मैंने देखा था कि जिस समय राजा हरिश्चन्द्र के बेटे की साँप काटने से मृत्यु हो जाती है, तब तारामती का पार्ट अदा कर रही इसी रागिनी ने एक माँ का जो रोल अदा किया...कसम से लाला जी, मैंने दर्शकों को ख़ुद रोते हुए देखा था। मुझ जैसा अख़बार वाला भी, जो यह जानता है कि यह महज एक पौराणिक कथा है, अपने आँसू नहीं रोक पाया था। यह होती है एक आर्टिस्ट की कला की ताक़त। कई दिनों तक ऐसा लगता रहा जैसे हाथरस की गलियों में तारामती आँचल फैलाए अपने बेटे की भीख माँगती घूम रही है। कानों में महीनों तक एक माँ का विलाप गूँजता रहा।"

"यह बात तो आप सही कह रहे हैं तोताराम जी। सबसे कमाल की बात तो यह है कि रागिनी जितनी ख़ूबसूरती के साथ अपनी गायकी में लोकगीतों और फ़िल्मी गानों का मिश्रण करती है, वह देखते ही बनता है।"

"नहीं साब, मानना पड़ेगा इस लड़की में कुछ तो है। सिलवरी और सुनहरी घाघरा–चुनरी में लिपटी हाड़ी रानी को कोई भी देख कर अन्दाज़ा नहीं लगा सकता कि यह कोई आर्टिस्ट है, या सचमुच की हाड़ी रानी है।" इसके बाद दैनिक *नागरिक* का सम्पादक थोड़ा–सा लाला रामबाबूलाल की तरफ़ झुका, और धीरे–से बोला, "एक बात पूछनी है लाला जी?"

"अजी पूछिए!"

"हाड़ी रानी की यह पोशाक आप लाये कहाँ से हैं?"

दैनिक *नागरिक* के सम्पादक की इस जिज्ञासा पर ब्रजलोक मंच के अध्यक्ष और बिजली कॉटन मिल के मालिक लाला रामबाबूलाल मुस्कराकर रह गये।

"क्या हुआ लाला जी, कैसे मुस्कराकर रह गये?" तोताराम शर्मा ने लाला रामबाबूलाल को एक शरारतभरी मुद्रा के साथ निहारा।

"पता नहीं क्यों, मुझे ऐसा लग रहा था कि आप यह सवाल ज़रूर करेंगे। क्योंकि ऐसा सवाल एक पत्रकार ही कर सकता है।"

"इसका मतलब है मेरा सवाल वाजिब है?" दैनिक *नागरिक* के सम्पादक तोताराम शर्मा ज़ोर–से हँसे।

"जी। दरअसल, है क्या कि यह सिलवरी और सुनहरी घाघरा–चुनरी हमारी श्रीमती जी का है, जो शादी पर हमारे स्वर्गीय पिता जी ने अपनी बहू रानी पर चढ़ाया था।" इतना कहते ही लाला रामबाबूलाल के चेहरे की भंगिमा बदलती चली गयी।

"वा साब, कला के प्रति आपके समर्पण और लगाव की दाद देनी पड़ेगी।" तभी दैनिक नागरिक के सम्पादक को जैसे कुछ याद आ गया, "लाला जी, दैनिक *हिन्दुस्तान* में क्या लिखा है वह भी तो देखो!" इसके बाद तोताराम शर्मा ने वहीं पड़े दैनिक *हिन्दुस्तान* को उठाया और पहले से खुले पन्ने पर छपी ख़बर को पढने लगे। ख़बर पढ़ने के बाद तोताराम शर्मा चहकते हुए बोले, "लाला जी, इसमें तो और भी ग़ज़ब लिखा है। देखिए, लिखा है कि 'अब तक नौटंकी में नृत्य के नाम पर कूल्हे मटकाने के अश्लील दृश्य देखे थे और सुनी थी दर्शकों की 'क्या कहने हैं' आदि की आवाज़ें। पर इस बार नृत्य, गीत और अभिनय सभी में सुरुचि और कलाकारिता का समावेश था। हम तो देख कर दंग रह गये। ब्रज की गीत परम्परा को यथावत कायम रखते हुए ब्रजलोक मंच ने सचमुच सराहनीय काम किया है। एक मिनट के लिए भी तो हमारी तबियत नहीं ऊबी। एक क्षण के लिए भी तो हमारी पलकें नहीं झपकीं।' वा साब, क्या लिखा है। चलिए, लाला जी हमारी तरफ़ से एक बार फिर से बहुत–बहुत मुबारकबाद स्वीकारें और हमें चलने की इजाज़त दें!"

"तोताराम जी, मैं कैसे कह दूँ जाने के लिए।" लाला रामबाबूलाल ने उठते हुए शिष्टाचारवश कहा।

24

ब्रजलोक मंच की तीन महीने के भीतर इन दो बेहतरीन प्रस्तुतियों के कारण अकेले हाथरस ही नहीं, आसपास के गाँव–देहातों में चर्चा होने लगी। रागिनी के गले की कीर्ति दूर–दूर तक फैल गयी। उसके सुर का अश्वमेध इस तरह दौड़ने लगा कि पश्चिमी उत्तर प्रदेश ही नहीं

बल्कि हरियाणा के ब्रज और इससे सटे मेवात की इसे सुनने की ख़्वाहिश जाग उठी। नौटंकी की दुनिया का एक ताज़ा झोंका देखते–ही–देखते एक ऐसी आँधी में तब्दील होता चला गया कि वह जहाँ भी जाता लोग बौराए–से सुनने के लिए दौड़ पड़ते। कॉलेज बनवाना है तो रागिनी कुमारी, पाठशाला बनवानी है तो रागिनी कुमारी। धर्मशाला के निर्माण की बात चलती तो रागिनी कुमारी, गौशाला बननी होती तो रागिनी। स्कूल–कॉलेज की प्रबन्ध समितियों के हाथ मानो रागिनी के रूप में कोई कुबेर की चाबी लग गयी। एक तरफ़ जिस स्त्री को पुरुष–समाज महज एक नाचने–गाने वाली मान कर चलता था, उसी को सुनने और उसकी सिर्फ़ एक झलक पाने के लिए लोगों का सैलाब उमड़ने लगा।

जमना खादर में कृष्ण पक्ष की अँधेरी रात हो या शुक्ल पक्ष की मदमस्त छिटकती चाँदनी रात, दोनों स्थितियों में जमना के किनारे दूर–दूर तक फैले रेते में या तो अभ्रक के कणों की चमक नज़र आती, या फिर रागिनी के सुरों की खनक सुनायी देती। ब्रजलोक मंच की कीर्ति पश्चिम से उठती पीली आँधी की तरह हरहरा कर तेज़ी से बढ़ी जा रही है। काका हाथरसी हीरक जयन्ती के बाद तो ब्रजलोक मंच के पास शर्तों का ताँता लग गया।

काका हाथरसी के हीरक जयन्ती के अवसर पर हुए *अमर सिंह राठौर* को पन्द्रह दिन भी नहीं हुए कि एकसाथ हरियाणा के होडल और बल्लभगढ़ की कमेटियों की दो शर्तों का प्रस्ताव आ गया। अगर ये शर्तें पश्चिमी उत्तर प्रदेश के किसी अन्य नगर या शहर की होतीं, राधेश्याम शर्मा बिना हुज्जत अपने अध्यक्ष से इजाज़त ले लेते। मगर यहाँ दिक्कत और परेशानी यह है कि ये दोनों शर्तें हैं भले ही ब्रज से सटे नगरों की, पर मेवात भी इनसे लगा हुआ है। मेवात का नाम सुनते ही राधेश्याम शर्मा की पेशानी पर बल पड़ते चले गये। इसलिए इनके बारे में किसी तरह का फ़ैसला लेने से पहले उन्होंने एक बार गिर्राज प्रसाद से मशविरा करना मुनासिब समझा। हालाँकि गिर्राज प्रसाद का मन अब ब्रजकला मंच से उखड़ने लगा। इसकी वजह यह है कि उनके ख़िलाफ़ किसी ने मंच की कोषाध्यक्ष और लाला रामबाबूलाल की धर्मपत्नी के कान भरने शुरू कर दिये। राधेश्याम शर्मा को पता चला तो उन्हें जँच गया कि गिर्राज प्रसाद का दाना–पानी मंच में ज़्यादा दिनों का नहीं रह गया है। जानने के बावजूद राधेश्याम शर्मा अपनी दुविधा बाँटने गिर्राज प्रसाद के पास चले ही गये।

गिर्राज प्रसाद ने राधेश्याम शर्मा की बातें बड़े ध्यान से सुनीं। पूरी

बात सुनने के बाद पहले तो वे धीरे–से हँसे, और फिर शब्दों को उलीचते हुए बोले, "मास्टर जी, आपको यह गफ़लत कैसे हो गयी?"

"दादा, मैंने ऐसा सुना है।"

"तो आप सुनी–सुनायी बातों पर अन्दाज़ा लगा रहे हो?"

"कुछ ऐसा ही समझ लो दादा।"

"एक बात बताऊँ मास्टर जी, मेरी तो ब्रज नगरी कामाँ राजस्थान के धुर मेवात का ही हिस्सा है। भादों में कामाँ में भोजनथारी के मेले पर जो दंगल और कुश्तियाँ होती हैं, पता है उनमें ज़्यादातर पहलवान कहाँ के होते हैं?"

राधेश्याम शर्मा ने कुछ नहीं कहा। बस, गिर्राज प्रसाद को देखते रहे।

"मास्टर जी, इनमें ज़्यादातर पहलवान इसी मेवात के मेव होते हैं...जी हाँ वही मेव, जिन्हें हम मुसलमान कहते हैं। पंडित जी, यह तो बड़ी शान्तिप्रिय कौम है। मेरा कहना मानो तो आपको ये शर्तें ले लेनी चाहिए। क्या पता आगे जाकर ब्रजकला मंच को मेवात और उससे आगे राजस्थान भी जाना पड़ जाये!"

"यह बात तो आप सही कह रहे हो दादा। आपने तो स्वाँग के गुणी कलाकार पंडित नथाराम शर्मा गौड़ से लेकर कानपुर के त्रिमोहनलाल जी, और लालमन नम्बरदार तक की थिएटर कम्पनियाँ देखी हैं। इसलिए जाहिर–सी बात है कि इन मामलों में आपका तजरबा मुझसे कहीं ज़्यादा है। इसीलिए तो मैं आपके पास आया हूँ।"

"मेरा क्या मास्टर जी, अपना तो तम्बू यहाँ से कभी भी उखड़ सकता है। आपको तो अभी मंच की बागडोर सँभाले रखनी है। इसलिए सलाह दे रहा हूँ कि ये दोनों शर्त ले लो!"

राधेश्याम शर्मा ने गिर्राज प्रसाद की इस सलाह पर कोई प्रतिक्रिया व्यक्त नहीं की। वे इनकी भलमनसाहत और फक्कड़ स्वभाव को भली भाँति जानते हैं। इनकी गैरत और ख़ुद्दारी को ज़रा भी ठेस लग जाये, तब ये किसी की नहीं सुनते हैं। अपनी मर्ज़ी के मालिक हैं। अपनी इसी ख़ुद्दारी के चलते जब ये महाराजा भरतपुर को छोड़कर चले आये, तब यह ब्रजलोक मंच क्या चीज़ है।

"आओ मास्टर जी, कैसे सवेरे–सवेरे पधारना हुआ?" सामने से अपने सलाहकार राधेश्याम शर्मा को अपनी तरफ़ आता देख, मुस्कराते हुए लाला रामबाबूलाल ने पूछा।

"राधे–राधे बाऊ जी!"

"राधे–राधे। कहिए कैसे सवेरे–सवेरे दर्शन दिये महाराज?"

"वो क्या है बाऊ जी कि दो शर्तें आ रही हैं।"

"आ रही हैं तो ले लो, क्या परेशानी है?"

"आपसे इजाज़त लेनी थी।"

"देखो मास्टर जी, इसमें इजाज़त जैसी कोई बात नहीं है। मंच पूरी तरह मैंने आपके सुपुर्द किया हुआ है। मैं जानता हूँ कि आप जो भी फ़ैसला लोगे मंच के भले के लिए ही लोगे। बस, एक बात का ख़याल रखना कि जो भी शर्त लो, खोल–बजा कर अपनी शर्तों पर लेना। इसमें किसी तरह का कोई समझौता नहीं होना चाहिए। जो भी बात करनी है कमेटीवालों से पहले ही खुल कर तय कर लेना।"

"ठीक है बाऊ जी, आपकी सलाह का पूरा–पूरा ख़याल रखा जायेगा।" ब्रजलोक मंच के अध्यक्ष से इजाज़त पा राधेश्याम शर्मा तेज़–तेज़ क़दमों से दफ़्तर से बाहर चले आये।

पहले से ली गयी कुछ रोज़ की मोहलत ख़त्म होते ही, दोनों कमेटियों के प्रतिनिधि फिर से राधेश्याम शर्मा के पास पहुँच गये। राधेश्याम शर्मा ने अपने अध्यक्ष की सलाह जैसे अच्छी तरह गाँठ बाँध ली। इसलिए उन्हें उनकी हिदायत और सलाह दोनों अच्छी तरह याद हैं। उन्होंने सबसे पहले होडल से आये लोगों को बुलवाया। उन्हें ब्रजकला मंच की सारी शर्तें बता दीं। इसके बाद उन्होंने बल्लभगढ़ की कमेटीवालों को बुलवाया। पहले की तरह राधेश्याम शर्मा इस कमेटी यानी बल्लभगढ़ आयोजन समिति के प्रमुख प्रभु दयाल के समक्ष एक–एक कर अपनी शर्तें रखने लगे।

"प्रभु दयाल जी, एक तो स्टेज हमारी मर्ज़ी से बनेगा। दूसरा, शो किसी भी हालत में खुले में नहीं होगा!"

"मास्टर जी, स्टेज वाली बात तो आपकी हमें मंजूर है। मगर शो खुले में ही होगा।" बल्लभगढ़ आयोजन समिति के प्रमुख प्रभु दयाल ने दूसरी शर्त मानने से इनकार करते हुए कहा।

"पर खुले में हमें मंजूर नहीं है साब।" राधेश्याम शर्मा ने दो टूक मना कर दिया।

"वो बात आपकी ठीक है मास्टर जी, पर ऐसी जगह हम लाएँ कहाँ से?" प्रभु दयाल ने अपनी विवशता प्रकट करते हुए कहा।

"कोई स्कूल वगैरा नहीं है?"

"यह तो देखना पड़ेगा।"

"अगर मिल जाता है तो ठीक है वरना हम मजबूर हैं प्रभु दयाल जी।"

बल्लभगढ़ आयोजन समिति के प्रमुख प्रभु दयाल ने अपने साथ आये दूसरे लोगों की तरफ़ लाचारी भरी निगाह से देखा।

"ऐसा है प्रभु दयाल जी, आपस में आप आराम से इस बारे में सलाह–मशविरा कर लीजिए। अगर यह मुमकिन है तो ठीक है वरना आप अपने घर और हम अपने घर।"

"ठीक है मास्टर जी, मैं अभी इन लोगों से मशविरा कर थोड़ी देर में बताता हूँ!" इसके बाद अपने लोगों को साथ लेकर बल्लभगढ़ आयोजन समिति के प्रमुख प्रभु दयाल कमरे से बाहर आ गये। कुछ देर बाद वे वापस राधेश्याम शर्मा के पास आ गये। आते ही उनमें से प्रभु दयाल ने कहा, "मास्टर जी, हमें आपकी यह शर्त भी मंजूर है। वैसे, इसके अलावा आपकी और कोई शर्त?" बल्लभगढ़ आयोजन समिति के प्रमुख प्रभु दयाल ने आख़िरी बार पूछा।

"और यह कि न कोई हुड़दंग होगा...न कोई सीटी बजेगी।"

"अजी साब, आप इससे बेफ़िक्र रहिए! किसी तरह की कोई बदमिज़ाजी नहीं होगी।'' प्रभु दयाल ने आश्वासन देते हुए कहा।

"तो फिर चलिए...मगर यह सब लिखित में हो जाये तो ज़्यादा ठीक रहेगा।"

"हाँ–हाँ क्यों नहीं।"

इसके बाद राधेश्याम शर्मा ने एक क़रारनामा तैयार किया जिसमें सिलसिलेवार सारी शर्तें लिख दी गयीं। दोनों पक्षों ने उस क़रार पर दस्तखत किये और तय तारीख़ पर मिलने के वायदे के साथ बल्लभगढ़ आयोजन समिति के प्रमुख प्रभु दयाल अपने लोगों के साथ विदा लेकर चले गये।

ब्रजलोक मंच के साथ दोनों कमेटियों से क़रार होते ही राधेश्याम शर्मा ने सभी कलाकारों और साज़िन्दों को ख़बर करवा दी।

25

गिर्राज प्रसाद का कहा एकदम सही निकला। जिस डर और संकोच के साथ ब्रजलोक मंच मेवात की सीमा से सटे इस क़स्बे में आया, वे पूरी तरह निराधार साबित हुए। सचमुच ऐसी शान्तिप्रिय और कलाप्रेमी

कौम राधेश्याम शर्मा ने नहीं देखी। इस इलाक़े में मंच की पहली ही शर्त ने अपने झंडे गाड़ दिये। दर्शकों की तरफ़ से न कोई हल्ला, न गुल्ला। न कोई शोर, न शराबा। न कोई सीटी बजी, न किसी तरह के अश्लील इशारे किये गये। दोनों शो सत्यवादी हरिश्चन्द्र और अमर सिंह राठौर की ख़ूब जमकर तारीफ़ हुई। इतनी तारीफ़ कि कमेटी के लोगों को कहना पड़ा कि ऐसी गायकी और अदाकारी उन्होंने इससे पहले कभी नहीं देखी। रागिनी के बारे में जमना के इस खादर ने जैसा सुना था, वैसा ही पाया। रागिनी ही नहीं बल्कि दूसरे अदाकारों–कामिनी शर्मा, पूरनचन्द शर्मा, मदन लाल शर्मा और महेश की अदाकारी को भी दर्शकों का भरपूर स्नेह मिला। जबकि हास्य कलाकार चौधरी छज्जन सिंह ने अपने हाथों के पंजों के बल उछलते हुए अपनी दुलत्तियों से जो मनोरंजन किया, उसे देखकर दर्शकों का मारे हँसी के पेट दुखने लगा। हँसते–हँसते उनके पेट में बल पड़ गये। होडल की शर्त को सही–सलामत निपटा पूरी मंडली इस वायदे के साथ अपने–अपने घरों को लौट गयी कि अब लगते पूस में बल्लभगढ़ की शर्त में मुलाक़ात होगी।

दोपहर होते–होते एक–एक कर सारे कलाकार बल्लभगढ़ पहुँचने शुरू हो गये। कमेटी को पता चला तो प्रभु दयाल की अगुवाई में पूरी कमेटी ब्रजलोक मंच के स्वागत के लिए पहुँच गयी। बस अड्डे के पास एक प्राथमिक पाठशाला में मंडली के ठहरने का इन्तज़ाम कर दिया गया। अपने रहने–ठहरने का ऐसा इंतजाम रागिनी ने इससे पहले कहीं नहीं देखा, जैसा बल्लभगढ़ की इस पाठशाला में किया गया है।

राधेश्याम शर्मा ने आसपास देखने की बहुत कोशिश की परन्तु उन्हें शो की जगह कहीं नज़र नहीं आयी। शायद यहाँ से दूर होगी, यही सोच कर वे दूसरे काम में लग गये। जब सारे कलाकारों व साज़िन्दों ने नाश्ता–पानी कर लिया, तब राधेश्याम शर्मा ने कमेटी के मुखिया से आयोजन स्थल देखने की इच्छा जताते हुए कहा, "प्रभु दयाल जी, चलिए एक बार जगह और देख लेते हैं!"

"हाँ–हाँ क्यों नहीं। यहाँ से थोड़ी ही दूर है...आइए, चलते हैं।" इतना कह प्रभु दयाल राधेश्याम शर्मा को लेकर चल दिये।

मगर यह क्या?

पाठशाला से आधा मील दूर जगह को देखते ही राधेश्याम शर्मा हत्थे से उखड़ गये, "प्रभु दयाल जी, यह क्या है? हमारा आपसे ऐसा तो क़रार नहीं हुआ था?"

"क्या करूँ मास्टर जी, कमेटी के कुछ लोग नहीं माने।''

"नहीं माने क्या मतलब...यह तो आपको उसी वक़्त बताना चाहिए था!"

"मैं मानता हूँ ऐसा तय नहीं हुआ था। मगर..."

"माफ़ करना प्रभु दयाल जी। यह मुमकिन नहीं है। इस खुले मैदान में बने स्टेज पर शो नहीं होगा। चलिए, हमें नहीं करना है कोई शो–वो।'' ऐसा कह राधेश्याम शर्मा वापस पाठशाला जाने के लिए मुड़ गये।

"ऐसा मत करिए मास्टर जी! अगर रागिनी का तमाशा नहीं होगा तो कमेटी की बहुत बदनामी होगी।" प्रभु दयाल रिरियाते हुए बोला।

"और आपने यह जो तमाशा कर रखा है? यह तो आपको पहले सोचना चाहिए था। प्रभु दयाल जी, आपकी तरह हमारे कलाकार भी इज़्ज़तदार और भले घरों के लोग हैं। भले ही आपके लिए हमारी लेडी आर्टिस्ट कलाकार होंगी, मगर यह मत भूलिए कि ये सब अपने–अपने घर–परिवारों की बहन–बेटियाँ पहले, आर्टिस्ट पीछे हैं। आपने क्या समझ लिया कि आप इन्हें कहीं भी इस तरह खुले में नचवा लेंगे!"

"मास्टर जी, मैं इस गुस्ताखी के लिए आपसे माफ़ी चाहता हूँ। हमारे लिए भी ये वैसी ही बहन–बेटियाँ हैं जैसी अपने घर–परिवारों की हैं। आऽऽऽप मेरी बात समझने की कोशिश तो करिए!"

"क्या समझने की कोशिश करूँ। साफ़–साफ़ कहे देता हूँ प्रभु दयाल जी कि अगर आपकी कमेटी यहाँ के बजाय किसी चहारदीवारी में शो करवा सकती है तो ठीक है वरना हम चले अपने घर। आपने जो पेशगी दी है उसे मैं अभी चल कर वापस कर देता हूँ।" इसके बाद सचमुच राधेश्याम शर्मा पाठशाला की ओर चल दिये।

राधेश्याम शर्मा के तमतमाए खिंचे सुर्ख़ चेहरे को देखते ही सब समझ गये कि कोई ज़बरदस्त गड़बड़ हो गयी है।

"क्या हुआ मास्टर जी...सब खैरियत तो है?" अमर सिंह राठौर और राजा हरिश्चन्द्र का पार्ट अदा करने वाले अदाकार पूरनचन्द शर्मा ने पास आ अकबकाते हुए पूछा।

"पूरनचन्द जी, इन बल्लभगढ़ वालों ने हमारे साथ धोखा किया है।"

"धोखा! किस तरह का धोखा?"

"हाँ धोखा। जब इनसे लिखित में यह तय हुआ था कि शो खुले में नहीं होगा, तब इन्होंने कैसे खुले मैदान में स्टेज लगवा दिया।"

"अब क्या होगा?" रागिनी ने अचकचाते हुए राधेश्याम शर्मा के साथ–साथ सारे कलाकारों को सुनते हुए कहा।

"होगा क्या। हमें नहीं करना है यह शो। हम बिना शो किए वापस चले जायेंगे।'' राधेश्याम शर्मा ने अपना दो टूक फ़ैसला सुना दिया।

इससे पहले कि कोई और कलाकार कुछ कह पाता, देखा कमेटी के प्रमुख प्रभु दयाल और कुछ सदस्य तेज़–तेज़ क़दमों से उन्हीं की तरफ़ बढ़े चले आ रहे हैं।

आते ही प्रभु दयाल पूरी विनम्रता के साथ अनुनय करते हुए बोला, "मास्टर जी, जैसा आप सोच रहे हैं ऐसा कुछ नहीं होगा। घबराने की कोई बात नहीं है। कमेटी इसकी पूरी–पूरी गारंटी देती है।"

"क्या गारंटी देगी आपकी कमेटी। देखा नहीं, मेकअप रूम भी स्टेज से कितनी दूर है। आपको पता होना चाहिए मेकअप रूम स्टेज से सटा हुआ होता है। ख़ुदा–न–ख़ास्ता हमारी किसी कलाकार के साथ कोई ऊँच–नीच हो गयी, तो हम कहीं मुँह दिखाने लायक नहीं रहेंगे!"

"मास्टर जी, शान्त हो जाइए! कमेटी इसकी पूरी गारंटी ले तो रही है।'' प्रभु दयाल ने एक बार फिर आश्वासन दिया।

"देख लीजिए प्रभु दयाल जी। अगर कोई ऐसी–वैसी बात हो गयी तो इसकी जिम्मेदारी आपकी होगी।" राधेश्याम शर्मा थोड़ा नरम पड़ते हुए बोले।

"बिल्कुल...आप इस बात से बेफिकर रहें।" पसीने से भीग आये माथे को किनारी वाली धोती से पोंछते हुए बल्लभगढ़ कमेटी के सदर प्रभु दयाल ने जैसे राहत की साँस ली।

पूस की बढ़ती ठंड और छोटी होती शाम का झुटपुटा तेज़ी से गहराना शुरू हो गया। सारे कलाकार और साज़िन्दे मंच की तरफ़ चल दिये। वहाँ पहुँचने के बाद इनमें से साज़िन्दे मंच पर रुक गये, जबकि कलाकार मंच से आठ–दस क़दम दूर बने मेकअप रूम की तरफ़ बढ़ गये। जैसे–जैसे झुटपुटा अँधेरे में तब्दील होने लगा, वैसे–वैसे दशहरा मैदान दर्शकों से पटना शुरू हो गया। देखते–ही–देखते बल्लभगढ़ का दशहरा मैदान नरमुंडों के ठहरे हुए दरिया में बदलता चला गया। राधेश्याम शर्मा की

नज़र जब–जब हरहराते इस दरिया पर पड़ती, किसी अनजाने डर से मन भीतर–ही–भीतर बैठने लगता। दूर तक बैठी ख़लक़त को देख यह अनुमान लगाना मुश्किल हो गया कि यहाँ के दर्शकों की तादाद हाथरस के बिजली कॉटन मिल में हुए आख़िरी शो से कितनी ज़्यादा है–दो गुना या तीन गुना? अभी तो शो शुरू होने में काफ़ी देर है। स्टेज से कुछ दूर बैठे दर्शकों की हरकतों को देख उन्हें समझते हुए देर नहीं लगी कि ज़रूर ये कुछ–न–कुछ नशा–पानी करके आये हैं। उन्होंने एक बार फिर से चारों तरफ़ बेहद महीन नज़र डाली। मगर उन्हें यह देख कर निराशा ही हाथ लगी कि किसी अप्रिय घटना के चलते यहाँ से सही–सलामत निकलना इतना आसान नहीं है। वे मन–ही–मन यह दुआ करते हुए मेकअप रूम की तरफ़ चल दिये–हे बाँके बिहारी, आज किसी तरह सही–सलामत यह शो निपटा दे!

"मास्टर जी, बाहर का माहौल कैसा है?" अपने सामने नमूदार हुए उतरे चेहरे को देख कर रागिनी ने पूछा।

"माहौल क्या, ग़ज़ब की ख़लक़त टूट पड़ी है।" राधेश्याम शर्मा ने डूबी हुई आवाज़ में जवाब दिया।

"जो भी है, शर्त तो अब निभानी ही पड़ेगी।"

"यह तो तुम ठीक कह रही हो...पड़ेगी तो निभानी ही। अब चाहे इसे ख़ुशी–ख़ुशी निभायें या रोकर निभायें।" राधेश्याम शर्मा ने गहरी साँस ले उसे बाहर छोड़ा, और ख़ुद को हिम्मत बँधाते हुए यह कह कर बाहर निकल आये, "रागिनी, अब जो होगा देखा जायेगा। मुरली वाले अपने आप बेड़ा पार लगायेंगे। आप तो अपने शो की तैयारी करो!"

इस तरह एक अनजान डर के साये में पेटीबाजे की सुरीली तान, ढोलक की थाप और झील–नक्काड़े ने आपस में एक–दूसरे के साथ सुर मिलाना शुरू कर दिया। जगह–जगह टँगे लाउडस्पीकरों से बढ़ती ठंड में कुनमुनाती आवाज़ कानों में जैसे मिसरी की मिठास घोलने लगी। इसी बीच जैसे ही मंच पर कुछ हलचल हुई, चिल्ल–पों और कचर–पचर थम गयी। मंच पर गिरे परदे के सामने एक–एक कर पुरुष कलाकार वन्दना के लिए आ गये। वन्दना समाप्त होने के बाद मंच से परदा उठा। पहला दृश्य जिसमें अमर सिंह राठौर बादशाह शाहजहाँ से अपने गौने की इजाज़त लेता है, शान्ति के साथ समाप्त हो गया। मगर जैसे ही अमर सिंह राठौर अपनी गौनावली पत्नी हाड़ी रानी के साथ मंच पर

आता है, कमेटी के ही कुछ लोगों ने हवा में नोट लहराने शुरू कर दिये। इनकी देखादेखी इसके बाद दूसरे दर्शकों के बीच से नोट लहराने और सीटी बजनी शुरू हो गयी। इस नज़ारे को देख परदे की ओट में खड़े राधेश्याम शर्मा को जँच गया कि जिसका उन्हें अन्देशा था, वही होना शुरू हो गया। उन्होंने उसी समय दोनों कलाकारों यानी पूरनचन्द शर्मा और रागिनी को कुछ इशारा किया। समझ गये दोनों इस इशारे को। इसलिए इस हो–हल्ले के बीच दोनों पात्रों ने मंच का पूरा चक्कर लिया और ऐसा दिखाया मानो दृश्य समाप्त हो गया है, बड़ी सफ़ाई से मंच के पिछले हिस्से की तरफ़ आ गये। उनके आते ही राधेश्याम शर्मा ने उसी समय परदा गिरवा दिया।

परदा गिरते ही राधेश्याम शर्मा मंच पर आये और माइक थाम, दर्शकों को बड़ी विनम्रता के साथ सम्बोधित करते हुए बोले, "आप सभी से मेरी गुज़ारिश है कि कृपया शान्ति का दान दें और हमारे कलाकारों को इनाम देने का कष्ट न करें। आपको जो भी दान–पुन्न करना है अपनी कमेटी को करें!"

राधेश्याम की इस गुजारिश या कहिये अपील का असर यह हुआ कि कमेटी वाले सचमुच शान्त हो गये।

एक बार फिर झील–नक्काड़े की खनक और पेटीबाजे का सुर फ़िज़ा में घुलना शुरू हो गया। परदा उठने के साथ ही दूसरा दृश्य शुरू हो गया। इधर दृश्य शुरू हुआ उधर दर्शक नौटंकी के बजाय रागिनी से किसी गीत की फ़रमाइश करने लगे। राधेश्याम शर्मा पुनः मंच पर आये और दर्शकों से शान्त रहने की एक बार फिर अपील करने लगे। मगर इस बार दर्शकों की माँग और तेज़ हो गयी। अब क्या करें राधेश्याम शर्मा? सीन को चालू रखने की हिदायत दे वे मेकअप रूम में आये और हिम्मत कर एक डायरेक्टर की तरह हुक्म देते हुए बोले, "रागिनी इस सीन के बाद तुम्हारा एक गाना होगा!"

रागिनी ने प्रत्युत्तर में कुछ नहीं कहा।

"सुन रही हो, मैं क्या कह रहा हूँ?"

इस बार भी रागिनी कुछ नहीं बोली। इसी बीच पता चला कि दृश्य समाप्त हो गया है। रागिनी चुपचाप उठी और मेकअप रूम से निकल मंच की तरफ़ बढ़ गयी। अब आगे–आगे रागिनी और पीछे–पीछे राधेश्याम शर्मा। रागिनी जैसे ही मंच पर आयी, सामने ठहाका मारते नरमुंडों की

लहरों से उसका जिस तरह स्वागत हुआ, उसे देख वह घबरा गयी। एक बार फिर हवा में सीटियों और किलकारियों के संग हवा में नोट लहराने लगे। सामने बिछी अन्तहीन भीड़ की चादर को देख रागिनी भूल गयी कि वह मंच पर आयी किसलिए थी। उसकी ख़ामोशी ने हवा में लहराते इन नोटों में और जोश भर दिया। अचानक उसे जैसे होश आया कि वह तो यहाँ कोई गीत गाने आयी है। मगर क्या गाया जाये उसे कुछ भी तो याद नहीं आ रहा है। शोर को और बढ़ता देख रागिनी की हिचकियाँ बँध गयीं। राधेश्याम शर्मा इस दृश्य को देख वहीं परदे की ओट में सिर पकड़ कर बैठ गये। तभी अचानक लाउडस्पीकरों से गूँजी एक भीगी–सी आवाज़ को सुन उन्हें जैसे होश आया। परदे की ओट से बाहर आ उन्होंने मंच पर देखा, तो पाया रागिनी हिचकियों के साथ गा रही है–

बलमाऽऽऽ मा...माने ना
बै...बैरी चुप न रहे
लागी मन की क...कहे
मोरी बहियाँ धरे...।

मजरूह सुल्तानपुरी का लिखा फ़िल्म *ऑपेरा हाउस* का गीत रागिनी ने जैसे–तैसे अभी शुरू ही किया था, कि सामने दर्शकों के बीच भद्दे इशारों के साथ हवा में नोट और तेज़ी के साथ लहराने शुरू हो गये। इस नज़ारे को देख इस बार राधेश्याम शर्मा से रुका नहीं गया और झटके के साथ मंच पर आ, सुबकती रागिनी को मंच से जाने को कह, माइक को कस कर पकड़ा और बेहद गुस्से में चीख़ते हुए बोले, "देखिए, आप जो हमें ये नोट दिखा रहे हैं...इन्हें अपने पास रखिए! ऐसे नोट हमने बहुत देखे हैं। कला के पारखी कभी नोट नहीं दिखाया करते हैं। जनाब, हम तो यहाँ आपको कला का पारखी समझ कर अपनी कला दिखाने आये थे। मगर यहाँ आकर पता चल रहा है कि यहाँ बैठे ये लोग कला के पारखी नहीं, बेमतलब की भीड़ है जिसे कला–वला के बारे में ख़ाक भी पता नहीं है। अगर आपको फूहड़पन और भौंड़ापन ही अच्छा लगता है तो ध्यान से सुनिये, वह हमसे हरगिज़ नहीं होगा। आपकी मर्ज़ी से कोई गाना–वाना होने वाला नहीं। अगर आपको मंजूर है तो ठीक है वरना हम चले जाते हैं। आपको क्या लगता है कि हम यहाँ आपके इन नोटों की ख़ातिर आये हैं, हरगिज़ नहीं। इस कमेटी से जितने में शर्त तय हुई है, उससे फूटी कौड़ी भी ज़्यादा लेने वाले नहीं हैं हम।"

राधेश्याम शर्मा की बात ख़त्म होते ही कुछ दर्शकों ने कमेटी वालों को डाँटना शुरू कर दिया। देखते–ही–देखते पूरा नजारा बदल गया। जो दर्शक हुल्लड़बाजी और शोर–शराबा कर रहे थे, वे भी डर के मारे शान्त हो गये। दूर तक पसरी भीड़ की चादर एकदम ख़ामोश हो गयी।

राधेश्याम शर्मा को तपते लोहे पर चोट करने का इससे अच्छा अवसर दूसरा नहीं सूझा। उन्होंने जैसे आख़िरी बार शान्त हो चुके दर्शकों पर उचटती–सी निगाह मारी, और पूरे आत्मविश्वास के साथ बोले, "अच्छा बताइए, हम अपनी कला का मुज़ाहिरा करें या अपना सामान समेट कर वापस चले जायें?"

तीर एकदम निशाने पर लगा। दर्शक शो चालू रखने के लिए हाथ उठा कर चिल्लाने लगे। इससे पहले कि यह नज़ारा कोई दूसरा रूप लेता, कमेटी के प्रमुख प्रभु दयाल दौड़े हुए आये और हाँफते हुए राधेश्याम शर्मा को मंच के एक तरफ़ ले जाते हुए गिड़गिड़ाने लगे, "मा...मास्टर जी, आप यह क्या करने जा रहे हैं...आप जैसा कहेंगे शो वैसे ही चलेगा।" इतना कह प्रभु दयाल माइक के पास आये और अपील करने लगे, "भाइयो, शान्त हो जाइए! यह हमारी इज़्ज़त का सवाल है। मेरी आपसे अपील है कि हमें कला का आनन्द लेना चाहिए। आप सबकी तरफ़ से मेरी मंडली से गुज़ारिश है कि वे तमाशे को चालू रखें!" इतना कह कमेटी प्रमुख मंच से नीचे आ गया।

राधेश्याम शर्मा बिना एक पल गँवाए माइक पर आये और दर्शकों को शान्त हुआ देख, बड़ी ही मुलामियत के साथ बोले, "...तो साहिबान, अमर सिंह राठौर अपनी गौनावली पत्नी हाड़ी रानी के मद में इस क़दर डूब गया, कि उसे याद ही नहीं रहा कि बादशाह की मंजूर की गयी छुट्टियाँ ख़त्म हो चुकी हैं...तो साहिबान, इसके बाद क्या हुआ, आइए देखते हैं इससे आगे का क़िस्सा अमर सिंह राठौर!"

राधेश्याम शर्मा की इस घोषणा के समाप्त होते ही एक बार फिर साज़ों की तरंगें रात में घुलने लगीं। एक बार फिर मंच से परदा उठ गया।

बादशाह शाहजहाँ का शाही अन्दाज़, अमर सिंह राठौर का तर्क–वितर्क, सलावत खाँ की कुटिलता और अगले दृश्य में अमर सिंह राठौर के धोखे से मारे जाने की ख़बर जैसे ही हाड़ी रानी सुनती है, वह पछाड़ खाकर ज़मीन पर ग़श खाकर गिरती है। जिस तरह हाड़ी रानी पछाड़ खाकर गिरती है और गिरते ही पूरी ताक़त से अपनी चूड़ियाँ तोड़ती है, सामने

दूर तक फैली निःशब्द चादर में हल्की–सी जुम्बिश हुई। पति अमर सिंह राठौर के इस तरह धोखे से मारे जाने पर विलाप करते हुए हाड़ी रानी खड़ी हुई, तो मंच के बल्बों की तेज़ रोशनी में चमकती दोनों कलाइयों से बहती खून की ताज़ा धार को देख दर्शकों का कलेजा मानो मुँह को आ गया। मगर यह महज एक अभिनय है। सब जानते हैं कि आँखों से बहती अविरल धारा, और जिस्म को अभिनय के दौरान कैसे लहूलुहान किया जाता है। अगर एक अदाकार ऐसा न करे तो फिर काहे की अदाकारी। लड़खड़ाती हाड़ी रानी अपने भतीजे रामसिंह के पास आयी और दोनों हाथों से उसके कन्धे पकड़, उससे बिलखती हुई कहती है–

बिना प्रीतम के ये ज़िन्दगी ख्वार है, कर महर की नज़र इतनी छैया मेरे।
तेरी विनती करूँ पति के लाशे–संग, मुझे सती करा दे कन्हैया मेरे।।

लहूलुहान कलाइयों और आँखों से ज़ार–ज़ार बहते आँसुओं के साथ, जैसे ही चौबोले की इन पंक्तियों के ख़त्म होने पर प्रलाप करती हाड़ी रानी एक बार फिर ज़मीन पर गिरी, साजों के सुर–ताल भी इसके वियोग में शामिल हो गये। इतने हृदय विदारक और मर्मस्पर्शी अभिनय को देख दर्शकों की जैसे आँखें पथरा गयीं। जब–जब मोटे–मोटे बल्बों की रोशनी हाड़ी रानी की आँखों से बहते आँसुओं पर पड़ती, तो लगता किसी ठहरे हुए दरिया पर पड़ने वाली धूप से उसका पानी चिलक रहा है। ठसाठस भरे दशहरा मैदान में अँधेरे की जगह मातम की ओढ़नी ने ले ली।

रात ढलने के साथ दशहरा मैदान में जगह–जगह टँगे लाउडस्पीकरों के मुँह से फूटती पेटीबाजे की सुरीली तान के साथ ढोलक की थाप, झील–नक्काड़े की मिश्रित खनक और मंच पर हरकतें लेते सुर कब अपने आप से बग़ावत कर, जमना की आब में भीगे ईख के जंगलों में घुल गये, इसका पता ख़ुद रस से भरे गन्नों को भी नहीं चला। पूस की हड्डियाँ गला देने वाली ठंड में कुछ पकी हुई ईख को तो अपनी पोरियों से अपना रस फूटता–सा लगने लगा। बल्लभगढ़ के दशहरा मैदान को पता ही नहीं चला कि खेल ख़त्म हो गया है, अगर *बोल अटल छत्र की जय* और उससे पहले, सारे कलाकार मंच पर आकर ये पंक्तियाँ नहीं गाते–

आज अपने घर में लगी आग रे
नौजवान जाग रे!

आधी रात के आसमान से बरसती ओस की बूँदों से भीगा दशहरा मैदान धीरे–धीरे ख़ाली हो गया। बस अब रह गये हैं तो कुछ जलते बल्बों

की रोशनी में उड़ते धूल के गुबार, और पति के धोखे से मारे जाने के बाद की मातम मनाती सिसकियाँ।

चूड़ियों के टुकड़ों की नोक से ज़ख्मी कलाइयों पर जमे, ख़ून के थक्कों को रागिनी फिटकरी के पानी से धोकर साफ़ करने की कोशिश कर रही है। इधर कलाकारों और साज़िन्दों के हाथ तेज़ी से अपने–अपने सामान को समेटने और उन्हें सन्दूकों में रखने में लगे हुए हैं।

राधेश्याम शर्मा ने रागिनी को हाथों से रगड़–रगड़ कर थक्कों को छुटाते हुए देखा, तो उनसे टोके बिना रहा नहीं गया, "रागिनी, यह क्या बेवकूफ़ी थी। तुमने तो इन हुड़दंगियों का सारा गुस्सा अपनी इन चूड़ियों पर उतार दिया?"

"और क्या करती मास्टर जी। देखा नहीं तुम्हारे ये कमेटी वाले और कुछ शोहदे ऐसे इशारे कर रहे थे, जैसे मैं कोई राह चलती नचनिया होऊँ!" रागिनी ने कलाइयों पर जमे थक्के को पोरों से रगड़ते हुए जवाब दिया।

"इसमें क़सूर इन लोगों का नहीं है। दरअसल, स्वाँग–नौटंकी के कलाकारों को हमारा समाज ऐसा ही समझता है। इन कलाकारों की इन्हें कला दीखती ही नहीं है। पता नहीं रागिनी तुम्हें पता है या नहीं, पर यह सच है कि इस इलाके में हम कहीं शो करने जाते हैं, तो लोग आपस में यही कहते हुए तमाशा देखने आते हैं कि रंडीन को नाच देखने जा रहे हैं।" राधेश्याम शर्मा के चेहरे पर अपमान और विषाद की गहरी लकीरें उभर आयीं।

"कहने दो मास्टर जी। मुझे तो इस बात की तसल्ली है कि यह रक्कासा समाज का कुछ तो भला कर रही है।"

राधेश्याम शर्मा ने कुछ नहीं कहा। उन्होंने जिस मक़सद के चलते ऐसा कहा था, उसे रागिनी ने समझ लिया है। एक मर्द होने के नाते वे अपने इस मर्दवादी समाज का प्रपंच और चरित्र अच्छी तरह जानते हैं। अपने समाज के इस कड़वे विरोधाभास से वह अच्छी तरह बावस्त हैं।

"मुझे तो यह भी बहुत बुरा लगता है कि अच्छे–भले सांगीत या स्वाँग को लोग नौटंकी कहते हैं। सच्ची कहूँ मास्टर जी, पता नहीं क्यों मुझे तो इस नौटंकी लफ़्ज़ से ही चिढ़–सी होने लगी है। 'नौटंकी' लफ़्ज़ तो एक तरह से मज़ाक़ का पात्र क्या, गाली बन गया है। बात–बात में जिसे

देखो वही कहता मिलेगा 'यह क्या नौटंकी चल रही है'...'यह क्या नौटंकी है'। मैं तो जब भी किसी को ऐसा कहते सुनती हूँ मास्टर जी, तो कलेजे में बरछी–सी खुबती चली जाती है। पता नहीं लोग इन नौटंकी वालों को इज़्ज़त की निगाह से क्यों नहीं देखते हैं।"

"हम लोगों का मुँह भी तो बन्द नहीं कर सकते...सबका अपना–अपना नज़रिया है।"

इतना कह कर राधेश्याम शर्मा मेकअप रूम से बाहर आये, तो एक कारिन्दे ने आकर बताया, "मास्टर जी, कुछ लोग रागिनी जी से मिलने आये हैं!"

राधेश्याम शर्मा समझ गये कि कमेटी वाले आये होंगे। मगर फिर अगले पल उन्हें याद आया कि वे तो उनसे विदा ले चुके हैं। फिर कौन हो सकते हैं, जो अब मिलने आ रहे हैं? जब तक वे किसी नतीजे पर पहुँचते, देखा सामने से चार–पाँच लोगों का जत्था उनकी ओर बढ़ा आ रहा है।

"जी कहिए?" उनके आते ही राधेश्याम शर्मा ने बिना किसी भूमिका के पूछा।

"हमेंऽऽऽ रागिनी जी से मिलना है!" जत्थे के एक सदस्य ने कहा।

"रुकिए, मैं अभी आता हूँ।"

इतना कह राधेश्याम शर्मा मेकअप रूम की तरफ़ बढ़ गये। जा कर रागिनी को बताया तो सुनते ही उसकी साँस गले में अटक गयीं। मन–ही–मन कहने लगी कि पता नहीं यह शर्त किस घड़ी में ली गयी है।

"मास्टर जी, कौन हैं...और इस वक़्त, वह भी शो ख़त्म होने के बाद क्यों मिलने आये हैं?" रागिनी ने तौलिए से हाथ पोंछते पूछा।

"पता नहीं कौन हैं। मैं तो इन्हें पहली बार देख रहा हूँ।"

"खैर, देखा जायेगा। अब आये हैं तो मिलना पड़ेगा ही। कहलवा दो यहीं आ जायेंगे!" रागिनी ने सहमति देते हुए कहा। जब तक वे आते उसने जल्दी–जल्दी चेहरे का बचा–खुचा मेकअप भी उतार दिया।

सिर पर दुपल्ली टोपी, सफ़ेद धोती–कुरता पहने एकदम अनजान उम्रदराज लोगों को भयाकुल रागिनी ने ऊपर से नीचे तक बड़े गौर से देखा। मेकअप रूम में जल रहे एकमात्र दो सौ वाट के दुधिए बल्ब की रोशनी में, रागिनी की आँखों में उतरे डर को उनमें से शायद एक ने भाँप लिया।

"बेटी, घबराओ मत। हम तो ऐसे ही जाते–जाते दरसन करने आ

गये।" रागिनी के डर को भाँपने वाली दुपल्ली टोपी ने कहा।

बमुश्किल रागिनी की जान में जान आयी। तुरन्त चेहरे से, भय के भावों को छिपाया और ख़ुद को सँभालते हुए बोली, "दर्शन तो कांका देवी–देवताओं के किये जाते हैं...मैं तो एक मामूली–सी इनसान हूँ।"

"ऐसा मत कह बेटी। तू भी कोई देवी का ही रूप है।" दुपल्ली टोपी के बग़ल में खड़े सफ़ेद धोती–कुरता ने निश्छल और मासूमियत भरी शालीनता के साथ कहा।

"कैसी बात कर रहे हो काका।" रागिनी का रहा–सहा डर भी ग़ायब हो गया।

"हाँ बेटी, बिना नाथ की ऐसी बिगड़ैल भीड़ ए कोई देवी ही नाथ सके ही। बड़ो नाम सुनो हो या रागिनी को, आज साच्छात भी देख ली। वा बेटी, जैसो नाम वैसो काम। सच्ची कहूँ तो आज हमारो आनो सकारथ होगो...जीती रह!"

दर्शकों के बीच से आये इस छोटे–से अनजान जत्थे के अपनत्व भरे सम्मान और स्नेह से भीगे आशीष से, रागिनी किसी कोमल पौधे की कच्ची टहनी–सी लरजती चली गयी। लगा जैसे मेकअप रूम में जल रहा दुधिया बल्ब, रागिनी को देख ज़ोर–से खिलखिला कर हँस रहा है। पूरे मेकअप रूम की नस–नस में इस बल्ब की खिलखिलाहट से मानो विद्युत की तरंगें दौड़ने लगीं। पहली बार उसे अपने एक कलाकार, और उससे ज़्यादा औरत होने पर गर्व हुआ। उनके जाते ही राधेश्याम शर्मा ने पहले एक शरारत भरी मुस्कान उछाली, और फिर उसकी तरफ़ देखते हुए कहा, "रागिनी, अगर किसी गहरे समन्दर के खारे पानी में कुछ बूँदें ऐसी मीठी भी निकल जायें, तो वे ही जिस्म में जान फूँक देती हैं...अपने होने का अहसास होने लगता है।"

कहना मुश्किल है कि यह इसी वक़्त बर्फ़–सी पिघलती रात में वापस लौटने की आतुरता थी, या अभी तक आशीषों के कलश डूबे रहने का असर कि रागिनी ने राधेश्याम शर्मा के कहे पर पलट कर कोई प्रतिक्रिया व्यक्त नहीं की। वह राधेश्याम शर्मा के इस कहे का कितना मर्म और अर्थ समझ पायी, कहना मुश्किल है।

पूस की आधी रात के बाद जब सारे देवी–देवता भी चिर निद्रा में लीन रहते हैं, राधेश्याम शर्मा ने बल्लभगढ़ से रवाना होने की सलाह नहीं दी। इसलिए पहले पहर का सबको इन्तज़ार करना मुनासिब लगा। जैसे ही घड़ी की घंटे की सूई ने तीन को पार किया सब अपने–अपने आशियाने में रवाना होने के लिए निकल पड़े। बल्लभगढ़ से निकलते ही

बाहर बरसती ओस की सर्द बूँदों के बीच, रास्तेभर रह–रह कर रागिनी के कानों में उस अनजान जत्थे के शब्द वेद के किसी अलक्षित श्लोक की तरह सरगोशियाँ करते रहे।

26

नेमपाल। उसकी स्मृति में बिजली कॉटन मिल के सुरुचि उद्यान का एक–एक दृश्य, दीवार में गड़ी किसी जंग लगी कील में लटकी, जगह–जगह से कोने फटी मटमैली और धुँधली पड़ चुकी पुरानी तस्वीर की तरह टँगा हुआ है। सालों तक उसके कानों में रह–रह कर बहरतबील, दौड़, चौबोले के सुर गूँजते रहे थे। रागिनी द्वारा अदा किया गया तारामती और हाड़ी रानी का किरदार, झील–नक्काड़े की खनक और हारमोनियम के शिराओं में बहते रक्त की तरह सुरीले सुर आज भी गीली माटी–सी उसकी यादों की मुट्ठियों में क़ैद हैं। यह इसी खनक, ताल, सुर और गायकी का नशा था कि अगर उसे ग़लती से भी यह पता चल जाता कि फलाँ जगह रागिनी का खेल होना है, वह वहीं पहुँच जाता। बल्लभगढ़ भी वह इसी नशे के चलते आया था।

यह साल 1966 का आख़िरी महीना था। साल के इस आख़िरी महीने के ये वो दिन थे जब फणीश्वरनाथ 'रेणु' की एक कहानी *तीसरी कसम उर्फ़ मारे गये गुलफ़ाम* पर, बनायी गयी फ़िल्म *तीसरी कसम* डिब्बों से बाहर आ अपने प्रदर्शन के लिए तैयार थी। ये वही दिन थे जिन दिनों इसके निर्माता शैलेन्द्र ज़िन्दगी और मौत से जूझ रहे थे। ये वही दिन थे जिनमें से एक दिन इसो *तीसरी कसम* के नायक हीरामन की भूमिका निभाने वाले अदाकार राजकपूर का जन्मदिन भी होता है। संयोग देखिए कि जिस दिन बल्लभगढ़ के दशहरा मैदान की ओर पूरा शहर व आसपास के गाँव–देहात के लोग, हाथरस शैली की नौटंकी की सुरों की बंजारन रागिनी को सुनने के लिए हरहराते हुए जा रहे थे; इसी दिन यहाँ से सैकड़ों मील दूर बम्बई में कानपुर शैली की नौटंकी को आधार बनाकर बनी यही *तीसरी कसम* रिलीज़ हो रही थी। मगर इस फ़िल्म का दुर्भाग्य देखिए कि इसे देखने के लिए इसका हीरामन भी मौजूद था, तो इसकी

हीराबाई भी उपस्थित थी। इसका लेखक भी इसे देखने को आतुर हुआ जा रहा था, तो इसका निर्देशक भी इसे देखने के लिए बेचैन था। बस, नहीं था तो वह आदमी जिसने इसे बनाने के लिए दुनियाभर की बेचैनी अपने ऊपर ओढ़ ली थी। सिर से पाँव तक इसके लिए जो क़र्ज़ में डूब चुका था। जिस शैलेन्द्र का रात की नींद और दिन का चैन जिस फ़िल्म ने छीन ली थी, वही इसे देखने के लिए मौजूद नहीं था। कहते हैं कि समय किसी का इन्तज़ार नहीं करता। इस दिन भी न समय रुका, न ठिठका। न थमा, न उसने किसी का इन्तज़ार किया।

दिसम्बर के ये दिन वैसे भी बेहद शर्मीले होते हैं। पता ही नहीं चलता कि सूरज कब निकला और कब छिप गया। नेमपाल चला भी बहुत वक़्त से था मगर पहुँचते–पहुँचते उसे शाम हो ही गयी। जिस समय वह बल्लभगढ़ में दाख़िल हुआ और दशहरा मैदान की दिशा ली, अपने आगे–पीछे और आजू–बाजू आगे बढ़ते छोटे–छोटे कई क़ाफ़िलों से उसका सामना हुआ। एकाध बार तो चारों तरफ़ फैल चुके झुटपुटे में वह ठोकर खाकर गिरते–गिरते बचा। काफ़ी दूर पैदल चलने के बाद उसे लगा कि जिस जगह उसे जाना है, वह काफ़ी दूर है। इसलिए क्यों न कोई सवारी ले ली जाये। यही सोच कर उसने आसपास नज़र दौड़ायी, तो देखा कुछ दूरी पर सवारियों से लदे एक ताँगे का कोचवान ज़ोर–ज़ोर से लोगों को आवाज़ लगा रहा है।

"दशहरा मैदान चलना है?" नेमपाल ने ताँगे के पास आ कर कोचवान से पूछा।

"आज तो बाबू जी, पूरा बल्लभगढ़ ही दसेरा मैदान जा रहा है...आओ जल्दी बैठो!"

कोचवान की बात सुन नेमपाल इससे पहले कि ताँगे पर मुश्किल से बची एक आदमी की जगह पर कोई दूसरी सवारी आकर क़ब्ज़ा कर पाती, उछल कर ताँगे पर चढ़ गया। पीठ पर चाबुक पड़ते ही दिनभर की थकी घोड़ी बिलबिला उठी। सवारियों से भरा ताँगा अब सरपट दशहरे मैदान की ओर दौड़ने लगा। कुछ ही देर में ताँगा दशहरा मैदान पहुँच गया। ताँगे से उतर कर लम्बे–लम्बे डग भरता हुआ वहाँ पहुँचा, तो मारे हताशा के उसके पाँव जैसे ज़मीन पर चिपक गये। वही हुआ जिसका उसे अन्देशा था। वह समझ गया कि जहाँ उसकी बैठने की इच्छा थी, वह जगह उसे मिलने से रही। बावजूद इसके उसने हिम्मत नहीं हारी। जैसे–तैसे वह स्टेज से पचासेक क़दम दूर जगह हथियाने में क़ामयाब हो गया।

बैठने से पहले नेमपाल ने पलट कर पीछे दूर तक पसरी भीड़ को देखा, तो देखते ही उसकी स्मृतियों में हाथरस के बिजली कॉटन मिल के सुरुचि उद्यान का विहंगम दृश्य कौंधता चला गया। यह इसी रागिनी के जादू भरे बोलों और गायकी का नशा है कि वह जब भी किसी मेले या हाट में जाता है, तो पटरियों पर बिकती पंडित नथाराम शर्मा गौड़ द्वारा रचित संगीत की कोई–न–कोई किताब ख़रीद लाता। किताब ख़रीदते वक़्त वह उसके मुखपृष्ठ पर सबसे नीचे छपी इस हिदायत या कहिए चेतावनी को देखना नहीं भूलता–बिना मुहर की किताब चोरी की समझी जायेगी। इसलिए जिस किताब पर अंडाकार नीले रंग की यह मुहर लगी होती, वह उसे ही ख़रीदता। इस मुहर के बाहरी घेरे में ऊपर पं. नथाराम शर्मा गौड़ लिखा होता, तो नीचे हाथरस। जबकि इसके बीचो–बीच अंग्रेज़ी में एन.एस. शर्मा लिखा होता।

नेमपाल को जब भी वक़्त मिलता तभी वह कभी सांगीत *स्याहपोश उर्फ़ पाक मुहब्बत* का गबरू, तो कभी *अमर सिंह राठौर उर्फ़ बाँका वीर* का अमर सिंह। कभी *क़त्लजान आलम उर्फ़ ख्वाबे हस्ती* का राहतजान, तो कभी *लैला–मजनूँ* का कैस। कभी *नौटंकी शाहज़ादी उर्फ़ अय्यारा औरत* का फूलसिंह, तो कभी *हीर–राँझा उर्फ़ सपने का आशिक़* का राँझा। कभी *श्रीमती मंजरी उर्फ़ ग़मज़दा क़ैदी* का जलालुद्दीन, तो कभी *दहीवाली उर्फ़ बदकार यार* का कुमतिचन्द। कभी *इन्दलहरण उर्फ़ संकलद्वीप की लड़ाई* का इन्दल, तो कभी *भक्त पूरनमल* का पूरन बन एक मँझे अदाकार की तरह अकेले में चौबोले, बहरतबील, छन्द, लावनी, दौड़, दोहों को गुनगुनाता रहता। वह जब कभी मथुरा के कोसी कलाँ से गुज़रता, यहाँ के बस स्टैंड के पीछे सैनी कैसिट कम्पनी और सपना कैसेट से किसी–न–किसी सांगीत यानी नौटंकी की ऑडियो कैसेट लेना नहीं भूलता।

बल्लभगढ़ के दशहरा मैदान पर हुए अमर सिंह राठौर के इसी यादगार शो का वह चश्मदीद गवाह रहा है। गवाह रहा है वह इस शो के उस एक–एक लम्हे का, जिसने रागिनी की गायकी को सुनने की उसकी भूख को और बढ़ा दिया। नेमपाल दशहरा मैदान पर जगह–जगह टँगे लाउडस्पीकरों से फूटे एक–एक संवाद, दृश्य और बल्बों की रोशनी में अनगिनत ठोकरों से उड़ती सुनहरी गर्द में लिपटे हाड़ी रानी के लहूलुहान विलाप का चश्मदीद गवाह रहा है। उस विलाप का जिसने एक बार तो किसी बाँध में ठहरे पानी की धमनियों में बहते रक्त को जमा दिया था।

27

ब्रजलोक मंच के लिए अब पश्चिमी उत्तर प्रदेश और ब्रज से ही नहीं, पंजाब और राजस्थान से भी शर्तें आने लगीं। इनमें ज़्यादातर टिकट से होने वाले शो ही होते। नये–नये बनने वाले विद्यालयों और कॉलेज के भवनों के निर्माण के लिए इनकी प्रबन्ध समितियों के धन इकट्ठा करने की जैसे कुंजी हाथ लग गयी। हालत यह हो गयी कि एक शर्त पूरी नहीं होती, उससे पहले दो शर्तें आ जातीं। रागिनी अभी घर जाकर बच्चों के बीच साँस लेती, पीछे–पीछे राधेश्याम शर्मा का सन्देश आ जाता कि दस दिन या बीस दिन बाद फलाँ जगह पहुँचना है। डेढ़ साल का मासूम भले ही अपनी मौसी माला के साथ रह रहा है मगर बगैर माँ के उसके लिए एक–एक दिन काटना मुश्किल हो जाता। माला बच्चे की देखभाल कर तो रही थी परन्तु जो देखभाल माँ की गन्ध के बीच होती है, वह मौसी, नानी या बाप से थोड़े ही होती है। हालाँकि डेढ़ साल का बेटा अब अपनी मौसी को ही माँ समझने लगा है।

मलमास और गरमी के चलते शर्तें अपने आप कम हो जाती हैं लेकिन जैसे–जैसे कार्तिक निकट आता, और शर्तों का ताँता बँधता रागिनी परेशान होने लगी। इस बार जैसे ही सीज़न हल्का पड़ा रागिनी ने पति से अपनी इच्छा प्रकट कर दी।

"डॉक्टर साब, सोच रही हूँ क्यों न एक कार ले लूँ?"

डॉ. सक्सेना ने रागिनी का प्रस्ताव सुना तो उन्होंने तुरन्त अपनी स्वीकृति दे दी, "सोच तो मैं भी यही रहा था रागिनी कि तुम्हें एक गाड़ी दिला दूँ! ड्राइवर तो है ही अपने पास।"

"वैसे आपकी गाड़ी है, पर उससे काम नहीं चलने वाला...और फिर आपको भी टैम–बेटैम चाहिए, इसलिए सोच रही हूँ..."

"ठीक है, कौन–सी बुक करा दूँ?"

"यही आप वाली एम्बेसडर ठीक रहेगी। ड्राइवर का इस पर हाथ भी बैठा हुआ है।"

"मैं पता करवाता हूँ कि आजकल इसकी कीमत क्या चल रही है... वैसेऽऽऽ; मेरे ख़याल से तेरह–चौदह हज़ार के बीच में होनी चाहिए।"

"आप इसकी कीमत पता करते रहना। मुझसे तो आप पन्द्रह हज़ार ले जाना।"

"ले जायेंगे!"

"ले नहीं जायेंगे, ले जाना! वैसे भी आपकी पहले से हमारे ऊपर बहुत उधार है।" रागिनी ने कोंचते हुए कहा।

डॉ. सक्सेना रागिनी के कहने का आशय समझ गये कि इसका इशारा किस तरफ़ है। वे मुस्कराकर बस देखते रह गये।

"ऐसे क्या देख रहे हो...कार के पैसे हैं मेरे पास।"

"वो तो ठीक है मगरऽऽऽ..."

"मगर–वगर कुछ नहीं।'' इतना कह रागिनी ने बड़ी बहन माला को आवाज़ दी, "दीदीऽऽऽ...!"

माला तुरन्त आ गयी।

"दीदी, ज़रा पन्द्रह हज़ार रूपये तो देना!" रागिनी ने माला से कहा।

"पन्द्रह हज़ाऽऽऽर!"

"रागिनी छोड़ो, पैसे बाद में देख लेंगे।" माला ने जिस तरह हज़ार पर ज़ोर दिया डॉ. सक्सेना ने रागिनी को रोक दिया।

"क्यों देख लेंगे बाद में...दीदी, लाना पन्द्रह हज़ार डॉ. साब को कार बुकिंग के लिए देने हैं!"

"अरे तो भई ऐसी क्या जल्दी है। वैसे भी पेमेंट डिलीवरी के वक़्त करनी होगी। कौन–सी तुरन्त डिलीवरी हो रही है। अभी टाइम लगेगा।"

"आप तो मुझसे ले जाइए, करते रहना पेमेंट।'' इस बीच माला रुपये ले आयी। रागिनी ने रुपये लिए और अपने पति डॉ. वीरेन्द्र स्वरूप सक्सेना की तरफ़ यह कहते हुए बढ़ा दिये, "लीजिए, अब आप जाने और आपका काम जाने।" जैसे ही डॉ. सक्सेना ने कार के पैसे लिए, रागिनी ने अपने पति की आँखों में झाँकते हुए कहा, "वैसे भी इनसान को किसी की दो चीज़ें अपने पास कभी नहीं रखनी चाहिए, एक किसी का उधार और दूसरी किसी का अहसान।"

रागिनी के इस कटाक्ष पर डॉ. सक्सेना झेंपते चले गये। जवाब में उन्होंने कुछ नहीं कहा।

इस तरह महीनेभर के अन्दर एक दिन डॉ. वीरेन्द्र स्वरूप सक्सेना ने रागिनी को ख़बर दी कि आगरा चलना है गाड़ी लेने। मगर रागिनी ने बच्चे की वजह से साथ चलने से यह कहते हुए मना कर दिया, "आप ही चले जाइए...और हाँ, वहीं से टंकी फुल करवा लाना! वैसे भी पेट्रोल बारह आना लीटर है।"

अपनी कार आने के बाद ब्रजलोक मंच की शर्तें अब रागिनी अपनी गाड़ी से करने के लिए जाने लगी।

दक्षिण हरियाणा के पूर्वी मेवात का छोटा–सा हिन्दू–मेवों का क़स्बा हथीन।

एक बार राधेश्याम शर्मा के मन में आया भी कि वे इस शर्त को लेने से मना कर दें। मगर अगले ही पल उन्हें गिर्राज प्रसाद का कहा यह वाक्य याद आ गया कि मेव तो बड़ी शान्ति पसन्द और कला प्रेमी कौम है। यही सोच कर उन्होंने शर्त ले ली। वैसे यह इलाका ब्रजलोक मंच के लिए अब अनजान रहा भी नहीं है। पहले होडल और इसके बाद बल्लभगढ़ में मंच दो शर्तें कर भी चुका है। बल्लभगढ़ का अनुभव भले ही थोड़ा कटु–सा रहा, मगर बाद में दर्शकों में से आये उन पाँच दुपल्ली टोपियों के छोटे–से जत्थे ने जैसे सारे गिले–शिकवे दूर कर दिये।

राधेश्याम शर्मा ने रागिनी को भी सूचना भिजवा दी।

रागिनी के साथ अब कोई दिक्कत नहीं है क्योंकि आने–जाने का अपना साधन जो हो गया है। दिन छिपते–छिपते जब तक वह हथीन पहुँची, पूरी मंडली आ चुकी थी। रागिनी के आते ही पूरे हथीन में शोर मच गया। बौराए–से दर्शकों का उत्साह देखते ही बन रहा है।

अपने क़रीब बैठी कामिनी शर्मा से रागिनी बोली, "कामिनी, पेट में कुछ गड़बड़–सी लग रही है!"

"दीदी, थोड़ा–सा अँधेरा होने दो। लोगों को पता चल गया तो दिक्कत हो जायेगी।" कामिनी ने सुझाव देते हुए कहा।

"ठीक है।"

थोड़ी देर बाद जब दोनों को लगा कि शाम का धुँधलका गाढ़ी कालिख में बदल चुका है, और उन्हें अब कोई पहचान नहीं पायेगा, तो वे दोनों मंच के पीछे बने मेकअप रूम के पिछवाड़े से बाहर निकल गयीं। अमावस्या से तीन–चार दिन पहले की रात होने के कारण अँधेरे में जिधर पाँव उठे, वे उधर ही हो लीं। घुटनों तक आ चुके गेहूँ के खेत में उन्होंने जगह ढूँढ़ी और दिशा–फ़रागत के बाद वापस लौट पड़ीं। पता नहीं किस दिशा–भ्रम के चलते वे रास्ते से भटक गयीं। इसी भूल–भुलैया के चलते अँधेरे में अचानक रागिनी की मानो चीख निकल गयी। हाथ से ख़ाली लोटा छिटक कर पता नहीं कहाँ जा गिरा।

"दीदी, क्या हुआ?" अँधेरे में रागिनी को टोहते हुए घबराते हुए पूछा कामिनी ने।

"कामिनी ध्यान से...यहाँ कोई खाई है।"

"किस तरफ़?" रागिनी की आवाज़ का पीछा करते हुए कामिनी ने पूछा।

"इधर, अपने दायें तरफ़।"

कामिनी ने अपना हाथ बढ़ाया तो रागिनी ने अँधेरे में टोहते हुए उसे थाम लिया। लगभग ढाई–तीन फीट गहरी खाई से कामिनी ने रागिनी को निकाला, तो देखा सारे हाथ–पाँव गीली मिट्टी में सने हुए हैं।

"दीदी, अब ये हाथ–पाँव कहाँ धोएँ?" कामिनी ने इतना कह कर आसपास अँधेरे में देखा, तो थोड़ी दूर रोशनी का एक छोटा–सा चकत्ता दिखायी दिया, "दीदी, उधर चलते हैं। लगता है वहाँ कोई ट्यूबवेल है!" कामिनी ने अनुमान लगाते हुए कहा।

"चल तो दें कामिनी, अगर ट्यूबवेल पर किसी ने पहचान लिया तो?"

"अँधेरे में उसे क्या पता चलेगा कि हम कौन हैं...और अगर पहचान लेगा तो सही बात बता देंगे।"

वे दोनों वहाँ गयीं तो देखा सचमुच यह टयूबवेल ही है।

"बाबा, थोड़ा–सा मुँह–हाथ धो लें?" ट्यूबवेल के बाहर जल रहे अलाव की आँच में दमकते एक ज़ईफ़ चेहरे से कामिनी ने झिझकते हुए पूछा।

"हाथ–मुँह तो धो लो, पर इतने अँधेरे में यहाँ क्या करने आयी हो?"

"वो क्या है बाबा कि आज यहाँ रागिनी का नाच है न, उसे ही देखने आये हैं।" रागिनी के मुँह से अचानक निकला।

"हाँ बाबा, अँधेरे में दिखा नहीं और एक गड्ढे में पाँव पड़ गया...सारे हाथ–पाँव सन गये हैं। उन्हें ही धोने आये हैं।" कामिनी ने रागिनी की बात को प्रामाणिक बनाते हुए कहा।

"हाँ, उसका नाच है तो सही। पता ना दुनिया क्यों या रागिनी के पीछे पागल हुई पड़ी है। जिसे देखो वही गिरता–पड़ता बस रागिनी का नाच देखने जा रहा है।"

"आप ना गये?" होदी से अँजुरी में पानी भर मुँह पर छींटे मारते हुए रागिनी ने यूँ ही पूछ लिया।

"जाके क्या करूँगा...मैं तो यहीं लेटे–लेटे सुन लूँगा।" अँधेरे में डूबे ट्यूबवेल के पास जलते अलाव की उनींदी आँच पर हाथ सेंकते बुजुर्ग का स्वर खनका।

रागिनी ने अलाव की मद्धिम रोशनी में भीगे ज़ईफ़ चेहरे को ध्यान से देखा। जिस तरह एक पल के लिए आँखों में एक छोटी–सी ख़्वाहिश आकर ग़ायब हो गयी उसे बयान करना मुश्किल है।

ट्यूबवेल से हाथ–मुँह धोकर दोनों तेज़–तेज़ क़दमों से वापस हो लीं। कई बार खेत की मेंड़ पर चलते हुए वे दोनों गिरते–गिरते बचीं। मगर यह क्या? वे दोनों मंच के पीछे बने मेकअप रूम के जिस पिछवाड़े से बाहर निकल कर आयी थीं, यह तो वह जगह नहीं है। वहीं ठिठक गयीं दोनों। यह तो आयोजन स्थल का अगला हिस्सा है। प्रवेश–द्वार पर आये दर्शकों की मारा–मारी मची हुई है। रागिनी ने चारों तरफ़ देखा परन्तु वह रास्ता उसे कहीं दिखायी नहीं दिया, जहाँ से ये दोनों बाहर आयी थीं। अब क्या करें वे दोनों? किसी से पूछ लिया और उसने उन्हें पहचान लिया तब? दूर खड़ी मटमैली रोशनी में नहाई रागिनी को इसी बीच एक तरीक़ा सूझा।

"कामिनी, फटाफट मुँह पर ढाठा लगा!" कामिनी को एक तरह से आदेश देते हुए, ख़ुद भी अपने मुँह पर ढाठा लगाने लगी।

रागिनी की देखादेख कामिनी ने भी अपने मुँह पर ढाठा लगा लिया।

"अब ऐसा कर, मेरे पीछे–पीछे आ जा!"

"आ जा, क्या मतलब दीदी?" कामिनी ने अकबकाते हुए पूछा।

"बता, फिर क्या करें?"

"पर दीदी, यह तो मरने का काम कर रहे हैं हम। अगर किसी ने पहचान लिया तो क्या होगा पता है?"

"आयी दीदी की बच्ची। चल, मेरे पीछे आ जा!"

कामिनी रागिनी के आदेश के बाद पीछे–पीछे चल दी। दोनों अब प्रवेश–द्वार पर आ गयीं। जहाँ से दर्शक अन्दर दाख़िल हो रहे हैं।

"ए भइया, ज़रा सो रास्ता दीजो!"

रागिनी ने आवाज़ बदलते हुए दर्शकों की रेलमपेल भीड़ से कहा, और बिना इन्तज़ार किए वह कामिनी को लेकर प्रवेश–द्वार में ज़बरन घुस गयी। अन्दर आते ही रागिनी ने राहत की साँस ली, और मंच के बायें तरफ़ से होते हुए मेकअप रूम में पहुँच गयी।

उन दोनों को देखते ही हैरान–परेशान राधेश्याम शर्मा ने माथे पर चू आये पसीने को पोंछते हुए पूछा, "रागिनी, कहाँ चली गयी थी? सब कितना परेशान हो रहे थे!"

रागिनी ने जब पूरा वाक़या बताया, उसे सुन पहले तो राधेश्याम शर्मा की आँखें मारे हैरत के फैलने–सिकुड़ने लगीं। और जब पूरा क़िस्सा समझ में आया तो पूरा मेकअप रूम हँसते–हँसते लोटपोट हो गया।

"बहना, तैने ई ख़ुदई बतायी कि आज रागिनी को नाच हेरो है?" हास्य कलाकार सज्जन सिंह ने आँखें मटकाते हुए पूछा।

"और क्या करती...कुछ सूझा ही नहीं। यह बताके मरना थोड़े ही था कि मैं ही रागिनी हूँ...और पता है, हम भीतर भी सामने से मुँह पर ढाठा लगा कर जैसे–तैसे घुस कर आये हैं।"

"मेरी तो एक बार घिग्घी बँध गयी थी।" कामिनी ने कहा।

"शुक्र है सही–सलामत आ गयी। अब जल्दी से मेकअप करो और शो के लिए तैयार हो जाओ!" राधेश्याम शर्मा ने एक डायरेक्टर की तरह आदेश दिया और मेकअप रूम से बाहर निकल आये।

लग तो यह पहले से ही रहा था कि गिर्राज प्रसाद ब्रजलोक मंच को कभी भी छोड़ सकते हैं, और सचमुच उन्होंने उसे छोड़ भी दिया। बाद में उनके मंच छोड़ने का जो असली कारण पता चला वह यह था कि दरअसल, बिजली कॉटन मिल का मैनेजर गिर्राज प्रसाद से ख़ुश नहीं था। उसने ब्रजलोक मंच के अध्यक्ष लाला रामबाबूलाल की धर्मपत्नी और मंच की कोषाध्यक्ष के गिर्राज प्रसाद के ख़िलाफ़ कान भरने शुरू कर दिये। नतीजतन कोषाध्यक्ष की शह पर मैनेजर उन्हें जान–बूझ कर परेशान करने लगा। हारकर गिर्राज प्रसाद ने मंच छोड़ने का मन बना लिया। राधेश्याम शर्मा को जब इस असलियत का पता चला, तब वे भी विचलित होते चले गये। सच तो यह है कि उसी दिन से राधेश्याम शर्मा के मन में भी अनिश्चितता का भाव भर गया। ऐसा लाजिमी भी है क्योंकि जिस गिर्राज प्रसाद को खुद मंच के अध्यक्ष लाये हों, और जिसकी सलाह पर एक संस्था की स्थापना ही नहीं हुई हो बल्कि एक झटके में लाला रामबाबूलाल ने पचास हज़ार रुपये लगा दिये हों, ऐसे में एक मुलाज़िम की वजह से एक कलाकार को संस्था छोड़ने पर मजबूर होना पड़ जाये, इससे किसी संस्था का भविष्य क्या होगा–सहज अनुमान लगाया जा सकता है।

राधेश्याम शर्मा ने अपना यह डर रागिनी के सामने भी प्रकट कर दिया।

"रागिनी, मुझे नहीं लगता कि ब्रजलोक मंच ज़्यादा दिनों तक चल

पायेगा। जिस संस्था में कलाकारों के बजाय एक बाबू की बात को अहमियत और तरजीह दी जाती हो, उसका पतन निश्चित है।"

"मास्टर जी, लाला जी तो भले आदमी हैं पर इनका यह मैनेजर मुझे काफ़ी तेज़ लगता है!"

"तेज़ क्या, सेठानी का मुँह लगा है। इसी का फ़ायदा उठा यह गिर्राज जी को तंग करने लगा था।"

"फिर अब क्या करें?" रागिनी ने इस अनिश्चितता का हल जानने के लिए पूछा।

"करना क्या, जब तक गाड़ी चलती है पूरी ईमानदारी से चलाओ...हमें अपनी तरफ़ से कुछ नहीं कहना है। जब लगे कि गाड़ी रुकने वाली है अपना झोली–झंडा उठाओ और चलते बनो!"

"मगर ऐसे तो यह ब्रजलोक मंच डूब जायेगा मास्टर जी?"

"होनी को कौन टाल सकता है...अब तो सब इस मुरली वाले के हाथ में है।" राधेश्याम शर्मा ने साँस लेते हुए कहा।

और ऐसा ही हुआ।

1968 के मध्य में लड़खड़ाते ब्रजलोक मंच पर जो परदा गिरा, वह कभी नहीं उठा। बस, कुछ यादें जिनके बहाने हाथरस ही नहीं, बल्कि पूरे पश्चिमी उत्तर प्रदेश, मेवात और पूर्वी राजस्थान के स्थानीय शेक्सपीयर पंडित नथाराम शर्मा गौड़ के रचित सांगीत के चौबोला, दोहा, दौड़, बहरतबील, झूलना, लावनी में पगे सुरों की खनक बिजली कॉटन मिल के सुरुचि उद्यान की दीवारों के बीच एक इतिहास बन कर रह गयी। एक झटके में ब्रजलोक मंच छोटे–छोटे घास के तिनकों से नये–नये बने किसी घोंसले की तरह, अंडे सेने से पहले उजड़ गया। न जाने कहाँ–कहाँ से इकट्ठे किये गये कलाकार अपने सुरों के साथ, और साज़िन्दे अपने–अपने साजों के साथ पता नहीं गुमनामी की किन अनन्त गलियों में गुम हो गये।

राधेश्याम शर्मा और गिर्राज प्रसाद का तो पता नहीं। हाँ, इतिहास के एक सबसे बदनसीब शाहज़ादे द्वारा बसाये गये इस शहर की रहट गली के अपने घर में लौट कर रागिनी अपनी दुनिया में रम गयी। भागलपुर, बिहार के जिस हिन्दुस्तान थिएटर कम्पनी से 1962 में उसका जो सफ़र शुरू हुआ, वह पहले इसके बन्द होने और अब ब्रजलोक मंच के बन्द होने के बाद पूरी तरह थम–सा गया। डॉ. वीरेन्द्र स्वरूप सक्सेना ने पति–धर्म निभाते हुए, कई बार रागिनी से कहा भी कि अगर वह किसी थिएटर कम्पनी को जानती

है, और वह उसमें काम करना चाहती है तो शौक़ से कर ले। मगर रागिनी ने साफ़ मना कर दिया। हाँ, भूले–भटके कोई उसके पास आता है तो वह इस पर ज़रूर सोचेगी। परन्तु अभी यह दूर की कौड़ी है। वापस लौटने पर रागिनी ने डेढ़ साल पहले जो एम्बेसडर तेरह हज़ार में ख़रीदी थी, उससे उसका जल्दी ही मन भर गया। जिसे उसने ग्यारह हज़ार में बेच दिया। जितने में उसे बेचा था उतने में नयी फ़िएट ख़रीद ली।

28

1969 का सावन का महीना। लगते सावन की मद–मस्त पुरवाइयों के साथ पूरब से काली घटाओं का विशाल गुच्छा आकाश में उठा, और दोपहर होते–होते ऐसा बरसना शुरू हुआ कि देखते–ही–देखते वह झड़ में बदल गया। पूरे दिन और पूरी रात लगे इस झड़ ने सुबह जा कर दम लिया। दस बजे के आसपास बादलों के संग आँख मिचौली करते सूरज की बीच–बीच में तल्ख़ धूप चारों तरफ़ फैले पानी, और दूर–दूर तक ख़रीफ़ की लहलहाती पैदावार को छूती, और खिलखिलाते हुए बादलों की ओट में छिप जाती। दूर तक फैले पानी पर जब–जब चिलकती धूप का साया पड़ता, तब लगता मानो ज़मीन पर चाँदी का वरक़ चढ़ा दिया गया हो। जबकि यही धूप लहलहाती पैदावार पर पड़ती, तो लगता मानो कोई धुली हुई हरी ओढ़नी धूप में सूखने के लिए फैला दी है।

इसी आँखमिचौली करती धूप में नहाए डॉ. सक्सेना के साथ आये दो अजनबियों को देख रागिनी को हैरानी हुई। डॉ. सक्सेना ने बिना किसी भूमिका के साथ आये अजनबियों में से एक की तरफ़ देखते हुए बताया, "रागिनी, ये जयशंकर दुबे जी हैं। कानपुर से आये हैं तुमसे मिलने!"

इससे पहले कि रागिनी इन अजनबियों से इनके आने का मक़सद पूछती, उनमें से वही जयशंकर दुबे ख़ुद बताने लगा, "जी, मेरा वास्ता कानपुर के बिठूर के पास गाँव मँधना से है। ये बाबू उग्रसेन जी हैं पटना से। हम दोनों भारत थिएटर कम्पनी में पार्टनर हैं।"

जयशंकर दुबे के इस परिचय से रागिनी को इतना तो पता चल गया कि ये दोनों ज़रूर किसी थिएटर कम्पनी से आये हैं।

"आपसे इसी सिलसिले में मिलने आये हैं।" अपने पार्टनर जयशंकर दुबे के परिचय को बाबू उग्रसेन पटनावाले ने विस्तार देते हुए कहा।

"आपको मेरा पता–ठिकाना कहाँ से मिला?" रागिनी ने मुस्कराते हुए पूछा।

"आप भी रागिनी जी कैसी बातें कर रही हैं। यह भी कोई पूछने की बात है। कौन नहीं जानता है आपके बारे में।"

जयशंकर दुबे के इतना कहने पर रागिनी झेंप–सी गयी। वे अपनी बात को आगे जारी रखते हुए कहने लगे, "मुझ जैसे ज़मींदार आदमी ने अगर थिएटर कम्पनी खोली हुई है, तो बहुत सोच–विचार और खोज–ख़बर करके बनायी होगी।"

"हमें तो इतना भी पता है कि आप भागलपुर वालों की हिन्दुस्तान थिएटर कम्पनी से लेकर, अलीगढ़ के पन्नालाल थिएटर और हाथरस के बिजली कॉटन मिल के सेठ रामबाबूलाल के ब्रजलोक मंच में भी कामगगगग कर चुकी हैं।"

"फिर तो उग्रसेन जी आपको मुझे अपने बारे में ज़्यादा बताने की ज़रूरत नहीं है। कहिए, आप मुझसे क्या चाहते हैं?" रागिनी सीधे मुद्दे पर आ गयी।

"एक थिएटर कम्पनी के मालिक एक आर्टिस्ट के पास किसलिए आते हैं, आप समझ गयी होंगी?" जयशंकर दुबे ने उल्टा रागिनी से पूछा।

"वह तो मैं आपको देखते ही समझ गयी थी।"

"फिर मसला क्या है?"

रागिनी और भारत थिएटर के साझीदारों के बीच बात को थोड़ा लम्बा खिंचता देख, अभी तक चुप बैठे डॉ. वीरेन्द्र स्वरूप सक्सेना ने दख़ल देते हुए कहा, "रागिनी, क्यों बात को लम्बा खींच रही हो। जो बात करनी है, करके ख़त्म करो!"

"सही कह रहे हो डॉक्टर साब। चलिए, अब मुद्दे पर आते हैं।" जयशंकर दुबे इसके बाद रागिनी की तरफ़ पलटे, "...तो रागिनी जी, बताइए आपकी क्या–क्या शर्तें हैं?"

"दादा, एक आर्टिस्ट की क्या–क्या शर्तें होती हैं आप अच्छी तरह जानते होंगे। फिर भी मैं कह दूँ कि असल बात तनख़्वाह की होती है।" रागिनी ने बेहिचक कह दिया।

"हमारा इशारा भी उसी की तरफ़ है...बाकी की शर्तें तो सभी थिएटर कम्पनियों की एक–सी होती हैं।" बाबू उग्रसेन ने भी साफ़–साफ़ कह दिया।

"तो फिर बताइए, आपकी पेशकश क्या है?" इतना कह कर रागिनी ने कनखियों से अपने पति डॉ. सक्सेना की ओर देखा।

इतना सुन जयशंकर दुबे और बाबू उग्रसेन ने पहले आपस में एक–दूसरे की तरफ़ देखा। आँखों–ही–आँखों में कुछ पल मन्त्रणा करने के उपरान्त जयशंकर दुबे रागिनी की थाह लेते हुए बोले, "आपने भी तो कुछ सोच रखा होगा?"

"दादा, यह बताना मेरे लिए बहुत मुश्किल है। कैसे बताऊँ कि क्या सोच रखा है। हाँ, इतना बता सकती हूँ कि ब्रजलोक मंच में मुझे कितनी तनख़्वाह मिलती थी।"

"यह तो हमें पता है फिर भी अगर कुछ तय कर रखा है तोऽऽऽ..."

बाबू उग्रसेन ने जिस तरह 'तो' को लम्बा खींचा उसने रागिनी के भीतर झुँझलाहट–सी भर दी। अन्ततः उसने कह ही दिया, "उग्रसेन जी, मुझे ब्रजलोक मंच में मिलते थे साढ़े चार हज़ार। अब आप मेरे ही मुँह से कहलवाना चाहते हो तो मैं लूँगी पाँच हज़ार महीने।"

पाँच हज़ार सुनते ही एक बार फिर जयशंकर दुबे व बाबू उग्रसेन ने एक–दूसरे की आँखों में झाँका, और तुरन्त जयशंकर दुबे ने कहा, "ठीक है...हमें मंजूर है।" इतना कह जयशंकर दुबे अपने पार्टनर की तरफ़ पलटे, "उग्रसेन जी, इन्हें पेशगी दीजिए!"

बाबू उग्रसेन ने तुरन्त रेक्सीन के छोटे–से बैग को बग़ल से खींचा और पेशगी के रूप में हज़ार रूपये रागिनी को थमा दिये।

"उग्रसेन जी, कुछ लिखत–पढ़त करनी हो तोऽऽऽ..."

"सब हो जायेगी। इसकी चिन्ता मत करिए। अब तो बस हमें आप इजाज़त दीजिए। जब भी आपको भारत थिएटर आना होगा, हम तार से आपको इत्तिला कर देंगे। अच्छा डॉक्टर साब, अब हम चलते हैं।"

जयशंकर दुबे अपने पार्टनर बाबू उग्रसेन के साथ, जिस उम्मीद के साथ आये थे उसे काँख में दबा रागिनी और डॉ. वीरेन्द्र स्वरूप सक्सेना से विदा लेकर चले गये।

29

ज्यादा इन्तज़ार नहीं करना पड़ा रागिनी को। भारत थिएटर से आये तार के मुताबिक़ उसे कानपुर पहुँचना

है। तार मिलते ही वह कानपुर जाने की तैयारी में जुट गयी। मन तो उसका रेल से जाने का था मगर डॉ. सक्सेना इसके कतई पक्ष में नहीं हैं। वैसे इनका तर्क अपनी जगह सही भी है, इसीलिए रागिनी से कहा भी, "अगर तुम्हें ट्रेन या बसों में ही धक्के खाने थे, तब यह कार किसलिए ख़रीदी है?"

"कार तो घर की ज़रूरतों के लिए ली है। वैसे इतनी दूर कार से जाना मुझे मुनासिब नहीं लगता।" पति के तर्क से असहमति जताते हुए बोली रागिनी।

"क्यों, ये शो–शर्तें नहीं हैं घर की ज़रूरतें...और फिर यहाँ से कानपुर कितनी दूर होगा, होगा यही कोई एक सौ पन्द्रह–बीस मील। पहुँचने में ज़्यादा–से–ज़्यादा साढ़े तीन–चार घंटे लग जायेंगे।"

"यह बात तो आपकी सही है मगर यह तो पता नहीं कि वहाँ कितने दिन लग जायें? ड्राइवर मेरा इतने दिन थोड़े ही इन्तज़ार करेगा।"

"रागिनी, बात दूर या दिनों की नहीं है...बात सुविधा और समय के बचत की है। माफ़ करना मैं ट्रेन से बिल्कुल भी नहीं जाने दूँगा। और मामला ज़्यादा दिनों का हुआ, तो ड्राइवर तुम्हें छोड़ कर आ जायेगा।"

"जैसी आपकी मर्ज़ी।" रागिनी ने अपने पति डॉ. वीरेन्द्र स्वरूप सक्सेना की ज़िद के आगे जैसे हथियार डाल दिये।

तार मिलने के ठीक पाँचवें दिन रागिनी, एम्बेसडर को बेच कर नयी ली गयी फ़िएट से कानपुर के लिए रवाना हो गयी। शाम चार बजे के आसपास वह बतायी गयी जगह परमट घाट पहुँच गयी।

जगह–जगह बनी मारवाड़ियों की धर्मशालाओं को देख, रागिनी को समझते हुए देर नहीं लगी कि कानपुर की शर्त ज़रूर मारवाड़ियों की ही होगी। परमट घाट पहुँच कर रागिनी ने सबसे पहले स्नानआदि किया और इसके बाद गंगा किनारे आनन्देश्वर महादेव के दर्शन किये। दर्शन कर वह अभी धर्मशाला लौटी ही थी कि इसी बीच जयशंकर दुबे और उनके पार्टनर बाबू उग्रसेन भी आ गये।

"रागिनी जी, सफ़र में कोई परेशानी तो नहीं हुई?" आते ही जयशंकर दुबे ने पूछा।

"नहीं दादा, किसी तरह की कोई परेशानी नहीं हुई।"

"अच्छा ऐसा है, शो से पहले तुम्हारे पास इक्का आ जायेगा। तब तक नाश्ता–पानी कर लो!"

"इक्का आ जायेगा...मतलब शो यहाँ नहीं है?" रागिनी ने आश्चर्य से पूछा।

"नहीं, यहाँ तो बस ठहरने की व्यवस्था है। शो तो जुग्गीलाल कमलापति सिंहानिया के कमला टावर मैदान में है।" इस बार बाबू उग्रसेन ने जवाब दिया।

"उग्रसेन जी, मेरे ठहरने का इन्तज़ाम भी अगर वहीं कैम्प में हो जाता तो अच्छा होता।" रागिनी ने गुज़ारिश की।

"है तो वहीं...पर फिलहाल थोड़ी देर के लिए इस साफ़–सुथरी जगह में ऐसे ही ठहरा दिया।"

"वैसे मेरे पास कार है, उसी से चली आऊँगी।"

"कोई बात नहीं...कार भी आ जायेगी उधर।'' बाबू उग्रसेन ने मुस्कराते हुए कहा।

"वैसे यहाँ कानपुर में कितने दिनों की शर्त है?"

"कमला टावर में हफ़्ताभर की है। उसके बाद काहू कोठी व सिरकी मोहाल में दो–दो, और घुमनी मोहाल में तीन शो हैं। कुल मिलाकर पन्द्रह दिन तो लग ही जायेंगे। इसके बाद एक लखनऊ की शर्त है। वहाँ हजरतगंज में एक मार्केट का शिलान्यास है।" बाबू उग्रसेन ने पूरा विवरण बता दिया।

"बस, यही पूछना था। वो क्या है कि मैं ड्राइवर को वापस भेज देती हूँ। जब वापस जाना होगा, बुलवा लूँगी।"

इसके बाद बाबू उग्रसेन और जयशंकर दुबे जिस इक्के से आये थे, उसी से वापस लौट गये।

ठीक सात बजे इक्का रागिनी को लेने आ गया। रागिनी ने कमला टावर जाकर भारत थिएटर का इन्तज़ाम और भारी–भरकम सामान देखा तो देखती रह गयी। वह समझ गयी कि कम्पनी काफ़ी बड़ी है। जिधर देखो उधर कम्पनी के कारिन्दे–ही–कारिन्दे नज़र आ रहे हैं। एक तरफ़ कलाकारों की रावटियाँ लगी हुई हैं, तो दूसरी तरफ़ कम्पनी के दूसरे कामगारों की। उसे अन्दाज़ा हो गया कि इस थिएटर कम्पनी में कुल मिलाकर सौ से ज़्यादा कलाकार, साज़िन्दे और दूसरे कारिन्दे तो होंगे ही।

दर्शकों के लिए विशाल अहाता। फ़र्स्ट क्लास, सेकंड क्लास और

थर्ड क्लास तीनों की अलग–अलग बुकिंग विंडो। कोई दर्शक किसी भी हालत में अन्दर न घुस सके, उसके लिए ऐसा इन्तज़ाम रागिनी ने पहली बार देखा है। मजाल है बाहर से कोई अन्दर झाँक तो जाये। तीन परतों वाला एक अभेद्य क़िला। भीतर की पहली परत नालीदार खड़ी टीनों की दीवार। उसमें रह गये सूराखों और ख़ाली जगह से कोई आँख लगाकर अन्दर का दृश्य देख न पाये, इसलिए टीन की पूरी दीवार को कपड़े से ढाँप दिया गया। जबकि बाहरी और अन्तिम परत को काँटेदार तारों की बाड़ से बनाया गया है।

कलाकारों के कैम्प को जैसे ही यह पता चला कि उनके थिएटर में हिन्दुस्तान थिएटर, पन्नालाल थिएटर जैसी थिएटर कम्पनियों और ब्रजलोक मंच में काम कर चुकी रागिनी कुमारी पहुँच गयी है, वहाँ हलचल–सी मच गयी। महिला–पुरुष सभी कलाकार रागिनी को कौतुकता के साथ देखने लगे। रागिनी ने भी आँखों–ही–आँखों में जैसे उनकी तादाद क़ैद कर ली। लगभग पन्द्रह महिला कलाकारों सहित इतने ही पुरुष कलाकार तो होंगे ही।

पहला शो *श्रीमती मंजरी उर्फ़ ग़मज़दा क़ैदी*। लेखक वही सांगीत शिरोमणि हिन्दीभूषण पंडित नथाराम शर्मा गौड़। रागिनी को दर्शकों की ऐसी ख़लक़त देख अपनी आँखों पर यक़ीन नहीं हो रहा है। हालाँकि शो शुरू होने में अभी एक घंटा है मगर दर्शक हैं कि उछाल मारती लहरों–से हरहराते हुए आ रहे हैं। ऐसा लग रहा है मानो आवारा पानी से भरे बाँध के कपाटों को खोल दिया गया है।

इसी बीच शो शुरू होने से तक़रीबन आधा घंटा पहले एक कारिन्दे ने आकर बताया कि बाहर फाटक पर लोगों ने ईंट–पत्थर बरसाने शुरू कर दिये हैं। अभी कारिन्दा यह बता कर गया ही था कि जयशंकर दुबे बदहवास–से मेकअप रूम में आये, और आते ही बोले, "कितनी देर है अभी?"

"दादा, हम तो तैयार हैं।" नौटंकी में जुगल किशोर का अभिनय करने वाले कलाकार ने कहा।

"अरे तो भले आदमी, जब तैयार हो तो वन्दना के लिए पहुँचो न स्टेज पर! जल्दी करो, कहीं ऐसा न हो भीड़ बेक़ाबू हो अन्दर घुस आये।"

"दादा हुआ क्या...आप किस भीड़ के अन्दर घुसने की बात कर रहे हो?" एक तरफ़ आईने में अपने मेकअप को फाइनल टच दे रही रागिनी ने पूछा।

"हुआ क्या, भीड़ इतनी ज़्यादा बढ़ गयी है कि फाटक और बुकिंग

विंडो दोनों बन्द करनी पड़ गयी। इसी से ग़ुस्साए लोगों ने बाहर पथराव शुरू कर दिया है।"

"यह इनका ग़ुस्सा नहीं है दादा, बल्कि इनका प्यार है।" रागिनी ने मुस्कराते हुए कहा।

"प्यार–व्यार तो ठीक है पर इन्हें बिठाऊँ कहाँ, अपने सिर पर! बाहर जाकर देखो, स्टेज के आगे तिल धरने की जगह नहीं है।'' जयशंकर दुबे इस बार झल्ला–से गये।

"आपका कहना सही है दादा। मगर लोग भी क्या करें। आप तो जानते ही हैं कि सावन–भादों में ज़्यादातर पार्टियाँ छुट्टी पर रहती हैं। सबका टिकट लाइन का कारोबार है, ऐसे बरसात के मौसम में कहाँ तो तम्बू–कनात लगायें, और कहाँ अपनी रावटियाँ लगायें।" जुगल किशोर का अभिनय करने वाले कलाकार ने अपने मालिक जयशंकर दुबे को समझाने की कोशिश की।

"आपका भी कहना सही है...चलिए, आर्टिस्टों को जल्दी वन्दना के लिए स्टेज पर लेकर पहुँचो!" जयशंकर दुबे इतना कह वापस स्टेज की तरफ़ लपक लिए।

वन्दना ख़त्म होते ही सूत्रधार मंच पर आया और संक्षेप में *श्रीमती मंजरी* की कहानी बताने लगा।

"तो साहिबान, आज हम पेश करने जा रहे हैं नौटंकी *श्रीमती मंजरी उर्फ़ ग़मज़दा क़ैदी*। इस नौटंकी का मुख़्तसर–सा क़िस्सा यह है कि एक ग्यारह–बारह बरस का बालक है जलाल यानी जलालुद्दीन। इस बदक़िस्मत बच्चे का दुनिया में कोई नहीं है। एकदम बेसहारा, मज़लूम और यतीम है, बाज़ार में भीख माँग–माँग कर अपना पेट भरता है। एक दिन वैश्य समाज के एक नेक इनसान जुगल किशोर, भीख माँगते इस बच्चे के पास आते हैं और इससे पूछते हैं कि वह भीख क्यों माँगता है, तो जलाल कहता है कि इस दुनिया में मेरा कोई नहीं है। यह सुनकर जुगल किशोर का मन भर आता है और वे इसे अपने साथ घर ले आते हैं। जुगल किशोर की एक बेटी है मंजरी। मंजरी जलाल को देख कर बहुत ख़ुश होती है क्योंकि उसे लगता है जैसे उसे उसका भाई मिल गया है। ये दोनों धीरे–धीरे बड़े होते हैं। इधर जुगल किशोर की माली हालत ठीक न होने की वजह से, वह एक सेठ लक्ष्मी नारायण से क़र्ज़ ले लेता है।

एक दिन सेठ लक्ष्मी नारायण और उसका एक पार्टनर नैनामल,

दोनों जुगल किशोर के घर अपना क़र्ज़ वापस लेने जाते हैं। मगर तंगी की वजह से वह क़र्ज़ नहीं लौटा पाता है। तभी सेठ लक्ष्मी नारायण की नज़र मंजरी पर पड़ती है। वह जुगल किशोर से कहता है कि जब तक वह उसका रुपया नहीं लौटाता है, तब तक मैं मंजरी को अपनी बीवी की सेवा–टहल के लिए ले जाता हूँ। मरता क्या न करता, जुगल किशोर अपनी इकलौती बेटी को सेठ लक्ष्मी नारायण के साथ भेज देता है। इधर सेठ की बीवी मंजरी को सताने लगती है, उधर सेठ लक्ष्मी नारायण की नीयत मंजरी पर ख़राब हो जाती है। दोनों मियाँ–बीवी जब मंजरी को सताते हैं, तभी वहाँ जलाल आ जाता है और मंजरी को वापस घर ले आता है।

जब जलाल मंजरी को घर लाता है और जुगल किशोर उससे पूछता है कि वह इसे क्यों लाया है। तब जलाल कहता है कि अपनी बहन की इज़्ज़त के लिए मुझे जो भी करना पड़ेगा करूँगा मगर मंजरी की इज़्ज़त पर आँच नहीं आने दूँगा। इधर सेठ लक्ष्मी नारायण जलाल पर चोरी का झूठा इल्जाम लगा कर पुलिस से पकड़वा देता है। मगर सेठ लक्ष्मी नारायण का पार्टनर नैनामल अदालत में जाकर सारी सच्चाई बयान कर देता है, और अदालत जलाल को बाइज़्ज़त बरी कर देती है। तो साहिबान, यह क़िस्सा बताता है कि इनसानियत से बढ़ कर न तो कोई मज़हब है, न कोई धर्म। गंगा–जमुनी तहज़ीब की इससे बड़ी मिसाल और क्या हो सकती है। तो साहिबान, अब आप अपनी आँखों से ख़ुद ही देखें नौटंकी *श्रीमती मंजरी उर्फ़ ग़मज़दा क़ैदी!"*

इतना कह सूत्रधार मंच से चला गया। इधर सूत्रधार मंच से हटा और उधर कानपुर के जुग्गीलाल कमलापति सिंहानिया के कमला टावर मैदान में झील–नक्काड़े की खनक और हारमोनियम के उतरते–चढ़ते सुर, गंगा की उफ़नती देह से उठती भाप के संग भादों की अँधेरी रात में घुलने लगे।

जयशंकर दुबे अपने कलाकारों के अनुशासन को लेकर चौकस और सतर्क ही नहीं, बेहद सख़्त भी माने जाते हैं। इसीलिए अपने थिएटर की महिला कलाकारों को उन्होंने सख़्त हिदायतें दी हुई हैं। मजाल है कोई उनकी इन हिदायतों की अनदेखी तो कर जाये।

शुरू में रागिनी को भारत थिएटर का यह अनुशासन बिल्कुल नहीं

भाया। रह–रह कर उसका मन करता कि काँटेदार तारों की बाड़ से गिरी और कपड़ों से ढकी नालीदार टीन की चादरों के इस अभेद्य किले को फाँद कर भाग जाये। भला यह कैसा अनुशासन हुआ कि खड़ी टीन की दीवार में रह गये सूराख़ों तक को कपड़े से ढाँप दिया जाये, और चौबीस घंटे बस इस क़िले में क़ैद हो कर रह जाओ। दिशा–फ़रागत के लिए सुबह दिन निकलने से पहले और शाम को अँधेरा होने के बाद जाओ। इतना ही नहीं, ज़ाओ भी तो चेहरे को घूँघट में छिपा कर जाओ।

रागिनी चाह कर भी अपने आप को नहीं रोक पायी और पहुँच गयी जयशंकर दुबे के कैम्प में। दुबे जी दोपहर का खाना खाकर लेटे ही थे कि बिना किसी पूर्व सूचना के अपने कैम्प में रागिनी को आया देख, उन्हें हैरानी हुई।

"रागिनी कैसे? सब ठीक तो है?" अक्कल दाढ़ में फँसे किणके को सींक से कुरेदते हुए जयशंकर दुबे ने पूछा।

"दादा, एक बात कहनी है आपसे...बुरा तो नहीं मानोगे?" रागिनी ने संकोच के साथ पूछा।

कुछ भी कहने के बजाय जयशंकर दुबे ने दाढ़ से बाहर आ गये किणके को थोड़ी मोहलत दे, मुस्कराकर जिस तरह रागिनी की तरफ़ देखा, वह अपने आप में उनकी तरफ़ से स्वीकृति थी।

"यह क्या दादा कि दिशा–फ़रागत के लिए भी जाओ तो मुँह ढक कर जाओ! पूरे कैम्प को काँटेदार तार की बाड़, टीन की चादरों और उनमें रह गये सूराखों तक को कपड़े से ढकवा कर ,ऐसी घेराबन्दी करवा देते हो कि मजाल है कोई भीतर झाँक तो जाये।"

अक्कल दाढ़ का किणका पूरी तरह बाहर निकल चुका था। जयशंकर दुबे ने किणके को जीभ से बाहर फेंका, लम्हेभर के लिए गौर से रागिनी को देखा और फिर कमर सीधी करते हुए बोले, "यह बात तुमसे किसी ने कही है, या अपनी मर्ज़ी से पूछ रही हो?"

"मु...मुझसे कौन कहेगा! मैं तो बस ऐसे ही पूछने चली आयी।" अकबकाते हुए बोली रागिनी।

जयशंकर दुबे ने पहले एक हुंकारा भरा और फिर कुछ सोचने की मुद्रा बनाते हुए धीरे–से बोले, "देखो रागिनी, मेरी नज़र में जितना एक जनाने आर्टिस्ट के लिए उसकी अदाकारी या हुनर मायने रखता है, उससे कहीं ज़्यादा उसका बदन और चेहरा मायने रखता है। वह आर्टिस्ट ही क्या जिसका चेहरा दिन के उजाले में लोगों को नज़र आ जाये। अदाकारी के

साथ–साथ एक आर्टिस्ट की दौलत उसका बदन और चेहरा भी होता है।"

"पर दादा, एक आर्टिस्ट को इससे क्या फरक पड़ता है?"

"बिल्कुल फरक पड़ता है। एक आर्टिस्ट के जिस रूप को एक तमाशाई गैस के हंडों और बल्बों की चमकती रोशनी में स्टेज पर देखता है, वह स्टेज से नीचे भी उसे इसी रूप में देखना चाहता है। उसके इसी बनावटी या कहिए नकली रूप को वह अपने दिलो–दिमाग़ में सँजो लेता है...सुन रही हो न, मैं क्या कह रहा हूँ?" जयशंकर दुबे ने न जाने किन ख़यालों में खोयी रागिनी को बाहर खींचते हुए झल्लाते हुए कहा।

"हाँ दादा, सुन रही हूँ।"

"अब तुम ही बताओ कि अगर लोगों ने तुम्हारा चेहरा दिन में देख लिया, तो शो में वे क्या देखेंगे?"

रागिनी एकदम चुप। कुछ नहीं बोली।

"एक बात कहूँ रागिनी, बुरा तो नहीं मानोगी?"

रागिनी एकटक जयशंकर दुबे की तरफ़ देखने लगी।

"तुमसे मिलने से पहले मेरे दिलो–दिमाग़ में भी तुम्हारी कुछ अलग ही तस्वीर थी।"

इतना कह मुस्कराते हुए इस बार जयशंकर दुबे ने जिस तरह रागिनी को देखा, रागिनी समझ गयी कि जयशंकर दुबे का इशारा उसके साँवलेपन की तरफ़ है।

"...इसीलिए कहता हूँ कि एक आर्टिस्ट का बदन और चेहरा सिर्फ़ स्टेज पर दिखना चाहिए, स्टेज से बाहर नहीं। अगर लोगों ने उसका असली रूप देख लिया, तो उनका आधा–सा चाव तो उसी वक़्त ख़त्म हो जायेगा।"

इसके बाद रागिनी ने कुछ नहीं कहा और चुपचाप बोझिल क़दमों से उनके कैम्प से निकल अपनी रावटी में चली आयी। अपनी रावटी में आते ही सबसे पहले आईने में वह अपने आपको बड़े ध्यान से निहारने लगी। देर तलक अलग–अलग कोणों से निहारने के बाद अपने बिस्तर पर आ गयी। जयशंकर दुबे के कहे ये शब्द रह–रह कर उसके कानों में खदबदाते रहे, कि तुमसे मिलने से पहले मेरे दिलो–दिमाग़ में भी तुम्हारी कुछ अलग ही तस्वीर थी। आज पहली बार उसे यह अहसास हुआ कि रंगमंच की दुनिया में कला के अलावा बदन और चेहरे की भी वक़अत होती है। अपने आप पर उसे जो गुमान था आज उसे जयशंकर दुबे ने एक झटके में तोड़ दिया।

वह देर तक अपने कैम्प में अकेली बिना मेकअप के आईने में देखे गये अपने ही चेहरे से बतियाती रही।

30

*पटेन सहितः स्कन्धः, पपात यत्र भूतले।
तत्र पाटेश्वरी नाम्ना, ख्यातिमाप्ता महेश्वरी।।*

देवीपाटन। नेपाल की सीमा से सटा हुआ सूर्या अर्थात सिरिया नदी पर बसा उत्तर प्रदेश का एक नगर। एक ऐसा नगर कहा जाता है जहाँ सम्राट विक्रमादित्य ने देवी पाटेश्वरी की प्रतिमा स्थापित की थी। यही देवीपाटन इक्यावन शक्तिपीठों में से एक माना जाता है। यहीं गुरु गोरखनाथ और नेपाल के सिद्धयोगी पीर रतननाथ ने सिद्धि प्राप्त की, जो आगे चलकर नाथ सम्प्रदाय के प्रणेता बने। देवीपाटन शारदीय नवरात्र आराधना व भक्ति के लिए सबसे उपयुक्त स्थल माना जाता है। यहाँ एक महीने तक चलने वाले मेले में देश–विदेश से लाखों श्रद्धालु आते हैं।

इसी देवीपाटन में शारदीय नवरात्र के दौरान एक महीने तक चलने वाले इस मेले में जयशंकर दुबे और बाबू उग्रसेन का *भारत थिएटर* भी टिकट लाइन का कारोबार करने आया हुआ है। पूरे पन्द्रह दिन चलने वाले शो में *छबीली भटियारिन, जहाँगीर का इन्साफ़, ग़ाफ़िल मुसाफ़िर, स्याहपोश, अमर सिंह राठौर, भक्त पूरनमल, इन्दलहरण, नौटंकी शाहज़ादी* जैसे स्वाँग तो होंगे ही; साथ में आग़ा हश्र कश्मीरी के *बिलवा–मंगल, आँख का नशा, दिल की ख़ता बेटे की कुरबानी* जैसे नाटकों का भी मंचन होगा।

भारत थिएटर अपने पहले ही नाटक से पूरे मेले में चर्चा का विषय बन गया। इसका एक–एक संवाद मानो दर्शकों की ज़बाँ पर चढ़ गया। हालत यह हो गयी कि मेले में इस नाटक को जिसने भी देखा, वही अपने परिचित को रोकता और नाटक का हू–ब–हू संवाद सुनाना शुरू कर देता–

*न मौज़ों में तुम्हारी बेधड़क अब होके खेलूँगी
लिखा लायी जो कुछ भाग में माता वह सह लूँगी
शरण देने को इक अबला के पहलू में जगह रखना
पिता के हुक्म पर कुरबान होती हूँ दया रखना।*

तो कोई यह कहकर निकल जाता–

तुम तो रुख़सत हो जो संसार से मुँह मोड़ कर
ये कफ़स में डाले देते हैं मेरे पर तोड़ कर।

न टूटे लाज का मोती, यह सर जाये कि तन जाये
मेरा भी चीर ईश्वर द्रौपदी का चीर बन जाये।

और उस फक्कड़ बाबा का तो कहना ही क्या, जो अपनी खंजड़ी के साथ मज़मा लगाये गा रहा है–

यह उपदेश गीता का क्या मालूम होता है
मुझे तो कृष्ण बालक में मालूम होता है
मकाँ का ज़र्रा–ज़र्रा थर्रा उठता है गैरत से
सियाहकारों की आँखें झुक गयीं फ़ितरे मज़ामत से।

दोपहर को थोड़ा आराम करने के बाद जयशंकर दुबे अपने पार्टनर बाबू उग्रसेन के साथ यूँ ही मेले में निकल गये। मेले की चिल्ल–पों के बीच अचानक उन्हें एक मज़मा नज़र आया। वे दोनों मज़मे के नज़दीक गये, तो कुछ चिर–परिचित संवादों को सुन जिज्ञासा बढ़ गयी। दोनों उसी तरफ़ बढ़ गये। वहाँ जाकर देखा तो उनकी हैरानी का ठिकाना नहीं रहा। दो युवक रात को खेले गये नाटक के संवादों के साथ ठीक वैसा ही अभिनय कर रहे हैं, जैसा भारत थिएटर के कलाकारों ने किया था।

"उग्रसेन जी, आइए ज़रा इसी का मज़ा लेते हैं!" अपने पार्टनर बाबू उग्रसेन से इतना कह जयशंकर दुबे वहीं रुक गये।

कुछ ही घंटे पहले रात को खेले गये नाटक के संवादों को वैसा ही सुन, उन दोनों की आँखें विस्मय से फैलने–सिकुड़ने लगीं। हालाँकि इन युवाओं का अभिनय भारत थिएटर के कलाकारों की तरह सधा हुआ नहीं है, मगर दूसरे दर्शकों की तरह वे दोनों भी इनका पूरा लुत्फ़ लेने लगे। उनके हरेक संवाद पर जैसी तालियाँ बज रही हैं, उन्हें देख कर एक बार तो जयशंकर दुबे और उनके पार्टनर बाबू उग्रसेन को लगा, मानो ये तालियाँ उन्हीं के अदाकारों की अदाकारी पर बज रही हैं–

भड़क कर उड़ न जाये तायर तावो तवाँ मेरा
खड़ा सैयाद ज़ालिम तक रहा है आशियाँ मेरा

मैं दुःख से सहमी जाती हूँ यह आगे बढ़ता जाता है
बचा परमात्मा अजगर मुझे डसने को आता है।

जवाब में दूसरा कहता है–

असर है इसकी आँखों में कि जैसे
अब गिरी और अब गिरी बिजली गुलिस्ताँ पर
अगर ऐसा समय आये तो पास अपने बुला लेना
दिया है जन्म जैसा मुझको वैसे ही उठा लेना।

इन दोनों युवकों को जैसे ही लगा कि दर्शकों की तरफ़ से पैसे आने कम हो गये हैं, इनमें से एक युवक दर्शकों को उकसाते हुए पूरे जोश के साथ कहता है–

तुम्हारी भूल से ज़िल्लत के अंगारों पे चलते हैं
मुबारक हो समाज का हम दूसरा चोला बदलते हैं
यह दुनिया का चमन अपने लिए अग्नि का बन निकला
खिले थे फूल बन कर और काँटा बनके जलते हैं।

इस संवाद ने दर्शकों पर तुरन्त असर किया और एक बार फिर चारों तरफ़ से बीच घेरे में सिक्के बरसने लगे। जयशंकर दुबे और बाबू उग्रसेन का इस मज़मे से उठने का मन तो नहीं कर रहा था। मगर कुछ ऐसी मजबूरियाँ थीं जिन्होंने उन्हें उठने पर मजबूर कर दिया। वापस कैम्प में आने तक उन दोनों के कानों में, इन युवाओं के बोले गये संवादों के एक–एक शब्द ऐसे खनकते रहे मानो किसी वयस्क पेड़ की घनी पत्तियों से टपकती मोटी–मोटी बूँदें, नीचे जमा पानी में गिर रही हैं।

अमर सिंह राठौर और *भक्त पूरनमल* नौटंकियों सहित दूसरे नाटकों की अपार सफलता ने मेले में आयी भीड़ को जिस तरह भारत थिएटर की ओर आकर्षित किया, उसने मेले के आख़िर में होने वाले खेलों के सामने एक चुनौती खड़ी कर दी।

जयशंकर दुबे और बाबू उग्रसेन की समझ में नहीं आ रहा है कि दर्शकों की इस कसौटी पर किस तरह खरा उतरा जाये? कौन–सी नाटक–नौटंकियाँ खेली जायें? इसी फ़िक्र में दोनों पार्टनर जयशंकर दुबे की रावटी में डूबे हुए हैं। मगर कोई रास्ता सूझता नज़र नहीं आ रहा है।

"उग्रसेन जी, पिछले दस–ग्यारह दिनों से जिस तरह ख़लक़त टूट

कर आ रही है, उसे देखते हुए बड़ी मुश्किल खड़ी हो गयी है।"

"आपका कहना एकदम सही है दादा। हमारा असली असलाह तो ख़त्म हो चुका है।"

"वही तो कह रहा हूँ कि रागिनी के लीड रोल वाले ज़्यादातर खेल तो तक़रीबन ख़त्म हो चुके हैं...अब कौन–सा खिलाया जाये?"

"वैसे *नौटंकी शाहज़ादी* और *दहेज़* कैसे रहेंगे?"

"आपने मेरे मन की बात कह दी उग्रसेन जी। मैं भी इन्हीं के बारे में सोच रहा था। वैसे नौटंकी शाहज़ादी का क़िस्सा है बड़ा ज़ोरदार। जानकारों का मानना है कि स्वाँग या संगीत का नाम जो नौटंकी पड़ा है, वह इसी नौटंकी के नाम पर पड़ा है...क्योंकि इस स्वाँग में शाहज़ादी का नाम ही नौटंकी है।"

"फिर ऐसा करते हैं दादा कि पहले नौटंकी शाहज़ादी को ले लेते हैं और आख़िर में दहेज़ को खिला देते हैं!"

"आपने एकदम दुरुस्त फ़रमाया उग्रसेन जी। ऐसा ही करते हैं। चलिए, एक बार इसके बारे में रागिनी और दूसरे आर्टिस्टों से भी मशविरा कर लेते हैं। बल्कि उनसे कह ही देते हैं कि वे नौटंकी शाहज़ादी और दहेज की रिहर्सल शुरू कर दें...लगे हाथ थिएटर के बाहर बोर्ड पर इन दोनों खेलों का एनोस्मेंट भी लिखवा देते हैं।"

अन्तिम निर्णय ले दोनों पार्टनर कलाकारों के कैम्प की तरफ़ रवाना हो गये।

भारत थिएटर के मालिक जयशंकर दुबे और उनके पार्टनर बाबू उग्रसेन का अन्दाज़ा एकदम सही निकला। नौटंकी शाहज़ादी को देखने के लिए तो मानो देवीपाटन का पूरा शारदीय नवरात्र मेला ही उमड़ पड़ा। पता नहीं अगले बरस लगने वाले माँ दुर्गा के इस मेले में यह थिएटर कम्पनी आयेगी भी या नहीं। इसीलिए भारत थिएटर की इस तीन परतीय क़िलानुमे अहाते में जहाँ देखो पाँव धरने की जगह नहीं है। तीनों बुकिंग विंडो पर मारा–मारी मची हुई है। आज जयशंकर दुबे ने अपने बुकिंग विंडो के कर्मचारियों को खुली छूट दे दी कि विंडो से कोई श्रद्धालु निराश नहीं जाना चाहिए। जगह होगी तो बैठ जायेंगे वरना खड़े–खड़े देख लेंगे। दर्शकों की इस कन्धे छीलने वाली दीवानगी को देखते हुए आज शो आधे

घंटे पहले शुरू कर दिया। बेवजह ज़्यादा रात करने से क्या फ़ायदा। जब पंडाल खचाखच भर चुका है, तब देर करने का क्या मतलब रह जाता है।

वन्दना समाप्त होते ही उद्घोषक मंच पर आया और आते ही बोला, "तो साहिबान, आज पेश है एक ऐसा तमाशा जिसका नाम इससे पहले इस देवीपाटन की जनता ने शायद ही सुना हो। झील–नक्काड़े की धमक और हारमोनियम के सुरों में लिपटा जो क़िस्सा आप देखने जा रहे हैं, उसमें एक ऐसी मोहब्बत की कहानी छिपी हुई है, जो न तो किसी लैला–मजनूँ का क़िस्सा है, न हीर–राँझा की कोई कहानी है। न यह किसी तड़पती जोगिन की कथा है, न यह शीरी–फ़रहाद का फ़साना है। यह कहानी है पंजाब की नौटंकी नाम की एक शाहज़ादी की...उस पंजाब की जो अब पाकिस्तान में है।

तो साहिबान, कुल–जमा इसका क़िस्सा यह है कि स्यालकोट के राजा राजोसिंह का छोटा बेटा फूलसिंह एक बार शिकार खेल कर घर लौटता है। घर लौटने पर उसने अपनी भाभी से पीने के लिए पानी माँगा। अपने देवर फूलसिंह द्वारा पानी माँगने पर पता है साहिबान, भाभी जान ने क्या कहा...कहा कि जाओ, पहले मुल्तान की शाहज़ादी नौटंकी से ब्याह रचा कर आओ और उसी के हाथ का पानी पीना!

बस, फिर क्या था। शाहज़ादे फूलसिंह के कलेजे में भाभी के ये बोल ख़ंजर की मानिन्द पार होते चले गये और पहुँच गया मुल्तान। फूलसिंह ने वहाँ शाही बगीचे से शाही मालिन के हाथों शाहज़ादी नौटंकी के पास एक ख़ूबसूरत फूलों का हार भिजवाया। हार को देखकर के शाहज़ादी नौटंकी ने जब शाही मालिन से पूछा कि इतना ख़ूबसूरत हार किसने बनाया है? तब शाही मालिन ने झूठ बोलते हुए कह दिया कि यह हार मेरे भांजे की बीवी ने बनाया है।

तो साहिबान, यहाँ आकर पेंच फँस गया। क्योंकि शाही मालिन ने झूठ बोल तो दिया मगर उसका यही झूठ उसके गले का फाँस बन गया। फाँस इसलिए कि शाहज़ादी नौटंकी मालिन के भांजे की बीवी से मिलने की ख़्वाहिश कर बैठी। अब मालिन क्या करे? अपनी यह परेशानी जब मालिन ने शाहज़ादे फूलसिंह को जाकर बतायी, तो कुछ देर के लिए शाहज़ादा भी शशो–पंज में पड़ गया। आख़िर में दोनों को एक रास्ता सूझा और वह यह कि क्यों न शाहज़ादे फूलसिंह को ही मालिन के भांजे की बीवी बना कर शाहज़ादी के पास भेज दिया जाये। और फिर ऐसा

ही हुआ। शाहज़ादा फूलसिंह मालिन के भांजे की बीवी बन कर महल में शाहज़ादी के पास गया। इसके बाद क्या हुआ, यह आप ख़ुद अपनी आँखों से आज इस पेश होने वाली नौटंकी में देखेंगे।"

इतना कह कर उद्घोषक मंच से जाने के लिए पलटा। मगर अगले ही पल वह दर्शकों की तरफ़ तेज़ी से वापस पलटते हुए मुख़ातिब हुआ, और शब्दों को बिलोते हुए बोला, "साहिबान, आपने स्वाँग–नौटंकियों में लावनी, लावनी लंगड़ी, दोहा, दौड़, चौबोला, दुबोला, झूलना, छन्द यहाँ तक कि ठुमरी, दादरा, ग़ज़ल, कव्वालियाँ तो बहुत सुनी होंगी। मगर आज पहली बार आप पंडित नथाराम शर्मा गौड़ के इस नौटंकी में उनका एक और कमाल देखेंगे, और यह कमाल है इसका आल्हा। तो बामुलाहिज़ा पेश है सांगीत *नौटंकी शाहज़ादी उर्फ़ अय्यारा औरत!"*

उद्घोषक के मंच से जाने के बाद जैसे–जैसे खेल आगे बढ़ने लगा। अपार भीड़ की आँखें मारे हैरानी के मंच पर टिक गयीं। पहले शाही मालिन और शाहज़ादी के, इसके बाद शाही मालिन और शाहज़ादे के, और आख़िर में शाहज़ादे फूलसिंह और शाहज़ादी नौटंकी के संवादों ने देवीपाटन के मेले में आये नौटंकी प्रेमियों को मानो अभिभूत कर दिया। मालिन जब शाहज़ादे फूलसिंह को शाहज़ादी नौटंकी का बाग़ दिखलाती है, तब इस पर फूलसिंह की यह ग़ज़ल देखते ही बनती है–

अद्भुत शुभग श्रृंगार बनाया बसन्त ने।
जलवा ये अपना आईना दिखाया बसन्त ने।।
नरगिस की लौ सब्ज़ से ज़मीं ऐसे छा रही।
मख़मल का फ़र्श गोया बिछाया बसन्त ने।।
बेला जूही चमेली का पहना मानो गहना।
हीरे की दमक को भी लजाया बसन्त ने।।
ये गुल गुलाब मुनियाँ गुल तुर्रा फ़बा है क्या।
माणिक मणी चुन्नी को हराया बसन्त ने।।
दिल को ख़ुशी हुई है अजब चमन देखकर।
तबियत मेरी को आज फँसाया बसन्त ने।।

जबकि शाहज़ादी नौटंकी और शाही मालिन के बीच लावनी लंगड़ी में हुए वाद–संवाद को सुन दर्शक जैसे ठगे–से रह गये–

बरसत नूर तेरे चेहरे पर तन मन हुआ मगन तेरा
सत्य बता दे अबेरी कैसे आज हुआ गवन तेरा

नित आती नौ बजे करै ही फेरे तू कई शब तक
दस बजे हैं, कौन से खसम के पास रही अब तक
हरगिज़ छिपना नहीं छिपावैगी मालिन मुझसे कब तक
क़त्ल करा दूँ कहै नहीं साफ़–साफ़ मुझसे जब तक
खा–खा माल मस्त हुई मैं जानूँ उमंगा जोबन तेरा
सत्य बता दे अबेरी कैसे आज हुआ गवन तेरा।

शाहज़ादी के उलाहने पर मालिन भी शाहज़ादी नौटंकी को लावनी लंगड़ी में ही कुछ यूँ जवाब देती है–

और दिनों से दूनी मेहनत करी बनाया मैंने हार
जूही मोगरा गूँथे बेला नरगिस के गुल छबिदार
कुन्दकली की दमक निराली देखो प्यारी नज़र पसार
गाँठ–गाँठ पर चमेली गूँथी इस सबब हुई अबार
दास इन्द्रमन कहैं महरबाँ क्या है इसमें मेरा क़सूर।

जयशंकर दुबे यह देख–देख कर परेशान हो रहे हैं कि मालिन का पार्ट अदा करने वाली गीता के संवाद बोलते ही, सामने बैठे दर्शकों के बीच से सीटियाँ बजानी शुरू हो जातीं। पहले तो उनकी इन सीटियों के बजने का रहस्य समझ में नहीं आया, परन्तु जैसे ही उनकी नज़र गीता पर पड़ी, तब जाकर माज़रा उनकी समझ में आया। बीच शो में गीता को डाँटना उन्हें ठीक नहीं लगा। इसलिए वे ख़ामोश रह गये।

शाही मालिन शाहज़ादे फूलसिंह को अपने भांजे की बीवी का रूप देकर, उसे महल में भेजने की तैयारी करती है। महल में भेजने से पूर्व अपने भांजे की बीवी के रूप और लावण्य का वर्णन मालिन जब इस आल्हा में करती है, तो झील–नक्काड़े और हारमोनियम के सुर मानो बौरा जाते हैं–

ऐसी बहुअर तोय बनाऊँ लखिकर हूर परी शरमाय।
नौटंकी से हुस्न चौगुना प्यारे तेरा दऊँ बनाय।।
तुरत निहलाकर मैंने कुमर के सिर में अतर दियौ छिटकाय।
पटियाँ दोनों पार ज्वान के दीनों माँग सिन्दूर भराय।
बिन्दी लगा दई माथे पर नैनन काजल दियौ लगाय।
नाक में डारी नथ भलकारी अधरन लटकन झोका खाय।।
हँसली हार हमेल गले में मोहनमाला दई पहनाय।
जुगनूँ बाजू छन्न पछेली जोशन कंकन शोभादार।।
कानफूल झुमका कानन में पाँयन पायल की झनकार।

साजे गहने सजा अंग पर चोली बाँहन दई चढ़ाय।।
दामन पहरायौ प्यारे को ऊपर सारी दई उढ़ाय।
मुख बीड़ा से सजा ज्वान को तब डोला में दियो बिठाय।।
डोला संग लियौ मालिन ने शीश महल में पहुँची जाय।।

31

सुबह ग्यारह बजे के आसपास नाश्ता–पानी से निवृत्त हो रागिनी रियाज़ के लिए बैठी ही थी, कि अचानक जयशंकर दुबे और बाबू उग्रसेन को अपने कैम्प में आया देख वह घबरा गयी। सोचने लगी कि ऐसी क्या बात हो गयी, जो थिएटर के मालिक उसके पास ख़ुद चलकर आये हैं।

"अरे दादा आप! ऐसी क्या ज़रूरत आन पड़ी जो यहाँ तक चल कर आना पड़ गया? किसी से कहलवा देते मैं ख़ुद चली आती।" रागिनी ने अचकचाते हुए पूछा।

"ऐसी कोई बात नहीं है। हम तो बस तुम्हें ऐसे ही मुबारकबाद देने चले आये।" जयशंकर दुबे जूतियाँ बाहर निकाल कैम्प में दाख़िल होते हुए बोले। पीछे–पीछे बाबू उग्रसेन भी प्रवेश कर गये।

"मुबारकबाद...दादा किस बात की मुबारकबाद?" बमुश्किल रागिनी की जान में जान आयी।

"इसी की कि तुमने इतनी ख़ूबी के साथ शाहज़ादी नौटंकी का किरदार तो निभाया ही, साथ में मालिन का किरदार भी ऐसा निभाया कि देखने वालों को पता ही नहीं चला कि दो–दो किरदार एक ही आर्टिस्ट निभा रहा है।"

"ईमान से कहूँ दादा देखने वाले ही नहीं, ख़ुद मुझे भी पता नहीं चला कि आल्हा वाला मालिन का पार्ट भी रागिनी जी ही निभा रही हैं। सच कहूँ इन्होंने क्या ग़ज़ब की आल्हा गायी। मैं तो बस झूमती हुई पब्लिक को ही देखे जा रहा था।"

"उग्रसेन जी, जब रागिनी ने रिहर्सल से पहले यह तजवीज़ रखी कि मालिन के भेस में आल्हा वह गायेगी, तो थोड़ी देर के लिए मेरी भी समझ में कुछ नहीं आया। मगर उग्रसेन जी इस लड़की ने तो कमाल ही कर दिया!" मारे ख़ुशी के जयशंकर दुबे की आँखें चमकने लगीं।

"सही कह रहे हो दादा। गा तो इसे गीता भी देती...पर वह समाँ नहीं बँधता, जो इन्होंने बाँध दिया।" बाबू उग्रसेन ने जयशंकर दुबे की बात का समर्थन किया।

अपनी तारीफ़ों के पुल बँधते देख रागिनी के मुँह से शब्द तक नहीं फूटे। बस, इतना ही कह पायी, "दादा, यह सब आप जैसे गुणी गुरुओं के आशीषों का परताप है।"

इसी बीच बाबू उग्रसेन के मुँह से गीता का नाम सुन जयशंकर दुबे को जैसे कुछ याद आ गया। उन्होंने उसी समय गीता को भी बुलवा लिया। कुछ ही देर में चहकती हुई नौटंकी शाहज़ादी की शाही मालिन गीता भी आ गयी।

गीता के आने पर जयशंकर दुबे उसे सुनाते हुए बाबू उग्रसेन से बोले, "उग्रसेन जी, रात को आपने ध्यान दिया कि जब गीता अपना डायलॉग बोल रही थी, तब कैसे बीच–बीच में सीटियाँ बज रही थीं!"

"दादा, अच्छा पार्ट अदा जो कर रही थी।"

"अच्छा पार्ट तो रागिनी भी अदा कर रही थी मगर उस पर तो कोई सीटियाँ नहीं बजीं।"

"यह बात भी सही है दादा...तो फिर क्यों बज रही थीं?"

"असल बात यह है कि रात को सीटियाँ गीता के अच्छा पार्ट अदा करने पर नहीं, उस ऊँचे घाघरे पर बज रही थीं जो इस मालिन ने पहन रखा था।" कहते–कहते जयशंकर दुबे की हँसी छूट गयी।

गीता चुप। जिस उम्मीद के साथ वह चहकती हुई आयी थी, यहाँ आकर वह दूब पर जमी ओस की मानिन्द धुल गयी। उदास हो गयी वह। रागिनी को यह देख कर अच्छा नहीं लगा। इसलिए उसने बात सँभालते हुए कहा, "दादा, आप अपने आर्टिस्ट को जो कॉस्ट्यूम देंगे वह उसे ही तो पहनेगा...वैसे भी मालिन को मालिन जैसा ही दिखना चाहिए।"

"मेरा मतलब वह नहीं था कि इसने पार्ट अदा अच्छा नहीं किया। मैं तो सीटियाँ बजने की वजह बता रहा हूँ। हालाँकि उस वक़्त मुझे भी अहसास हुआ कि हमें अपने आर्टिस्टों के लिबास पर ध्यान देना चाहिए। उग्रसेन जी, अगर हम अपनी आर्टिस्टों को ऊँची–ऊँची घघरिया पहनाएँगे तो सीटियाँ ही बजेंगी।" जयशंकर दुबे ने अपनी भूल स्वीकारते हुए गीता से कहा, "शाबाश, बहुत अच्छा पार्ट अदा किया!"

गीता इसके बाद रागिनी के कैम्प से चली गयी। गीता के जाते ही

बाबू उग्रसेन अपनी बात जारी रखते हुए बोले, "वैसे मुझे यह बात अब सही मालूम होती है दादा कि क्यों सांगीत या स्वाँग को नौटंकी के नाम से नवाज़ने का हक़ इस *नौटंकी शाहज़ादी* को जाता है!"

"मैं आपके कहने का मतलब कुछ समझा नहीं?" जयशंकर दुबे ने सवाल–सा करते हुए पूछा।

"मेरे कहने का मतलब यह है कि एकसाथ जितना दौड़, दोहा, चौबोला, कव्वाली, ग़ज़ल, झूलना, लावनी, लावनी लंगड़ी, दुबोला, छन्द और सबसे बड़ी बात आल्हा का इस्तेमाल इसमें हुआ है, उतना शायद किसी और सांगीत में हुआ हो।"

अपने पार्टनर बाबू उग्रसेन की इस दलील पर जयशंकर दुबे से तुरन्त कोई जवाब देते नहीं बना। रागिनी भी उन दोनों को चुपचाप देखती रही। उसके तो मानो कुछ पल्ले ही नहीं पड़ रहा है कि अचानक भारत थिएटर के मालिक किस बहस में उलझ गये?

"आपका कहना एक हद तक दुरुस्त है उग्रसेन जी। संगीत प्रधान इस लोकनाट्य का नौटंकी नाम पड़ने के पीछे बेशक यही वजह रही होगी। ख़ाली किसी शाहज़ादी का नाम नौटंकी होने से सांगीत या स्वाँग का नाम नौटंकी नहीं हो सकता। हालाँकि पंडित नथाराम शर्मा गौड़ के कुछ दूसरे सांगीत जैसे *पद्मावती उर्फ़ फ़रियादे बुलबुल* में भी इनका इस्तेमाल हुआ है। बल्कि उसमें तो सोहनी, लावनी, बहरशिकिस्त, दादरा यमन, ठुमरी, दादरा सारंग, छन्द सोहनी और शे'र तक का इस्तेमाल हुआ है।'' जयशंकर दुबे एक गहरी साँस लेते हुए अपने पार्टनर बाबू उग्रसेन की दलील से लगभग सहमत होते हुए बोले।

"दादा, बस आज का यह आख़िरी शो और सही–सलामत निपट जाये!"

"उग्रसेन जी, देवी पाटेश्वरी सब ठीक करेंगी। चलिए, काफ़ी देर हो गयी है। इन्हें भी कुछ आराम करने दीजिए!"

पातालेश्वरी देवी की भूमि इक्यावन शक्तिपीठों और सिद्धपीठों में से एक देवीपाटन के शारदीय नवरात्रों में चल रहे इस मेले में, भारत थिएटर का यह आख़िरी शो नाटक *दहेज़*। सारे कलाकार, साज़िन्दे और कारिन्दे आज अपने आपको बेहद हल्का महसूस कर रहे हैं। पिछले महीनेभर से अपने घर–परिवार से बिछुड़ने के चलते, उनसे मिलने के उच्छ्वास ने इनकी

देह–भाषा ही बदल दी है। रागिनी ने पाँच दिन पहले तार से अपने पति डॉ. वीरेन्द्र स्वरूप सक्सेना के पास सन्देश भिजवा दिया कि वे कार भिजवा दें। ताकि इधर शो ख़त्म हुआ नहीं, उधर वे घर के लिए रवाना हुई नहीं। आख़िरी शो है इसलिए उसने जैसे तय कर लिया कि आज वह ऐसा पार्ट अदा करेगी, जिसे देवीपाटन के दर्शक शायद ही ज़िन्दगी में भूल पायें।

शायद आखिरी शो है इसलिए दर्शकों का वैसा हुजूम नहीं है, जैसा *नौटंकी शाहज़ादी* को देखने के लिए उमड़ पड़ा था। यह सोचकर शो समय से शुरू कर दिया कि जितनी जल्दी हो, शो ख़त्म कर दिया जाये। ताकि कल सुबह सब समय से अपने–अपने घोंसलों की तरफ़ रवाना हो जायें।

नाटक धीरे–धीरे अपनी रफ़्तार पकड़ने लगा। रागिनी जब–जब अपने संवाद बोलती दर्शक झूम उठते।

यह ख़ून छिप नहीं सकता भैया छिपाने से
पर किस तरह बचोगे अदालत के न्याय से।

भारत की स्त्रियाँ बड़ी सत्यवती होती हैं
आज भी वह अपने पति पर सती होती है।

भावुकता में लिपटा दृश्य तेज़ी से आगे बढ़ा। रागिनी एक बनावटी हिलकी लेते हुए, परदे की तरफ़ गयी और दर्शकों से नज़रें बचा अपनी एक सहयोगी कलाकार गीता की ओर हाथ बढ़ा दिया। गीता ने भी पहले की तरह बड़ी सफ़ाई और चपलता के साथ पहले से तय योजना के अनुसार ढेर सारी विक्स रागिनी की अँगुलियों पर लगा दी। रागिनी ने मंच के बीचों–बीच आकर दर्शकों की तरफ़ पीठ फेरी, और अँगुलियों में लगी सारी विक्स अपनी आँखों में भर ली। इधर रागिनी ने आँखों में विक्स लगायी और उधर रोने का अभिनय करते हुए सुर उठाया–

खुलेंगे लब जो शिकायत को, तो इन होंठों को सी लूँगी
न दोगे मुझको पानी भी, तो मैं आँसू ही पी लूँगी।

आँखों में विक्स लगने से बहती आँसुओं की धारा और एक कलाकार के आर्त्तनाद से दर्शकों के बीच जैसे सन्नाटा छा गया। क़ायदे से इस विलापभरे संवाद के बाद रागिनी को अपना विलाप लम्बा नहीं खींचना था, मगर उसकी चीत्कार है कि रुकने का नाम नहीं ले रही है। जयशंकर दुबे और उनके पार्टनर बाबू उग्रसेन ही नहीं, दूसरे कलाकारों की भी समझ में नहीं आ रहा है कि आख़िर रागिनी को आज यह हो क्या गया

है। ये सब ही क्यों ख़ुद रागिनी की भी समझ में नहीं आ रहा है। ऐसे दृश्यों को भाव–प्रवण व प्रभावी बनाने के लिए रागिनी ने आँखों में आँसू लाने के लिए पहली बार विक्स लगायी है। कई बार लगायी है। मगर आज तो मंच पर उसे कुछ नहीं दिखायी दे रहा है। वह अन्दाज़े से दायें तरफ़ लपकी और मंच की सीढ़ियों से लड़खड़ाते हुए नीचे उतरी। मंच से उतरते ही वह फिर से चीखने लगी। जयशंकर दुबे ने मंच पर तुरन्त दूसरा सीन शुरू करने का आदेश दे दिया। आदेश देकर वे रागिनी के पास आये और घबराते हुए पूछा, "रागिनी क्या हुआ?"

"दादा, मेरी तो आँखें कटी जा रही हैं...ऐसा लग रहा है मानो किसी ने आँखों में पिसा हुआ काँच झोंक दिया है!" रागिनी बिलबिलाते हुए बोली।

"क्याऽऽऽ...ऐसे कैसे हो एकता है?"

"हाँ दादा, आँखों में जैसे काँच के बारीक किणके रड़क रहे हैं!" दोनों आँखों को हाथों से मलते हुए रागिनी ने बताया।

"बिरजू, थोड़ा गरम पानी देना!"

बिरजू नाम के कारिन्दे ने तुरन्त गरम पानी लाकर रागिनी को दिया। रागिनी ने आँखों में गरम पानी के छींटे मारे, मगर दर्द कम होने के बजाय उलटा बढ़ता चला गया। रागिनी की आँखों के पपोटे जैसे बाहर निकल आये। उसकी चीत्कार और हालत को देख पूरी भारत थिएटर कम्पनी घबरा गयी। उसे उसी समय एक स्थानीय डॉक्टर के पास ले जाया गया, जिसने मामूली उपचार के बाद उसे बलरामपुर के एक बड़े अस्पताल के लिए रेफ़र कर दिया।

मुआयने के बाद डॉक्टर ने उपचार किया और आँखों पर पट्टी बाँधते हुए जो कुछ बताया, उसे सुन किसी को अपनी आँखों पर यक़ीन नहीं हुआ। ऐसे भला कैसे हो सकता है कि विक्स लगाने से आँखों में अनगिनत घाव हो जायें। डॉक्टर की कुछ ज़रूरी हिदायतों के साथ सुबह रागिनी को वापस देवीपाटन ले आया गया।

वापस लौटने पर जयशंकर दुबे ने डॉक्टर की बात अपने पार्टनर बाबू उग्रसेन को बतायी, तो सुन कर उनका भी माथा ठनका।

"दादा, मुझे तो इसमें कुछ साज़िश–सी नज़र आ रही है। ऐसा लगता है यह किसी अदावत के चलते हुआ है!"

"रागिनी की किससे तो अदावत हो सकती है, और कौन इतनी ख़तरनाक साज़िश रच सकता है उग्रसेन जी?" मारे चिन्ता के जयशंकर दुबे की पेशानी पर बल पड़ते चले गये।

"यही तो पता करने वाली बात है कि ऐसा क्यों और किस मंशा के तहत किया गया है।" बाबू उग्रसेन भी सोच–मग्न हो गये। कुछ क्षणों के बाद ख़ुद ही बोले, "ऐसा करते हैं कि गीता से दरयाफ़्त करते हैं...उसी से पूछते हैं कि उसे यह विक्स किसने दी थी?"

"आपका कहना ठीक है। मुझे भी ऐसा लगता है कि ज़रूर यह काम गीता का ही है।"

"आप ऐसा किस बिना पर कह सकते हैं दादा?" बाबू उग्रसेन ने उचकते हुए पूछा।

"याद करिए उग्रसेन जी, कानपुर में *छबीली भटियारिन* वाले शो के दिन रागिनी और गीता के बीच किसी बात को लेकर नोंक–झोंक हुई थी। रागिनी ने गीता के साथ शो भी करने से मना कर दिया था...कुछ याद आया?"

"ऐसा कुछ हुआ तो था दादा!" बाबू उग्रसेन अपनी याददाश्त पर ज़ोर देते हुए बोले।

"आपको यह भी याद होगा कि मैंने गीता का उसी समय हिसाब करते हुए उससे थिएटर छोड़ने को कह दिया था?"

"यह भी याद है।"

"यह तो रागिनी की भलमनसाहत और इनसानियत थी उग्रसेन जी, जो इसकी ख़बर मिलते ही वह मेरे पास दौड़ी हुई आयी थी...और यह कहते हुए इसकी नौकरी लेने से मुझे रोक दिया था कि दादा इस नादान पर नहीं, इसके साथ शहर–दर–शहर थिएटर के संग घूमने वाली इसकी बूढ़ी माँ और दादी पर रहम खाओ। इस कम्बख़्त की बात सुन उस वक़्त मुझे भी जल्दबाजी में लिए गये अपने फ़ैसले पर बड़ा अफ़सोस हुआ था, कि मैं क्यों इस बेवकूफ़ गीता की सज़ा इन दो बेकसों को देने जा रहा हूँ। इसी के सहारे तो इन दोनों का पेट पल रहा है। उग्रसेन जी, अगर गीता ने यह जुर्म किया है तो यह बहुत बड़ा जुर्म है। रागिनी से उस वक़्त मुआफ़ी माँगने के बावजूद यह कैसे इतनी बड़ी बेवकूफ़ी कर सकती है...कैसे ऐसा करने की इसकी हिम्मत हुई, समझ में नहीं आ रहा है।" जयशंकर दुबे की कनपटी की नसें खिंच आयीं।

"मगर दादा, बात जब कानपुर में ही ख़त्म हो गयी थी फिर गीता ऐसा क्यों करेगी?"

"ऐसा सिर्फ़ मेरा अन्दाज़ा है।"

"ठीक है। मैं अभी उसे बुलवाता हूँ।"

"बुलवा लो, मगर इसकी भनक रागिनी को नहीं लगनी चाहिए।"

कुछ ही देर बाद गीता जयशंकर दुबे की रावटी में हाज़िर हो गयी। एकदम दम साधे चुप खड़ी रही।

जयशंकर दुबे कनखियों से अलग–अलग भंगिमाओं के साथ गीता को देर तलक ऊपर से नीचे देखते रहे। बोले कुछ नहीं। इधर गीता भी उनसे आँखें नहीं मिला पा रही है।

"गीता!"

जयशंकर दुबे ने जैसे ही गीता का नाम लिया। उसके जिस्म में बिजली की तरंग–सी कौंधती चली गयी।

"जी...जी दादा?" बिना नज़र उठाये गीता ने दबी ज़बान में कहा।

"सबसे ज़्यादा तुम किसको प्रेम करती हो?"

जयशंकर दुबे के इस अटपटे और असामयिक प्रश्न को सुन गीता तो गीता, रावटी में बिल्कुल शान्त बैठे बाबू उग्रसेन भी अचकचा–से गये। परन्तु बोले कुछ नहीं।

"दादा, अपनी अम्माँ को।"

"अम्माँ से तुम्हारा मतलब अपनी दादी से ही है न?" जयशंकर दुबे ने बेहद नपे–तुले शब्दों में पूछा।

"हाँ दादा।"

"तो सुनो, तुम्हें अपनी अम्माँ की कसम है...एकदम सच बताना कि तुमने रागिनी के साथ ऐसा क्यों किया?" बिना किसी भूमिका के जयशंकर दुबे ने सीधे ही पूछ लिया।

गीता चुप। कुछ भी कहते नहीं बना उससे। इस बीच जयशंकर दुबे ने गीता की आपस में उलझी अँगुलियों में होती जुम्बिश को ध्यान से देखा। वे समझ गये कि तुक्का सही लगा है।

"उग्रसेन जी, अगर यह लड़की सीधे–सीधे अपना जुर्म क़बूल नहीं करती है, तो मैनेजर से कह कर इसी वक़्त इसका हिसाब करवा दो... और इससे कह दो कि आज के बाद यह इस भारत थिएटर में नज़र नहीं आनी चाहिए!"

जयशंकर दुबे के इतना कहते ही गीता टूट गयी।

"हाँ दादा, मैंने ही दी थी रागिनी को वह विक्स।"

"मगर तुमने ऐसा किया क्यों?" बाबू उग्रसेन ने झल्लाते हुए पूछा।

"मुझे उससे कानपुर के अपमान का बदला लेना था बाबू जी।"

"उस बात का, जो कानपुर में ही ख़त्म हो चुकी थी?"

"आपको लगता होगा बाबू जी कि बात ख़त्म हो गयी। पर मैं तो नहीं भूल सकती कि उसने मेरा सबके सामने अपमान ही नहीं किया था, बल्कि आपके सामने मुझसे माफ़ी भी मँगवायी गयी थी।"

"देखा बाबू उग्रसेन, इस लड़की को अपने मान–अपमान की तो चिन्ता है। अपनी बूढ़ी दादी और माँ का ख़याल नहीं है जो अपने पेट की ख़ातिर इस उम्र में इसके साथ जगह–जगह धूल फाँकती घूम रही हैं। अब आप ही बताइए इसका क्या हल है? इसे कैसे बताऊँ कि इसी रागिनी ने कानपुर में ही इसे बचाया था, वरना मैं तो वहीं इसकी छुट्टी करने जा रहा था।" जयशंकर दुबे ने दोनों हाथों से अपना माथा पकड़ लिया।

"मेरी भी कुछ समझ में नहीं आ रहा है दादा। ईमान से कहूँ अगर इसकी माँ और दादी नहीं होती, तो मैं भी आपको नहीं रोकता।"

"सारा रोना तो यही है उग्रसेन जी।" जयशंकर दुबे को ख़ुद ही पता नहीं चला कि वे कैसे किसी विशाल हिमखंड की तरह पिघलते चले गये।

"फिर एक काम करते हैं दादा कि इस बात का फ़ैसला इसकी माँ और दादी के सामने करना ठीक रहेगा। उन दोनों को यहीं बुलवा लेते हैं!"

"अब यह फ़ैसला आपके हाथ में है उग्रसेन जी।"

"आप अलग हटिए! इस मामले को अब मुझे देखने दीजिए।" इतना कह बाबू उग्रसेन ने एक कारिन्दे को आवाज़ दी, "रामदीन!"

तुरन्त एक अधेड़ व्यक्ति रावटी में दाख़िल हुआ।

"ऐसा करिए, इनके कैम्प से इनकी माँ और दादी को बुला कर लाइए!"

रामदीन तुरन्त गीता के कैम्प की ओर रवाना हो गया।

रामदीन के जाने के बाद जयशंकर दुबे एक बार फिर गीता की तरफ़ पलटे, "अच्छा, यह तो ठीक है कि तुमने अपने अपमान का बदला लेने के लिए ऐसा किया। मगर यह बताओ कि तुमने विक्स में ऐसा मिलाया क्या, जो उसकी आँखों में अनगिनत घाव हो गये?"

"दादा, मैंने उसमें सिरिया नदी का रेता मिलाया था। वैसे मैं तो उसे बस सबक सिखाना चाहती थी।"

"और तेरे इस सबक सिखाने के चक्कर में किसी की आँखों की रोशनी चली जाती, तब क्या होता?"

"उग्रसेन जी, आने दो उन दोनों को। आज इसका फ़ैसला होकर

ही रहेगा। पिछली बार तो इसको रागिनी ने मुआफ़ कर दिया था मगर आज देखता हूँ कौन इसे बचाता..."

अभी जयशंकर दुबे अपनी बात भी पूरी नहीं कर पाये कि रामदीन को जिस काम के लिए भेजा था, वह आ गया। रामदीन ने रावटी का परदा हटाकर जैसे ही दो महिलाओं को अन्दर भेजा, उनके चेहरों पर मारे घबराहट के हवाइयाँ उड़ रही हैं। जयशंकर दुबे इनके चेहरों को देखकर भाँप गये कि रामदीन इन्हें शायद कुछ इशारा कर चुका है। दोनों में से बोली कोई कुछ नहीं।

"बहन जी, आपको पता है आपकी लाडली ने क्या किया है?" शुरुआत बाबू उग्रसेन ने की।

"ना बाबू जी।" गीता की माँ ने अनभिज्ञता जताते हुए कहा।

"इसने ऐसा जुर्म किया है कि जिसकी सज़ा जेल होती है।"

"जे...जेल, क्या कह रहे हो बाबू जी! ऐसा इसने कौन–सा जुलम कर दिया?" गीता की माँ की मानो घिग्घी बँध गयी।

"इसने रागिनी को अन्धा करने की कोशिश की है। रात को जो कुछ उसके साथ हुआ था वह सब आपकी इस लाडली का किया–धरा था।" इसके बाद बाबू उग्रसेन ने सारा वाक़या बयान कर दिया।

"अब आप ही बताइए कि हमें क्या करना चाहिए?" जयशंकर दुबे ने एकसाथ गीता की माँ और दादी दोनों से पूछा।

गीता की माँ समझ गयी कि कानपुर में तो जैसे–तैसे इसे माफ़ कर दिया गया। इस बार यह नहीं बच पायेगी। रुआँसी माँ ने अपनी सास की तरफ़ देखा, "देख लिया! दादी–पोती अब ठीक रहेंगी जब दोनों दर–दर भीख माँगती डोलेंगी। मैं राँड कहाँ तक इसके ऐबों को बचाती फिरूँ!" कहते–कहते गीता की माँ ज़ोर–ज़ोर से रोने लगी।

"बाबू जी, बस इस बार माफ़ी और दै दो...इसकी नोकरिया छूट गयी तो इस उमर में हम कहाँ जाइबे!" गीता की दादी धीरे–से उठकर जयशंकर दुबे के पास आयी और उसके क़दमों से लिपट गयी।

जयशंकर दुबे गीता की दादी को अपने क़दमों से छुड़ाते हुए बोले, "माता जी, मेरे पाँवों में गिरकर आप मुझे क्यों पाप में डुबो रही हैं। गुनाह तो इसका मुआफ़ी के लायक नहीं है मगर आपकी लाचारी के आगे मेरे हाथ बँध जाते हैं।" इसके बाद वे अपने पार्टनर की तरफ़ मुड़े, "उग्रसेन जी, यह इसके लिए आख़िरी मौक़ा है। अगर आगे इसने ऐसी कोई हरकत

की तो इसके हक़ में अच्छा नहीं होगा। माता जी, इसे समझाओ कि इतनी बदकारी अच्छी नहीं होती है!"

"सुन रही हो न दादा क्या कह रहे हैं? इलाहाबाद में ऐसी कोई हरकत नहीं होनी चाहिए!" बाबू उग्रसेन ने चेतावनी देते हुए कहा।

"ठीक है दादा। अपनी अम्माँ की सौं खाकर कहती हूँ कि आगे से आपको शिकायत का कोई मौक़ा नहीं मिलेगा।"

जयशंकर दुबे की रावटी से वे तीनों जाने के लिए मुड़ी ही थीं कि जयशंकर दुबे ने पीछे से टोका, "गीता, अपने कैम्प में जाने से पहले एक बार रागिनी से ज़रूर मिल लेना! बल्कि मेरी तो एक सलाह है कि उसे तुम ही जाकर बताओ कि यह सब तुमने किया था! ग़लती को मानने में कोई बुराई नहीं होती। अब आप आराम से अपने–अपने घर जाइए! अगली मुलाक़ात इलाहाबाद के मूरतगंज में होगी।"

जिस वक़्त जयशंकर दुबे अपने पार्टनर बाबू उग्रसेन की उपस्थिति में अपनी एक कलाकार से यह सब कह रहे थे, तो ऐसा लग रहा था जैसे रावटी के भीतर किसी समाधिस्थ मुनि के होंठों से किसी आदिम श्लोक के शब्द झर रहे हैं। रावटी की मोटी तिरपाल में एकाध रह गये सूराख़ों से भीतर ज़बरन छन कर आती सूरज की किरनें, किरनें नहीं ऐसे लग रही थीं मानो अँधेरे में कोई जुगनू अपने पीछे कोई चिलकती लकीर छोड़ गया है।

32

एक महीने के अन्तराल के बाद भारत थिएटर अब इलाहाबाद की ओर प्रस्थान कर गया। एक–एक कर सारे कलाकार और साज़िन्दे मूरतगंज में एकत्रित हो गये। सारे साज़िन्दे जैसे नक्काड़ची अत्तन खाँ, सारंगी वादक आशिक़ अली खाँ, ढोलकिया रतन लाल, हारमोनियम वादक चुन्नीलाल समेत मुख्य कलाकार मुश्ताक़ हुसैन, अब्दुल करीम, नज़ीर अहमद खाँ, प्रभा, गीता, कौशल्या सब पहुँच गये। यह इन थिएटर कम्पनियों की अपनी ख़ूबी है कि इनमें अगर औसतन पचहत्तर–अस्सी लोग काम करने वाले होते हैं, तो इनमें से बीस–पच्चीस लोग किसी–न–किसी कलाकार, साज़िन्दों या कारिन्दों के सगे–सम्बन्धी होते हैं।

इधर रागिनी को हर डेढ़–दो साल बाद कार बदलने का मानो नशा–सा हो गया। भला यह नशा नहीं है तो और क्या है कि पहले छियासठ मॉडल एम्बेसडर ली, तो उसे बेचकर अड़सठ मॉडल फ़िएट ख़रीद ली। अब अड़सठ मॉडल फ़िएट बेच कर सत्तर मॉडल फ़िएट ली जा रही है, वह भी सत्रह हज़ार की। चूँकि नयी गाड़ी मिलने में अभी वक़्त लगेगा, इसलिए वह इलाहाबाद ट्रेन से आ गयी। मूरतगंज में भारत थिएटर के दो शो हैं। दरअसल, भारत थिएटर के *दहेज़* और *कफ़न* ये दो ऐसे नाटक हैं जिन्हें यह थिएटर दर्शकों में मक़बूलियत हासिल करने के लिए करते हैं। मूरतगंज के बाद इलाहाबाद के ही बाबूगंज, भूपिया मऊ, मूर और भरवारी में भी कुछ और शो होने हैं।

पहले की तरह *दहेज़* और *कफ़न* ने सचमुच जयशंकर दुबे और उनके पार्टनर बाबू उग्रसेन की उम्मीद से कहीं ज़्यादा मूरतगंज के दर्शकों का दिल जीता। इनके एक–एक संवाद दर्शक के सीने को चाक करता हुआ उसके दिल में उतरता चला गया। इनकी अदाकारा रागिनी जब–जब इनके संवाद बोलती, तब–तब लगता इनका एक–एक शब्द बर्छी बन मानो कलेजे में सीधे उतर रहे हों। मूरतगंज के दर्शकों की तरह आप भी ज़रा इन संवादों का मज़ा लें–

न जब तक यह ज़मीं व आसमाँ आपस में मिल जायें
न जब तक परबतों की चोटियाँ थर्रा के हिल जायें
न जब तक जल के बदले आसमाँ से हो रक्त की बारिश
वहाँ तक मेरी साड़ी का पल्लू छू नहीं सकता।

नदी के किनारे पर खड़ी हूँ मैं जवानी में
जो लहरों के थपेड़ों में गिरेगा गहरे पानी में
सितम आया तबाही आयी रंज आया अलम आया
वह घर ग़ारत हुआ जिसमें रंडी का क़दम आया।

बेहया कर्म ज़र्फ़ दिल में रहम इनसानी नहीं
डूब मरने के लिए क्या आँख में पानी नहीं
आशना कर दूँ तुझे भी दूसरों के दर्द का
औरतों पर हाथ उठाना काम है नामर्द का।

चढ़ाया ज़िन्दगी का फूल अपनी मन की देवी पर
मुझे बलिदान कर डाला तुमने धन की देवी पर
तुम्हारी भूल से मैं बाबा इस नौबत को पहुँची हूँ
तुम इस ज़िल्लत को पहुँचे हो मैं इस हालत में पहुँची हूँ।

बनाया मेनका ने घर था विश्वामित्र के दिल में
मगर आजिज़ रहा रावण तो सीता के मुक़ाबिल में जल
अग्नि रोक सकता है मगर अग्नि नहीं जल को
घटा में रहके बिजली कब जला सकती है बादल को।

मूरतगंज की शर्त पूरी कर भारत थिएटर अब बाबूगंज की ओर रवाना हो गया। कुछ कलाकार, साज़िन्दे और कारिन्दे कम्पनी का असबाब ले जाने वाले ट्रकों में सवार हो गये। बाबू उग्रसेन ने सोचा कि इतनी कम दूरी के लिए क्यों अपनी महिला कलाकारों को ट्रकों में धक्के खिलाये जायें, यही सोच कर उन्होंने उनके लिए एक टेम्पो की व्यवस्था कर दी। सारी कलाकार जब टेम्पो में सवार हो गयीं, तो रागिनी को न जाने क्या सूझा कि वह उसके रवाना होने से पहले नीचे उतर आयी।

"क्या हुआ रागिनी...कैसे उतर गयी?" बाबू उग्रसेन ने आख़िरी वक़्त में टेम्पो से नीचे उतर आयी रागिनी से पूछा।

"दादा, आप लोग चलिए। मैं दूसरी गाड़ी करके आती हूँ।"

"क्यों, तबियत वगैरा तो ठीक है?"

"ऐसी कोई बात नहीं है। आप चलिए...मैं पीछे–पीछे आती हूँ।"

"ठीक है, आराम से आना। पता तो है तुम्हारे पास?" बाबू उग्रसेन ने चलने से पहले पूछा।

"हाँ है।"

कलाकारों वाले टेम्पो को लेकर बाबू उग्रसेन बाबूगंज के लिए रवाना हो गये। उनके जाते ही रागिनी का हाथ सीधा अपने गले पर गया तो उसने राहत की साँस ली। देर तक उसका हाथ गले में पड़े लगभग बारह तोले सोने के हार पर धरा रहा। टेम्पो के जाने के बाद उसी की समझ में नहीं आ रहा है कि आख़िर उसके मन ने इनके साथ जाने से मना कर क्यों दिया? न जाने किस अनिष्टता ने उसे अपने इन सहयोगियों

के साथ जाने से इनकार कर दिया। जब उसे लगा कि कुछ देर पहले उसकी किसी अनजाने भय के चलते साँसें उखड़ने लगी थीं, वे काफ़ी हद तक नियन्त्रित हो चुकी हैं, तभी उसका हाथ अपने गले से हटा। उसने मूरतगंज से किराए पर कार ली और बाबूगंज की ओर चल पड़ी।

रागिनी बाबूगंज पहुँची तो वहाँ जाकर देखा कि टेम्पो से आयी सारी महिला आर्टिस्ट बदहवास–सी भारत थिएटर के मालिक जयशंकर दुबे और बाबू उग्रसेन को घेर कर खड़ी हुई हैं। उसे देखते ही वही गीता जिसने देवीपाटन में विक्स में सिरिया नदी का रेता मिलाया था, सुबकते हुए उससे लिपट गयी। इस बीच प्रभा और कौशल्या भी उसके पास आ गयी। सबके चेहरे से उड़ती हवाइयों को देख रागिनी की समझ में कुछ नहीं आ रहा है।

"गीता, क्या हुआ। तुम सब इत्ती परेशान–सी क्यों हो?" रागिनी ने सबको सुनाते हुए गीता से पूछा।

"दीदी, अच्छा हुआ जो तुम हमारे साथ टेम्पो में नहीं आयी।'' गीता ने सुबकते हुए कहा।

"हमारे साथ टेम्पो में नहीं आयी, क्या मतलब...ऐसा क्या हुआ?" रागिनी ने गीता को अपने आप से अलग करते हुए पूछा।

"दीदी, हमारे साथ तो बहुत बुरा हुआ! टेम्पो का वह ड्राइवर..."

"क्या किया टेम्पो के ड्राइवर ने?" प्रभा का वाक्य पूरा होने से पहले रागिनी ने अकबकाते हुए पूछा।

"उसने कुछ नहीं किया बल्कि उसे तो हमारी वजह से उन्होंने बहुत मारा।"

"तुम्हारी वजह से उसे किसने मारा...?" इतना कह इस बार रागिनी बाबू उग्रसेन की तरफ़ पलटी, "उग्रसेन जी, क्या हुआ...किसने किसको मारा...और ये लड़कियाँ इतनी घबराई हुई क्यों हैं?"

"रागिनी, इतना बुरा तो हमारे साथ आज तक नहीं हुआ। दिन की बात छोड़िए, हमने पूरी–पूरी रात सफ़र किया है। मगर मजाल है किसी ने आँख तो दिखायी हो जबकि यहाँ तो हमारे आर्टिस्टों को दिन दहाड़े लूट लिया। अगर रात–बिरात होती तो पता नहीं हमारी इन लड़कियों के साथ और क्या–क्या होता।"

"पर इनके साथ आख़िर हुआ क्या?" रागिनी का धैर्य जैसे जवाब दे गया।

"हुआ क्या, हमारा टेम्पो जब लाल गोपालगंज को पार करके जैसे ही एक सुनसान–सी पुलिया के पास पहुँचा, उसके नीचे छिपे पाँच–छह नक़ाबपोशों ने टेम्पो रुकवा लिया। इससे पहले कि हम कुछ समझ पाते उनमें से तीन बदमाश ड्राइवर को पीटने लगे, और बाकी ने हमें लूटना शुरू कर दिया। हमारे साथ तो उन्होंने सिर्फ़ लूटपाट की मगर ड्राइवर को उन लुटेरों ने बुरी तरह मारा।"

"हाँ दीदी, बड़ी मुश्किल से जैसे–तैसे वह हमें यहाँ छोड़ कर गया है।'' प्रभा बाबू उग्रसेन की बात को आगे बढ़ाते हुए बोली।

"आपने पुलिस में रिपोर्ट नहीं लिखाई?"

"क्या करते रिपोर्ट लिखा कर। इस रिपोर्ट के चक्कर में हमारी यह बाबूगंज की शर्त और ख़राब हो जाती।" बाबू उग्रसेन ने तर्क दिया।

"रागिनी, अच्छा हुआ जो तुम ऐन वक़्त पर टेम्पो से उतर गयीं।" जयशंकर दुबे ने लम्बी साँस लेते हुए कहा।

"दादा, पता नहीं क्यों टेम्पो में बैठने के बाद मेरे मन ने उसमें बैठने की गवाही नहीं दी। मेरा जी उससे जैसे उचट गया। अब सोचती हूँ कि अगर मैं भी उसी टेम्पो से आती, तो मेरे गले में पड़ा यह बारह तोले का हार इस समय नहीं होता।" अपने गले में पड़े हार को सहलाते हुए बोली रागिनी।

"शुक्र मनाओ कुछ ऊँच–नीच नहीं हुई। खैर, जो हो गया सो हो गया। अब इसे एक हादसा समझ, इस पर माटी डालो और अपने–अपने काम में लग जाओ! क्या पता इसमें भी हम सबकी कोई भलाई रही हो!" जयशंकर दुबे ने पूरे भारत थिएटर को एक दर्शनभरा अकाट्य प्रवचन दिया और आगे की तैयारी के लिए उठ कर चले गये।

इलाहाबाद के मूरतगंज, बाबूगंज, भरवारी, मूर सहित भूपिया मऊ की तक़रीबन दो महीने की शर्त करते–करते जैसे भारत थिएटर थक गया। सबका मन घर लौटने की चाह में उदास रहने लगा। इसके मालिक यानी बन्धना, बिठूर, कानपुर के जयशंकर दुबे और इनके पार्टनर बाबू उग्रसेन पटना वाले भी पिछले कई दिनों से उद्विग्न–से रहने लगे हैं। जो चमक और उत्साह इनके चेहरों पर देवीपाटन में थी, वह मानो कहीं ग़ायब हो गयी। सबको लगा शायद जयशंकर दुबे और इनके पार्टनर बाबू उग्रसेन

की बेचैनी और उदासी का भी कारण वही है जो उनका है। भूपिया मऊ और इस पड़ाव की आख़िरी शर्त के बाद जब कलाकारों, साज़िन्दों और दूसरे कारिन्दों को अपने–अपने घर जाने से पहले उनकी तनख़्वाह की बात आयी, तो जयशंकर दुबे तरह–तरह के बहाने बनाने लगे। भूपिया मऊ अपनी नयी सत्तर मॉडल फ़िएट के साथ डॉ. वीरेन्द्र स्वरूप सक्सेना रागिनी को लेने आ गये।

रागिनी भी अपने पति डॉ. सक्सेना को लेकर जयशंकर दुबे के पास तनख़्वाह का हिसाब करने गयी। मगर जो जवाब जयशंकर दुबे ने दिया, उसे सुन रागिनी भौचक रह गयी।

"रागिनी, तुम तनख़्वाह की बात कर रही हो, यहाँ तो लोगों को देने के लिए किराया तक नहीं है।'' जयशंकर दुबे ने एकदम स्पष्ट मना करते हुए कहा।

"दादा, इस तरह तो अपना यह थिएटर बन्द हो जायेगा?" रागिनी ने आशंका व्यक्त करते हुए कहा।

"क्या करूँ, देवीपाटन के बाद इलाहाबाद वाली इन शर्तों में नफ़ा तो दूर रहा उलटा जेब से देना पड़ गया। मजबूर हूँ। कुछ कर भी तो नहीं सकता।" जयशंकर दुबे ने निराशाभरे भाव के साथ कहा।

काफ़ी देर से चुपचाप सारी बात सुनने के बाद, पहली बार डॉ. वीरेन्द्र स्वरूप सक्सेना ने हस्तक्षेप किया, "दुबे जी, आप परेशान न हों। रागिनी की तनख़्वाह छोड़िए। आप सबसे पहले अपने आर्टिस्टों और एम्प्लाइज को उनके घर जाने का इन्तज़ाम करिए!" इतना कह डॉ. सक्सेना ने कोट की अन्दर की जेब से एक लिफ़ाफ़ा निकाला। उसमें से कुछ रुपये निकाले, उन्हें गिना और जयशंकर दुबे की ओर बढ़ा दिये, "लीजिए, दो हज़ार हैं...रख लीजिए!"

न चाहते हुए जयशंकर दुबे ने यह कह कर डॉ. सक्सेना से रुपये ले लिए, "शुक्रिया डॉक्टर साब, आपकी पाई–पाई चुका दूँगा!"

जयशंकर दुबे को किसी तरह का जवाब न देकर, डॉ. वीरेन्द्र स्वरूप सक्सेना हल्का–सा मुस्कराकर रह गये।

"आओ रागिनी चलते हैं!" इतना कह डॉ. वीरेन्द्र स्वरूप सक्सेना ने रागिनी को साथ लिया, और पन्द्रह दिन पहले डिलीवर हुई सत्तर मॉडल की नयी फ़िएट के पास आ गये। मुस्तैद ड्राइवर ने फुर्ती के साथ पिछला दरवाज़ा खोल दिया। दोनों पिछली सीट पर बैठ गये। उन दोनों के बैठते

ही बगुले–सी चमकती सत्तर मॉडल नयी फ़िएट, हाई वे पर आते ही हवा से बातें करती हुई अपनी मंज़िल की ओर दौड़ने लगी।

33

रागिनी की आशंका सच साबित हुई।

1970 के ख़त्म होते–होते भारत थिएटर भी बन्द हो गया। रागिनी का जो रुका हुआ सफ़र फिर से शुरू हुआ था, वह महज डेढ़ साल की छोटी–सी यात्रा के बाद एक बार फिर सुरों के बीहड़ में आ कर थम गया। भारत थिएटर के बन्द होने का उसे पता भी नहीं चलता अगर जयशंकर दुबे उसके पास नहीं आते। खटका तो उसे तभी लग गया था जब उसने जयशंकर दुबे को अपने दरवाज़े के बाहर अकेला खड़ा देखा। हालाँकि उसने बाहर रहट गली में दायें–बायें नज़र मार कर देखा भी, परन्तु गली में दूर–दूर तक उसे कोई नहीं दिखायी दिया।

दरवाज़ा ठेल अन्दर लौटते हुए अपने पीछे–पीछे आ रहे जयशंकर दुबे से उसने पूछ ही लिया, "दादा, बाबू उग्रसेन जी कहीं दिखायी नहीं दे रहे हैं?"

"दिखायी तो वे तब दें जब साथ हों!" जयशंकर दुबे ने एक थकी–सी साँस लेते हुए कहा।

"मैं कुछ समझी नहीं दादा?"

"हाँ रागिनी, बाबू उग्रसेन ने हमारे साथ बड़ा भारी दगा किया...जिसके चलते मुझे अच्छे–ख़ासे चलते हुए थिएटर को बीच में बन्द करना पड़ गया।"

"पर ऐसा हुआ क्या दादा जिसकी वजह से थिएटर तक को बन्द करने की नौबत आ गयी?"

"ना पूछो तो ही अच्छा है...कुछ भी कहते नहीं बन रहा है। कितना भरोसा किया था मैंने उन पर।" आहत भरी एक गहरी साँस लेते हुए बोले जयशंकर दुबे।

"पर ऐसा हुआ क्या?"

"तुम्हें तो पता ही है कि थिएटर का सारा लेन–देन, हिसाब–किताब उन्हीं के हाथों में रहता था। मैं तो इस भरोसे और मुग़ालते में रहा कि

भला और ईमानदार आदमी है। मगर मेरा ऐसा सोचना ग़लत निकला। मेरे इस भरोसे और मेरी भलमनसाहत का उन्होंने यह सिला दिया कि कम्पनी को पूरी तरह खोखला कर दिया। मेरी शराफ़त का नाजायज़ फ़ायदा उठा, जहाँ सौ रुपये खर्च होते वहाँ पाँच सौ लिखते थे। इसी के चलते यह नौबत आ गयी थी कि आप लोगों को देने के लिए किराये तक के लाले पड़ गये थे। जब असलियत का पता चला तब तक तो लंका लुट चुकी थी। यह तो भला हो आपके डॉक्टर साहब का जिन्होंने मेरी ऐसे समय में मदद की, वरना मेरी तो आबरू मिट्टी में मिलाने में उस भले आदमी ने कोई कसर नहीं छोड़ी थी।"

रागिनी ने चुपके–से नज़र बचाते हुए जयशंकर दुबे के चेहरे को देखा, तो पलभर के लिए उसका भी दिल बैठता चला गया। उन दोनों के बीच सन्नाटे की एक पतली चादर आकर तन गयी। देर तक रागिनी के कानों में ख़ामोशी के बीहड़ से रह–रह कर उठती आदमखोर सिआरों की हुआँ–हुआँ गूँजती रही।

"फिर अब आगे के बारे में क्या सोचा है दादा?" इस बार इस बीहड़ से बाहर आ रागिनी ने पूछा।

"इसीलिए तो तुम्हारे पास आया हूँ।" जयशंकर दुबे ने उम्मीद भरी नज़रों से देखा रागिनी को।

"हमें तो दादा काम से मतलब है। जब भी कोई शर्त आये इस रागिनी को याद कर लेना!" रागिनी ने जयशंकर दुबे को आश्वासन देते हुए कहा।

"यही बताने के लिए आया हूँ। सोचा तुम्हें सारा वाक़या बता दूँगा और अगली शर्त के बारे में भी इत्तिला कर आऊँगा। वो क्या है कि फागुन शुरू होते ही शिवपुरी की कमेटी से पूरे एक महीने की शर्त आयी है। टिकट लाइन का अच्छा मौक़ा है, इसलिए कमेटी को मना नहीं कर पाया...और फिर ज़िन्दगी में नफ़े–टोटे तो चलते ही रहते हैं।'' एक फ़ीकी हँसी हँसते हुए जयशंकर दुबे ने अपने आने का असली प्रयोजन प्रकट कर दिया।

"ठीक है दादा, बस आप इत्तिला कर देना कि कहाँ पहुँचना है...मैं आ जाऊँगी।"

रागिनी से पूरी तरह आश्वस्त हो जयशंकर दुबे ने अपनी सदरी की अन्दरूनी जेब में हाथ डाला। उसमें पहले से गिन कर रखे गये रुपयों को बाहर निकाला, और उन्हें रागिनी की तरफ़ बढ़ाते हुए बोले, "रागिनी, तीन हज़ार हैं।"

"तीऽऽऽ न हज़ार! दादा इतना बड़ा एडवांस?"

"एडवांस तो इनमें एक हज़ार ही हैं। बाकी के दो हज़ार आपकी वह अमानत है, जो डॉक्टर साहब ने भूपिया मऊ में मुझे संकट से उबारते हुए दी थी।"

"अच्छा–अच्छा! मैं तो भूल ही गयी थी।" रागिनी ने हँसते हुए कहा।

"ठीक है। अब मुझे इजाज़त दीजिए! दूसरे आर्टिस्टों के पास भी जाना है।"

रागिनी से शिवपुरी में आगामी शर्त पर मिलने का वायदा कर जयशंकर दुबे ने विदा ली और हुमकते हुए चले गये।

पूरे उत्साह के साथ एक बार फिर सारा भारत थिएटर शिवपुरी में जुट गया। एक महीने तक चलने वाली इस शर्त के दौरान, बीच में होली पड़ने के कारण चार दिन शो बन्द रखने का निर्णय भी लिया गया। वैसे होली के मौक़े पर घर जाकर तुरन्त वापस लौटना भले ही दूसरे कलाकारों, साज़िन्दों व कारिन्दों के लिए नामुमकिन या मुश्किल है। मगर रागिनी के लिए बिल्कुल नहीं है। इसलिए उसने पहले ही तय कर लिया कि इधर रात को शो ख़त्म हुआ नहीं, और उधर वह अपनी कार से घर रवाना हुई नहीं। अपनी इस योजना के बारे में उसने जयशंकर दुबे को पहले ही बता दिया।

इस तरह पहले से तय योजना के तहत होलिका दहन से एक दिन पहले का जैसे ही शो ख़त्म हुआ, वह रात में ही घर के लिए रवाना हो गयी, ताकि धुलेंडी से एक दिन पहले सुबह–सुबह अपने घर पहुँच जाये।

रात का तीसरा पहर।

चम्बल घाटी के सूने व सूखे बीहड़ों को चीरती हुई कार पूरी गति से अपनी मंज़िल की तरफ़ बढ़ी जा रही है। निविड़ अँधेरे में एक तीखे मोड़ को कार ने अभी पार ही किया होगा, कि लगा जैसे दूर–दूर तक पसरी पूर्णिमा से ठीक पहले की चाँदनी के सन्नाटे में आतिशबाजियाँ शुरू हो गयीं। ड्राइवर ने कार की गति कम कर दी। गति कम होते ही रागिनी ने ध्यान से सुना, तो उसे समझते हुए देर नहीं लगी कि इस इलाक़े में ये आवाज़ क़िस तरह की हो सकती हैं। जिसे वे आतिशबाजियाँ समझने की भूल कर रहे हैं, वे तो गोलियों की आवाज़ हैं। ड्राइवर ने कार रोकते हुए कहा, "भाभी जी, अब क्या करें?"

"क्या करें का क्या मतलब है, गाड़ी चला!" रागिनी आदेश देते हुए बोली।

"लगता है हम ग़लत समय पर चले हैं। इस समय तो देव भी सो रहे होते हैं। हमें दो बजे नहीं चलना चाहिए था भाभी जी।"

"यह समय ज्ञान बघारने का नहीं है। चुपचाप गाड़ी आगे बढ़ा!" रागिनी ड्राइवर को डाँटने लगी।

"गाड़ी तो मैं आगे बढ़ा दूँ पर मुझे लगता है ये गोलियाँ चलने की आवाज़ें हैं!" ड्राइवर ने सकपकाते हुए कहा।

"होगी जो देखी जायेगी। बस तुम गाड़ी पर ध्यान दो!"

"ठीक है।" इतना कह ड्राइवर ने कार स्टार्ट की और आगे बढ़ा दी।

लगभग आधे घंटे बाद जब कार चम्बल को पार कर मैदानी इलाक़े में आयी, तब कहीं जाकर रागिनी के जान में जान आयी।

सुबह सात बजे रागिनी घर पहुँच गयी। उसने रात की इस घटना का माला से ज़िक्र किया तो सुन कर वह भी सिहरती चली गयी।

होली मनाते ही रागिनी वापस शिवपुरी पहुँच गयी। शिवपुरी पहुँचने पर उसने इस घटना का ज़िक्र किया, तो सुनते ही जयशंकर दुबे अपनी जगह से उछलते हुए बोले, "क्याऽऽऽ! जिस वक़्त यह मुठभेड़ हो रही थी तुम लोग वहीं कहीं आसपास थे?"

"हाँ दादा।"

"रागिनी, अपने मुरली वाले का शुक्र मनाओ! समझ लो तुम मौत के मुँह से बचकर आयी हो।"

"मौत के मुँह से?" रागिनी ने आश्चर्य जताते हुए कहा।

"हाँ मौत के मुँह से। पता है, जिसे तुम आतिशबाजी समझ रही थीं वह डाकुओं और पुलिस के बीच हुई मुठभेड़ में चलने वाली गोलियों की आवाज़ें थीं।"

"मेरे ड्राइवर ने भी यही कहा था। पर दादा, इसमें इतनी हैरानी वाली कौन–सी बात है? ऐसी मुठभेड़ तो चलती रहती है।" रागिनी ने निर्निमेष भाव से पूछा।

"अजीब लड़की है! ज़रा भी मौत का खौफ़ नहीं है। कह रही है कि इसमें हैरानी की क्या बात है। पता है, पुलिस के साथ यह किसकी मुठभेड़ थी? यह डाकू मोहर सिंह–माधो सिंह के गिरोह और पुलिस के बीच हुई मुठभेड़ थी। पूरी शिवपुरी में इसका हल्ला मचा हुआ है। अब तुम यह भी पूछोगी कि ये डाकू मोहर सिंह–माधो सिंह कौन हैं? मोहर सिंह यानी

बाग़ी भाई और माधो सिंह का गिरोह आज की तारीख़ में चम्बल का सबसे बड़ा और कुख्यात गिरोह है। पता है इस गिरोह में पूरे पाँच सौ डाकू हैं।"

"फिर तो दादा इन्होंने क़त्ल भी बड़े किये होंगे?"

"बिल्कुल, मोहर सिंह के सिर पर पिचासी तो माधो सिंह के सिर पर तेईस क़त्ल के मामले दर्ज़ हैं। मेरी मानो तो रागिनी तुम यह रात–बिरात का आना–जाना बन्द कर दो। यहाँ तो दिन का भरोसा नहीं है और तुम रात–बिरात निकल पड़ती हो। अपनी कार होने का यह मतलब नहीं है कि जब मन करे, जान हथेली पर रख कर निकल पड़ो!"

"आपकी सलाह एकदम दुरुस्त है दादा। मगर घर जाना भी मेरा ज़रूरी होता है...मेरी मजबूरी है। आपको पता तो है कि मेरा बेटा अभी तीन ही साल का है। उसके लिए जाना पड़ता है। यह तो मेरी बड़ी बहन है जो उसे सँभाल लेती है। वैसे भी मौसी तो मौसी ही होती है।"

"मैं तो रागिनी तुम्हें बस सलाह ही दे सकता हूँ। बाकी तुम्हारी मर्ज़ी।" इतना कह जयशंकर दुबे किसी काम से चले गये।

जिस समय जयशंकर दुबे डाकू मोहर सिंह–माधो सिंह के गिरोह के बारे में खुलासा कर रहे थे, उसे सुनते हुए रागिनी को लग रहा था मानो वह किसी रहस्य और रोमांच से भरी किसी अपराध–कथा का कोई अंश सुन रही है। एक ऐसा अंश जिसके इन दो पात्रों अर्थात डाकू मोहर सिंह और माधो सिंह ने, 1972 में जयप्रकाश नारायण के समक्ष आत्म–समर्पण कर दिया था। बहुत कम लोगों को पता है कि आत्म–समर्पण के बाद मोहर सिंह ने राजनीति में सक्रिय रूप से भाग भी लिया था। भारतीय राजनीति के बारे में मोहर सिंह का यह कथन आज भी रह–रह कर चम्बल के बीहड़ों की खड़ी दीवारों से टकराता रहता है–*राजनीति, बीहड़ों से भी ख़तरनाक डाकू पालने वाला जंगल है।* चम्बल की रेतीली दीवारों पर उकरी अमिट इबारत की तरह, सामाजिक हालात से पैदा हुए एक पूर्व दस्यु का यह कथन, आज भारतीय राजनीति के सन्दर्भ में एक ऐसी कटु सुभाषित बन चुकी है जिसमें भारतीय लोकतन्त्र का बर्बर सत्य छिपा हुआ है, और जिसकी अनुगूँज सत्ता के गलियारों में अक्सर कानों से टकराती रहती है।

पूरे एक महीने की शर्त सम्पन्न कर रागिनी घर लौट आयी। तक़रीबन छह महीने तक अब कोई शर्त नहीं आनी है। इसलिए रागिनी ने सारा

ध्यान परिवार पर लगा दिया। जिया का इलाज पहले की तरह उनके दामाद और डॉक्टर वीरेन्द्र स्वरूप सक्सेना कर तो रहे हैं, मगर बवासीर से भगन्दर और भगन्दर से रिक्टम कैंसर पहले ही असाध्य रोग जानलेवा स्थिति में पहुँच चुका है। रागिनी को उसके पति डॉ. सक्सेना पहले ही बता चुके हैं कि जिया एक तरह से अपने जीवन के अन्तिम दौर से गुज़र रही है। इसलिए माँ की जितनी सेवा–टहल हो सके कर लें। पति होने के साथ–साथ एक डॉक्टर की राय और सलाह के चलते तीनों बहन–भाई माँ की सेवा में जुट गये।

इस तरह डॉक्टर सक्सेना के अनुमान के अनुसार जिया ने तीन महीने बाद अपने प्राण त्याग दिये। माँ के जाने के बाद उसकी कमी रागिनी से ज़्यादा माला को खलने लगी। खलेगी क्यों नहीं, रागिनी तो अक्सर अपने शो के चक्कर में कभी हिन्दुस्तान थिएटर तो कभी ब्रजलोक मंच; कभी पन्नालाल थिएटर तो कभी भारत थिएटर के साथ घर से बाहर चली जाती, मगर माला तो चौबीस घंटे माँ के पास ही रहती थी। इसलिए जिया के न रहने से उसकी कमी और उसकी स्मृतियाँ माला का ही पीछा करती रहती हैं।

रागिनी को लगने लगा है कि इस घर को अब सबसे ज़्यादा उसी की ज़रूरत है। इसलिए उसने यह फ़ैसला ले लिया कि वह अब किसी थिएटर में काम नहीं करेगी। अपने इस फ़ैसले से एक दिन उसने अपने पति डॉ. सक्सेना को भी अवगत करा दिया।

"डॉक्टर साब, मैंने तय किया है कि मैं अब किसी थिएटर कम्पनी में काम नहीं करूँगी।"

रागिनी द्वारा लिए गये इस अप्रत्याशित निर्णय को सुन एक बार तो डॉ. सक्सेना को झटका–सा लगा। उसे हैरानी हुई कि अचानक रागिनी ने यह फ़ैसला क्यों ले लिया? अगर यह शर्तों में नहीं जायेगी तब क्या करेगी? यही सोचते हुए डॉ. सक्सेना ने पूछा, "नहीं करूँगी...मतलब?"

"हाँ डॉक्टर साब, अब मैं घर में रहना चाहती हूँ। इस घर को अब मेरी ज़रूरत है।"

"मगर ज़रूरत तो पहले भी थी। बल्कि पहले तो इससे भी ज़्यादा ज़रूरत थी...फिर अचानक यह फ़ैसला, कुछ समझ में नहीं आया?"

"सोच रही हूँ कि अपनी ही एक कम्पनी बना लूँ! कम–से–कम अपनी मर्ज़ी की मालिक तो रहूँगी।"

"यह तुम क्या कह रही हो रागिनी...मेरी तो कुछ समझ में आ नहीं रहा है। और फिर कम्पनी कोई बातों से बनती है। उसके लिए कितने ताम–झाम की ज़रूरत होती है, यह तुम नहीं जानती हो। टिकट लाइन का कारोबार इतना आसान है क्या?"

"यह कौन कह रहा है कि मेरी कम्पनी टिकट लाइन का कारोबार करेगी।" इस बार एक तरह से रागिनी ने उलटा अपने पति डॉ. सक्सेना से पूछा।

"तो फिर क्या करेगी तुम्हारी कम्पनी?" डॉ. वीरेन्द्र स्वरूप सक्सेना थोड़े झल्ला उठे।

"मैं कमेटियों, नुमाइशों और स्कूल–कॉलेजों की प्रबन्ध समितियों की ही शर्तें लिया करूँगी।"

"यह सब क्या इतना आसान है?"

"हाथरस में आपने देखा नहीं था कि बाबू गंगा सहाय इंटर कॉलेज के लिए लोगों ने किस तरह दिल खोलकर दान दिया था। ब्रजलोक मंच के बाद तो मैंने भारत थिएटर की ज़्यादातर ऐसी ही शर्तें की हैं। स्कूल–कॉलेज की कमेटियाँ हमें अपने कमरे और इमारतें बनवाने के लिए बुलाती थीं।"

"यह बात ठीक है मगर आर्टिस्ट और साज़िन्दों का कहाँ से इन्तज़ाम करोगी?"

"आप इनकी चिन्ता मत करो। सब इन्तज़ाम हो जायेगा।"

"जैसी तुम्हारी मर्ज़ी। मगर एक बात है जो भी करना, सोच–समझ कर करना!" एक तरह से डॉ. वीरेन्द्र स्वरूप सक्सेना ने अपनी तरफ़ से रागिनी को अनुमति और सहमति दोनों प्रदान कर दी।

34

रागिनी कला केन्द्र।

1971 के आख़िरी महीने में बांग्लादेश की मुक्ति के लिए लड़ा गया भारत–पाक युद्ध अर्थात बांग्लादेश मुक्ति युद्ध के समाप्त होते ही रागिनी ने अपनी कम्पनी बना ली। इसके लिए उसने एक–एक कर अपने पुराने साथी कलाकारों और साज़िन्दों से सम्पर्क साधना शुरू कर दिया। सबसे

पहले रागिनी रॉयल ड्रामेटिक कम्पनी में पेटीबाजा मास्टर, और बाद में डायरेक्टर सूरज प्रसाद शर्मा के हिन्दुस्तान थिएटर, भागलपुर में तक़रीबन दो साल तक रागिनी के साथ काम कर चुके, कुदरत मास्टर के पास फ़र्रुखाबाद के पते पर उनके घर गयी।

सात साल बाद अपने सामने पहले कहीं देखे गये पर धूमिल हो चुके चेहरे को, कुदरत मास्टर की धवल भौंहों से आच्छादित बूढ़ी आँखें नहीं पहचान पायीं। उसी चेहरे को, जिसके सुरों के साथ मिल कर, न जाने कितनी निस्तब्ध और उनींदी रातों की सुप्त नसों में जमे रक्त को उसके पेटीबाजे के सुर पिघलाया करते थे। रागिनी के नथुनों में बसी कुदरत मास्टर के रहवास की पुरानी, मगर भीनी ख़ुशबू मानो फिर से ताज़ा हो गयी।

रागिनी ने चारों तरफ़ गौर से देखा। आसपास के माहौल और ज़िन्दगी के आख़िरी पड़ाव को यूँ बेतरतीब–सा देख उसकी आँखें भर आयीं। जगह–जगह उखड़े पलस्तर और उसके बदन से झाँकती ईंटों की दीवारों ने पहली ही नज़र में रागिनी को सब बयान कर दिया। पुरानी टीन की छत के नीचे जर्जर तख़्त पर तहमद लपेटे नंगे बदन लेटे कुदरत मास्टर जैसे पुराने सुरों में खोये हुए हैं। वहीं एक कोने में गर्द में सनी और पुराने कपड़े से ढकी जानी–पहचानी–सी चीज़ को देख कर, वह समझ गयी कि यह पैडल से चलने वाला वही बाजा है, जिसकी धौंकनी कुदरत मास्टर अपने दोनों पाँवों से चलाते थे। वही बाजा, जब यह सुर उठाता था तो लगता था जैसे कानों में मिसरी की डलियाँ घुल रही हैं।

"मास्टर जी आदाब!" रागिनी ने कुदरत मास्टर के पास जाकर धीरे–से कहा।

"कौन?" धवल पलकों ने आवाज़ की तरफ़ पलटते हुए पूछा।

"क्यों, सात साल में ही इस आवाज़ को भूल गये?"

"आवाज़ की खनक तो कह रही है कि इसे पहले कहीं सुना हुआ है। मगर कहाँ, यह याद नहीं आ रहा है।"

रागिनी तख़्त पर कुदरत मास्टर के पाँयते की तरफ़ बैठ गयी। उसने पतली जिल्द में लिपटे काँपते हाथों को अपने हाथों में लिया और बोली, "मैं रागिनी!"

"कौऽऽऽन, रागिनी!" इतना कह कुदरत मास्टर के हाथों ने रागिनी के हाथों को कस लिया, "अरे बेटा, आज कैसे इस पुराने साज़ की याद आ

गयी?" कुदरत मास्टर की अँगुलियाँ रागिनी के हाथों पर ऐसे सरसरा रही हैं, मानो सामने कोने में रखे और पुराने कपड़े से ढके, पेरिस के रीड्स से बने पेटीबाजे पर सरसरा रही हों। कुदरत मास्टर की आँखें गीली हो आयीं।

"सब खैरियत तो है मास्टर जी?" कुदरत मास्टर के हाथों की पतली जिल्द को सहलाते हुए रागिनी ने पूछा।

"खैरियत!" इतना कह कुदरत मास्टर पहले हल्के–से हँसे और फिर एकाएक निराशा की पतली चादर ओढ़ते हुए बोले, "रागिनी, बेटा बस चला–चली का मेला है अब तो। हिन्दुस्तान थिएटर छूटते ही मुफ़लिसी ने ऐसा घेरा कि यह मकान बेचना पड़ गया। यह तो उस भले आदमी की शराफ़त है जिसने इसे ख़रीदा है...उसी की शराफ़त के चलते सिर छिपाने का ठिकाना मिला हुआ है। बस, इतना है कि ज़िन्दगी के इस आख़िरी पड़ाव पर दर–दर की ठोकरें खाने से बचा हुआ हूँ। खैर, मेरी छोड़ो...यह बताओ कि इस ग़रीबख़ाने पर कैसे आना हुआ?"

"मास्टर जी, बड़ी उम्मीद के साथ आयी हूँ आपके पास। मना मत करना!"

"ऐसा क्या काम आन पड़ा रागिनी, जो बड़ी उम्मीद के साथ मेरे पास आयी हो?" सफ़ेद भौंहों में हल्की–सी कम्पन हुई।

"मास्टर जी, मैंने एक कम्पनी बनायी है रागिनी कला केन्द्र।"

"बहुत–बहुत मुबारकबाद!"

"मैं इसी सिलसिले में आयी हूँ। मैं चाहती हूँ मास्टर जी कि आप मेरे साथ रहें।"

कुदरत मास्टर फस्स से हँसे। पलभर के लिए रागिनी को लगा जैसे कोने में रखा पेटीबाजा धीमे–से बज कर चुप हो गया। पतली जिल्द में लिपटे उनके हाथों की पकड़ ढीली पड़ती चली गयी।

"बेटा, अब हिम्मत नहीं रही। वो देख सामने, मेरा बाजा भी अब तो ख़ामोश हो चुका है। हाँ, इसकी ज़रूरत पड़े तो इसे उठा कर ले जा। कम्बख्त से जब–जब नज़रें मिलती हैं, तब–तब मन बड़ा उदास हो उठता है। ऐसा लगता है जैसे यह अपने उदास रीड्स से कहलवा रहा है कि मास्टर जी, हमें कब तक यहाँ अपने पास क़ैद करके रखोगे! रागिनी बताओ, मैं इसे क्या जवाब दूँ?"

एक क्षण रुक कर रागिनी ने एक बेमानी–सी सलाह देते हुए कहा, "ऐसी बात है तो इसे बेच क्यों नहीं देते!"

कुदरत मास्टर की सफ़ेद भौंहों में हल्की–सी जुम्बिश हुई, "जिस्म से कहीं रूह को जुदा होते हुए देखा है! ईमान से कहूँ रागिनी इसे देखकर मुझे बड़ी हिम्मत बँधती है। लगता है जैसे मैं अकेला नहीं हूँ। कोई है मेरे साथ, जो मेरे अकेलेपन से गुफ़्तगू करता रहता है। चलिए छोड़िए इस क़िस्से को, यह बताओ उन लोगों से कभी मिलना हुआ?"

रागिनी समझ गयी कुदरत मास्टर का 'उन लोगों' का आशय। कुदरत मास्टर का आशय दूसरे कलाकारों–सुल्तान असर खाँ, उर्वशी, मोहन कुमार, आशिक़ अली खाँ आदि से है।

"नहीं मास्टर जी, हिन्दुतान थिएटर बन्द होने के बाद इनमें से किसी से कहीं भी मुलाक़ात नहीं हुई। न पन्नालाल थिएटर में, न ब्रजलोक मंच में और न ही भारत थिएटर में। यहाँ तक सूरज प्रसाद शर्मा जी से भी नहीं।"

"दादा से भी नहीं?" कुदरत मास्टर के जिस्म में थोड़ी–सी हलचल हुई।

"हाँ, उनसे भी नहीं।"

"वैसे उनसे अब मिलना भी क्या होगा!"

"क्यों, ऐसा क्या हुआ मास्टर जी?"

"अलीगढ़ के वही पन्नालाल थिएटर के मालिक अमीचन्द जी, जिनकी थिएटर कम्पनी में आप काम कर चुकी हैं, एक–डेढ़ साल पहले आये थे मेरे पास। वही बता रहे थे कि वे तो हिन्दुस्तान थिएटर के बन्द होने के ग़म में तीन साल बाद ही ख़ुदा को प्यारे हो गये।" कुदरत मास्टर ने गहरी साँस लेते हुए बताया।

"क्याऽऽऽ!"

सुनते ही रागिनी की आँखें छलछला आयीं। एक झटके में अतीत के सारे चित्र और स्मृतियाँ आँखों के सामने तैरने लगे। रागिनी का अब फ़र्रुखाबाद में कुदरत मास्टर के पास बैठना मुश्किल हो गया। मन भीतर–ही–भीतर बैठने लगा जैसे। कुदरत मास्टर की टीन की छत और जगह–जगह से उखड़े पलस्तर से झाँकती ईंटों के किसी पुराने, मगर सीलनभरे ज़िन्दा मक़बरे में समायी गन्ध को लिए वह निराश और भारी मन के साथ उठी, और पूरे रास्ते पुरानी यादों से बतियाती वापस आ गयी।

रागिनी ने हिम्मत नहीं हारी। वह कुछ भारत थिएटर के, तो कुछ पन्नालाल थिएटर के; कुछ ब्रजलोक मंच के, तो एकाध हिन्दुस्तान थिएटर के पुराने कलाकारों को रागिनी कला केन्द्र में लाने में कामयाब हो गयी। इनके अलावा कुछ नये कलाकार जैसे नेमसिंह सिसोदिया, राम सिंह,

ताराचन्द प्रेमी, मास्टर बब्लू, लता, आशा और हास्य कलाकार चौधरी धर्मपाल को भी ले आयी। इस तरह कुछ ही दिनों में रागिनी कला केन्द्र ने एक भरी–पूरी कम्पनी का रूप ले लिया। जहाँ भी रागिनी कला केन्द्र जाता देखने वालों की आँधी–सी आ जाती।

35

भारत–पाक युद्ध के बाद नेहरू–युग के उतरते कार्तिक के अलसाये–से कुनमुनाते दिन।

यह वह दौर था जब इस देश के, वह भी उत्तर भारत के पश्चिमी सूबों के शहर–दर–शहर और छोटे–बड़े क़स्बों में तेज़ी से तालीम के इबादतगाहों की पौध रोपी जा रही थी। वैसे इसकी शुरुआत 1962 के भारत–चीन युद्ध ख़त्म होते ही हो चुकी थी।

क़स्बे की दीवारों पर मुस्कराते हल्के लाल, हरे और पीले पतंगी काग़ज़ों पर मोटे–मोटे अक्षरों में छपे नाम। नामों के ठीक नीचे तारीख़ व दिन के साथ क्रम से छपी फ़ेहरिस्त। जब–जब उसकी आँखों के आगे यह नाम और फेहरिस्त तैरने लगती, तब–तब मारे बेचैनी व परेशानी के उसकी शिराओं में दौड़ता ख़ून ठिठक–ठिठक जाता। किसी अनहोनी या अनिष्टता की आशंका से मानो ये शिराएँ फटने लगतीं। पल–प्रतिपल किसी बरसाती नदी में तेज़ी से चढ़ते पानी की तरह, बढ़ती ख़लक़त को देख–देख कर उसकी साँस फूलने लगती। उसने कल्पना भी नहीं की थी कि इस पोस्टिंग के दौरान कभी उसका ऐसी आफ़त से भी सामना होगा। पुरानी अनाज मंडी की तरफ़ बढ़ती भीड़ को देख कर लगता, जैसे पानी के सभी छोटे–बड़े झरने किसी विशाल दरिया में विलीन होने को आतुर हैं।

पूरा थाना उसके सामने जैसे दम साधे खड़ा है। बीच–बीच में वह सब पर एक उचटती–सी असहाय दृष्टि डालता, और फिर ख़ुद ही इस पागलपन या कहिए दीवानगी को समझने की कोशिश करता। उस दीवानगी को जो साँझ होते–होते अपने पूरे उफ़ान पर आ चुकी है। उसने मन–ही–मन तय कर लिया कि जिसे देखने और सुनने के लिए सिर्फ़

क़स्बा ही नहीं, आसपास के दस–बारह किलोमीटर तक के लोग आ रहे हैं, वह भी इसके इस जलवे को आज ज़रूर देखेगा। मगर यह बाद की बात है। सबसे पहले तो यह सोचना है कि इस उफ़नती हुई बरसाती नदी पर कैसे क़ाबू पाया जाये। ख़ुदा–न–ख़ास्ता कोई अनहोनी हो गयी, तो लेने के देने पड़ जायेंगे। कहीं ऐसा न हो कि जटयात (जाट बाहुल्य) से सटे इस क़स्बे में हुई एक छोटी–सी शरारत हिन्दू–मुसलमान फ़साद का रूप ले ले। इसी की कल्पना में उसके माथे पर पसीना चू आया।

एक बार फिर उसकी नज़र उठी और इस बार हवलदार नेमपाल पर आकर टिक गयी। टिकती क्यों नहीं, पिछले कई दिनों से वह अपने इस हवलदार के मुँह से न जाने कितनी बार इस आफ़त का नाम जो सुन चुका है। इधर हवलदार नेमपाल का भी उससे निगाह मिलते ही हलक़ में थूक अटक गया।

"यार नेमपाल, भीड़ तो मैंने पंडत लखमी चन्द के सांगों में भी देखी है, पर ऐसा बावलापन नहीं देखा। क्या *सेठ ताराचन्द* और क्या *नल–दमयन्ती, क्या साही लकड़हारा और क्या हरिश्चन्द्र*...। मैंने उसके एक–से–एक सांग देखे हैं और ऐसी भीड़ देखी है कि कन्धे छिल जायें, पर यहाँ तो ग़ज़ब है भई!"

हवलदार नेमपाल चुप। पलट कर कोई जवाब नहीं दिया उसने।

"अच्छा यह बता, वह आ तो गयी है?"

"कहाँ जनाब। आ गयी होती तो उसकी कार बाज़ार से लेकर बस अड्डा, और बस अड्डे से लेकर पुरानी अनाज मंडी तक कई फेरे लगा चुकी होती।" हवलदार नेमपाल ने एक नयी जानकारी सरकाते हुए बताया।

"कार फेरे लगा चुकी होती...मैं कुछ समझा नहीं?"

"हाँ जनाब, टिकट विंडो से लोग तब तलक टिकट नहीं लेते हैं, जब तलक उसकी कार दिखायी न दे जाये।"

"अब यह टिकट कहाँ से आ गयी?" हवलदार नेमपाल के जनाब का जैसे सिर भन्ना गया।

"जनाब, यह कोई ऐसी–वैसी सांग–नौटंकी नहीं है जो किसी दशहरा–दीवाली पर खुले में होती है। बाक़ायदा टिकट लगेगा।"

"ग़ज़ब मामला है...टिकट के बावजूद ऐसी मारा–मारी!" फिर कुछ क्षण रुक कर पूछने लगा, "मगर टिकट क्यों? हमारे यहाँ तो पंडत लखमी चन्द के सांग ऐसे ही बेटिकट होते हैं खुले में।"

"जनाब, वो क्या है कि क़स्बे में एक हाई स्कूल बनना है। उसी के कमरों के लिए पैसा इकट्ठा हो रहा है।"

जनाब की पेशानी पर पड़ी सिलवटें और गहरी होती चली गयीं।

"जनाब, घबराओ मत! ऐसा कुछ नहीं होगा। मैंने तो जनाब हाथरस में आज से सात–आठ साल पहले इसकी वह नौटंकी देखी है, जब यह सत्रह–अट्ठारह बरस की रही होगी। इस इलाक़े में ही नहीं, पूरे ब्रज में भी इसका ऐसा ही जलवा है...और जनाब, बल्लभगढ़ के दशहरा मैदान में तो मैंने ऐसा नज़ारा देखा है जिसे मैं कभी भूल ही नहीं सकता। लोग पागल रहते हैं इसे सुनने के लिए। जनाब, जब सुर उठाती है तो लगता है जैसे रात के सन्नाटे में कोई कोयल कूक रही है। कभी–कभी तो लगता है यह सरस्वती का रूप है।"

"लोग तो बेमतलब पागल रहते हैं। वैसे कसूर इसमें इसका है भी नहीं, यह मरद की जात होती ही ऐसी है।"

"बात मरद–औरत की नहीं है जनाब। बात है कलाकार की। वैसे भी जनाब कलाकार का क्या तो मज़हब और क्या उसकी जात। अब इसे ही लीजिए, इस पर तो इस इलाक़े में एक गीत तक बना हुआ है, जिसे यहाँ निकाह के वक़्त लड़की वालों की ओर से औरतें उलहाने के तौर पर गाती हैं।"

"गीत बना हुआ है?"

"जी जनाब। इसे मैं इस थाने में रह चुके सब इंस्पेक्टर असगर अली के मुँह से अक्सर सुना करता था। आप भी सुनिए उसकी ये पंक्तियाँ–

नकीलो आयो ब्याहन लू
कहा लायो है नसीरी को नाच
धूळ गोला ख़ूब चला
मजा आतो होतो जो रागिनी को नाच।"

"नेमपाल लगता है तू इसका कुछ ज़्यादा ही मुरीद है।"

"मुरीद नहीं, करजदार कहिए जनाब।"

"क्यों ऐसा क्या करज ले लिया इससे?"

"जनाब, जिस कॉलेज से मैंने बीए की है न...उसके शुरुआती कमरे इसी की नौटंकी से इकट्ठे हुए पैसे से बने हैं। अब बताओ जनाब, यह इसका करज हुआ कि नहीं?"

हवलदार नेमपाल की एक कलाकार के प्रति उसकी अगाध श्रद्धा देख जनाब ने आगे कुछ नहीं कहा।

"जनाब, हमारे लायक कुछ हुकम!" अपने एक साथी को अपने जनाब से उलझता देख, दूसरे सिपाही ने बीच में दखल देते हुए पूछा।

"कुछ नहीं। बस लोगों पर नज़र रखो। कहीं कुछ गड़बड़ी नहीं होनी चाहिए!" जनाब ने उस सिपाही के बहाने वहाँ मौजूद दूसरे सिपाहियों को हिदायत देते हुए कहा।

"जी जनाब!" सारे सिपाहियों ने समवेत स्वर में एकसाथ सेल्यूट मारा और कमरे से बाहर निकल गये।

छत की कड़ी में फँसे हुक से लटके और मन्द गति से चल रहे पंखे पर जनाब की नज़र टिक गयी। मन–ही–मन वह दुआ करने लगा कि बस किसी तरह आने वाली कुछ रातें सही–सलामत बीत जायें। इसी बीच जैसे उसे कुछ याद आया। उसने हवलदार नेमपाल को फिर से वापस बुलाया।

"जय हिन्द जनाब!" वापस आ हवलदार नेमपाल ने कहा।

"मुझे थोड़ी–थोड़ी देर में हालात के बारे में बताते रहना...और जैसे ही वह आये मुझे तुरन्त बताना। उसकी उस कार के बारे में तो ज़रूर बताना जो फेरे लेगी!"

"जी जनाब...और कुछ हुकम जनाब?"

"बस इतना ही करना।"

इतना कह कर जनाब यानी थानेदार एस.एस. मलिक ने कुर्सी के पीछे पीठ टेक गरदन ढीली छोड़ दी, और आँखें मूँद अपने पंडित लखमी चन्द को गुनगुनाने लगा–

थारी सबकी बेअकली पागी
होणी सकल सभा पे छागी।

अपने जनाब यानी थानेदार एस.एस. मलिक के सारे हुक्म–हिदायतों को ताक पर रख, हवलदार नेमपाल सीधा दिगम्बर दाल मिल के मालिक और इस आयोजन के प्रमुख सेठ ताराचन्द की मिल में पहुँच गया। उसे पता है कि जैसा उसके जनाब ने हुक्म दिया है, उसकी सही जानकारी सेठ ताराचन्द से ही मिल सकती है।

"आओ दीवान जी, अब क्या ख़बर लाये हो?" अपनी ओर तेज़ क़दमों से हवलदार नेमपाल को आया देख सेठ ताराचन्द ने पूछा।

"सेठ जी ख़बर क्या, हमारे तो थानेदार साहब की भीड़ देख–देख कर

हालत ख़राब हुई जा रही है। मैंने बहुत समझा लिया मगर उन्हें भरोसा ही नहीं हो रहा है। उन्हें तो बस यही चिन्ता खाये जा रही है कि जिस तरह भीड़ बढ़ती जा रही है, उसके चलते कहीं कोई फ़साद नहीं हो जाये!"

सेठ ताराचन्द धीरे–से हँसे। फिर थोड़ा रुक कर अपने बग़ल में बैठे एक और ट्रस्टी मास्टर शौक़त अली की तरफ़ मुस्कराकर देखते हुए बोले, "आपने बताया नहीं कि हम तो यहाँ हर साल महाशिवरात्रि के मौक़े पर खेल करवाते हैं। दंगा–फ़साद की बात दूर रही, मजाल है कोई यहाँ किसी से अलिफ़ से बे तो कह जाये।"

"लाला जी, क़सूर इस बेचारे थानेदार का भी नहीं है। इस इलाक़े का नाम सुन अच्छे–अच्छे दानिश्वर तक ऐसा ही सोचते हैं।'' मास्टर शौक़त अली ने हँसते हुए कहा।

"मैं अपने जनाब को सब समझा चुका हूँ। खैर छोड़िए, आप तो यह बताइए कि वे आ कब रही हैं?" हवलदार नेमपाल असल मुद्दे पर आते हुए बोला।

"बस किसी भी समय पहुँच सकती हैं। सीधे यहीं मिल में आयेंगी। थोड़ा–सा नाश्ता–पानी कर घंटा–सवा घंटा आराम करेंगी। जब तक वे आराम करेंगी, तब तक उनकी कार के क़स्बे में एकाध फेरे लग जायेंगे।"

"आपसे एक विनती है सेठ जी कि सबसे पहले फेरा थाने की तरफ़ का लगवा देना।"

इससे पहले कि सेठ ताराचन्द हवलदार नेमपाल की बात का कोई जवाब देते, एकाएक मिल के गेट पर हुई हलचल से उनका ध्यान भंग हुआ।

"दीवान जी, लगता है वे आ गयी हैं। आइए मास्टर जी!" इतना कह सेठ ताराचन्द अपने दूसरे ट्रस्टी मास्टर शौक़त अली को लेकर तेज़ी से मिल के गेट की तरफ़ बढ़ गये। पीछे–पीछे हवलदार नेमपाल भी हो लिया।

गेट के बाहर भारी भीड़ से घिरी सफ़ेद फ़िएट को देख हवलदार नेमपाल को समझते हुए देर नहीं लगी, कि जिस घड़ी का पूरी अनाज मंडी और पूरे क़स्बे को इन्तज़ार है आख़िर वह घड़ी आ गयी है। सेठ ताराचन्द लोगों की धक्कामुक्की करती अभेद्य प्राचीर को चीरते हुए बमुश्किल कार तक पहुँच पाये। उन्होंने लपक कर शीशे चढ़े चारों दरवाज़ों में से कार का पिछला दरवाज़ा खोला। दरवाज़ा खुलते ही नरमुंडों का एक बेताब झुंड, उसमें बैठे चेहरे की झलक पाने के लिए उसमें झाँकने लगा। सेठ ताराचन्द भाँप गये कि यहाँ बात नहीं बनेगी। यहाँ उतारना मुश्किल है।

फ़िएट के चारों तरफ़ छायी बेताबी को भाँप उन्होंने तुरन्त दरवाज़ा बन्द कर दिया। अब क्या करें वे? एक पल सोचने के बाद उन्होंने इधर–उधर देखा और जैसे ही उनकी नज़र हवलदार पर पड़ी, वे चिल्लाते हुए बोले, "दीवान जी, भीड़ को गाड़ी से दूर हटाइए!"

हवलदार नेमपाल डंडा फटकारते हुए भीड़ को कार से दूर करने लगा। जैसे ही भीड़ कार से अलग हटी, सेठ ताराचन्द ने झटके से ड्राइवर वाला दरवाज़ा खोला और ड्राइवर को दूसरी तरफ़ सरकने का आदेश दे, ख़ुद ने यह कहते हुए स्टेयरिंग सँभाल लिया, "मास्टर जी, आप दफ़्तर में चलिए...इन्हें मैं लाता हूँ!"

भीड़ के बीच से रास्ता बना सेठ ताराचन्द ने कार दूसरी दिशा में मोड़ दी। जब तक भीड़ कुछ समझ पाती, कार धूल उड़ाती हुई लोहे की नालीदार चादरों से बने एक विशाल फाटक को पार कर, भीतर अहाते में दाख़िल हो गयी। सेठ ताराचन्द ने फ़िएट अन्दर दाल मिल में लगा दी। पीछे–पीछे हवलदार नेमपाल भी दौड़ता हुआ कार तक जा पहुँचा। जैसे ही हवलदार मिल में दाख़िल हुआ, गेट पर तैनात कारिन्दे ने बड़ी चपलता के साथ गेट बन्द कर दिया।

ड्राइवर सीट से उतर सेठ ताराचन्द ने पिछला दरवाज़ा खोल दिया। दरवाज़ा खुलने के साथ ही मारे रोमांच के हवलदार नेमपाल की धड़कनें तेज़ हो गयीं। वह सकुचाते हुए कार के अधखुले दरवाज़े के पास आया और हाथ बाँध, दम साध कर कार से उतरती अपनी उस नायिका का इन्तज़ार करने लगा, जिसे वह अभी तक अलग–अलग किरदारों हाड़ी रानी, जमालो, मछला, शाहज़ादी नौटंकी, तारामती, पद्मावती और न जाने कितने रूपों में देखता आया है, आज साक्षात् देखेगा। इधर जैसे ही उसकी नायिका कार से बाहर आयी, वह लगभग दोहरा होते हुए, दोनों हाथों को जोड़ अभिवादन करते हुए दबी ज़बान में बोला, "दीदी नमस्ते!"

"राधे–राधे भइया!"

अपनी नायिका के मुँह से इतने आत्मीयता भरे जवाब को सुन हवलदार नेमपाल भीतर तक भीगता चला गया। इस बीच उसके स्वागत के लिए श्री दिगम्बर जैन एजूकेशन ट्रस्ट के दूसरे न्यासी और पदाधिकारी भी आ गये।

"गिरधर, जब तक रागिनी जी नाश्ता–पानी कर कुछ देर आराम करती हैं, तब तक पूरे क़स्बे में इनकी कार के फेरे लगवा आओ...और हाँ,

ऐसा करो दीवान जी को भी साथ लेते जाओ। पहले ये जहाँ ले जायें, उसी तरफ़ चले जाना!"

"जी बाऊ जी।" इतना कह गिरधर नाम का व्यक्ति हवलदार नेमपाल को लेकर फ़िएट में बैठ गया।

"ड्राइवर साब, कार को सामने वाले चौराहे से दायें ओर ले लेना। मुझे थाने से पहले छोड़कर आप लोग आगे निकल जाना...और हाँ, जब तक मैं थाने से बाहर न जाऊँ, तब तक आप कार को धीरे–धीरे चलाना!" हवलदार नेमपाल ने दाल मिल से कार के बाहर आते ही ड्राइवर को निर्देश देते हुए कहा।

कुछ ही देर बाद हवलदार नेमपाल थाने से सौ क़दम पहले उतर कर, तेज़ क़दमों के साथ थाने में घुस गया। कार जब थाने के सामने पहुँची तो ड्राइवर और गिरधर नाम के व्यक्ति ने देखा हवलदार अपने थानेदार के साथ बाहर खड़ा है।

धीरे–धीरे आगे बढ़ती फ़िएट और उसके पीछे–पीछे क़दमताल करती भीड़ के पैरों से उठते धूल के गुबार को देख, थानेदार एस.एस. मलिक को अब कहीं जाकर अपनी आँखों पर यक़ीन हुआ। उसके सामने से गुज़रती कार और उसके पीछे–पीछे दौड़ती भीड़ को वह तब तक अपलक निहारता रहा, जब तक वह अपने पीछे छोड़ गये गर्द–ओ–गुबार के छोटे–से बादल में ग़ायब नहीं हो गयी।

"रागिनी क्या लोगी?" सेठ ताराचन्द ने औपचारिकता निभाते हए पूछा।

"आप तो जानते ही हैं कि शो से पहले मैं कुछ नहीं लेती हूँ।" रागिनी ने मुस्कराते हुए कहा।

"फिर ऐसा करिए हाथ–मुँह धोकर आप थोड़ा आराम कर लीजिए!" इतना कह सेठ ताराचन्द बग़ल में हाथ बाँधे खड़े व्यक्ति से बोले,"मुनीम जी, इन्हें ऊपर ले जाइए!"

अपने मालिक का आदेश सुन मुनीम रागिनी को ऊपर ले गया।

साँझ होते–होते ठंड ने भी अपना रंग दिखाना शुरू कर दिया। बुकिंग विंडो पर मची मारा–मारी और अफ़रा–तफ़री देख, थानेदार एस.एस. मलिक ने पलट कर कुछ दूर खड़े हवलदार नेमपाल की तरफ़ देखा। कहा कुछ नहीं। बल्कि लगभग दस क़दम दूर बने गेट में एक छोटी–सी खिड़की जिसमें से होकर सिर्फ़ एक ही आदमी अन्दर जा सकता है, उसकी ओर चला गया।

इस खिड़की में से होकर वह भी अन्दर चला आया। पीछे-पीछे उसका हवलदार भी हो लिया। दरअसल, गेट के एक तरफ़ बनी इन खिड़कियों का उपयोग सिर्फ़ टिकटधारियों के प्रवेश के लिए होता है, और जैसे ही शो ख़त्म होता है पूरा गेट खोल दिया जाता है।

नालीदार टीन की चादरों से घिरे और बल्बों की रोशनी में नहाये पुरानी अनाज मंडी के अहाते में दूर तक बैठे दर्शकों पर एक सरसरी नज़र मारी थानेदार मलिक ने। उसकी जहाँ तक और जिधर भी नज़र गयी चिल्ल-पों करती मुंडियाँ ही मुंडियाँ दिखायी दीं। उसने कलाई पर बँधी घड़ी पर निगाह मारी और फिर अपने बग़ल में खड़े हवलदार से पूछा, "नेमपाल, खेल शुरू होने का टाइम क्या है?"

"जनाब, साढ़े आठ से पहले तो क्या शुरू होगा। वैसे कई बार बुकिंग ख़त्म होने पर भी शुरू कर देते हैं।"

"इसका मतलब है अभी आधा घंटा और बचा है?" थानेदार ने थोड़ा चिन्तित होते हुए कहा।

"जी जनाब।"

"...और आज खेल कौन-सा है?" थानेदार एस.एस. मलिक ने अपने आपको थोड़ा-सा चिन्तामुक्त करने की कोशिश करते हुए पूछा।

"जनाब, हरिश्चन्द्र उर्फ़ गुलशन का नाग।"

"यह कौन-सा खेल हुआ?"

"जनाब वही, हरिश्चन्द्र-तारामती।"

"अच्छा-अच्छा हरिश्चन्द्र-तारामती का सांग है...फिर तो यह ज़रूर देखना पड़ेगा।"

"ज़रूर देखना। जनाब, तारामती का रागिनी ऐसा कमाल का पार्ट अदा करती है कि देखने वाले के रोंगटे खड़े हो जाते हैं।"

इससे पहले कि थानेदार एस.एस. मलिक प्रत्युत्तर में कुछ कहता, जगह-जगह टँगे लाउडस्पीकरों से एकाएक हारमोनियम और झील-नक्काड़े की संगत सुनायी देने लगी। एक तरह से यह दर्शकों के लिए शो शुरू होने का पूर्व संकेत है। जब-जब झील-नक्काड़े के साथ ढोलक की थाप और हारमोनियम की धुन आगे बढ़ती हुई रात के सन्नाटे में घुलती, तो लगता मानो कहीं दूर एकसाथ कई झरने किसी गहरे पानी में गिर रहे हैं। पुरानी अनाज मंडी शो शुरू होते-होते एक विशाल जन समुद्र में तब्दील होता चला गया। हिलोरें मारता ऐसा समन्दर तो उसने कभी अपने पंडित

लखमी चन्द के सांगों में भी नहीं देखा। उसकी निगाह आसपास की छतों, उनकी मुँडेरों और छज्जों पर बैठी ख़लक़त पर पड़ी, तो देखते ही उसका दिल किसी दुर्घटना की आशंका से बैठने लगा।

"यार नेमपाल, आख़िर यह है क्या बला?" छतों पर बैठे मुफ़्त के दर्शकों की भीड़ को देख कर थानेदार एस.एस. मलिक ने अपने हवलदार से पूछा।

मगर हवलदार ने अपने जनाब को कोई जवाब नहीं दिया। इसी दौरान एकाएक ख़ामोश हो गये साजों के बीच हुई इस उद्‌घोषणा से चिल्ल–पों थम गयी।

"तो साहिबान, कुछ ही देर में आपके पेशे–नज़र है नौटंकी हरिश्चन्द्र–तारामती!"

उद्‌घोषणा ख़त्म होते ही मंच से धीरे–धीरे परदा उठ गया। इधर परदा उठा और उधर रात की कोरी फ़िज़ा में झील–नक्काड़े व हारमोनियम के सुरों के साथ वन्दना के स्वर गूँजने लगे।

कार्तिक की गहराती रात की कुनमुनाती ठंड में नालीदार टीन की चादरों से घिरी नम आँखें, पुत्र वियोग में ज़ार–ज़ार रोती तारामती के भीगे संवादों पर टिकी हुई हैं। देखते–ही–देखते पूरा अहाता मानो पत्थर हो गया। जो अहाता कुछ देर पहले थानेदार एस.एस. मलिक को हिलोरें लेता नज़र आ रहा था, वह ऐसे शान्त हो गया जैसे अमावस्या की रात को हो जाता है। मजाल है अनाज मंडी में बैठे जिस्मों में किसी तरह की कोई जुम्बिश तो हो जाये। साँसें मानो थम–सी गयीं। मंच के सामने काठ हो गयी आँखों से ढुलकते आँसुओं की बूँदों पर, मोटे–मोटे बल्बों की रोशनी पड़ने से फूटती किरनों को देख, बार थानेदार एस.एस. मलिक को अपनी आशंका पहली ग़लत नज़र आने लगी।

दृश्य ख़त्म होने के बाद गिरे हुए परदे के पार्श्व में हारमोनियम पर *ज़ंजीर* फ़िल्म का *बना के क्यों बिगाड़ा रे, बिगाड़ा रे नसीबा / ऊपरवाले... ऊपरवाले* गीत का मद्धिम स्वर झील–नक्काड़े की तान पर गूँजने लगा। इस मद्धिम स्वर के बीच जैसे ही एक बार फिर परदा उठा हारमोनियम का इस बार सुर बदल गया। सामने श्मशान में अपने पुत्र रोहिताश्व के पार्थिव शरीर को, अपनी साड़ी को फाड़ कर उससे ढकते हुए तारामती विलाप करने लगी।

साज़ों के सुर–ताल के साथ राजा हरिश्चन्द्र और तारामती के भाव–विह्वल संवादों को सुन सचमुच थानेदार एस.एस. मलिक का रोआँ–रोआँ सिहरता चला गया। और अधिक नहीं बैठा गया उससे। वह धीरे–से उठा और बाहर आ गया। मगर बाहर भी उसके कानों में तारामती का वियोग और कातर विलाप गूँजता रहा। जब भी तारामती का विलाप उसके कानों में गूँजता, तभी उसे लगता मानो कोई ज़ख्मी कोयल स्याह अँधेरे में टिमटिमाते तारों को अपना दुःख सुना रही है। थोड़ी देर बाद वह फिर से अन्दर आ गया। उसने एक बार फिर दूर तलक फैली शान्त लहरों पर नज़र दौड़ाई, तो पाया दम साधे ग़मगीन लहरों के चेहरे आँसुओं से पूरी तरह भीगे हुए हैं।

कैसे बहाऊँ तोहे मैं हिलकी भरे है दम–ब–दम
बैरी दग़ा दे चल दिया लाया न कुछ माँ का रहम
लाखों सहे दुःख–सुख मैंने तेरे पिछारी लाड़ले
सो आज मुझको त्याग कर तू चल दिया मुल्के अदम।

हिलकियों के साथ पछाड़ खाकर तारामती जैसे ही बेटे रोहिताश्व की मृत देह पर लिपटी, पुरानी अनाज मंडी का पूरा अहाता मारे सुबकियों के काँपने लगा। पलभर के लिए ख़ुद थानेदार एस.एस. मलिक को लगा जैसे उसकी शिराओं में दौड़ता ख़ून जम गया है। इसके बाद उसे भी पता नहीं चला कि दुबोला, चौबोला, छन्द, बहरतबील जैसे छन्दों में पिरोये गये हरिश्चन्द्र–तारामती के बीच क्या–क्या संवाद हुए। उसे ख़ुद ही पता नहीं चला कि कब उसकी अपनी आँखों के कोरों से बग़ावत कर आँसू बह निकले। उसे लगा जैसे दर्शकों की इस शान्त लहरों के बीच बैठा, वह पंडित नथाराम शर्मा गौड़ का लिखा नहीं, अपने पंडित लखमी चन्द का सांग देख रहा है–

बेटा आला क़िला टूट ग्या, टूटी पड़ी किवाड़ी रहगी।
चीर नै लैके राजा चल दिया, राणी नगन उघाड़ी रहगी।।
राणी धोरे ते टळती बरियाँ, ढह पड़या होता सिंभळती बरियाँ।
लकड़ियाँ बेसक जलती बरियाँ, पेड़ में गड़ी कुल्हाड़ी रहगी।।

थानेदार एस.एस. मलिक को होश आया भी तो तब, जब कानों में बोल *अटल छत्र की जय* का उद्घोष गूँजा। इससे पहले कि वह सँभल पाता अहाते का गेट खोल दिया गया। वह तेज़ी से बाहर की तरफ़ लपका। बाहर आकर वह थाने से आये अपने सिपाहियों को हिदायतें देने

लगा। कुछ देर में लबालब भरा बाँध तेज़ी से रीता होता चला गया। मंच के सामने ख़ाली अहाते में जलते हुए बल्बों की ऊँघती रोशनी में कानों में गूँजता तारामती का विलाप, आँसुओं से भीगी सूनी कुर्सियाँ, सिलवट पड़ी जाजमें और कुछ बिछौने रह गये।

36

रातभर थानेदार एस.एस. मलिक के अवचेतन में तारामती का आर्त्तनाद रह–रह कर जैसे दस्तक देता रहा। सवेरे उसने हवलदार नेमपाल को अपनी ओर आता देखा, तो उसे देख वह मुस्करा दिया। हवलदार नेमपाल उसके पास आया और अभिवादन करते हुए बोला, "जय हिन्द जनाब!"

"रात को सब ठीकठाक तो निपट गया नेमपाल?"

"वो तो आप बताओगे जनाब।"

"तेरा कहना एकदम सही था। मजाल है पूरे शो में कोई टस–से–मस तो हुआ हो। मान गये यार, कुदरत ने क्या गला दिया है।"

अपने जनाब यानी थानेदार एस.एस. मलिक की आँखों की चमक देख, हवलदार नेमपाल के फेफड़ों में मानो ताज़ा हवा भर गयी।

"जनाब, अभी तो आपने पहला ही खेल देखा है। जब और देखोगे तब बताना।"

"अच्छा सेठ जी के पास जाओ तो उनसे मेरी सिफ़ारिश करना कि मुझे वे रागिनी से मिलवा दें!"

"सेठ जी मिलवायें तो तब जनाब, जब वह यहाँ हो!"

"क्या मतलब, आज कोई खेल नहीं है?"

"क्यों नहीं है...और फिर खेल तो शाम को है ना।"

"मैं कुछ समझा नहीं?"

"जनाब, वह तो शो ख़त्म करते ही रात को निकल गयी।"

"कहाँ निकल गयी?"

"जनाब, सवा–डेढ़ सौ मील के अन्दर उसका कहीं शो होता है, तो शो ख़त्म करते ही वह अपने घर निकल जाती है। अगले दिन शो से पहले आ जाती है।"

''ये बात है! अब समझ में आया अपनी कार से आने का भेद।

यार, इस रागिनी का तो बड़ा जलवा है। इतनी ठसक तो किसी फ़िल्मी हीरो–हीरोइन की भी नहीं होगी जितनी इसकी है...और तेरा वो पंडित जी क्या नाम है उसकाऽऽऽ..." थानेदार एस.एस. मलिक कुछ सोचने लगा।

"लखमी चन्द जनाब।"

"लखमी चन्द तो हमारे हरियाणे का है। अरे यार वोऽऽऽ जिसने यह नौटंकी लिखी है...क्या नाम है उसकाऽऽऽ..."

"अच्छा–अच्छा आप तो पंडित नथाराम शर्मा गौड़ की बात रहे हो जनाब।"

"हाँ–हाँ वही गौड़ साहब। उसने भी इसे लिखने में जैसे अपनी कलम ही तोड़ दी।"

"जनाब, कहना नहीं चाहता क्योंकि छोटा मुँह बड़ी बात वाली बात हो जायेगी। रागिनी तो रागिनी, पंडित नथाराम की नौटंकियों का एक ज़माने में आलम यह था कि इनके सांगीत जिन्हें अब नौटंकी कहते हैं, इनकी किताबों को पढ़ने के लिए लोग हिन्दी सीखते थे। एक से बढ़ कर एक ऐसी नौटंकियाँ लिखी हैं कि अगर नाम गिनाने लगूँ, तो तीन सौ दो की एक लम्बी–चौड़ी तहरीर बन जाये।"

"ऐसे कितने सांग, मेरा मतलब है कितनी नौटंकियाँ लिखी होंगी तेरे नथाराम ने?"

"जनाब यह पूछो कि क्या नहीं लिक्खा है। क्या तो श्रृंगार रस, क्या वीर रस। क्या भक्ति रस, क्या आल्हा–ऊदल...कुछ भी तो नहीं छोड़ा जनाब इसने।" इसी बीच अपने जनाब को किसी सोच में डूबा देख हैरत से पूछा नेमपाल ने, "किस सोच में डूब गये जनाब?"

"नेमपाल, मैं यह सोच रहा हूँ कि हम तो अपने पंडित लखमी चन्द को ही हरियाणे का शेक्सपीयर समझा करते थे, पर इस देश में तो पता नहीं कितने शेक्सपीयर छिपे हुए हैं।"

"आपने सही कहा है जनाब। आपको सुनकर हैरानी होगी कि पंडित नथाराम ने महाभारत के ग्यारह पर्वों को छत्तीस भागों में, और रामायण के आठ कांडों को पच्चीस भागों में लिखा है। इतना ही नहीं जनाब, आपने रैदास का नाम तो ज़रूर सुना होगा...वही रैदास जनाब, जिसने कहा है कि मन चंगा तो कठौती में गंगा। इसी रैदास ने, जिसने चमार के घर में अपने गुरु के शाप से जन्म पाकर, अपने पुनर्जन्म में अपने भक्ति भाव से अपने जीवन को कृतकृत्य किया, और गुरु से भी ज़्यादा दुनिया में नाम

रोशन किया, उसी रैदास के जीवन पर आधारित *रविदास रामायण* तक लिखी है। यह रामायण हाथरस से ही छपी है। और तो और इन्होंने डॉ. राजेन्द्र बाबू, सुभाष चन्द्र बोस, गोबिन्द वल्लभ पन्त और मौलाना अबुल कलाम आज़ाद जैसे राष्ट्रीय नेताओं के जीवन–चरित्र पर भी आधारित सांगीत लिखे हैं।''

जिस समय हवलदार नेमपाल हुमकते हुए रैदास के बारे में बता रहा था, थानेदार एस.एस. मलिक के चेहरे पर जातिगत घृणा के भाव साफ़ देखे जा सकते थे। एक बार तो इसे अपने इस मातहत पर शक–सा हुआ कि कहीं यह भी तो उसी जाति का नहीं है जिसका रैदास था। क्योंकि इतनी गहरी और बारीक जानकारी सिवाय उसी जाति के भला दूसरा क्यों रखेगा?

"नेमपाल, मैंने कहीं सुना था कि पंडित नथाराम ने एक बार कानपुर में जाकर कहा था कि जैसा सांग वे करते हैं, वैसा कोई नहीं कर सकता। इस पर वहाँ के एक नक्काड़ची ने इस चैलेंज को क़बूला और एक नक्काड़े के चारों तरफ़ बारह नगाड़ियाँ रख, उन पर चोब की ऐसी टंक मारी कि तब से सांग या स्वाँग को नौटंकी कहा जाने लगा।"

"ये सब सुनी–सुनायी बातें हैं जनाब, वैसी ही जैसी त्रिमोहनलाल के बारे में कही जाती हैं कि जब वे नक्काड़ा बजाते थे, तो उसकी धमक से औरतों का हमल गिर जाता था। हाँ, ऐसा कहा जाता है कि पंडित नथाराम स्वाँग के बड़े गुणी कलाकार थे। सुर–ताल का ज्ञान इन्हें भले ही कम था, पर वीर रस तो ऐसा लगता था जैसे घोल कर पी गये हों। इनके लिखे सांगीतों की किताबों की इतनी ज़बरदस्त डिमांड थी कि हाथरस में इन्होंने अपनी श्याम प्रेस तक लगा ली थी।"

"नेमपाल, तुझे तो बड़ी जानकारी है नौटंकी की?"

"जनाब, जानकारी क्या बस थोड़ा–सा शौक़ और दिलचस्पी है। वैसे इस इलाक़े में एक कहावत है कि *गाते–गाते सब मीरासी हो जावे हैं*...बस, ऐसा ही समझ लो!"

"चलो अच्छी बात है कि मीरासी ही तो हो रहे हो, कोई चोर–डकैत तो नहीं बन रहे हो। अच्छा ऐसा कर, सिपाही परमानन्द से कह कर जीप लगवा दे। पास के एक गाँव में तहकीकात के लिए निकलना है।"

"अभी लो जनाब!" इतना कह हवलदार नेमपाल गाड़ी लगवाने के लिए चला गया।

कुछ ही देर में जीप लग गयी।

थानेदार एस.एस. मलिक की जीप तहकीकात के लिए बस अड्डे के सामने से गुज़र ही रही थी, कि अचानक अपने कानों से टकराये एक जाने–पहचाने से सुर ने, उसे जीप की रफ़्तार कम करवाने पर मजबूर कर दिया। वही झील–नक्काड़े की खनक। वही हारमोनियम का सुर और वही तारामती का चिर–परिचित कातर विलाप। थानेदार एस.एस. मलिक ने जीप उसी दिशा में मुड़वा दी।

जीप रेडियो–टेप रिकॉर्डर की मरम्मत करने वाली एक दुकान के पास जाकर रुक गयी। थानेदार ने जीप में बैठे–बैठे देख लिया कि दुकान के बाहर बज रहे लाउडस्पीकर के पास अच्छी–ख़ासी भीड़ बड़ी तल्लीनता और मनोयोग के साथ हरिश्चन्द्र–तारामती के संवादों को सुनने में डूबी हुई है। वह जीप से उतरा और लगभग दबे पाँव भीड़ की तरफ़ बढ़ गया। भीड़ ने जैसे ही अपने पास आयी खाकी वर्दी को देखा, वह तितर–बितर होने लगी। अपने पहुँचने से हुए इस व्यवधान को देख थानेदार एस.एस. मलिक को अच्छा नहीं लगा। इसलिए उसने मुस्कराते हुए कहा, "भागो मत! आराम से सुन लो!" यह कह कर वह दुकान में घुस गया।

अपनी दुकान पर एकाएक थानेदार को आया देख, दुकानदार घबराते हुए अकबका कर खड़ा हो गया। हड़बड़ाहट में वह टेप बन्द करना भी भूल गया।

"ज...जनाब...क्क्या हुआ? इस ग़रीब से कोई खता हो गयी?" दुकानदार के चेहरे पर हवाइयाँ उड़ने लगीं।

"यह तो वही खेल है न, जो रात को हुआ था?" थानेदार एस.एस. मलिक ने अपने अनुमान की पुष्टि करते हुए पूछा।

"जी...जी जनाब वही है।"

"तुमने इसे स्टेज से रिकॉर्ड भी कर लिया?"

"जनाब इस्टेज से नहीं...इसे तो मैंने बाहर बल्ली पे टँगे लोड स्पीकर के नीचे से रिकोड किया है।"

"बल्ली पर टँगे लाउडस्पीकर के नीचे से रिकॉर्ड किया है...मैं कुछ समझा नहीं?"

"जी जनाब, वो क्या है कि लोड स्पीकर के नीचे टेप रिकोड रख

देते हैं और रिकोड कर लेते हैं। क्या करें जनाब, इससे दो पैसा कमा लेते हैं। जनाब, रागिनी की जहाँ भी कोई नौटंकी होती है, तो हम ऐसे ही किसी लोड स्पीकर के पास अपना टेप रिकोड रखके रिकोड कर लेते हैं और फिर उसकी कापी कर–करके बेच लेते हैं।"

"एक तमाशे की ऐसी कितनी कैसेट बेच लेते हो?" थानेदार एस.एस. मलिक को दुकानदार की बातों में अब मज़ा आने लगा।

"क्या बताऊँ जनाब...बस, खरचा–पानी–सा निकल जाता है।"

"मैं खर्चे–पानी की बात नहीं, बिकने की बात कर रहा हूँ?"

थानेदार के तेवर देख दुकानदार खीसें निपोरते हुए बोला, "यही कोई ढाई सौ–तीन सौ।"

"एक नौटंकी की?"

"जी जनाब, कभी–कभी तो पाँच सौ तक भी बिक जाती हैं। आजकल तो लोग इनके वैसे भी दीवाने हैं। दुकान के बाहर आप जो भीड़ देख रहे हो न, इनमें से पन्द्रह–बीस तो इस कैसेट के ओडर भी दे चुके हैं जनाब।''

"फिर तो तेरी दुकान पर और भी कैसेट होंगी?"

"हाँ हैं न जनाब। अभी दिखलाता हूँ!" इतना कह दुकानदार ने अपने सामने थानेदार की पीठ के पीछे पतली सेल्फ़ में करीने से रखी कैसेट्स में से, कुछ पुरानी कैसेट्स निकालीं और थानेदार के सामने रख दीं।

थानेदार ने उनमें से एक कैसेट उठायी और उसे ध्यान से पढ़ने लगा–

नौटंकी इन्दलहरण (भाग–3)
(रागिनी एंड पार्टी)
कलाकार : श्रीमती रागिनी कुमारी,
नेमसिंह सिसोदिया, ताराचन्द 'प्रेमी', लता।
हास्य कलाकर–चौधरी धर्मपाल सिंह।

इस कैसेट के सबसे नीचे लिखा हुआ है–सैनी कैसिट कम्पनी, बस स्टैंड के सामने, कोसी कलाँ, मथुरा। इसके बाद उसने दूसरी अमर सिंह राठौर की कैसेट देखी, तो उस पर–सपना कैसिट, हनुमान मन्दिर के पास, कोसी कलाँ, मथुरा, उत्तर प्रदेश छपा हुआ देखा।

"मगर इन पर तो कोसी कलाँ का पता छपा हुआ है?" थानेदार एस. एस. मलिक ने जिज्ञासावश पूछा।

"वो क्या है जनाब कि इनकी आड़ में हम कुछ अपनी कैसट भी निकाल लेते है।'' दुकानदार ने दोलड़ होते हुए बताया।

"वैसे इनकी ये तीन–तीन कैसेट कैसे हैं?" थानेदार ने नीचे रखी दो कैसेट उठायीं और उन्हें उलट–पुलट कर देखते हुए पूछा।

"जनाब पूरी नौटंकी एक कैसट में तो आनी मुश्किल होती है। इसलिए इसके तीन पार्ट बना दिये हैं।"

"वैसे आज जो अमर सिंह राठौर होगा उसे भी रिकॉर्ड करोगे?"

"अमर सिंह राठौर! जनाब, इसकी तो लोग बाट देख रहे हैं। बल्कि इसकी तो मेरे पास अभी से बुकिंग होनी शुरू हो चुकी है।"

"पर उसकी ये कैसेट हैं तो सही?" नीचे रखी सपना कैसेट की एक कैसेट की ओर देखते हुए पूछा थानेदार ने।

"कभी–कभी गाहक नये शो के कैसट की माँग करते हैं। इसलिए रिकोड करनी पड़ती है।"

थानेदार एस.एस. मलिक को जब लगा कि अब चलना चाहिए और वह जाने लगा, तब दुकानदार ने बड़े अदब के साथ आग्रह किया, "जनाब, ये कैसट मेरी तरफ़ से भेंट समझ कर रख लो। कला के ऐसे पारखी के चरण इस दुकान पर कभी–कभी ही पड़ते हैं। आपके थाने में एक दरोगा जी हैं न नेमपाल, वो तो हमारी दुकान से कई दफे कैसट ले जा चुके हैं।"

थानेदार एस.एस. मलिक दुकानदार के इस आग्रह को टाल नहीं पाया। भेंट में मिलीं कैसेट्स को ले वे जीप में आकर बैठ गये। जीप एक बार फिर अपनी मंज़िल की ओर तेज़ी से दौड़ने लगी। जीप जैसे–जैसे बस अड्डे को पीछे छोड़ आगे बढ़ने लगी, वैसे–वैसे वातावरण में गूँजते झील–नक्काड़े व हारमोनियम के सुर–ताल में बिंधे संवाद मन्द पड़ते गये।

पूरे रास्ते थानेदार एस.एस. मलिक कार्तिक की कच्ची ठंड में, टीन की खड़ी चादरों से घिरे रंगमंच के सामने दम साधे नरमुंडों की शान्त और डबडबायी आँखों के संग तारामती के विलाप में डूबा रहा। जीप पूरी गति से दोनों तरफ़ तन कर खड़ी सरकंडों की दीवार के बीच बने सँकरे, और ऊबड़–खाबड़ रेतीले रास्ते को रौंदती हुई अपनी तहकीकात के लिए दौड़ी जा रही है।

37

हवलदार नेमपाल ने सही कहा था।

देखने वालों का सैलाब दिन–पर–दिन उमड़ता ही जा रहा है। तीसरे शो यानी *स्याहपोश* तक आते–आते श्री दिगम्बर जैन एजूकेशन ट्रस्ट को यह सोचने पर मजबूर कर दिया कि क्यों न दो शो और बढ़ा दिये जायें। इसलिए इसका जिम्मा ट्रस्ट ने दिगम्बर दाल मिल के मालिक सेठ ताराचन्द और दूसरे ट्रस्टी मास्टर शौक़त अली पर छोड़ दिया। सब जानते हैं कि रागिनी इन दोनों के कहे को कदापि नहीं टालेगी। तीसरे शो से एक दिन पहले सेठ ताराचन्द और मास्टर शौक़त अली ने रागिनी के सामने दो अतिरिक्त शो का प्रस्ताव रखा, तो सुनते ही रागिनी ने इनकार कर दिया।

सेठ ताराचन्द ने मनुहार कर मनाने की कोशिश करते हुए कहा, "रागिनी जी, आपकी इस छोटी–सी मदद से हमारे भावी स्कूल को बहुत सहारा मिल जायेगा!"

"भाई साब, बात तो आपकी ठीक है मगर मैं भी मजबूर हूँ। अगर छठे दिन नौचन्दी मेले में मेरा शो नहीं होता, तो मैं आपको कहने का बिल्कुल भी मौक़ा नहीं देती। पहले से तय हो चुके उस प्रोग्राम को मैं कैसे छोड़ सकती हूँ?"

"देख लो रागिनी, उपकार और जन कल्याण का काम है।"

"मैं आपकी भावनाओं को समझ सकती हूँ। हाँ, इसके बाद का शो मुझे मंजूर है। बस, दिक्कत है तो पहले वाले शो में।"

"हमें कुछ नहीं पता...आपको ही कोई रास्ता निकालना होगा। पब्लिक को सिर्फ़ रागिनी से मतलब है। ट्रस्ट ने बड़ी उम्मीद के साथ दो और शो कराने का फ़ैसला लिया है।" मास्टर शौक़त अली ने सेठ ताराचन्द के इसरार को वज़नी बनाते हुए कहा।

"फिर एक काम हो सकता है मास्टर जी, और वह यह कि नौचन्दी मेले वाले शो के दिन कोई ऐसा खेल करवाते हैं जिसमें लेडी आर्टिस्ट का कोई ख़ास रोल न हो। अगर कोई होगा तो उसे लता कर लेगी। हाँ, आख़िरी शो में मैं यहाँ के लोगों की सारी कसर पूरी कर दूँगी।"

"कुछ भी करो रागिनी। यह नैया तो अब आपको ही पार करानी है!"

सेठ ताराचन्द ने उम्मीद की नज़र आती एक छोटी–सी किरन को पूरे उजाले में बदलने की आशा में कहा।

"ठीक है भाई साब, फिर ऐसा करते हैं कि पाँचवाँ शो *सुल्ताना डाकू* और आख़िरी शो *क़त्लजान आलम* का रख लेते हैं!"

"हमें कुछ नहीं मालूम। यह तय करना आपका काम है।" सेठ ताराचन्द ने पूरी तरह रागिनी पर छोड़ दिया।

"तय क्या करना, यही ठीक रहेगा।" रागिनी ने आख़िरी फ़ैसला ले अपना निर्णय सुना दिया।

"ठीक है, जैसा आपको अच्छा लगे करिए। हमारी चिन्ता अब दूर हो गयी। अच्छा, अब हम चलते हैं...आप अपने आज के शो की तैयारी करिए!"

अपने साज़िन्दों को अनुभवी नक्काड़ची अत्तन खाँ ने ताईद कर दिया कि *स्याहपोश* में किसी तरह का ढीलापन नहीं रहना चाहिए। नगारी सेंकने वाले को तो सख्त लहज़े में कह दिया कि आज धधकते कोयलों की आँच धीमी नहीं पड़नी चाहिए। नगारियों को ऐसा सेंकना है कि लगे चोब उसकी झुलसती देह पर नहीं, वज़ीरज़ादी के दिल पर पड़ रही है। देखने वालों को लगना चाहिए कि झील की खनक और नक्काड़े की धमक सीधे वज़ीरज़ादी और गबरू के गले से निकल रही है।

वन्दना ख़त्म होते ही पहले दृश्य में महल के झरोखे में बैठी वज़ीरज़ादी अपने सामने रहल पर रखे कुरान की तिलावत शुरू करती, उससे पहले मंच के पार्श्व से सूत्रधार की खनकती आवाज़ दोहा, चौबोला और दौड़ में परिचय के रूप में फ़िज़ा में गूँजती है–

सिफ़त ख़ुदा के बाद में, हो सबको मालूम।
सिम्र मग़रबी एशिया, मुल्क खुशनुमा रूम।।

मुल्क ख़ुशनुमा रूम, तख्त वारिस महमूद तहाँ का।
बयाँ सिफ़त कर सकूँ न इतना रुतबा मेरी ज़बाँ का।।
था फ़ैयाज़ हुस्न युसुफ़ इन्साफ़ी शाह जहाँ का।
रय्यत रहै अमन में कुल अज़हद शौक़ीन कुराँ का।।

है अजब ख़ुशनुमा हुस्न जबीं लखि माह निगाह चुराता है।
गबरू है नाम जात सैयद साक़िन हिरात कहलाता है।।

कुराँ के तीसों पारे। याद जिसको थे सारे।।
कहूँ एक सखुन लताफ़त।
हुआ खड़ा आ बाम तले सुनने कुरान की आयत।।

अभी सूत्रधार ने गबरू का तआरुफ़ ख़त्म किया ही था, कि महल के झरोखे से कुरान की तिलावत करती वज़ीरज़ादी का स्वर उभरा। इधर महल के नीचे खड़ा गबरू जैसे ही वज़ीरज़ादी द्वारा ग़लत तिलावत को सुनता है, तो वह उसे टोकता है। इस पर वज़ीरज़ादी पलट कर कहती है–

क्या मतलब है आपका, लीजै अपनी राह।
चाहे जैसे हम पढ़ें, कुराँ कलामुल्लाह।।

वज़ीरज़ादी का संवाद ख़त्म होते ही हारमोनियम ने जो सुर उठाया, और उसके साथ वज़ीरज़ादी की ओर मुख़ातिब हो गबरू ने ज्यों ही सुर बाँधा, सामने दर्शकों के मर्दाने हिस्से में जगह–जगह बैठे गबरू, असली गबरू के सुर में सुर मिलाने लगे–

ग़लत ना पढ़ना चाहिए, है ये कुरान शरीफ़
इसी वास्ते आपको, देता हूँ तकलीफ़
देता हूँ तकलीफ़ इनायत जो हुज़ूर फ़रमावे
दिलो जान हो शाद महल के ऊपर हमें बुलावे।।

नक्काड़ची अत्तन खाँ को चौबोले में वज़ीरज़ादी को दिये गये गबरू के जैसे इसी जवाब का इन्तज़ार था। यानी इधर चौबोला ख़त्म हुआ और उधर अपने साथ ढोलक पर संगत करते ढोलकिया की तरफ़ देखते हुए, झील–नक्काड़े पर उसकी जो चोब पड़ी; लगा रात के पहले पहर में मानो तड़ातड़ ओस की मोटी–मोटी बूँदें गिर रही हैं। थानेदार एस.एस. मलिक यह देख कर हैरान–परेशान कि दो दिन पहले जो चेहरे तारामती के पुत्र–वियोग के चलते आँसुओं से तर थे, उन्हीं में से बहुत से कैसे झूमते हुए आज वज़ीरज़ादी जमालो द्वारा कुरान की ग़लत तिलावत करने पर, गबरू के सुर में सुर मिला रहे हैं? और जैसे ही साजों का स्वर एकदम धीमा हुआ, गबरू दौड़ में एक बार फिर सुर बाँधता है–

आपकी होय इनायत। पढ़ावें कुरान आयत।।
सखुन मानौ अच्छा है।
रहै महरबाँ ख़ुदा कुराँ पढ़ना दुरुस्त अच्छा है।।

गबरू के इस दख़ल पर वज़ीरज़ादी ने तिलावत छोड़ पहले इधर–उधर देखा, और फिर गबरू से इल्तिज़ा करने लगी–

आओगे मेरे महल सर्वेकद दिलदार।
सुन पावें मादर–पिदर, करें आपको ख्वार।।
करें आपको ख्वार मती आओ मेरे महलन में।
पाक मुहब्बत करने से नहीं होय तसल्ली मन में।।
आफ़ताब सा लखि जलाल उठतीं हिलौर जोबन में।
कली–कली रसभरी खिल रही मेरे हुस्न गुलशन में।।

इसके बाद तो वज़ीरज़ादी जमाल व गबरू के संवादों और बादशाह, कोतवाल, नूरमहल, कमरुद्दीन समेत दूसरे किरदार निभाने वाले अदाकारों ने मिल कर, *स्याहपोश उर्फ़ पाक मुहब्बत* को जो रंगत और ऊँचाई दी, उसकी छाप थानेदार एस.एस. मलिक के दिलो–दिमाग़ से अरसे तक नहीं मिटी। उसकी इस बला कहिए या आफ़त के प्रति लोगों की दीवानगी का रहस्य अब समझ में आया, जब वह ख़ुद इसके सुरों के धागों में बँधता चला गया। सही कहा था हवलदार नेमपाल ने कि जनाब इसके सुर का जादू लोगों के सिर चढ़ कर बोलता है।

इससे पहले कि गबरू के आख़िरी संवाद के साथ खेल ख़त्म होने का ऐलान होता, और लोग अपनी–अपनी जगह से खड़े होते, तभी मंच पर मास्टर शौक़त अली नबूदार हुआ और माइक के सामने खड़ा हो ऐलान करते हुए बोला, "साहिबान एक मिनट...एक ज़रूरी ऐलान सुनते जाइए! जैसाकि आप सब जानते हैं कल हमारे तमाशे का आख़िरी दिन है। इससे पहले कि मैं श्री दिगम्बर जैन एजूकेशन ट्रस्ट की तरफ़ से आपके जुनून, मोहब्बत और अमन बनाये रखने का आप सब का तहेदिल से शुक्रिया अदा करूँ, हमारे ट्रस्ट ने आख़िरी शो के बाद दो शो और कराने का फ़ैसला लिया है। हमें उम्मीद है कि आप इन दोनों खेलों का भी उसी तरह लुत्फ़ और मज़ा उठायेंगे जैसे बाकी के खेलों का उठाया है।"

मास्टर शौक़त अली के इस ऐलान को सुनते ही पुरानी अनाज मंडी में नालीदार टीन की खड़ी चादरों से बनी विशाल रंगशाला किलक उठी।

"तो साहिबान, इस तरह परसों आप देखेंगे *सुल्ताना डाकू उर्फ़ ग़रीबों*

का प्यारा और उसके बाद आख़िरी तमाशे के रूप में देखेंगे *क़त्लजान आलम उर्फ़ ख्वाबे हस्ती।"*

मास्टर शौक़त अली की इस उद्‌घोषणा के साथ ही स्याहपोश के ख़त्म होने की घोषणा कर दी गयी।

38

थानेदार एस.एस. मलिक अब पूरी तरह बेफ़िक्र हो गया। क़स्बे की जिन बदरंगी दीवारों पर मुस्कराते विभिन्न रंगों के इश्तहारों में, उच्च रक्तचाप के चलते नसों से रक्त बाहर फूटने को हो रहा था, उसी नाम का मानो वह भी मुरीद हो गया। मारे बेचैनी और अवसाद के जो तनाव उस पर पहले दो दिन हावी रहा, वह चौथे शो तक आते–आते ख़त्म हो गया। इतना ही नहीं, जिस अनहोनी के डर से उसका दिल बैठा जा रहा था, वह आशंका भी निर्मूल साबित हुई। थानेदार एस.एस. मलिक को सबसे ज़्यादा हैरत यह देख कर हो रही है कि देखने वालों में सबसे अधिक वे लोग हैं, जिनकी सांस्कृतिक निष्ठा और ईमानदारी पर सबसे ज़्यादा सन्देह किया जाता है। काश, आने वाली रातें भी इसी तरह सुकून से बीत जायें, जैसी अभी तक की रातें बीती हैं। इसी दुआ में थानेदार की आँखें मुँदती चली गयीं। अभी उसे नींद के एक आवारा–से झोंके ने दबोचा ही था कि उसे लगा जैसे उसके सामने हाथ में ग़रीबों का प्यारा माफ़ करना सुल्ताना डाकू हाथ में बन्दूक ताने खड़ा है।

हड़बड़ा कर नींद से जागा वह। अपने चारों तरफ़ देखा, तो पाया कमरे में उसके अलावा और कोई नहीं है। लगता है अवचेतन के किसी कोने में रात के ऐलान की वजह से यह नाम अटका रह गया। फिर अगले ही क्षण उसे यह सोचते हुए अपने आप पर हैरानी होने लगी कि उसके इस कोने में सुल्ताना डाकू की जगह क़त्लजान भी तो हो सकती थी? सुल्ताना डाकू ही क्यों उसके अवचेतन में अटका रह गया? कहीं ऐसा तो नहीं है कि उसका कर्त्तव्यबोध इस नाम को सुन परेशान हो उठा हो? वैसे थानेदार एस.एस. मलिक का परेशान होना एक हद तक सही भी है, क्योंकि क़ानून की नज़र में गुनाह, गुनाह होता है और इसे करने वाला मुजरिम।

थानेदार एस.एस. मलिक आज अन्य दिनों की अपेक्षा समय से पहले पुरानी अनाज मंडी पहुँच गया। वह आज किसी भी दृश्य को छोड़ना नहीं चाहेगा। कहीं ऐसा न हो कि उससे वही दृश्य छूट जाये, जिसने एक डाकू को ग़रीबों और मज़लूमों का प्यारा बनाया है।

वन्दना समाप्त होते ही मंच पर दस्यु की पारम्परिक वेशभूषा में नज़र आने वाले अदाकार ने प्रवेश किया। मन्द–मन्द बजते हारमोनियम व झील–नक्काड़े के साथ, इधर से उधर गश्त लगाते पात्र का नेपथ्य से, पहले दोहा और फिर चौबोले में इस तरह परिचय कराया जाने लगा–

ज़िला एक बिजनौर है, यूपी के दरम्यान।
शहर नजीबाबाद को लो उसमें ही जान।।
पैदा हुआ उसी के अन्दर एक डाकू सुल्ताना।
बड़ा चुस्त चालाक बहादुर लाजवाब मरदाना।।
था उसका ये काम अमीरों का बस लूट ख़ज़ाना।
बेकस और ग़रीबों को आराम सदा पहुँचाना।।

इधर सूत्रधार ने सुल्ताना डाकू का परिचय ख़त्म किया, उधर थानेदार एस.एस. मलिक के भीतर छिपा हुआ थानेदार भीतर–ही–भीतर ऐंठने लगा। जबड़े खिंचने लगे। जब उससे नहीं रहा गया, तो अपने मन की बात उसने बराबर में बैठे अपने हवलदार से कह ही दी।

"यार नेमपाल, इसका मतलब यह हुआ कि अमीरों को लूट कर ग़रीबों की मदद करो। यह क्या बात हुई। जुर्म तो आख़िर जुर्म है...चाहे अमीर को लूटो या ग़रीब को। ताक़तवर कमज़ोर को लूटे, या फिर कमज़ोर ताक़तवर को। क़ानून की नज़र में मुजरिम, मुजरिम होता है।"

"जनाब, नाटक–नौटंकियों में ऐसा ही होता है। असल ज़िन्दगी में थोड़ेई होता है।" हवलदार नेमपाल ने एक बेमानी–सा तर्क देकर, अपने जनाब के भीतर बैठे क़ानून के रखवाले को शान्त करना चाहा।

"असल ज़िन्दगी में क्यों नहीं होता। यह नौटंकी भी तो असल ज़िन्दगी पर ही लिखी गयी होगी? कोई हवा में क़िस्सा थोड़े ही गढ़ा होगा...और फिर इससे समाज और लोगों के बीच क्या सन्देश देना चाह रहे हैं? भले ही ऐसा कुछ लोगों को अच्छा लगता होगा, मगर है तो यह क़ानून का मखौल ही!" थानेदार एस.एस. मलिक के जबड़े की नसें खिंचने लगीं।

हवलदार नेमपाल ने इस पर कोई प्रतिक्रिया व्यक्त नहीं की।

इधर सूत्रधार का परिचय ख़त्म हुआ, उधर मंच पर चहलक़दमी करते

खूँखार–से नज़र आने वाले किरदार को देख कर, सारे दर्शक अब तक समझ चुके हैं कि यही सुल्ताना डाकू है। जो नहीं समझ पाये वे इसके इस फ़रमान को सुन समझ गये–

कान लगा कर सुनो सब मेरा फ़रमान।
भूल न हो इसमें ज़रा, रहे हमेशा ध्यान।।

मदद ग़रीबों की हरदम ऐ मेरे दोस्तो करना।
मगर दौलतमन्दों की दहशत से कभी न डरना।।
लाना कुल ज़र लूट बेख़तर गले पै ख़ंजर रखना।
जहाँ तलक हो पेट यतीमों के उस ज़र से भरना।।

"नेमपाल, यह क्या बात हुई! यह तो सरासर क़ानून की धज्जियाँ उड़ाना हुआ। मैंने तो सुना है कि सुल्ताना अपने ज़माने का इतना ख़तरनाक डाकू था कि इससे अंग्रेज़ी हुकूमत भी हिल गयी थी। इसके लिए अंग्रेज़ों ने लन्दन से एक ख़ास अफ़सर जिम कार्बेट हिन्दुस्तान बुलाया था। इसे पकड़ने के लिए अंग्रेज़ों ने सिर्फ़ तीन सौ जवान ही नहीं लगाये थे, बल्कि उसी जिम कार्बेट को भी इस काम के लिए लगा दिया था, जिसके नाम पर एक जंगल भी है। ऐसा कर, तू देख अपने इस ग़रीबों के प्यारे को... मैं तो चला!" अपनी जगह से थानेदार एस.एस. मलिक उठते हुए बोला।

"जनाब बैठो तो सही! अब आये हो तो देख कर ही जाओ!"

"क्या करूँ बैठ कर? मैं यहाँ रागिनी को सुनने आया हूँ या इस वाहियात ड्रामे को देखने आया हूँ। ऐसा कर तू बैठ, मैं चला!" इसके बाद थानेदार एस.एस. मलिक सचमुच नौटंकी बीच में छोड़ बाहर चला आया। जैसे–जैसे वह अनाज मंडी से दूर होता गया उसके कानों में सुल्ताना डाकू कि गूँजती ललकार, और साजों के सुर–ताल मन्द पड़ते चले गये।

हवलदार नेमपाल ने दूर से ही देख लिया कि रात का उखड़ा उसके जनाब का मूड अब भी ठिकाने पर नहीं है। इसलिए उसने अपने आपको बचाने की बहुत कोशिश की कि वह उसके सामने न पड़े। मगर वह देर तक अपने आपको ज़्यादा देर तक नहीं बचा पाया।

"जय हिन्द जनाब!" अपने जनाब के सामने पड़ते ही नेमपाल ने सेल्यूट मारते हुए कहा।

"और कैसा रहा तेरा ग़रीबों का प्यारा?" थानेदार एस.एस. मलिक ने अपने मातहत हवलदार नेमपाल से व्यंग्य करते हुए पूछा।

"जनाब, रात को तो बिल्कुल भी मज़ा नहीं आया। अच्छा किया जो आप बीच में आ गये।"

"क्या हुआ?" थानेदार मलिक ने हैरान होते हुए पूछा।

"रात को रागिनी नहीं थी, इसलिए लोग उखड़ गये।"

"क्याऽऽऽ, वह रात को नहीं थी?"

"जी जनाब, यह तो बाद में पता चला कि सुल्ताना डाकू में उसका कोई रोल ही नहीं था...और जो छोटे–मोटे जैसे फूल कुँवरि रंडी और सुन्दरी के रोल थे उन्हें लता और प्रभा ने निभा दिये। वैसे जनाब, कम लता भी नहीं है। सुल्ताना डाकू की फ़रमाइश पर फूल कुँवरि बनी लता ने जो दादरा सुनाया, उसे अगर आप भी सुनते तो सुनकर आप भी ग़ुस्सा भूल जाते। जबकि सुन्दरी बनी प्रभा का भी जवाब नहीं। एक से एक नग भर्ती कर रखें हैं रागिनी ने अपनी पार्टी में। लता ने जो दादरा सुनाया, सुन कर पूरी अनाज मंडी झूम उठी।" कहते–कहते हवलदार नेमपाल जैसे एक बार फिर सुल्ताना डाकू के मंच पर लौट गया, और कार्तिक की ओस से भीगी रात में फूल कुँवरि रंडी का किरदार निभाने वाली लता द्वारा गाये दादरा के ये बोल, शहद बन उसके कानों में घुलने लगे–

कान्हा तोरी तान, कलेजे मोरे कसकी
सुनती हूँ जभी होती है हालत बुरी मेरी
बैरिन है किसी जनम की ये बाँसुरी तेरी
ले लेगी मोरी जान, कलेजे मोरे कसकी।
यह बाँसुरी नहीं तेरी, आफ़त है बला है
आवाज़ जो इसकी सुनै, उसका न भला है
भुला दे सारा ज्ञान, कलेजे मोरे कसकी।
बजती है तो मैं भूलती हूँ घर के रास्ते
जब ना बजै दिल चलै, सुनने के वास्ते
तरसते दोनों कान, कलेजे मोरे कसकी।
उस्ताद इन्दरमन का तो, सुरपुर हुआ मुक़ाम
कहते हैं नथाराम जपौ, रूपराम श्याम
ये कहना जाओ मान, कलेजे मोरे कसकी।
कान्हा तोरी तान, कलेजे मोरे कसकी।।

थानेदार मलिक अपने मातहत के चेहरे पर आते–जाते भावों को पढ़ने की कोशिश करने लगा। पहली उसे अपने उस फ़ैसले पर रंज–सा हुआ, जिसके कारण वह बीती रात बीच शो से उठ कर चला आया था। मगर अपनी इस चूक या कहिए पछतावे को अपने मातहत के सामने कैसे स्वीकारे। इसलिए अपने इस फ़ैसले पर उसने यह कहते हुए गर्द डाल दी, "नेमपाल, वैसे यह बात तो तू भी मानता है कि सुल्ताना भले ही ग़रीबों का भला चाहने वाला रहा होगा, पर था तो एक डाकू ही न। तू ही बता कि क़ानून की नज़र में एक मुजरिम कैसे किसी समाज का हीरो हो सकता है। अगर चोर–डकैत ही न्याय–अन्याय का फ़ैसला करने लग गये, तो इस पुलिस महकमे की क्या ज़रूरत है!"

"जनाब, ग़रीबी–गुरबत अच्छे–बुरे में फ़रक़ नहीं देखती है। उसे तो अपने भले से मतलब होता है। वैसे जनाब, सुल्ताना डाकू जैसी बहुत सारी मिसालें हमें देखने–सुनने को मिल जायेंगी। मैंने तो सुना है कि अपने यूपी, हरियाणा, राजस्थान में ही नहीं, बिहार–उड़ीसा के कई इलाकों में इसे बहुत मानते हैं। यहाँ तक कि इसकी यह नौटंकी भी खेली जाती है।"

"नेमपाल, लगता है इस सुल्ताना ने बड़ी ग़रीबी देखी है...ग़रीबों पे होने वाले जुलम देखे हैं। क्या करूँ, इसमें हमारा भी कसूर नहीं है। पुलिस वाले जो ठहरे। हमें सिर्फ़ बुराई–ही–बुराई दिखायी देती है।" थानेदार एस.एस. मलिक एकाएक दार्शनिक होता चला गया। यह बात दूसरी है कि इस देश में बहुत से महकमों की तरह हमारे पुलिस महकमे के लिए भी दार्शनिक होना उनकी सेहत के लिए फ़ायदेमन्द नहीं है।

"आप सही कह रहे हो जनाब।" हवलदार नेमपाल भी थोड़ी देर के लिए अपने जनाब के दर्शन में जैसे आकंठ डूब गया।

"वैसे आज तो आख़िरी तमाशा है न?" थानेदार ने अपनी दार्शनिकता से बाहर आते हुए पूछा।

"जी जनाब, क़त्लजान आलम है।"

"तुझे तो पता होगा इसका क़िस्सा क्या है?"

"जनाब, ज़्यादा तो पता नहीं है। बस, इतना पता है कि पंडित नथाराम शर्मा गौड़ ने इस नौटंकी या कहिए सांगीत को तीन भागों में लिखा है–*क़त्लजान उर्फ़ ख्वाबे हस्ती, क़त्लजान उर्फ़ नक़ली फ़क़ीर* और *क़त्लजान उर्फ़ मुहब्बत का फूल।* इसका कुल–जमा क़िस्सा यह है जनाब कि ईरान का एक शाहज़ादा राहतजान सपने में एक सुन्दर शाहज़ादी को

देखता है। शाहज़ादा राहतजान इस शाहज़ादी को पाने के लिए परिस्तान तक चला जाता है। परिस्तान में स्याहदेव जादूगर इसे पत्थर का बना देता है। अब पूरा क़िस्सा तो जनाब तभी पता चलेगा जब आज रात को इस नौटंकी को ख़ुद अपनी आँखों से देखोगे!" हवलदार नेमपाल ने तीन हिस्सों में लिखे इस क़िस्से को बड़ी चतुराई से तीन पंक्तियों में निपटा कर, अपने जनाब से पीछा छुड़ा लिया।

थानेदार एस.एस. मलिक ने मन–ही–मन इसी समय तय कर लिया कि आज वह इस नौटंकी को बिल्कुल नहीं छोड़ेगा। वरना ऐसा न हो कि वह *सुल्ताना डाकू उर्फ़ ग़रीबों का प्यारा* की फूल कुँवरि रंडी द्वारा सुनाये गये दादरे की तरह, क़त्लजान आलम के क़िस्से से भी वंचित रह जाये।

पहले ही दृश्य ने थानेदार एस.एस. मलिक को अहसास करा दिया कि इस नौटंकी के बारे में हवलदार नेमपाल ने ग़लत नहीं कहा है। जैसे–जैसे क़त्लजान, ख्वाबे हस्ती और नक़ली फ़क़ीर से होते हुए मुहब्बत के फूल में दाख़िल हुआ, और रात के बढ़ते अँधेरे के साथ एक–एक कर राहतजान, जाँ निसार, जानजहाँ, मलिका, जान आलम, आफ़तजान, मुहब्बतजान, इल्लतजान, आरामजान, सलामतजान, दुश्मनजान, काले देव, लाल देव, शैतान देव, खोजा, धूमधूसर चन्द, महरंगरेज़ शाह व हंसा जैसे अजीबो–ग़रीब किरदारों की भूल–भुलैया में वह भटक गया।

राहतजान और आरामजान के बहरतबील में पगे संवादों के बीच तो मानो जंग–सी छिड़ गयी–

ये कटारी–सा कलमा तुम्हारा लगा, रहा दिल को तअम्मुल सबर ही नहीं।
होके बेदम अदम को रखै दम क़दम, तेरे देखे बिना हो गुज़र ही नहीं।।
सिवा तेरे सनम मेरे जीने का कुछ, कहीं आता सहारा नज़र ही नहीं।
तेरे सर की कसम मेरा सर काट ले, तौ भी दिलबर मरूँगा उजर ही नहीं।।

राहतजान के इस सख़्त अहद पर आरामजान उससे शिकायत करती है–

इस अमर की अगर मुझे होती ख़बर, यहाँ हरगिज़ न आती खुदा की क़सम।
ऐसी मुझको परी ने करी बावली, मेरी दुनिया से सारी छुटाई शरम।।
ऐसी जवानी दिवानी जलै या खुदा, तौबा–तौबा जो उलफ़त में रक्खा क़दम।
बेवफ़ा की मुहब्बत के फन्दे फँसी, हा सितम है सितम है सितम है सितम।।

आरामजान की इस शिकायत पर राहतजान लड़खड़ाते हुए जवाब देता है–

तेरी दूरी से मुझको सबूरी न हो, मैं जिऊँगा नहीं तेरे सर की कसम।
छोड़ी शाही गदाई ली तेरे लिए, छाने कोहो बियाबाँ उठाये अलम।।
तेरी उलफ़त में आफ़त हज़ारों सही, जब मयस्सर हुए ये मुबारिक क़दम।
होके दिलबर दिलोजाँ दुखाती हौ दिल, हा सितम है सितम है सितम है सितम।।

राहतजान और आरामजान के संवादों को, अत्तन खाँ द्वारा कोसी कलाँ (मथुरा) से लायी गयी ताज़ा–ताज़ा झील और उसके सामने रखे नक्काड़े पर पड़ती चोब की टंक, ढोलक की थाप और हारमोनियम से निकले ज़ख़्मी सुरों ने और तीखा बना दिया। इससे पहले कि क़त्लजान आलम के तीसरे हिस्से यानी मुहब्बत के फूल के आख़िर में आरामजान राहतजान को उलाहना देती, तभी एक छत पर कुछ हलचल–सी हुई, जो देखते ही देखते चीख़ों में बदल गयी।

आख़िर वही हो गया जिसका थानेदार एस.एस. मलिक को पहले दिन से डर था। वह तुरन्त इधर–उधर तैनात सिपाहियों को लेकर अहाते से बाहर आया और उसी छत की तरफ़ दौड़ कर गया। वहाँ जाकर देखा तो पता चला कि इस मकान के छज्जे पर बैठी भीड़ के वज़न से उसका एक हिस्सा टूट गया। ग़नीमत यह है कि पूरा छज्जा नहीं टूटा और एक बड़ा हादसा होने से बच गया। दो–तीन दर्शकों को ही मामूली चोटें आयीं जिन्हें उपचार के बाद छुट्टी दे दी गयी।

थानेदार एस.एस. मलिक जब तक इस थाने में रहा, उसके कानों में रह–रह कर कभी पुत्र–वियोग में तड़पती तारामती का रुदन गूँजता, तो कभी शाहजहाँ के सिपहसालार अमर सिंह राठौर के धोखे से किये गये क़त्ल के बाद उसकी बेवा हाड़ी रानी का चीत्कार गूँजने लगता। कभी रात के सन्नाटे में आकर स्याहपोश की जमालो कानों में आकर कूकने लगती, तो कभी आरामजान का राहतजान से मनुहार आकर टकराता। अलग–अलग किरदारों में जब–जब रागिनी मंच पर आकर पंचम सुर में सुर उठाती, तब–तब मन्त्रमुग्ध थानेदार एस.एस. मलिक भूल जाता कि यह सचमुच रागिनी के गले से निकली आवाज़ है, या इन संगीत–नौटंकियों के पात्रों की आवाज़ है? नौटंकी की टीपदार स्वर लहरी जब रात के सन्नाटे को

बींधती हुई, किसी विशाल सदानीरा में ऊँचाई से गिरते असंख्य झरनों की तरह उसके कानों से टकराती, तब वह मानो सुधबुध खो बैठता। हर बन्दिश और मुरकी पर रागिनी की देह जैसे एकाकार हो जाती। ऐसा लगता स्वर और सुर उसके कंठ से नहीं, बल्कि समूचे देह–प्राण से झर रहे हैं। सदाबहार सुरों की बारीक पच्चीकारी, बोलों की नफ़ासत, बन्दिशों की रमणीयता और रेशमी लयात्मकता–सबकुछ लासानी।

इधर हवलदार नेमपाल, उसका तो हाल ही मत पूछो। उसके लिए तो पंडित नथाराम शर्मा गौड़ की लिखी नौटंकियों के बोल मानो भजन–आरती बन गये। एक–एक दृश्य उसकी स्मृति में अमिट भित्ति चित्रों की तरह ऐसे छपे हुए हैं कि उनका वजूद मिटने के बजाय और गहरा होता जा रहा है। हाथरस और बल्लभगढ़ की ज़र्द–सी मीठी यादें जब–तब स्मृतियों के झरोखों से ताक–झाँक करती हुई कब ठिठोली कर उसके पास से गुज़र जातीं, नेमपाल को पता ही नहीं चलता। सुरों के इस हीरामन के सपनों में किसी हीराबाई का चेहरा नहीं बल्कि कानों में बस रागिनी की खनकती आवाज़ गूँजती है।

जिन दिनों पूरा देश अपने एक पड़ोसी देश से युद्ध में मिली हार के बाद गहरे सदमे में डूबा हुआ था, उससे कुछ महीने पहले भागलपुर के हिन्दुस्तान थिएटर से शुरू हुई सुरों की यह यात्रा, बांग्लादेश की मुक्ति के लिए लड़े गये भारत–पाक युद्ध के ख़त्म होते–होते एक आँधी में तब्दील हो गयी। यह आँधी पश्चिमी उत्तर प्रदेश के ब्रज से लेकर दक्षिण हरियाणा के मेवात, और दक्षिण हरियाणा से लेकर पूर्वी राजस्थान की स्कूल–कॉलेज प्रबन्ध समितियों व स्थानीय कमेटियों के लिए चन्दा उगाहने की मानो टकसाल बन गयी।

इन्हीं दिनों बाबू गंगा सहाय इंटर कॉलेज की बनी भव्य इमारत के सामने खड़ा होकर हवलदार नेमपाल इसे निहारता है, तो उसके फेफड़ों में ताज़ा हवा भरती चली जाती है। मगर साथ में उसे यह देख कर दुःख भी होता है कि विद्या के जिस मन्दिर से दौड़, दुबोला, चौबोला, बहरतबील, दादरा, ठुमरी, लावनी, शिकिस्त, सोहनी, झूलना में लिपटे सुरों के अंकुर फूटने चाहिए थे; झील–नक्काड़े की खनक व धमक सुनायी देनी चाहिए थी; हारमोनियम से निकले कण, खटके, धुन, लय–बाँट, सुरों के संकोच व विस्तार की तरंगें फ़िज़ा में तैरती हुई महसूस होनी चाहिए थीं; कहरवा, दीपचन्दी और खेमटा तालों में पगे यमन, भैरवी, कलिगंडा, आसावरी, जोगिया, देस जैसे राग–रागनियों

के बोल सुनायी देने चाहिए थे; आज एक व्यावसायिक संस्थान में तब्दील हो चुके इस ग्लोबल स्कूल से साम्राज्यवादियों के लिए उच्च रक्तचाप व मधुमेह से ग्रस्त तथा नैराश्य व विषाद में डूबी अयोग्य पलटन निकल रही है। वह जब भी इस पुराने इंटर कॉलेज के बग़ल से गुज़रता है, और रुक कर इसकी दीवारों से कान सटा कर खड़ा होता है, तो लगता है बिजली कॉटन मिल के सुरुचि उद्यान में खोये सुरों के कण–खटके, शहद की बूँदों की मानिन्द उसके कानों में टपक रहे हैं। नेमपाल जब भी इस कॉलेज की दीवारों को धीरे–धीरे सहलाता है, तो किसी शो में इसी रागिनी का कहा यह शे'र उसके कानों में सरगोशी–सी करके चुपचाप निकल जाता है–

सब ज़िन्दगी का हुस्न चुरा ले गया कोई।
यादों की कायनात मेरे पास रह गयी।।

39

सावन गरजे, भादो बरसे। यह लोकोक्ति किसी ने यूँ ही नहीं बनायी होगी। इस महीने में बादल कब बरसने शुरू हो जायें, कोई नहीं जानता। सुबह के वक़्त जो आसमान नीला कच्च नज़र आता है, दिन ढलते–ढलते वही बादलों के गुच्छों से अट जाता है और वे कब बरसने लग जायें, कहना मुश्किल है। वैसे भी ब्रज तो पूरा इस महीने में बौराया–सा रहता है।

इसी ब्रज के भरतपुर से महज बारह किलोमीटर दूर एक गाँव तुहिया में, इसी भादों में एक निर्माणाधीन धर्मशाला के लिए चन्दा इकट्ठा करने की गरज़ से, एक दिन की शर्त के लिए अपनी कम्पनी रागिनी कला केन्द्र को लेकर रागिनी आयी है। दोपहर बाद गोधूलि के आसपास रागिनी कला केन्द्र ने इस गाँव में पहुँच कर अपना सामान रखा ही था कि एकाएक बारिश शुरू हो गयी। बारिश भी ऐसी मूसलाधार कि जिस प्राथमिक पाठशाला की चहारदीवारी में शो के लिए मंच बनाया गया, वह पूरी तरह तहस–नहस हो गया। सारी रात झड़ लगने के कारण मंच के सामने पूरे मैदान में घुटनों तक पानी भर गया।

अगले दिन सुबह आयोजकों ने आयोजन स्थल का मुआयना किया,

तो पाया कि आनेवाले कई दिनों तक किसी भी सूरत में शो सम्भव नहीं है। हार कर आयोजकों को शो रद्द करना पड़ गया। शो रद्द होते ही कलाकारों और साज़िन्दों का सामान वापस ट्रक में रखा जाने लगा। रागिनी ने पेशगी के रूप में तुहिया ग्राम पंचायत से जो रकम ली थी, उसी में से कलाकारों व साज़िन्दों को थोड़ा–थोड़ा भुगतान कर उनसे अपने–अपने घर लौटने के लिए कह दिया गया।

चूँकि अभी कुछ घंटे सबके पास बचे हुए हैं, सो प्रभा यह कह कर अपने पति के साथ, उनके किसी परिचित से यह कह कर मिलने चली गयी, "दीदी, मैं थोड़ी देर के लिए इनके साथ इनके एक रिश्तेदार राजबीर खुँटेला के घर जा रही हूँ। मिल कर अभी आते हैं थोड़ी देर में।"

"मगर जल्दी आना! मुझे भी घर निकलना है।" रागिनी ने प्रभा को जाने की इजाज़त देते हुए कहा।

लगभग घंटा–सवा घंटे के बाद प्रभा अपने पति के साथ वापस लौट आयी। प्रभा के आते ही रागिनी को लगा जैसे प्रभा उससे कुछ कहना चाह रही है। आँखों–ही–आँखों में अपने पति से नज़रें बचाते हुए एकाध बार उसने रागिनी को कुछ इशारा भी किया, मगर जल्दी–से–जल्दी वापस लौटने की उत्कंठा, या न जाने किस बेख़याली के चलते रागिनी ने प्रभा पर ध्यान नहीं दिया। मुश्किल से मौक़ा मिला प्रभा को। इधर प्रभा को मौक़ा मिला, उधर उसने घबराते हुए रागिनी से कहा, "दीदी, आप भरतपुर अपनी कार से मत जाना! किसी ऐसे ट्रैक्टर को लेना जिसमें और भी लोग बैठे हुए हों।"

"क्यों, ऐसा क्या?" एक हैरानी भरी मुस्कान के साथ पूछा रागिनी ने।

"दीदी बाद में बताऊँगी...अभी वे आ रहे हैं।" अपने ऊपर पहरा दे रहे अपने पति को अपनी तरफ़ आता देख, प्रभा यह कहते हुए रागिनी से दूर हो गयी, "दीदी, मैंने जैसा कहा है उसका ध्यान रखना!"

प्रभा की इस सलाह को सुन पलभर के लिए रागिनी सोच में पड़ गयी। इलाहाबाद के मूरतगंज से बाबूगंज जाने के दौरान, रास्ते में घटी दुर्घटना को वह अभी तक नहीं भूल पायी है। प्रभा की सलाह पर अमल करते हुए रागिनी ने वैसा ही किया। ख़ुद भरतपुर जाने वाले एक ऐसे ट्रैक्टर में बैठ गयी जिसमें पहले से पन्द्रह–बीस लोग बैठे हुए थे और अपने ड्राइवर से उसने कह दिया कि वह ट्रैक्टर के पीछे–पीछे चले। भरतपुर आकर उसने अपनी कार ली और उससे घर आ गयी।

दो महीने बाद अगली शर्त पर प्रभा से उसकी मुलाक़ात हुई। प्रभा

को देखते ही तुहिया का प्रसंग उसे याद आ गया। उसने उसी समय प्रभा को अपने पास बुलाया और उस प्रसंग के बारे में पूछने लगी, "प्रभा, तुहिया में उस दिन क्या हुआ था...जब तूने मुझसे अपनी कार के बजाय ट्रैक्टर से आने की सलाह दी थी?"

"अरे दीदी, क्या बताऊँ! अगर उस दिन मेरे कानों में इसकी भनक नहीं पड़ती, तो आपके साथ बाबूगंज वाले कांड से भी बुरा कांड हो जाना था!"

"ऐसा क्या सुन लिया था तूने उस दिन?" रागिनी प्रभा की ओर देखते हुए बोली।

"दीदी, आपको याद होगा कि उस दिन मैं उनके संग इनके एक रिश्तेदार राजबीर खुँटेला के घर गयी थी?"

"हाँ गयी तो थी।"

"तो दीदी, मैंने वहाँ अपने इनके और उस राजबीर खुँटेला के बीच हुई सारी बातें सुन ली थीं। आपको पता नहीं यह खुँटेला उस इलाक़े का छटा हुआ बदमाश है।"

"प्रभा, होगा मेरी बला से छटा हुआ बदमाश। मुझे क्या लेना–देना था उससे।"

"लेना–देना था तभी तो मैंने आपको चौकस करते हुए कहा था कि आप अपनी कार से नहीं किसी ट्रैक्टर से भरतपुर जाना।"

"देख प्रभा, बातों की यह जलेबी–सी तो बनाये मत...साफ़–साफ़ बता उस दिन बात क्या होने वाली थी?" रागिनी का धैर्य अब जैसे जवाब देने लगा।

"वही तो बताने जा रही हूँ दीदी। हुआ उस दिन यह था कि मैं तो भीतर कोठे में राजबीर की घरवाली के संग बैठ गयी, और बाहर बरामदे में हमारे वे और राजबीर आपस में बातें करने लगे।"

"क्या बातें करने लगे?" रागिनी की भयातुर आँखें अब मारे कौतूहल के फैलने–सिकुड़ने लगीं।

"राजबीर हमारे इनसे कह रहा था कि यार बजरंगी एक बात बता यह पार्टी कैसी है...तो हमारे ये बोले कि भैया पार्टी तो मोटी है। पहले तो दीदी मैं यही समझी कि इनका पार्टी से मतलब हमारी नौटंकी पार्टी से है...पर जैसे ही राजबीर ने कहा कि उठवा लें तो फ़िरौती अच्छी–ख़ासी मिल जायेगी, तो सुनते ही मेरे तो पाँवों के नीचे से ज़मीन खिसक गयी दीदी कि ये दोनों क्या प्लान बना रहे हैं।"

"मैं कुछ समझी नहीं...क्या प्लान था इन दोनों का?"

"इसमें समझने की ऐसी कौन–सी बात है दीदी। मतलब साफ़ है कि राजबीर खुँटेला हमारे इनसे आपकी किडनेपिंग के बारे में बात कर रहा था।''

"कि...किडनेपिंग औ...और मेरी? कहीं तेरा दिमाग़ तो नहीं फिर गया। यह बात वे मज़ाक़ में भी तो कर रहे होंगे!" रागिनी के शब्द कंचे बन जैसे हलक में अटक गये।

"दीदी, आपको क्या बताऊँ, जब तुहिया में मैं आपसे ट्रैक्टर से जाने की बात कह रही थी, तो हमारे इनको पता नहीं कैसे शक हो गया कि मैं आपको उसी के बारे में बता रही हूँ। अगर आप ट्रैक्टर के बजाय अपनी कार से जातीं तो इन्हें शायद ही यक़ीन होता...पर जैसे ही इन्होंने देखा कि आप ट्रैक्टर से जा रही हैं, तो इनका शक यक़ीन में बदल गया। मैं तो यह कहती हूँ दीदी कि चलो ये दोनों आपस में मज़ाक़ भी कर रहे होंगे, पर सावधानी बरतने में क्या बुराई है। मूरतगंज से बाबूगंज जाते वक़्त हम एक बार चोट जो खा चुके हैं।"

"ऐसा है कभी मिलने दे इसे। मैं बताऊँगी इसे कि जिस थाली में खाता है उसी में छेद..."

"दीदी ऐसा मत करना! आपको बताने के चक्कर में पहले ही मैं इनसे बहुत मार खा चुकी हूँ।" प्रभा गिड़गिड़ाते हुए बोली।

"किस बात पर उसने तुझे मारा?"

"इसलिए कि मैंने राजबीर खुँटेला और अपने इनका प्लान जो चौपट कर दिया। इनसे अब मत करना इस बात का ज़िक्र वरना पहले की तरह मेरी देह तोड़ कर रख देंगे।"

प्रभा की बात सुन रागिनी चुप्पी साध गयी। शायद इसका कहना सही है।

"आपको पता नहीं है दीदी कि भरतपुर की तरफ़ बहुत से जाटों का गोत्र खुँटेला है। इस गोत्र के इस नामकरण के पीछे की कहानी बड़ी दिलचस्प है। सुनते हैं कि बहुत से जाट चौपाये चुराने वाले चोरों से चोरी के चौपाये सस्ते दामों में ख़रीद लेते हैं। बाद में इन्हीं चोरों से ये इन चौपायों के मालिकों तक किसी–न–किसी तरह यह ख़बर पहुँचवा देते हैं, कि तुम्हारे चोरी हुए चौपाये फलाँ गाँव में फलाँ आदमी के पास हैं। जैसे ही इन चौपायों के असली मालिकों को पता चलता है और ये इन्हें

छुड़वाने के लिए आते हैं, तो अपने खूँटे से खोलने के बदले में ये इनसे मोटी फ़िरौती वसूलते हैं।"

"यह तो बड़ा अजीब धन्धा है।"

"इसीलिए इस धन्धे की वजह से यहाँ के बहुत से जाटों का गोत्र ही खुँटेला पड़ गया।"

"पर एक बात बता, चोरी के ढोर–डंगरों के बदले में ये उनके मालिकों से फ़िरौती वसूलते हैं, यह बात तो समझ में आती है। मगर मैं तो कोई चौपाया नहीं हूँ जो..."

"आपकी बात ठीक है दीदी, मगर राजबीर जैसे कुछ लोग औरतों को भी नहीं बख्शते हैं। बल्कि औरतों के बदले इन्हें मोटी फ़िरौती मिलती है। आप तो वैसे भी हरदम दस–बारह तोला सोने के ज़ेवर पहने रहती हो। अब आप ही बताओ दीदी कि जो आदमी दस–बारह तोले के ज़ेवर पहनता हो, वह मोटी पार्टी हुई कि नहीं?" प्रभा ने हँसते हुए रागिनी को कोंचा।

"इसका मतलब है प्रभा कि तेरे खसम की नज़र मेरे ज़ेवरों पर है। ऐसा है उससे कह देना कि आइन्दा वह तेरे साथ दिखायी नहीं देना चाहिए!"

"दीदी, आप तो साथ दिखायी देने की बात कर रही हो, वह अब आपके सामने ही नहीं पड़ेगा। वह पहले ही समझ चुका है।" इसके बाद प्रभा थोड़ा रुक कर बोली, "दीदी, बुरा न मानो तो एक बात कहूँ...आप इन शो–शर्तों में इतना ज़ेवर–जट्टा पहन कर मत जाया करो! कहीं ऐसा न हो कि इनके चक्कर में कभी जान से हाथ धोने पड़ जायें। हम आर्टिस्ट लोग हैं। हमारी असली पहचान हमारी अदाकारी है, सोने–चाँदी के ये ज़ेवर नहीं हैं।"

"यह बात तो तू ठीक कह रही है प्रभा।" इतना कहते ही रागिनी का हाथ सीधा अपने गले में पहने हुए उसी हार पर गया, जो बाबूगंज जाते वक़्त एक बार लुटते–लुटते रह गया था। अगर प्रभा उसे तुहिया में राजबीर खुँटेला और अपने पति के बीच बनी योजना के बारे में सचेत नहीं करती, तो पता नहीं कितनी फ़िरौती में जान बचती, "प्रभा, कसम से आज के बाद मैं कभी भी इस हार–वार को पहन कर किसी शर्त या शो पर नहीं जाऊँगी।''

"हाँ दीदी, ओढ़ने–पहनने के बहुतेरे मौक़े होते हैं।"

"मैं तेरा यह अहसान ज़िन्दगीभर नहीं भूलूँगी मेरी बहन!" इतना कह

मारे अहसान के रागिनी ने प्रभा को अंक में भर लिया। उसे लगा उसका जिस्म आज जैसे किसी वज़नी चीज़ के बोझ से मुक्त हो गया है।

40

कॉलेज–स्कूल की प्रबन्ध समितियों के लिए तो रागिनी चन्दा उगाहने की मशीन बन ही गयी, बल्कि रागिनी कला केन्द्र से जुड़े कलाकारों और साज़िन्दों के दिन भी जैसे बहुर गये। अब तो जिस तरह रागिनी के पास एक के बाद एक शर्तें आने लगी हैं, उसे मानो दम मारने तक की फुरसत नहीं है। इसलिए वह कइयों को मना भी करने लगी है। जेठ–आषाढ़ और मलमास की शर्तें तो उसने एकदम लेनी ही बन्द कर दी हैं। मगर इन प्रबन्ध समितियों को न गरमी से मतलब, न मलमास से। उन्हें तो बस रागिनी से मतलब है।

राजस्थान के बानसूर क़स्बे की एक शर्त को रागिनी ने इसी वजह से लेने से इनकार कर दिया। भला जेठ की ऐसी तपती गरमी में कौन मरने जाये। स्कूल प्रबन्ध समिति के लोगों ने ख़ूब मिन्नतें कर लीं। मुँह माँगा मेहनताना तक देने के लिए राजी हो गये मगर जब एक बार रागिनी ने मना कर दिया, तो कर दिया। सारे रास्ते बन्द होते देख समिति के एक सदस्य को इसी बीच इस गरमी से पार पाने का एक नायाब तरीक़ा सूझा।

"रागिनी जी, अगर हम शो के दौरान स्टेज पर ही एक कूलर की व्यवस्था कर दें तो?"

रागिनी को इस सुझाव में दम नज़र आया। मगर क्या ऐसा सम्भव हैं? वह इस सम्भावना के बारे में गहराई से सोचने लगी।

"हाँ रागिनी जी, हम आपके लिए स्टेज पर तो कूलर की व्यवस्था कर ही देंगे, बल्कि शो ख़त्म होने के बाद वहाँ से उठा कर उसे आपके ठहरने की जगह पर भी लगवा देंगे!" समिति के उसी सदस्य ने अपने तरीके का विस्तार करते हुए कहा।

"ठीक है, अगर ऐसा हो जाये तो बात बन सकती है। वैसेऽऽऽ आपका कितने शो कराने का इरादा है?" रागिनी ने एक तरह से अपनी सहमति देते हुए पूछा।

"ज़्यादा नहीं बस दो शो कराने हैं।" एक अन्य सदस्य ने बताया।

"सिर्फ़ दो शो कराने हैं...कौन से कराने हैं ऐसी कोई पसन्द है आपकी?"

"अजी हमें तो नौटंकी से मतलब है। यह तो आप सोचिए कि कौन–सी करनी है।"

"ठीक है...तो फिर ऐसा करते हैं एक शो *दिल की खता, बेटे की कुरबानी* को रख लेते हैं, और दूसरा, *पद्मावती उर्फ़ फरियादे बुलबुल,* मेरा मतलब है *पद्मावती का झूला* हो जायेगा।" रागिनी ने लगे हाथ दोनों शो के नाटक–नौटंकी तय कर दिये। इसके बाद उसने उसी सदस्य की तरफ़ देखा, जिसने कूलर रखने की तजवीज़ बतायी थी, "कुछSSS पेशगी–वेशगी देकर जा रहे हो याSSS...?" रागिनी ने एकदम पेशेवर रवैया अपनाते हुए पूछा।

"आप भी कैसी बातें कर रही हो।" इतना कह कूलर वाले सदस्य ने तुरन्त अपनी बंडी की जेब में हाथ डाला, और पहले से गिन कर रखी गयी रकम को बाहर निकाल उसे रागिनी की तरफ़ बढ़ाते हुए बोला, "ये लो, पूरे पाँच हज़ार हैं!"

"आप भी कमाल करते हो बाबूराम जी। बस पाँच हज़ार पेशगी...अरे भाया, इसे कम–से–कम सात हज़ार तो करिए! जो कमीबेशी होगी उसे वहीं देख लेंगे।" एक अन्य सदस्य ने पेशगी देने वाले को एक हल्की–सी बनावटी झिड़की मारते हुए कहा।

इसके बाद बाबूराम ने दो हज़ार और दे दिये।

इधर जैसे ही रागिनी कला केन्द्र से जुड़े कलाकार नेमसिंह सिसोदिया और ताराचन्द 'प्रेमी' को पता चला, कि रागिनी आने वाली पार्टियों की शर्त लेने से मना कर रही है, दोनों रागिनी के पास पहुँच गये।

"बहना, यह हम क्या सुन रहे हैं कि तुम शर्त लेने से मना कर रही हो?" नेमसिंह सिसोदिया ने सीधे–सीधे पूछ लिया।

"मना न करूँ तो क्या करूँ नेमसिंह। इतनी गरमी में कहीं शो होते हैं।" रागिनी ने शर्त न लेने की वजह बतायी।

"यह बात तो ठीक है पर हम जैसे कलाकारों और उन ग़रीब साज़िन्दों का तो कुछ ख़याल करो, जिनका घर ही इससे चलता है।" 'प्रेमी' ने दलील दी।

"प्रेमी जी सही कह रहे हैं। कम–से–कम उन साज़िन्दों की तरफ़ देखो जिनका पूरा परिवार उनके साज़ों के सहारे पल रहा है। ज़रा सोच,

जब–जब इनके झील–नक्काड़े और हारमोनियम उदास रहते होंगे, तो उन पर क्या बीतती होगी?"

"देख नेमसिंह, इस रागिनी को और ज़्यादा ब्लैकमेल मत करो! तुम्हारे कहने से पहले ही मैंने बानसूर की शर्त मंजूर कर ली है।" रागिनी ने मुस्कराते हुए कहा।

"मंजूर कर ली, पर कब?" नेमसिंह सिसोदिया ने विस्मय से पूछा।

"कल ही तो की है। बानसूर की एक पार्टी आयी थी।"

"यह कमाल कैसे हो गया?"

"कमाल क्या...बोले कि एक कूलर हम स्टेज पर ही रखवा देंगे।"

"मतलब यह कि अब कूलर की ठंडी–ठंडी हवा में शो होंगे! वाह, क्या तरकीब निकाली है शो कराने की। देखा प्रेमी जी, इधर ठंडी–ठंडी हवा होगी और उधर..."

"वैसे नेमसिंह मुझे उनका यह आइडिया लगा बहुत अच्छा।"

"फिर बहना एक काम करो कि एक छोटा कूलर परमानेंट ख़रीद ही लो!"

"परमानेंट ख़रीद लूँ ...मगर क्यों?" रागिनी ने नेमसिंह सिसोदिया से हैरानी से पूछा।

"वह इसलिए कि गरमी–गरमी अपना कूलर साथ लेकर चलो। शो में इसे स्टेज पर रखो और रात–बिरात कहीं रुकना पड़ जाये, तो रात को सोने के लिए इस्तेमाल कर लिया करो। जैसे ही शर्त पूरी हुई उसे डिक्की में रखा और घर आ जाओ!"

"नेमसिंह, भैया आइडिया तो यह भी बहुत ज़ोरदार है। ऐसा तो मैंने सोचा ही नहीं। यह बानसूर वाली शर्त हो जाये। अगर यह तरकीब काम कर गयी, तो फिर एक अच्छा–सा इतना बड़ा कूलर ख़रीद ही लेती हूँ जो कार की डिक्की में आ जाये।"

"फ़िएट की डिक्की में कूलर आ जायेगा?" 'प्रेमी' ने उत्सुकतावश पूछा।

"फ़िएट! फ़िएट तो पुरानी बात हो गयी प्रेमी जी। अब एम्बेसडर की बात करो।" नेमसिंह सिसोदिया ने अपने साथी कलाकार की जानकारी को दुरुस्त किया।

"इसका मतलब है बहन जी ने अपनी कार फिर से बेच दी?"

"प्रेमी जी, हमारी बहना आख़िर राजा साहेब की बहू है। कार बेचना–ख़रीदना तो इनके लिए जैसे एक शग़ल है।"

"ऐसी बात नहीं है...खैर छोड़ो, अब यह बताओ कि बानसूर में कौन–कौन से तमाशे करने हैं। हालाँकि मैं उन्हें बता चुकी हूँ कि एक *दिल की ख़ता, बेटे की कुरबानी* ठीक रहेगा, और दूसरा *पद्मावती उर्फ़ फ़रियादे बुलबुल* मेरा मतलब है *पद्मावती का झूला* हो जायेगा।" रागिनी असल मुद्दे पर आते हुए बोली।

"वहाँ के हिसाब से आपने खेल तो दोनों ही अच्छे चुने हैं। मेरा भी इस पद्मावती का झूला करने को बड़ा मन है।" इसके बाद नेमसिंह सिसोदिया ताराचन्द 'प्रेमी' की तरफ़ पलटा, "क्यों चन्द्रदत्त जी दुरुस्त फ़रमाया है न?"

"मैं क्या कहूँ, जब पद्मावती और रणवीर सिंह आपस में फ़ैसला कर चुके हैं।" जिस अन्दाज़ में नेमसिंह सिसोदिया ने 'प्रेमी' की तरफ़ देख कर उससे उपहास किया, 'प्रेमी' ने भी उसी अन्दाज़ में मुस्कराते हुए जवाब दिया।

नेमसिंह सिसोदिया ने ताराचन्द 'प्रेमी' की बात का कोई उत्तर नहीं दिया, बल्कि बेहद संजीदगी के साथ बोला, "प्रेमी जी, एक बात कहूँ पता नहीं क्यों जितना आनन्द मुझे इस पद्मावती का झूला को करने में आता है, उतना शायद ही किसी दूसरे खेल में आता होगा।"

"यह बात तो है दादा। दादरा, सारंग, दादरा यमन, ठुमरी, लावनी, लावनी बहरशिकिस्त, माँड़, क़व्वाली, छन्द, सोहनी का जितना ख़ूबसूरत इस्तेमाल इस खेल में हुआ है; उतना शायद ही किसी में हुआ होगा। कलाकार के गले और उसकी आवाज़ की असली परख इसी खेल में होती है। रणवीर सिंह से पद्मावती अपने प्रेम का इज़हार जिस तरह संकेतों में करती है, देखने लायक होता है।"

"सही कह रहे हो प्रेमी जी। अपने पंडित नथाराम शर्मा ने भी देख रणवीर सिंह के लिए यह क्या चौबोला लिखा है–

कँवल फूल से किया इशारा माहताब से खरी ने।
लगा कान से दाँतों से फिर कुतरा रश्क परी ने।।
दाब पैर के तले लगा सीने रुख़ मुनव्वरी ने।
पीछे को फिर फेंक दिया नाज़ो अन्दाज़ परी ने।।"

"दादा, इसका मतलब यही हुआ न कि पद्मावती रणवीर सिंह को पहले कमल का फूल दिखलाती है, फिर उसे कान से लगाती है। इसके बाद उसे दाँतों से क़ुतर पाँव से दबाती है और आख़िर में उसे उठा कर

सीने से लगा, अपने पीछे फेंक उड़नखटोले से चली जाती है। सच दादा इतना सुन्दर वर्णन शायद ही कहीं देखने को मिले।"

"यही क्यों, उस सीन को याद कर जब पद्मावती झूला झूलने के लिए बगीचे में जाती है। वहाँ राजकुमार रणवीर सिंह को देख कर किस तरह अपनी सहेली चन्द्रप्रभा की बतायी गयी तरकीब के मुताबिक़, रणवीर सिंह को महल में आने का वक़्त, दाख़िल होने का रास्ता और तरीक़ा, उसे इशारों में इस तरह बताती है–

बदनामी हो जो इससे कुछ बातें करो चमन में।
विष्णु कान्ता पुष्प तोड़ बारह रख दो गुलशन में।।
दिखा आरसी और कलावा चल दीजै महलन में।
अब भी हाथ इशारे के पहुँचैगा तेरे भवन में।।"

"और चन्द्रप्रभा के इन इशारों को चन्द्रदत्त अपने दोस्त रणवीर सिंह को सोहनी में इस तरह समझाता है–

क्यों ख़ुदकुशी करतै हो हल मतलब तुम्हारा हो गया।
अब वस्ल में देरी है क्या जब ये इशारा हो गया।।
जो फूल काले रंग के बारह गयी रख तोड़ के।
सो रात के बारह का टायम माह पारा हो गया।।
और जोकि शीशे की जड़ी तुझको दिखायी आरसी।
सो महल शीशे का सरासर गुल हज़ारा हो गया।।
डोरा न है ये कमन्द जिस पै तू चढ़ पहुँचे महल।
ले क़ौल अब तौ सब तरह पक्का क़रारा हो गया।।"

"तुम दोनों सारा पद्मावती अभी ख़त्म कर दोगे या बानसूर के लिए भी कुछ बचा कर रखोगे!" रागिनी ने चन्द्रदत्त यानी ताराचन्द 'प्रेमी' को बीच में रोकते हुए कहा।

"प्रेमी जी, बहना सही कह रही है।" नेमसिंह सिसोदिया रागिनी से सहमत होते हुए बोला।

"ठीक है दादा। बाकी की बहरतबील–चौबोला बानसूर में देखी जायेगी।" ताराचन्द 'प्रेमी' ने भी हँसते हुए बात यहीं ख़त्म कर दी।

बानसूर की जनता ने इससे पहले खेल–तमाशे तो कई देखे हैं मगर ऐसा खेल नहीं देखा। *पद्मावती उर्फ़ फ़रियादे बुलबुल* अर्थात *पद्मावती का*

झूला देखने के बाद प्रबन्ध समिति ही नहीं, देखने वालों के भी मानो पैसे वसूल हो गये। पद्मावती का पार्ट अदा करने वाली रागिनी दादरा सारंग में जिस बाँकपन के साथ, अपनी सहेली चन्द्रप्रभा से रणवीर सिंह को मिलवाने की चिरौरी करती है, दृश्य की यह नजाकत देखने वाली थी–

मेरे नैनन में प्यारी समाय रहयौ री।।
भारी शिर, शिर ऊपर शेला, शेला पै तुर्रा झुकाय रहयो री।
मेरे नैनन में प्यारी...।।
तीख़े नैन, नैन में काजल, काजल से घायल बनाय रहयो री।
मेरे नैनन में प्यारी...।।
गल बिच माल, माल बीच मोती, मोती पै मन लुभियाय रहयो री।
मेरे नैनन में प्यारी...।।
इन्दर कहै सबर नहिं आवै, नैना से नैना मिलाय रहयो री।
मेरे नैनन में प्यारी समाय रहयो री।।

इस पर चन्द्रप्रभा पद्मावती को दादरा यमन में यूँ समझाती है–

ऐ आली सुकुमारी री, हठ ठानै मती न।।
जो तू रँगे इश्क़ के रंग में,, पावै दुःख अपार री।। हठ ठानै मती न ।।
पैंया परूँ प्यारी पद्मावती, समझाऊँ हर बार री।। हठ ठानै मती न ।।
जल्दी चलो वतन अपने को, खाम–ख़याल बिसार री।। हठ ठानै मती न।।
भूदेवी की कहन न मानौ, बहुत होयगी ख्वार री।। हठ ठानै मती न।।

और रणवीर सिंह जैसे ही पद्मावती को देखता है, तो उसे देखने के बाद उसकी ख़ूबसूरती का बखान, अपने मित्र चन्द्रदत्त के आगे लावनी बहरशिकिस्त में कुछ इस तरह करता है–

शशि समान उद्योत ज्योति मानो घन चमकत दामिन सी।
लचकि लचकि पग धरित अचक यों चलति चाल गज गामिन सी।।
शिखिर शुभग शुचि श्याम पुष्ठि पर लहरावति अहि कामिन सी।।
दोऊ पटियाँ कारी साँचे ढारी लगति पियारी धामिन सी।।

गज मुक्तन की माँग लसें लखि बदन तरंग जगामन सी।
बिन्दी मस्तक इन्दु सिन्धु छवि मैन घमण्ड नशामन सी।।
भृकुटी वक्र कमान तनी मुनियन के ह्रदय फसामन सी।।
लचकि लचकि पग धरित अचक यों चलति चाल गज़ गामिन सी।।

जबकि मालिन की भूमिका निभाने वाली अदाकार लता जब माँड़ में रणवीर सिंह को यह कहती है, तब *पद्मावती का झूला* का यह किरदार रात के तीसरे पहर में अचेत पड़े देवी–देवताओं के कानों में फुसफुसाते हुए मानो कह रही है–

ऐ सरकार दिल में दिलगिरी मत लाओ मोरी जान।।
माफ़ करौ मेरी ख़ता, बोले बोल कुबोल।
अन्दर आओ चमन के फाटक दीना खोल।।
ऐ सरकार दिल में दिलगिरी मत लाओ मोरी जान।।

एक रात की कहा चली, रहौ साल दस पाँच।
जब तक दम में दम मेरा, आमन दऊँ न आँच।।
ऐ सरकार बजाऊँ जो कुछ हुक्म चढ़ाऔ मोरी जान।।
ऐ सरकार दिल में दिलगिरी मत लाओ मोरी जान।।

दीखै कमरा लाल जो सन्मुख ही गुलफ़ाम।
तहख़ाना है एक वहाँ उसमें करौ मुक़ाम।।
ऐ सरकार दिल में खटका खौफ़ न खाओ मोरी जान।।
ऐ सरकार दिल में दिलगिरी मत लाओ मोरी जान।।

जल्लाद का पार्ट अदा करने वाले हास्य कलाकार चौधरी धर्मपाल ने अपनी छोटी–सी भूमिका में दर्शकों का जो मनोरंजन किया, उसको तो बानसूर के लोग शायद ही कभी भूल पायें। दोहा, चौबोला, और दौड़ में एकसाथ जिस तरह अलग–अलग गायन शैलियों को व्यंग्यात्मक भंगिमाओं में प्रस्तुत किया, वह देखने वाली थी–

प्यासे हैं हम रक्त के, हमें न चाहिए माल।
दऊँ सिरोही तान कर, खंड–खंड हो भाल।।

खंड–खंड हो भाल बहुत दिन बीते मांस न खायौ।
तबियत ख़ुश हो गयी मेरी जब रानी हुक्म चढायौ।।
मुद्दत में सच्चिदानन्द ने खाजौ हमें पठायौ।
कड़र कड़र हड्डी चाबन को मन मेरौ हुलसायौ।।

बिकट जल्लाद कहाते। मांस मानुष का खाते।
जात हमरी है नीकी।
चाण्डाल जल्लाद सिफ़ारिश सुनते नहीं किसी की।

प्रेम व शृंगार रस से ओत–प्रोत रोचक कथानक पर आधारित इस नौटंकी *पद्मावती उर्फ़ फ़रियादे बुलबुल* या कहिए *पद्मावती का झूला* का बहरतबील में, सूत्रधार द्वारा इसके इस आख़िरी संवाद के साथ समापन हुआ, तो पहली बार दर्शकों को ऐसा अद्भुत अन्त देखने को मिला–

क्या बनूँ तुझसा बेदर्द और बेवफ़ा, ले मिलाता हूँ अब तुझसे तेरा सनम।
आओ रणवीर इसकी ख़ता माफ़ कर, चल वतन को इसै लेके छोड़ो बहम।।
गुले बुलबुल की बाहम रसाई हुई, घर पहुँच चूमे मादर पिदर के क़दम।
बस यहीं पर कलम रुक हमारी गयी, जै अटल छत्र की हुआ क़िस्सा ख़तम।।

41

रागिनी का कूलर अब उसके साथ–साथ चलने लगा। बैसाख–जेठ में तो यह इसकी कार की सवारी करता ही बल्कि आषाढ़ से लेकर आश्विन में भी यह डिक्की में ही विराजे रहता। कहने का आशय यह है कि जहाँ–जहाँ रागिनी जाती, वहाँ–वहाँ यह महाशय उसके साथ हो लेता। एक तरह से यह भी दूसरे कलाकारों और साज़िन्दों की तरह रागिनी कला केन्द्र का एक अनिवार्य हिस्सा बन गया।

इधर अस्सी तक आते–आते हिन्दी सांगीत शिरोमणि हिन्दी भूषण, उस्ताद इन्दरमन के शागिर्द पंडित नथाराम शर्मा गौड़ द्वारा रचित सांगीत, स्वाँग अर्थात नौटंकी ने सचमुच *नौटंकी* का रूप ले लिया। दौड़, चौबोला, बहरतबील, दादरा, और रागों के रसिक तेज़ी से कम होने लगे। सुर–ताल की हास्य कलाकारों के नाम पर उनकी जगह फूहड़ मुद्राओं और द्विअर्थी संवादों ने ले ली। इस तरह नौटंकी में सुर–संगीत की जगह हँसी–ठट्ठों ने ले ली। कुछ नये कलाकार जुड़ गये, तो कुछ पुराने साज़िन्दे जुदा हो गये। अब जो भी शर्त आती उसकी सबसे पहली माँग यही होती कि इसमें फलाँ हास्य कलाकार ज़रूर होना चाहिए। रागिनी को न चाहते हुए भी शर्त लेनी पड़ती।

इसी साल राजस्थान के अलवर ज़िले की रामगढ़ तहसील के पास के एक राय सिख (मज़हबी सिख) बाहुल्य गाँव की ली गयी शर्त, और उसके बाद मिले तजुरबे से रागिनी का इस लोकनाट्य से जैसे मन उचट गया। एक तरह इससे मोहभंग होने लगा उसका। उसकी शर्त लेने की हिम्मत जवाब देने लगी। हालाँकि आशंका तो उसे पहले से थी मगर आयोजकों द्वारा आश्वासन देने, और एक हद तक बेकार से बेगार भली कहावत और लालच ने, उसे वहाँ अपना ग्रुप ले जाने के लिए मजबूर कर दिया।

ग्रुप के रामगढ़ पहुँचने पर किसी भले आदमी ने रागिनी को सचेत कर दिया कि वह जिस गाँव में ग्रुप लेकर जा रही है, उस गाँव का इन मामलों में इतिहास अच्छा नहीं है। लोग ऐसे कार्यक्रमों में शराब, वह भी पहले तोड़ की, पीकर बड़ा हुड़दंग करते हैं। यहाँ तक कि महिला कलाकारों के साथ अभद्र आचरण तक कर बैठते हैं।

पता लगते ही रागिनी ने उसी समय अपने वरिष्ठ कलाकारों और साज़िन्दों से मशविरा किया।

"नेमसिंह, भैया लगता है हम ग़लत फँस गये हैं...अब क्या करें?" रागिनी ने मिली जानकारी सबके साथ साँझा करते हुए नेमसिंह सिसोदिया से पूछा।

"करना क्या है, कह दो कि हमें नहीं करना है आपका शो। हम मर्दों की बात तो अलग है...अगर हमारी लेडी आर्टिस्टों के साथ कोई ऊँच–नीच हो गयी, तो हम कहीं के नहीं रहेंगे। जहाँ घर–घर में शराब की भट्ठियाँ हों, वहाँ तो दारू पीकर लोग आयेंगे ही। कौन रोकेगा इन्हें?"

"इसीलिए तो मैंने तुम सबको यह बात बतायी है कि अब क्या करना है?" सामने अनिष्टता के बादलों को देखते हुए रागिनी ने कहा।

"यह फ़ैसला तो आपको करना है बहना कि आगे क्या करना है।" ताराचन्द 'प्रेमी' ने बात रागिनी पर छोड़ते हुए कहा।

"मेरा मन भी यही कह रहा है कि हम शो करने से मना कर दें, और यहीं से अपने–अपने घरों को वापस लौट जायें!"

"और जो पेशगी ली हुई है उसका क्या होगा?" लता ने पूछा।

"ऐसी पेशगी तो न जाने मैं कितनी बार लौटा चुकी हूँ लता...पेशगी की चिन्ता मत कर। पेशगी हमारी इज़्ज़त–आबरू से बड़ी नहीं है। इज़्ज़त–आबरू है तो सब कुछ है।"

"देख लो दीदी! कोई भी फ़ैसला सोच–समझ कर लेना।"

लता के इस सुझाव पर रागिनी किसी सोच में पड़ गयी।

"वैसे एक काम हो सकता है दीदी कि ग्रुप के साथ बस मैं और आप चलते हैं। बाकी की लेडीज़ आर्टिस्टों को यहीं रामगढ़ में छोड़ देते हैं!"

"नेमसिंह, लता यह बात ठीक कह रही है। वैसे उस गाँव से ये जो तीन–चार जने आये हैं, हमें यह बात इनके कानों में भी डालकर देखते हैं। देखते हैं ये क्या कहते हैं।" इतना कह रागिनी ने सामने पचासेक क़दम दूर पीपल के नीचे साइकलों के साथ खड़े तीन–चार सन्तरी पटकानुमा पगड़ी पहने जवान सिखों को अपने पास बुलवाया।

रागिनी ने जैसे ही उन्हें अपने निर्णय से अवगत कराया, सुनते ही उनमें से एक ने उसी समय अपनी साइकिल मोड़ी, और तेज़ी से गाँव की तरफ़ रवाना हो गया।

लगभग घंटाभर के अन्दर चार बजे के आसपास तक़रीबन पन्द्रह–बीस लोग आ गये। आते ही उन्होंने जब शो न करने का कारण पूछा, तो रागिनी ने यह कहते हुए साफ़ मना कर दिया कि ऐसे गाँव में वह शो नहीं करेगी जहाँ लोग शराब पीकर शो देखने आते हों। किसी ने हमारी आर्टिस्टों के साथ ग़लत–सलत हरकत कर दी तो क्या होगा?

इतना सुनना था कि सब के हाथ–पाँव फूल गये। उनमें से कई पटकानुमा पगड़ीधारी बुजुर्गों ने बहुत आश्वासन दिया कि ऐसा कुछ नहीं होगा। मगर रागिनी अपने फ़ैसले पर अड़ी रही। वह एक बार बल्लभगढ़ में ऐसा ही धोखा खा चुकी है। इसी बीच एक बुजुर्ग ने सिर से पगड़ी उतारी और उसकी झोली बना रागिनी के सामने फैलाते हुए जैसे याचना करने लगा कि यह उनकी इज़्ज़त का सवाल है। अगर किसी ने आपके कलाकारों के साथ कोई हरकत की, तो उसे वहीं सबके सामने जूते लगेंगे। आपकी पार्टी की औरतों की पूरी हिफ़ाज़त होगी। काफ़ी मान–मनौव्वल और आश्वासन के बाद ही रागिनी शो के लिए तैयार हुई।

रामगढ़ में जिस भले आदमी ने रागिनी को इस गाँव के बारे में जैसा बताया था, ग़लत नहीं बताया था। गाँव में घुसते ही जगह–जगह भट्ठियों से उतरती पहले तोड़ की दुर्गन्ध से पूरे रागिनी कला केन्द्र को अन्दाज़ा हो गया कि सचमुच वे ग़लत जगह आ फँसे हैं।

एकमात्र शो अमर सिंह राठौर की पूरी तैयारियाँ हो गयीं। पूरे ग्रुप

ने सलाह–मशविरा के बाद यह तय किया कि ऐसी–तैसी में जाये वन्दना और बादशाह का दरबार। जैसा यहाँ का माहौल दिखायी पड़ रहा है उससे एक ही तरीक़े से निपटा जा सकता है, और वह यह कि सलावत खाँ का पार्ट अदा करने वाले हास्य कलाकार चौधरी छज्जन सिंह को किसी–न–किसी बहाने ज़्यादा–से–ज़्यादा मंच पर रखा जाये। सबको इस बात का पूरी तरह अन्दाज़ा हो गया कि जैसे–जैसे खेल आगे बढ़ेगा, शराबियों का हुड़दंग न बढ़े, ऐसा नामुमकिन है। इसलिए इन्हें खेल में लगाये रखने के लिए इससे बेहतर और कोई तरीक़ा नहीं हो सकता। ऐसे बिगड़ैल दर्शकों को यह छज्जन सिंह ही नाथ सकता है।

पूरी योजना के साथ शो शुरू हो गया। चौधरी छज्जन सिंह ने शुरू में अपने अभिनय से पूरी मुस्तैदी के साथ दर्शकों को बाँधे रखने में कोई कसर नहीं छोड़ी। मगर जैसे ही हाड़ी रानी और अमर सिंह राठौर का मंच पर अवतरण हुआ, वही हो गया जिसका सबको डर था। दर्शकों के सबसे आख़िर में अचानक हुई हलचल ने सबका ध्यान आकर्षित किया। जब तक आयोजकों को कुछ समझ में आता, तभी देखा नशे में पूरी तरह धुत्त एक युवक लड़खड़ाता हुआ मंच की तरफ़ यह कहता हुआ आ रहा है, "ओए भैन'चो सलावत खाँ नीचे उतर!"

जब तक वह मंच के क़रीब आता, बीच में ही उसे कुछ दर्शकों ने धर दबोचा। इधर मंच पर अमर सिंह राठौर और उसकी नवविवाहिता हाड़ी रानी के बीच संवाद चल रहे हैं, और उधर मंच से कुछ दूर उस नशेबाज़ युवक की धुलाई चल रही है। दोनों तरफ़ वीर रस अपने चरम पर है। अचानक मची इस अफ़रा–तफ़री के बीच रागिनी ने अपने अनुभव और सूझबूझ का परिचय देते हुए, उसने अँगुलियों से अपने नक्काड़ची को कुछ इशारा किया और तुरन्त यह लोकगीत उठा लिया–

बनवाइदे बनवाइदे सोने की हँसुलिया गढ़वाइदे।
पार–परोसन सब मेरी जाये रही मैं कैसे रह जाऊँगी।
पहन हँसुलिया सोने की मैं मेला देखन जाऊँगी।।
हाथ में मेहँदी आँख में कज़रा माथे पे चमक रही बिंदिया।
पहन घाघरो घूम–घुमारो ओढ़ी मैंने लाल चुँदरिया।।
पान चबाय के होंठ रचाय के बन जा मेरो सँवरिया।
कर सोलह सिंगार बनूँगी मैं तेरी दुल्हनिया।।
बनवाइदे बनवाइदे सोने... ।

इधर यह गीत ख़त्म हुआ, उधर एक बार फिर चौधरी छज्जन सिंह फिर से प्रभा के साथ मंच पर आ गया। पहले से रागिनी द्वारा समझा कर भेजी गयी प्रभा ने आ कर यह रसिया उठा लिया–

अरे, नसैनी बिन भायेली
कैसे पीया की अटारी चढ़ो जाये।

धीरे–धीरे अब शोर–शराबा थम गया। शोर थमते ही मंच पर एक बार फिर बादशाह का दरबार सज गया। जैसे–तैसे बारह बजते–बजते शो ख़त्म कर दिया गया। इधर शो ख़त्म हुआ और उधर रागिनी आयोजकों से हिसाब कर, अपने ग्रुप को लेकर उसी समय रामगढ़ के लिए रवाना हो गयी। रास्ते में ही ताराचन्द 'प्रेमी' ने इस रहस्य का खुलासा किया कि शराब पीकर जो युवक बादशाह के सिपहसालार सलावत ख़ाँ को गाली देते हुए मंच से नीचे उतरने का आह्वान कर रहा था, वह और कोई नहीं उसी बुज़ुर्ग का बेटा था, जो रामगढ़ में सिर से पटकानुमा सन्तरी रंग की पगड़ी उतार, उसे रागिनी के सामने फैला कर शो करने की अपील करते हुए अपनी इज़्ज़त की दुहाई दे रहा था।

लौटते हुए रागिनी का मन बेहद उदास और दुखी है। नेमसिंह सिसोदिया ने अँधेरे में उसकी इस उदासी को भाँप लिया।

"क्या हुआ बहना, इतनी परेशान–सी क्यों है?"

"परेशान नहीं नेमसिंह, दुखी हूँ। मैंने कभी सोचा भी नहीं था कि स्वाँग की ऐसी दुर्गति होगी!" लम्बी और एक गहरी साँस लेते हुए बोली रागिनी।

"मैं कुछ समझा नहीं?"

"इसमें समझने की ऐसी कौन–सी बात है। देखा नहीं, लोगों की दिलचस्पी कैसे धीरे–धीरे बदल रही है। सबको फूहड़ उछल–कूद चाहिए बस। सुर–तालों से तो मानो नाता ही नहीं रहा। अब समझ में आ रहा कि लोगबाग बात–बात में क्यों नौटंकी का इस्तेमाल करते हैं। ऐसा लगता है जैसे नौटंकी कोई गीत–संगीत नहीं, बस एक गाली और मज़ाक़ बन कर रह गयी है।"

"बात तो तेरी ठीक है बहना...पर इसके लिए ज़िम्मेदार भी तो हम ही हैं। हमने ही सांगीत को आज यहाँ लाकर खड़ा कर दिया है। वैसे इसमें हम भी क्या करें। अब ऐसे न सुरों के साधक रहे, न गले के मालिक। चौबोला, दोहा, क़व्वाली, ग़ज़ल तो फिर भी सँभल जाती है; पता तो बहरतबील और दौड़ को सँभालने में चलता है। दादरा यमन, दादरा सारंग, थिएटर, लावनी लँगड़ी की तो बात ही छोड़िए।"

"क्या करें। लोग मिलते ही नहीं हैं। मेहनत करके कोई राज़ी ही नहीं है। हम और तुम भी इसे कब तक ढोएँगे।'' रागिनी की आवाज़ हिचकोले खाते अँधेरे में जैसे टूटने लगी।

"यह तो फिर भी आप, लता, आशा, प्रभा जैसे कुछ पुराने कलाकार हैं जो लोकधुनों पर रचे गये गीतों के समावेश से स्टेज को सँभाल लेती हो, वरना नये कलाकारों में कहाँ है यह गुण। पता नहीं मुरलीवाला इस नौटंकी को कहाँ ले जाकर छोड़ेगा!" ताराचन्द 'प्रेमी' ने आह भरते हुए कहा।

बातों–बातों में किसी को पता ही नहीं चला कि रामगढ़ कब आ गया। पता कैसे चलता, अधिकतर तो नींद के हिचकोलों में डूबे जो हुए थे। रागिनी ने सारे कलाकारों और साज़िन्दों का रामगढ़ में आकर हिसाब किया और भारी मन से अपनी कार से रात में ही घर के लिए रवाना हो गयी।

पता नहीं यह सांगीत, स्वाँग या नौटंकी के प्रति लोगों में घटती लोकप्रियता का कारण है, संगीत की नासमझी की वजह से है, या फिर इसमें हास्य के नाम पर बढ़ते फूहड़पन का नतीजा है। दूसरे मनोरंजन के साधनों के एकाएक बढ़ने, या फिर बढ़ती उम्र के साथ उतरते गले का परिणाम है कि नब्बे का दशक ख़त्म होते–होते उस तरह और उतनी तादाद में शर्तें नहीं आती हैं, जितनी अस्सी के दशक के मध्य तक आती थीं। रागिनी अब कुछ ज़्यादा ही उदास रहने लगी है। डॉक्टर वीरेन्द्र स्वरूप सक्सेना पिछले काफ़ी दिनों से रागिनी की देह–भाषा और हाव–भाव में आये बदलावों को बड़े ध्यान से देख रहे हैं। जब उन्हें लगा कि रागिनी से बात किये बिना बात नहीं बनेगी, तब एक दिन उन्होंने उससे कह ही दिया।

"रागिनी, मेरी एक सलाह है...बुरा तो नहीं मानोगी?"

अचानक पति के मुँह से निकले 'सलाह' शब्द पर रागिनी ने चौंक कर डॉ. सक्सेना की तरफ़ देखा।

"देखो, मेरी सलाह है कि अब तुम इन शर्तों–वर्तों का चक्कर छोड़ दो!"

पति की यह सलाह रागिनी को बिल्कुल भी गवारा नहीं हुई। बस, अपलक उसकी ओर देखती रह गयी।

"मैं यह नहीं कह रहा हूँ कि शो मत करो...मेरा कहने का मतलब

यह है कि अगर कोई ठीक–ठाक शर्त आती है तो ले लिया करो। वैसे भी अब ऐसे कलाकार नहीं आ रहे हैं जो नौटंकी पर खरे उतरते हों। तुम अकेली अपने दम पर इस कला केन्द्र को कब तक खींचोगी! बेमतलब ख़ुद भी परेशान होती हो और..."

"आपका कहना है तो सही डॉक्टर साब। एकाध आर्टिस्ट को छोड़ दें, तो सबने अपने–अपने ग्रुप बना लिए हैं। जाकर देखो मथुरा में दिल्ली–आगरा रोड पर लता एंड पार्टी, आशा म्यूजिकल ग्रुप सबने अपने–अपने नाम के बोर्ड टाँग रखे हैं। और तो और अपने हास्य कलाकार चौधरी छज्जन सिंह ने भी अपना ग्रुप खड़ा कर लिया है। सुनते हैं, इन सबमें सबसे ज़्यादा जिस ग्रुप की माँग है वह चौधरी छज्जन सिंह का ग्रुप है!"

"ग्रुप ना बनायें तो क्या करें। घर–परिवार भी तो चलाना है।"

"मैं भी यही सोच रही हूँ कि कहीं से अगर कोई ठीक–ठाक पार्टी आती है तो ले लिया करूँगी। वैसे अब वह गला भी नहीं रहा, जो चौदह–पन्द्रह साल पहले हुआ करता था। वो समय गया जब रागिनी का नाम सुनते ही लोग दौड़े चले आते थे।"

"अच्छी तरह सोच लो। मेरी तो यह महज एक सलाह है।"

"आपका कहना एकदम सही है डॉक्टर साब। मैं सारे कलाकारों और साज़िन्दों को ख़बर कर देती हूँ कि अगर उन्हें बीच–बीच में कहीं से काम मिलता है, तो ले लिया करें। मेरे भरोसे न रहें!" हताश रागिनी पति डॉक्टर सक्सेना के सुझाव कहिए या सलाह उसको अमल में लाते हुए बोली।

42

आवाज़ का भी जादू होता है।

देश की राजधानी दिल्ली में राष्ट्रीय नाट्य विद्यालय यानी एनएसडी द्वारा आयोजित *लोक परब समारोह* में भाग लेने के लिए मिले निमन्त्रण–पत्र को देख रागिनी को अपनी आँखों पर जैसे यक़ीन नहीं हो रहा है। उसे यक़ीन नहीं हो रहा है कि उम्र के इस पड़ाव पर उसके ग्रुप रागिनी कला केन्द्र को, इस राष्ट्रीय स्तर के लोकोत्सव में नौटंकी प्रस्तुति के लिए कोई बुला भी सकता है। अचानक मिले इस निमन्त्रण

की ख़ुशी में जहाँ रागिनी के पाँव ज़मीन पर नहीं पड़ रहे हैं, वहीं दूसरी तरफ़ मारे घबराहट के उसके हाथ–पाँव भी फूल रहे हैं। ख़ुशी से पाँव ज़मीन पर उसके इसलिए नहीं पड़ रहे हैं कि पिछले साढ़े तीन दशकों में उसे पहली बार, किसी सरकारी महकमे द्वारा अपने किसी आयोजन में आमन्त्रित किया जा रहा है; बल्कि इसलिए ज़्यादा ख़ुशी हो रही है कि पहली बार उसकी कला की क़द्र, पहचान और उसे आधिकारिक मान्यता मिलने जा रही है। जिन अनगिनत स्कूल–कॉलेजों को छोटे–छोटे पौधों के रूप में तीन दशक पहले रोपा गया था, लग रहा है उनकी घनी छाँव अब मयस्सर होने जा रही है। लग रहा है छोटे–छोटे पौधों से बन चुके इन दरख़्तों की छाँव तले सुकून से आराम करने का समय अब आया है। रागिनी की खुली आँखों के सामने करतल ध्वनियों से गूँजते समारोह के छोटे–छोटे कोलाज तिरमिराने लगे।

"क्या हुआ, इस इनविटेशन के मिलने से कुछ परेशान–सी लग रही है?" रागिनी के चेहरे पर आते–जाते भावों को देख पति डॉक्टर सक्सेना ने पूछा।

अच्छा हुआ जो पति ने ख़ुद ही परेशान शब्द का इस्तेमाल कर लिया। कम–से–कम अब वह सचमुच अपनी परेशानी तो बता सकती है। इससे पहले कि उसकी कल्पनाओं का बेमानी विस्तार होता, रागिनी ने तुरन्त बात सँभाल ली, "इस निमन्त्रण ने सचमुच मुझे परेशानी में डाल दिया है। समझ में नहीं आ रहा है कि इतनी जल्दी कलाकारों और साज़िन्दों का कैसे इन्तज़ाम कर पाऊँगी...वह भी इतने सालों बाद तब, जब किसी का यह पता नहीं है कि कौन कहाँ है!"

"कोशिश करोगी तो सब हो जायेगा। वैसे भी अभी पूरे दो महीने हैं। घबराने या परेशान होने से काम नहीं चलेगा...और फिर ऐसे मौक़े बार–बार नहीं आते हैं।"

रागिनी ने पति द्वारा तसल्ली देने के बावजूद कोई जवाब नहीं दिया। सच तो यह है कि जानती वह भी है कि ऐसे मौक़े बार–बार नहीं आते हैं। चाह कर भी वह अपनी कल्पनाओं को पति से साँझा नहीं कर पायी।

"...और फिर तुम ही तो बता रही थीं एक दिन कि मथुरा में लता, आशा और चौधरी छज्जन सिंह आदि ने अपने–अपने नामों के बोर्ड टाँग रखे हैं। यह तो अब मथुरा जाने पर ही पता चलेगा कि कौन कहाँ है। बगैर वहाँ गये बात नहीं बनेगी।"

रागिनी ने अपनी कल्पनाओं को वहीं समेटा और तैयारी करने लगी मथुरा जाने की।

शहर में प्रवेश करने से पहले रागिनी को देख कर सुखद आश्चर्य हुआ। कहाँ तो उसने सुन रखा था कि मथुरा में लता, आशा और चौधरी छज्जन सिंह के ग्रुप के बोर्ड टँगे हुए हैं, मगर यहाँ तो इनके अलावा दर्ज़नभर और बोर्ड टँगे हुए हैं। खिड़की से बाहर का दृश्य देख रागिनी के होंठ वक्र होते चले गये। इन तख्तियों को देख वह मन–ही–मन मानो स्वयं से कहने लगी–नौटंकी ना हो गयी, शादी–ब्याह का बैंड हो गया जिसका जो चाहे बोर्ड लगा ले!

"भाभी जी, किधर चलना है?" पिछले पच्चीस सालों से राजा साहब के परिवार में ड्राइवरी कर रहे बंसी ने कार एकदम धीमी करते हुए रागिनी से पूछा।

एक पल के लिए रागिनी ने कुछ सोचा और फिर यह कहते कार आगे बढ़वा दी, "ऐसा कर सिसोदिया इंटर कॉलेज की तरफ़ चलो!"

इतने सालों से रागिनी की ड्राइवरी करते–करते बंसी समझ गया कि उन्हें कहाँ जाना है। फिर भी एक बार उसने दरयाफ़्त करना मुनासिब समझा, "नेमसिंह भाई साब के घर चलना है?"

"हाँ, पहले वहीं चलते हैं।"

कार अब सिसोदिया इंटर कॉलेज की तरफ़ चल पड़ी। कॉलेज से थोड़ा आगे जाकर बीच में पड़ने वाली रेलवे लाइन पार करने के बाद, कार नेमसिंह सिसोदिया के घर के पास जाकर रुक गयी। जाते ही रागिनी ने राष्ट्रीय नाट्य विद्यालय द्वारा आयोजित *लोक परब समारोह* के निमन्त्रण के साथ अपने आने का असली मक़सद बताया। पूरी बात सुनने के बाद नेमसिंह सिसोदिया ने पहले कुछ सोचा और फिर लम्बी साँस लेते हुए बोला, "बहना, आर्टिस्ट तो बहुत मिल जायेंगे मगर उनमें वह बात नहीं होगी जैसा आप चाहती हैं। उन्हें तो बन्दिश और सुरों का ही क़ायदे से इल्म नहीं है। चूँकि हमें अपना हुनर दिखाने का एक मौक़ा मिला है, इसलिए कोशिश होनी चाहिए कि पायेदार आर्टिस्ट हों।"

"इसीलिए तो मैं सीधी तुम्हारे पास आयी हूँ, वरना रास्ते में लता और आशा से ही बात नहीं कर लेती।"

"इनसे तो अब भी बात हो जायेगी पर असल बात यह है कि इन्हें भी स्टेज छोड़े ज़माना हो गया है। नौटंकी के नाम पर इनके भी बस बोर्ड टँगे हुए हैं वरना काम ये भी चलताऊ आर्टिस्टों से ही चलाती हैं।"

"फिर क्या करें?" रागिनी की आँखें निराशा में डूब गयीं।

"वैसे इस समारोह में वे लोग चाहते क्या हैं?"

"नौटंकी कराना चाहते हैं।"

"वह तो ठीक है मगर कैसी?"

"इसके बारे में तो एनएसडी वालों से बात करनी पड़ेगी।"

"तो क्या उनसे अभी बात नहीं हुई है?"

"इसलिए नहीं की कि पहले यह तो देख लूँ कि आर्टिस्टों का इन्तज़ाम होगा भी या नहीं।"

"उनसे पहले एक बार बात कर लो! पूछ लो कि उन्हें हमसे क्या–क्या उम्मीदें हैं?"

"यह बात सही है। ऐसा करती हूँ कि इस चिट्ठी में यह डॉ. नूपुर शर्मा, संयोजक, लोक परब समारोह छपा हुआ है, दिल्ली जाकर एक दिन इनसे मिल लेती हूँ।"

"मिलना ज़रूरी है। मिलने से अन्दाज़ा हो जायेगा कि आख़िर ये चाहते क्या हैं। रही बात आशा और लता जी की, तो ऐसा करते हैं जब मथुरा आयी ही हो तब इनसे मिल ही लेते हैं। लगे हाथ दूसरे आर्टिस्ट और साज़िन्दों की बात भी इनसे कर लेंगे।"

नेमसिंह सिसोदिया और रागिनी सबसे पहले आशा के पास गये। मगर वहाँ जाकर पता चला कि वह प्रचार के काम से लखनऊ गयी है।

प्रचार शब्द का नाम सुन कर रागिनी ने जिज्ञासा और कौतूहल के साथ नेमसिंह सिसोदिया की तरफ़ देखा। नेमसिंह ने कुछ नहीं कहा बल्कि यह कहते हुए कार में बैठ गया, "आओ बहना, लता जी के पास चलते हैं!"

कार में बैठते ही रागिनी से रुका नहीं गया और नेमसिंह से पूछ ही लिया, "नेमसिंह, भैया यह आशा लखनऊ कौन–से प्रचार के लिए गयी है?"

"प्रचार क्या, यूपी शासन के सूचना एवं जन सम्पर्क विभाग गयी होगी!"

"वहाँ क्या है?"

"है क्या कि सरकारी योजनाओं को गाँव–गाँव तक पहुँचाने के लिए इस विभाग को आर्टिस्टों की ज़रूरत पड़ती रहती है, उसी के सिलसिले में गयी होगी।"

"क्याऽऽऽ?" रागिनी की आवाज़ जैसे हलक़ में घुट कर रह गयी। बमुश्किल बोल पायी वह, "तो क्या आशा गाँव–गाँव जाकर बहरतबील, चौबोला और दौड़ में सरकारी योजनाओं का प्रचार करती है?"

"आशा ही क्या, सारे आर्टिस्ट ही यह काम करते हैं। प्रचार भी चलो आर्टिस्ट कर ले, हुनर है उसके पास...पर इसके लिए उसे कितनी जिल्लत झेलनी पड़ती है, तुम सोच भी नहीं सकतीं।" नेमसिंह सिसोदिया ने बेहद ठंडेपन के साथ कहा।

"यह तू क्या कह रहा है?" रागिनी चीख़ते–चीख़ते रह गयी।

"हाँ बहना, चार–चार पाँच–पाँच हज़ार रुपये के लिए बिना नागा पूरे हफ़्ता और पूरे–पूरे दिन धूल और धूप में गला फाड़ना पड़ता है। ऊपर से बाबुओं को उनका हिस्सा देने के बाद भी जो जिल्लत और तौहीन झेलनी पड़ती है वह अलग।"

"यानी घूस?"

"यही समझ लो। मैंने तो इसी बेक़दरी से बचने के लिए परचून की यह दुकान खोल ली। जिस काम में कोई क़दर न हो, उसे त्यागने में ही भलाई है...फिर चाहे वह आपके दिल के कितना भी क़रीब क्यों न हो। पिछले साल तो..." नेमसिंह सिसोदिया कहते–कहते रुक गया और ड्राइवर से बोला, "बंसी जी, सामने से पानी की एक ठंडी बोतल तो लाना यार! बड़ी प्यास लगी है...अच्छा ऐसा करो, हमें यहीं उतार दो! यहाँ से पैदल चले जाते हैं लता जी के पास।" ड्राइवर बंसी कार से उतर कर जाने लगा तो उसे टोकते हुए बोला, "वो जो सामने बड़ा–सा बोर्ड दिख रहा है न उधर ले आना गाड़ी!"

रागिनी को अचरज हुआ कि एकाएक नेमसिंह को यह क्या सूझा जो पहले ही कार से उतर गया। कार तो वहाँ आसानी से जा सकती है।

"नेमसिंह, अचानक तुझे यह क्या सूझा जो बंसी को पानी लेने भेज दिया?" रागिनी ने आश्चर्य से पूछा।

"मैंने जान–बूझ कर ऐसा किया है। कहीं बंसी यह बात सुन न ले। अच्छा नहीं लगता कि एक ड्राइवर हमारी बातें सुने। ख़ासकर यह बात।"

"कौन–सी बात?" रागिनी की धड़कनें बढ़ गयीं।

"वही पिछले साल वाली। हुआ यह कि इसी प्रचार के सिलसिले में लता लखनऊ गयी थी काम माँगने, तो पता है वहाँ क्या हुआ?"

"क्या हुआ?" रागिनी के मारे उत्तेजना के चेहरा सुर्ख होने लगा।

"क्या बताऊँ बहना। बताते हुए अच्छा नहीं लग रहा है। फिर भी

लता ने जो बताया वही बता रहा हूँ।" इसके बाद नेमसिंह सिसोदिया ने सारा वाक़या बता दिया और यह कहते हुए चुप हो गया, "तफ़सील से सारी बात लता से ही पूछ लेना!"

जिस वक़्त नेमसिंह सिसोदिया यह प्रसंग सुना रहा था, रागिनी का खून खौल रहा था। रह–रह कर ऐसा लग रहा था जैसे यह नसों को फाड़ बाहर आ जायेगा। मारे ग़ुस्से के आँखों में सुर्ख डोरे तैरने लगे। जबड़ों के उभार से इसका सहज ही अनुमान लगाया जा सकता था कि रागिनी के दिलो–दिमाग़ में क्या खदबदा रहा होगा।

तेज़–तेज़ चल रही साँसों पर नियन्त्रण पा वह शब्दों को चुबलाते हुए बोली, "नेमसिंह, नौटंकी के कलाकारों को अब ये दिन देखने पड़ रहे हैं कि काम के बदले लोग उनसे ऐसी–ऐसी डिमांड करने लगे हैं। हमारे समय में किसी की क्या मजाल कि नज़र उठा कर तो देख जाये।"

"हिम्मत तो बहना आज भी किसी की नहीं होती है। बस, इतना फ़रक़ आया है कि पहले लोग हमारे पास ख़ुद काम लेकर आते थे, और आज उनसे हम काम लेने जाते हैं। पहले हम उनकी ज़रूरत का फ़ायदा उठाते थे, आज वे हमारी ज़रूरत का फ़ायदा उठाने लगे हैं। इसके अलावा मेरी नज़र में इसकी जो सबसे बड़ी वजह है हमें उस पर भी गौर करना चाहिए।"

"और कौन–सी वजह हो सकती है?" रागिनी ने गम्भीर होते हुए पूछा।

"...यह कि नौटंकी के नाम पर जिस तरह सस्तेपन और फूहड़ता की दुकानें खुल गयी हैं, वे भी इसके लिए कम ज़िम्मेदार नहीं हैं। देखती तो होगी कि कैसे–कैसे बेहूदे और गन्दे–गन्दे ठुमके लगते हैं। नौटंकी का सबसे ज़्यादा नुकसान नौटंकी के नाम पर मुन्नीबाई की नौटंकी, भोजपुरी नौटंकी, राम खेलावन नौटंकी, रामपत हरामी कॉमेडी जैसी इन अश्लील मनोरंजन परोसने वाली दुकानों ने किया है। सच तो यह है कि अब न तो कलाकार रहे, न कला के पारखी।"

"इसी वजह से तो मैंने भी शर्तें लेनी बन्द कर दीं।" नेमसिंह सिसोदिया के तर्क से रागिनी ने सहमत होते हुए दुःखी मन से कहा।

"सुन कर यक़ीन नहीं होगा कि जो बनारस, इलाहाबाद, आजमगढ़, देवी पाटन, गोरखपुर कभी आपके हिन्दुस्तान थिएटर, पन्नालाल थिएटर और भारत थिएटर कम्पनी का पलक–पाँवड़े बिछा कर इन्तज़ार किया करते थे, ऐसी नौटंकी कम्पनियाँ सबसे ज़्यादा यहीं हैं। भोजपुरी गानों पर

इनकी आर्टिस्ट ऐसे भोंड़े और बेहूदे इशारों के साथ स्टेज पर कूदती हैं, कि एक भला आदमी इन्हें देख नहीं सकता। पता नहीं कलाकारों के नाम पर कहाँ–कहाँ से बेड़नियों और कंजरियों को लाकर भर्ती कर लेते हैं।"

"बेड़नी तो गुलाब बाई भी थी नेमसिंह। मगर उसने इस नौटंकी का सिर नहीं झुकने दिया। बल्कि कानपुर की नौटंकी का आज अगर सिर ऊँचा है तो इसी गुलाब बाई की वजह से है। बेड़िया जाति को हमारा समाज जिस बुरी नज़र से देखता था, गुलाब बाई ने उसे बदल दिया।"

"एक बात कहूँ बहना, इसमें क़सूर बेचारी इन आर्टिस्टों का भी नहीं है...ये भी क्या करें। सबकी कुछ–न–कुछ मजबूरी है। वैसे भी इस लाइन में आने वाली हमारी ज़्यादातर बहनें दलित, ग़रीब, मुसलमान और उन जातियों से हैं जिन्हें कभी इस समाज ने इज़्ज़त ही नहीं दी। इक्का–दुक्का आर्टिस्ट को छोड़ दें तो मुझे ऐसी कोई आर्टिस्ट नज़र नहीं आती, जो किसी बामन–बनिया परिवार से आती हो। हाँ, मर्द आर्टिस्ट आपको इन परिवारों से बहुत मिल जायेंगे।"

"इसीलिए इस पेशे में हम औरतों को इज़्ज़त की नज़र से नहीं देखा जाता है। नौटंकी का मतलब आज सिर्फ़ कूल्हे मटकाना भर रह गया है।"

"तुम क्यों अपना मन दुखी कर रही हो...लो, लता जी तो मिल गयीं!" सामने अपने कार्यालय में बैठी लता को दूर से देख नेमसिंह सिसोदिया ने बताया।

अचानक बिना किसी पूर्व सूचना के रागिनी को आया देख, लता अपने कार्यालय से बाहर आयी और रागिनी को अंक में भर लिया। इतने दिनों बाद अपने सामने रागिनी को देख कर लता की आँखें भर आयीं। लता की आँखों से बहते पानी को देख नेमसिंह सिसोदिया को लगा जैसे मंच पर कुछ पुराने दृश्य लौट आये हैं।

"दीदी, कैसे इतने दिनों बाद आज इस शबरी का रास्ता भूल गयी?" लता ने आँखों के कोरों को पोंछते हुए शिकवा किया।

"बस, चली आयी हालचाल लेने।" रागिनी ने आत्मीयता के साथ कहा।

"ना दीदी, हालचाल लेने तो आयी नहीं हो। ज़रूर किसी काम से आयी हो।"

"सही कह रही हो, आयी तो एक ज़रूरी काम से ही हूँ।"

"मैं तो इस जुगल जोड़ी को देखते ही समझ गयी थी।" लता ने मुस्कराते हुए नेमसिंह सिसोदिया की तरफ़ देख कर कहा।

इसके बाद रागिनी ने अपने और नेमसिंह सिसोदिया के आने का मन्तव्य व प्रयोजन स्पष्ट कर दिया। लता ने भी रागिनी की सारी समस्या देखते–ही–देखते हल कर दी। कलाकारों के साथ–साथ साज़िन्दों की भी व्यवस्था हो गयी। मथुरा में ही तय हो गया कि *लोक परब समारोह* में *अमर सिंह राठौर* ही खेला जायेगा। बस, अब एक दिन दिल्ली जाकर इस समारोह की संयोजक डॉ. नूपुर शर्मा से मिलना है। ताकि इसका अन्दाज़ा हो जाये कि वे चाहते क्या हैं। सब कुछ तय होने के बाद रागिनी व नेमसिंह सिसोदिया लता से विदा लेकर चलने लगे, कि एकाएक रागिनी को जैसे कुछ याद आ गया।

"अरे हाँ लता, ये नेमसिंह बता रहे थे कि लखनऊ में तुम्हारे साथ कुछ टंटा हुआ था?"

"टंटा! दीदी कैसा टंटा?" लता ने हैरानी के साथ पूछा।

"वही जो तुम्हारे साथ उत्तर प्रदेश सूचना के दफ़्तर में हुआ था।"

"अच्छा, वो...! अरे छोड़ो दीदी, यह सब तो जीवन–जगत में चलता रहता है।" लता ने टालना चाहा।

"फिर भी कुछ तो हुआ होगा?"

"कुछ नहीं दीदी। दरअसल है क्या कि लोग हम कलाकारों, ख़ासकर नौटंकी की कलाकारों को ऐसी ही नाचने–गाने वाली समझते हैं। लोग समझते हैं कि हमारी तो जैसे कोई इज़्ज़त–आबरू ही नहीं होती है। एक तो इन बाबुओं को काम देने के एवज में घूस दो, ऊपर से ये हमारी इज़्ज़त से भी खेलने की कोशिश करते हैं। हम तो जैसे किसी की बहन–बेटियाँ ही नहीं हैं।"

"पर ऐसा हुआ क्या था उस दिन?" रागिनी का उतावलापन जवाब देने लगा जैसे।

"हुआ क्या दीदी, एक तो वो हरामी बाबू मुझे लता बाई कह कर बुलाता था। वह जब भी मुझे लता बाई कहता मेरे तन–बदन में आग लगती चली जाती। मगर मैं यह सोच कर चुप हो जाती कि हो सकता है यह मुझे बाई, गुलाब बाई और इनके साथ काम करने वाली कृष्णा बाई की तरह से बुलाता होगा।"

"लता, मैंने भी बहुतों को देखा है कि वे हमें फलाँ बाई, ढिमका बाई कह कर बुलाते हैं। इस चक्कर में मैं कइयों को तो डाँट चुकी हूँ कि मैं किसी कोठे पर मुज़रा करने वाली कोई बाई–वाई नहीं हूँ। मेरा नाम रागिनी कुमारी सक्सेना है।"

"इसीलिए दीदी, मैं उनसे कुछ नहीं कहती थी। मगर उस दिन तो हद हो गयी। उस दिन मैं और मेरे साथ काम करने वाली मेरी जूनियर आर्टिस्ट सरला, हम दोनों प्रचार के काम से लखनऊ गये थे। और दिन तो मैं जब भी अकेली जाती थी मेरे साथ वह तमीज़ से पेश आता था, पर सरला को देखते ही वह नैन मटकाते हुए बोला कि आओ लता बाई, आओ! मैं उसकी यह बदतमीजी पी कर रह गयी। मगर दीदी, उसने जैसे ही मेरी तरफ़ आँख मार कर फुसफुसाते हुए कहा कि लता बाई, ऐसी रसभरियों का कभी–कभी हमें भी रसपान करा दिया करो! तो सुनते ही मेरा ख़ून खौल उठा और उसकी कनपटी पर ऐसा लप्पड़ सेंका कि उसकी आँखों के आगे दिन के तारे चमक उठे। पूरे दफ़्तर में भगदड़–सी मच गयी। मैं सीधी उसके अफ़सर के कमरे में गयी और काग़ज़ उसके थोबड़े पर मारते हुए बोली कि धरे रखो अपने इस प्रचार को! एक तो आपके इन दलालों को रिश्वत दो, ऊपर से इनसे अपनी इज़्ज़त भी लुटवाओ!"

"यह काम तो तूने अच्छा किया लता।" लता के इस साहस पर मारे गर्व के रागिनी की आँखें चमकने लगीं।

"बस फिर क्या था दीदी, वह अफ़सर मुझे लेकर जैसे ही बाहर सेक्शन में आया, हमें देखते ही वह बाबू मेरे पाँवों में पड़ गया। गिड़गिड़ाने लगा कि बहन जी ग़रीब आदमी हूँ...मर जाऊँगा। मेरी दो जवान बेटियाँ हैं। इस पर मैं ज़ोर से बोली की तेरी बेटियाँ तो बेटियाँ हैं, और हमारी बेटियाँ रसभरी। यह तो वह अफ़सर ही समझदार निकला जिसने तुरन्त उस बाबू को इस डर से सस्पेंड कर दिया, कि इसके साथ–साथ कहीं तू भी लपेटे में न आ जाये। क्योंकि रिश्वत का माल बँटता तो नीचे से ऊपर तक है न। और वो दिन है और आज का दिन है दीदी, मैंने लखनऊ झाँक कर भी नहीं देखा। उस दिन तय कर लिया कि इज़्ज़त की रोटी मिलेगी तो खा लेंगे, पर अपनी आबरू पर किसी का हाथ नहीं डलवाने दूँगी।"

लता की इस हिम्मत और दिलेरी पर रागिनी का सीना गर्व से चौड़ा होता चला गया।

"ठीक है दीदी, आपका जो भी प्रोग्राम हो मुझे बता देना। वैसे भी आप जाओगी तो मथुरा होकर ही!" लता ने विषय को विराम देते हुआ कहा।

"नहीं भी जाऊँगी तो जाना पड़ेगा।" इतना कह हँसते हुए रागिनी और नेमसिंह सिसोदिया दोनों सामने खड़ी कार की तरफ़ बढ़ गये।

43

रागिनी ने राष्ट्रीय नाट्य विद्यालय की तरफ़ से आये पत्र के अन्त में *लोक परब समारोह* की संयोजक डॉ. नूपुर शर्मा के नीचे दिये गये लैंडलाइन नम्बर पर फ़ोन लगाया। दिन में एक बार नहीं, पता नहीं कितनी बार इस नम्बर पर उसने फ़ोन किया, मगर हर बार देर तक घंटी घनघनाने के सिवाय कुछ सुनायी नहीं दिया। अगले दिन फिर किया परन्तु दोपहर तक किसी ने फ़ोन नहीं उठाया। दोपहर बाद रागिनी ने अपने चित्त में कभी अपने मुरलीवाले को धर कर फ़ोन किया, तो कभी अपने कान्हा का सुमिरन कर फ़ोन लगाया। कभी अपने रास रचैया को मन में रख फ़ोन किया, तो कभी अपने मुरारी का नाम लेकर। मगर इनमें से किसी ने रागिनी की कोई मदद नहीं की। झुंझला कर रागिनी ने रिसीवर को फ़ोन पर पटक दिया।

रागिनी को अब यह शक–सा होने लगा है कि ज़रूर किसी ने उसके साथ मज़ाक़ किया है। लेकिन अगले ही पल वह सोचने लगी कि कोई क्यों इतनी दूर से उसके साथ ऐसा मज़ाक़ करेगा। इसी कशमकश के साथ उसने बड़ी ना–उम्मीदी के साथ, शाम को साढ़े चार बजे के आसपास हल्के–से आँखें बन्द कर, मन–ही–मन यह सुमिरन करते हुए फिर से नम्बर मिला दिया, 'हे मुरलीवाले, इस ग़रीब की इतनी परीक्षा मत ले!'

लगता है उसका मुरलीवाला रागिनी से सख्त नाराज़ है। अभी भी बराबर घंटी बज रही है। निराश और हताश रागिनी अभी रिसीवर को वापस रखने ही जा रही थी, कि तभी दूसरी तरफ़ से हेलो के साथ एक बेहद बारीक नफ़ासत भरा स्त्री–स्वर उसके कानों में पड़ा।

"हेलो, मुझे डॉ. नूपुर शर्मा जी से बात करनी है...जी मैडम नमस्कार, मैं रागिनी कला केन्द्र से रागिनी कुमारी सक्सेना बोल रही हूँ...जी मैडम, इसी बारे में आपसे बात करनी है...हाँ, मेरे पास नहीं है, मेरे पति डॉ. वीरेन्द्र स्वरूप सक्सेना के पास है...आ जाऊँगी मैडम...ठीक है आती हूँ!" रागिनी ने एक लम्बी साँस ली और रिसीवर को वापस अपनी जगह रख दिया।

दिल्ली–मथुरा रोड से रागिनी की कार आश्रम चौक को पार कर निजामुद्दीन

से होती हुई मथुरा रोड पर पहुँची, तो उसकी धड़कनें बढ़नी शुरू हो गयीं। इतनी घबराहट तो उसे उस दिन भी नहीं हुई थी, जब वह पहली बार महज सोलह साल की उम्र में हिन्दुस्तान थिएटर के मंच पर उतरी थी। प्रगति मैदान के बायें तरफ़ कोने पर नज़र आये संकेत सूचक पर लिखे भगवानदास रोड की तरफ़ कार मुड़ गयी। सुप्रीम कोर्ट के पश्चिम छोर के क्रासिंग को पार कर आल इंडिया वीमेन कान्फ्रेंस के सामने, रागिनी ने कार को रुकवा कर एक राहगीर से पता पूछा, तो राहगीर ने हाथ के इशारे से पता समझा दिया।

राहगीर द्वारा बतायी गयी जगह पर पहुँचते ही दायें तरफ़ गेट के ऊपर राष्ट्रीय नाट्य विद्यालय लिखा दिखायी दिया। गेट के सामने जाकर कार रुक गयी। बहावलपुर हाउस के भगवानदास रोड वाले मुख्य द्वार पर लगे लड़के–लड़कियों के जमघट के पास से होती हुई कार अन्दर दाख़िल हो गयी। कार से उतर रागिनी ने रिसेप्शन पर जाकर डॉ. नूपुर शर्मा से मिलने के लिए कहा, तो रिसेप्शनिस्ट ने इंटरकॉम से किसी का नम्बर मिलाते हुए पूछा, "मैडम, आपसे कोई रागिनी कुमारी सक्सेना मिलने आयी हैं...ठीक है मैडम।" इसके बाद रिसेप्शनिस्ट ने रागिनी का मार्ग दर्शन करते हुए बताया, "सामने सीधा जाकर दायें तरफ़ सीढ़ियाँ हैं, उनसे ऊपर चली जाना! जैसे ही दायें तरफ़ मुड़ेंगी, पहला कमरा छोड़ कर दूसरा कमरा उन्हीं का ही है।"

"जी कहिए?" कमरे में प्रवेश करते ही एक जानी–सी बारीक आवाज़ ने पूछा।

"मैडम, मैं रागिनी कला केन्द्र से आयी हूँ।"

"रागिनी जीऽऽऽ!" अपने सामने एक साँवले चेहरे को देख डॉ. नूपुर शर्मा का मुँह खुला–सा रह गया। पलक झपकते ही उसने सामने खड़ी महिला को ऊपर से नीचे तक देखा।

"जी मैडम, रागिनी कुमारी सक्सेना ही हूँ।" रागिनी ने अपना पूरा नाम बताया।

"बैठिए!" इस बीच अपने आपको सँभाल चुकी डॉ. नूपुर शर्मा अपनी बात जारी रखते हुए बोली, "मैं आपसे सम्पर्क करने की कई दिनों से कोशिश कर रही थी, मगर आपका कोई सम्पर्क नम्बर ही नहीं था। बस, आपका घरवाला पता ही मिल पाया था।"

"दरअसल घर पर फ़ोन नहीं है। जो है वो मेरे पति का है।"

"हाँऽऽऽ आप बता रही थीं कि फ़ोन आपके डॉक्टर पति के पास है।" डॉ. नूपुर शर्मा ने यह सोचते हुए अपनी दुविधा की पुष्टि करते हुए कहा कि कहीं ऐसा न हो कि एक डॉक्टर की पत्नी के बजाय उसके पास ग़लती से कोई दूसरी रागिनी तो नहीं आ गयी है।

"जी मैडम।"

"उनका तो अच्छा–ख़ासा दवाखाना होगा?"

"हाँ मैडम, कट्टा बाज़ार में सक्सेना क्लिनिक के नाम से बहुत बड़ा क्लिनिक है।"

डॉ. नूपुर शर्मा को अब भी अपने कानों और अपनी आँखों पर जैसे यक़ीन नहीं हो रहा है। कनखियों से एक बार फिर चुपके–से उसने अपने सामने बैठी महिला को देखा। मगर असमंजस और दुविधा की खोह कम होने के बजाय और गहरी होती जा रही है। न तो सामने वाली की वेशभूषा से ऐसा लग रहा है, न इसकी बातचीत से। न इसकी भंगिमाएँ इसकी गवाही दे रही हैं, न इसकी मुद्राएँ। फ़ोन पर बात करते हुए इसकी जो छवि डॉ. नूपुर शर्मा के मन में बनी हुई थी, उस फ़्रेम से वह अपने आपको मुक्त ही नहीं कर पा रही है। कहीं ऐसा तो नहीं है कि डॉक्टर के नाम पर इसका पति कोई आरएमपी–शारएमपी टाइप का झोला छाप डॉक्टर हो। एक सक्सेना क्लिनिक के डॉक्टर मालिक की ऐसी...।

"मैडम, मैं आपसे यह जानने आयी हूँ कि आपकी हम से क्या उम्मीदें हैं?" रागिनी कुमारी सक्सेना ने राष्ट्रीय नाट्य विद्यालय और रंगमंच की एक जानी–मानी हस्ताक्षर को असमंजस की खन्दक से बाहर खींचते हुए पूछा।

"मैं भी आपसे इसीलिए मिलना चाहती थी। अच्छा, एनएसडी से पहले आपने कभी किसी प्रोसेनियम सेटअप में शो किया है?"

"प्रोऽऽऽ सेनियम सेटअप... मैं कुछ समझी नहीं।"

डॉ. नूपुर शर्मा को जैसे अपनी दुविधा से बाहर आने का रास्ता मिल गया। उसे समझते हुए देर नहीं लगी कि सामने वाली विशुद्ध नौटंकी वाली ही है। उसने अपने सिर को हल्के–से झटका और अपने गले में किसी और तरह की दुविधा का मरा हुआ साँप डाले बिना, असल मुद्दे पर आ गयी।

"ऐसा शो जो लाइट, साउंड और सेट डिजाइन के साथ किसी ऑडिटोरियम में होता है, उसे प्रोसेनियम सेटअप कहा जाता है। कहने का मतलब है कि मंच–रचना, वेशभूषा, लाइट सिस्टम और मेकअप का इसमें बहुत बड़ा रोल होता है।"

"नहीं मैडम, मैंने या तो खुले में शो किये हैं, या फिर टीन की चादरों से घिरे मंच पर किये हैं...पर हाँ, इनमें भीड़ बहुत होती थी।'' रागिनी ने भीड़ पर ज़ोर दे हुलसते हुए बताया।

"ऐसे शोज़ में रागिनी जी भीड़ ही होती है।" अपने ही व्यंग्य पर डॉ. नूपुर शर्मा का चिट्टा–गोरा चेहरा सुर्ख पड़ता चला गया, "खैर जाने दीजिए। रागिनी जी, मुझे खालिस नौटंकी चाहिए। उसमें न कोई भर्ती का फ़िल्मी गाना होगा, न हास्य के नाम पर फूहड़ता। और हाँ, आपको एक बात का विशेष ध्यान रखना होगा कि इस एक से डेढ़ घंटे की प्रस्तुति में ऐसा कोई भी दृश्य नहीं होना चाहिए, जिससे स्त्री के मान–सम्मान को ठेस पहुँचती हो...यानी एक भी दृश्य स्त्री–विरोधी नहीं होना चाहिए!"

"ठीक है मैडम, हम इसका पूरा ध्यान रखेंगे। वैसे यह शो होगा कहाँ?"

"यहीं एनएसडी में अभिमंच सभागार है, उसमें होगा। ऐसा करती हूँ अब आप आ ही गयी हैं, तो चलिए आपको अभिमंच दिखा ही देती हूँ। आइए!"

डॉ. नूपुर शर्मा रागिनी को लेकर नीचे आ गयी। सामने बाहर जाते रास्ते को पार कर वे दोनों अभिमंच में आ गयीं। एनएसडी का भीतरी प्रांगण रागिनी को बहुत अच्छा लगा। अन्दर अहाते में बनी क्यारियों में आये ताज़ा–ताज़ा फूल और घनी हरी घास का मैदान। बीच में लता–वितान से आच्छादित सँकरा रास्ता। अभिमंच में तैनात कर्मचारी से कह कर डॉ. नूपुर शर्मा ने अन्दर की सारी बत्तियाँ जलवा दीं।

"रागिनी जी, यह है अभिमंच। पूरे साढ़े तीन सौ दर्शकों के बैठने की व्यवस्था है यहाँ।'' इसके बाद डॉ. नूपुर शर्मा रागिनी को लेकर मंच पर आ गयी, "देखिए, इस प्रोसेनियम आर्च की पहली ज़रूरत होती है आर्टिस्ट का एक्शन और उसके सामने बैठे दर्शक। चूँकि हमारे इस लोक परब समारोह में भीड़ नहीं होगी..."

"भीड़ नहीं होगी मतलब?" रागिनी ने अकबकाते हुए अचरज से पूछा।

"मेरा मतलब है यहाँ देखने वालों की जेंटरी बिल्कुल अलग होगी। इनमें हमारे विद्यार्थी भी होंगे, तो प्रबुद्ध दर्शक भी होंगे। अंग्रेज़ी–हिन्दी अख़बारों व टीवी चैनल्स के ड्रामा क्रिटिक होंगे, तो दिल्ली यूनिवर्सिटी से लेकर दूसरी यूनिवर्सिटीज़ के प्रोफ़ेसर्स भी होंगे। हो सकता है कुछ एम्बेसीज़ के लोग भी आ जायें। इतना ही नहीं, इनफार्मेशन एंड ब्रॉडकास्टिंग मिनिस्ट्री के सचिव और उर्दू के मशहूर ड्रामाटिस्ट और अफ़साना निगार

अनवर अली के अलावा आल इंडिया रेडियो के डायरेक्टर, और दूरदर्शन के डीजी राजेन्द्र रघुवंश भी होंगे।"

इतने भारी–भरकम ओहदों और दानिशवरों का नाम सुन रागिनी के जिस्म में सिहरन–सी दौड़ती चली गयी।

"इसीलिए मुझे सिर्फ़ और सिर्फ़ नौटंकी चाहिए। मैंने आपके ग्रुप को बड़ी उम्मीद और रिस्क लेकर शामिल किया है वरना नौटंकी के नाम पर खेल–तमाशे वाले तो हमें बहुत मिल रहे थे। देखने और सुनने वालों के कानों में हारमोनियम की संगत, झील की खनक और नक्काड़े की धमक पर बस बहरतबील, दौड़ और चौबोला की गूँज सुनायी देनी चाहिए!"

"म...मगर मैंने तो ऐसी स्टेज पर आज तक ऐसी कोई शर्त की ही नहीं है।'' रागिनी की सिहरन लफ़्ज़ों में बयाँ हो गयी।

"रागिनी जी, इसीलिए संगीत, स्वाँग या कहिये आपकी यह नौटंकी की कला ख़त्म होती जा रही है। नये ज़माने की ज़रूरत के हिसाब से आप लोग बदलने को तैयार नहीं, और इस थिएटर की दुनिया में पुराने के लिए कोई जगह नहीं है, तो फिर बताइए कैसे काम चलेगा? अगर आप नये ज़माने के हिसाब से नहीं चलोगे, तो एक दिन यह नाट्य विधा यूँ ही अपनी मौत मर जायेगी। मेरा मानना है कि आपको प्रोसेनियम सेटअप की आदत डालनी चाहिए।"

"लाइट और साउंड वगैरा तो ठीक है मैडम...पर सेट में तो काफ़ी ख़र्चा आयेगा!" रागिनी ने अपनी एक और कमज़ोरी बताते हुए कहा।

"वैसे आपका क्या खेलने का इरादा है?"

"अमर सिंह राठौर का सोच रहे हैं मैडम।"

"चॉइस तो अच्छी है। कोई बात नहीं। पिछले ही महीने मैंने यहाँ अपने निर्देशन में ऐसा ही एक नाटक कराया है। खैर, यह समस्या तो आपकी हल हो जायेगी। मैं आपकी इतनी मदद और कर दूँगी कि आपको ग्रांड रिहर्सल की परमिशन दिलवा दूँगी। कोशिश करूँगी कि मैं भी उस दिन आपके साथ रहूँ। बस, आपको ऐसा शो करना है कि लोग इसे कभी भूल नहीं पायें। वैसे दूरदर्शन इसकी पूरी रिकॉर्डिंग भी करेगा, जो हो सकता है किसी दिन टेलीकास्ट भी हो जाये। मेरी आपको एक सलाह है कि उन्हीं कलाकारों को लाना जिनकी ख़ास भूमिका हो। बिना वजह पूरी पलटन लाने का कोई मतलब नहीं है...वरना ऐसा न हो कि शो ही बिखर जाये।"

"नूपुर जी, आप बेफ़िक्र रहें। आपको सचमुच नौटंकी ही देखने को

मिलेगी। जब आप इस कला के लिए इतना कर रही हैं, तो हमारा भी धर्म और फ़र्ज़ दोनों बनता है कि आपको मायूस नहीं होने देंगे।" थोड़ी ही देर में रागिनी मैडम से नूपुर जी पर आ गयी।

"गुड, चलिए एक–एक कॉफ़ी पीते हैं...और हाँ, अपने डॉक्टर पति का लैंडलाइन नम्बर ज़रूर देती जाना। ताकि इमरजेंसी में कभी आपसे बात हो सके।"

रागिनी को आत्मविश्वास से लबरेज़ हुआ देख डॉ. नूपुर शर्मा रागिनी को लेकर कैंटीन में आ गयी। दोनों ने एक–एक कप कॉफ़ी पी और कामयाबी की कामना के साथ डॉ. नूपुर शर्मा ने रागिनी को विदा कर दिया।

44

डॉ. नूपुर शर्मा पूरे ग्रांड रिहर्सल के दौरान *अभिमंच* में रागिनी कला केन्द्र के साथ रही। रागिनी को पहली बार प्रोसेनियम सेटअप की अहमियत का पता चला। मंच की छत से लटके स्पॉट लाइट से नीचे, जब–जब कलाकार को भिगोता हुआ रोशनी का गोल चकत्ता अपने पूरे व्यास के साथ मंच पर उसकी परछाईं के साथ–साथ क़दमताल करता चलता, तो उसमें भीगे कलाकार की भंगिमा और मुद्राएँ खिल–खिल उठतीं। रोशनी के इस रेशमी चकत्ते का उजास जब–तब मंच पर पड़ता, तो लगता मानो पूर्णिमा का चाँद धीरे–से मंच पर उतर आया है। कई बार तो ऐसी अनुभूति होती मानो देखने वाला सचमुच किसी राजमहल की प्राचीर की ओट में खड़ा है। रागिनी को पहली बार अहसास हुआ कि गायन और अभिनय को धारदार बनाने, उसे निखारने में मंच–संरचना, प्रकाश–व्यवस्था और कास्ट्यूम की कितनी बड़ी भूमिका होती है। थोड़ी देर के लिए वह सोचती है कि अगर उसके पास गला नहीं होता, तो एक कलाकार के रूप में उसकी क्या पहचान होती। ख़ाली गाना ही काफ़ी नहीं है बल्कि अपने संवादों को दर्शकों तक असरदार तरीके से पहुँचाने के लिए नाट्य–कला के दूसरे औज़ारों का होना भी लाज़िमी है।

डॉ. नूपुर शर्मा पूरे ग्रांड रिहर्सल के दौरान अभिमंच में रागिनी कला केन्द्र के साथ रही। अमर सिंह राठौर बने नेमसिंह सिसोदिया और हाड़ी

रानी बनी रागिनी की आवाज़ के पाश में वह बँधती चली गयी। लगा जैसे दो समान्तर नदी की धाराएँ अपनी मस्त लहरों के साथ बही जा रही हैं। डॉ. नूपुर शर्मा ने जैसा रागिनी के बारे में सुना था, ठीक वैसा ही पाया। उसे पता ही नहीं चला कि वह इन उछाल मारती लहरों के साथ कितनी दूर निकल आयी है, अगर उसके कानों से अमर सिंह राठौर के ये शब्द नहीं टकराते। डॉ. नूपुर शर्मा हड़बड़ा कर जैसे वापस लौटी। सबसे आगे की रो में बैठी डॉ. नूपुर शर्मा तेज़ी से उठी। उसने उसी समय अमर सिंह राठौर का किरदार निभाने वाले कलाकार नेमसिंह सिसोदिया को हाथ के इशारे से रोका। एक पल रुक कर उसने पलट कर ख़ाली अभिमंच के दर्शक दीर्घा की ओर देखा, तो उसे यह देख कर हैरानी हुई कि बड़ी संख्या में विद्यालय के छात्र–छात्राएँ रिहर्सल देखने के लिए आये हुए हैं। वह मन–ही–मन मुस्कराते हुए मंच पर आ गयी।

"रागिनी जी, मैंने पहले ही कहा था कि इसमें एक भी ऐसा संवाद या दृश्य नहीं होगा, जिससे स्त्री के मान–सम्मान को ठेस पहुँचती हो!"

डॉ. नूपुर शर्मा के इस हस्तक्षेप पर रागिनी तो रागिनी अच्छा–ख़ासा अपना सफ़र तय करते रिहर्सल में मौजूद दूसरे कलाकार और साज़िन्दे भी परेशान हो उठे।

"नूपुर जी, मुझे अच्छी तरह याद है कि आपने ऐसा कहा था और मैंने उसका पूरा ख़याल भी रखा है।"

"तब फिर यह कैसे आ गया...और नेमसिंह जी आपके हाथ में यह क्या है?" इस बार डॉ. नूपुर शर्मा नेमसिंह सिसोदिया की तरफ़ पलटी।

"मैडम हं...हंटर है!" नेमसिंह सिसोदिया ने हकलाते हुए कहा।

"अच्छा आप अपने इस संवाद को फिर से रिपीट करना कि बस–बस ख़ामोश रह, ज़्यादा ज़बाँ न खोल!" डॉ. नूपुर शर्मा ने नेमसिंह सिसोदिया को निर्देश देते हुए कहा।

अमर सिंह की भूमिका निभा रहे नेमसिंह सिसोदिया ने पहले डॉ. नूपुर शर्मा द्वारा सुनाने के लिए कहे गये दोहे को पूरा किया।

इसके बाद जैसे ही वह चौबोले पर आया और हवा में हंटर फटकारते हुए गाने लगा–*मुँह सम्हाल कर बोल, लगी क्या त्रिया चरित्र दिखाने/ मारूँ हंटर चार अकल सारी आ जाये ठिकाने,* तो डॉ. नूपुर शर्मा ने नेमसिंह सिसोदिया को रुकने का इशारा किया, और बोली, "यह क्या है, हंटर मारने से औरत की अक्ल ठिकाने आ जायेगी! क्या बिना हंटर के हाड़ी

रानी को नहीं समझाया जा सकता? नेमसिंह जी, आप अपना यह हंटर दूर फेंकिए! बगैर हंटर के भी एक मर्द अपनी मर्दानगी दिखा सकता है। हाड़ी रानी अमर सिंह की ब्याहता है, उसकी कोई बाँदी नहीं है!" अब डॉ. नूपुर शर्मा ने रागिनी की ओर देखते हुए निर्देश दिया, "मेरी राय है रागिनी जी कि जहाँ हाड़ी रानी अपने पति अमर सिंह राठौर से कहती है कि *एक दिन का एक लाख क्या, जुरमाना है बात/लाख–लाख की यहाँ पति, छिन–छिन छीजै रात,* के बाद आप अपना ही संवाद जारी रखिए। चलिए, अपना संवाद शुरू करिए!"

इस निर्देश के बाद डॉ. नूपुर शर्मा मंच से नीचे उतर आयी। नेमसिंह सिसोदिया ने भी हंटर दूर फेंक दिया और एक बार रिहर्सल फिर शुरू हो गयी।

डॉ. नूपुर शर्मा के निर्देशानुसार रागिनी ने अपना संवाद आगे बढ़ाते हुए हाड़ी रानी के डर को बहरतबील के द्वारा इन शब्दों में प्रकट किया–

मैं हूँ नारी तुम्हारी हज़ारी बलम, जो उड़ा दोगे सर तौ उजर ही नहीं।
कहीं मारे ना जाओ यही खौफ़ है, बस कोई और मुझको फ़िकर ही नहीं।।

डॉ. नूपुर शर्मा की झुकी गरदन और हवा में हिलते हाथ को देख रागिनी समझ गयी कि बात बन रही है। हाड़ी रानी का संवाद पूरा होते ही अमर सिंह राठौर बने नेमसिंह सिसोदिया ने बहरतबील में अपना संवाद उठा लिया।

दृश्य ख़त्म होते ही डॉ. नूपुर शर्मा सीधी मंच पर आयी और रागिनी को गले लगाते हुए बोली, "बस रागिनी जी, मैं यही चाहती हूँ। सच कहूँ जब आप गा रही थीं, तो मेरा रोआँ–रोआँ खड़ा हो गया था। अच्छा यह बताओ कि इसे ख़त्म कहाँ करोगी?"

"जब अमर सिंह राठौर को धोखे से मार दिया जाता है और हाड़ी रानी अपने पति की चिता के साथ सती हो जाती है। इसके बाद इसका दूसरा पार्ट शुरू होता है, जो रामसिंह के ब्याह के नाम से जाना जाता है।"

"मेरी दृष्टि में इसे अमर सिंह की मृत्यु पर ही ख़त्म हो जाना चाहिए। इसके बाद कुछ बचता भी नहीं है। इसी में हमारा वक़्त भी पूरा हो जायेगा।"

"वैसे हम इसे अक्सर ख़त्म भी यहीं करते हैं। देखने वालों की दिलचस्पी भी यहीं तक रहती है।"

"मगर आपको इसका अन्त थोड़ा बदलना पड़ेगा। अमर सिंह राठौर की चिता के साथ हाड़ी रानी का सती होने वाला प्रसंग तो बिल्कुल भी

नहीं चलेगा। आप सोचिए इस बारे में। क्योंकि जब इस देश में सती जैसी कुप्रथा ही नहीं रही, तो इसे दिखाने का क्या औचित्य है?"

"आप सही कह रही हैं नूपुर जी। हमें सिर्फ़ दस मिनट दीजिए, मैं इस बारे में अपने आर्टिस्टों से सलाह–मशविरा कर लेती हूँ!"

मशविरे के बाद अन्तिम दृश्य की रिहर्सल शुरू हो गयी। मंच पर अपने पति अमर सिंह के पार्थिव शरीर के पास हाड़ी रानी सुबकते हुए दोहे और छन्द में विलाप करती है–

पति रोज़ गलबहियाँ पटक बातें करै है प्यार की।
सो आज जंघा शीश धर ढो लूँ हवा भरतार की।।
कुरबान होते हमेशा ऊपर मेरे निज जान से।
सो आज मैं कुरबान पति पर हो रही जी जान से।।
छोटे–बड़े औरत मरद सब से ये मेरी बिनती।
परनाम लो सुरपुर चली होकर पति के संग सती।।

इतना कह हाड़ी रानी जैसे ही सती होने के लिए पति की चिता की ओर बढ़ती है, उसका भतीजा रामसिंह लपक कर उसे रोक लेता है, और आह्वन करता है, "रजपूतों की शान हाड़ी रानी ऐसे अपनी ज़िन्दगी न गँवाओ! अगर पति की आत्मा की शान्ति चाहती हो, तो उसकी चिता की राख को माथे से लगा धोखे से मारे गये चाचा के इन्तकाम की आओ हम दोनों सौगन्ध लेते हैं!"

अपने भतीजे रामसिंह के इस आह्वान पर हाड़ी रानी सती होने का निर्णय त्याग देती है, और उसके संग धीमे–धीमे क़दमों के साथ नेपथ्य में चली जाती है। इसी दृश्य के साथ रिहर्सल ख़त्म हो जाती है। रिहर्सल समाप्त होते ही डॉ. नूपुर शर्मा अपनी जगह से खड़ी हुई और तालियाँ बजाने लगी। डॉ. नूपुर शर्मा के तालियाँ बजाते ही पीछे–पीछे अभिमंच में रिहर्सल देख रहे छात्र–छात्राएँ भी तालियाँ बजाने लगे।

"रागिनी जी, इसका यह अन्त एकदम सही रहेगा। इसे अगर आप कुछ और फाइन करना चाहें, तो कर लेना। उम्मीद है कल इस लोक परब समारोह की इस प्रस्तुति को देख कर हमारे दर्शक निराश होकर नहीं जायेंगे। अब आप लोग आराम करिए! आपसे अब कल इसी जगह फिर मुलाक़ात होगी।"

इसके बाद डॉ. नूपुर शर्मा अभिमंच से निकल, अपने कमरे में आ गयी।

राष्ट्रीय नाट्य विद्यालय द्वारा आयोजित *लोक परब समारोह* में, रागिनी कला

मंच की इस प्रस्तुति नौटंकी *अमर सिंह राठौर* को देखने वाले ज़्यादातर दर्शकों के मुताबिक़, उन्होंने सचमुच पहली बार नौटंकी देखी है। शो ख़त्म होने के बाद इनफार्मेशन एंड ब्राडकास्टिंग मिनिस्ट्री के सचिव, उर्दू के मशहूर ड्रामाटिस्ट व अफ़साना निगार अनवर अली, दूरदर्शन के डीजी राजेन्द्र रघुवंश, आल इंडिया रेडियो के डायरेक्टर और दिल्ली यूनिवर्सिटी के प्रोफ़ेसर, संगीत मर्मज्ञ व शास्त्रीय संगीत को समर्पित *संगीत संकल्प* नामक संस्था के प्रमुख डॉ. मुकेश गर्ग सभी ने रागिनी और उसके ग्रुप रागिनी कला केन्द्र की जमकर तारीफ़ की। रागिनी जैसे ही इनसे मुक्त हुई एक हल्की दाढ़ी वाला युवक सकुचाते हुए उसके पास आया, और बड़े ही अदब के साथ अपना परिचय देते हुए बोला, "रागिनी जी, मेरा नाम कृष्ण राघव है। मैं हाथरस शैली की नौटंकी पर एक डॉक्यूमेंट्री बनाना चाहता हूँ। अगर आपको हर्ज़ ना हो तो मैंऽऽऽ..." कृष्ण राघव नाम का हल्की दाढ़ी वाला युवक कहते–कहते रुक गया।

रागिनी ने उस युवक की तरफ़ पहले कुछ संशयभरी नज़रों से देखा और फिर स्वीकृति दे दी।

"ठीक है, मैं आपके घर आने से पहले आपको सूचित कर दूँगा। वहीं आपसे आपकी नौटंकी के सफ़र और दूसरे पहलुओं को लेकर चर्चा करूँगा। इसके बाद आप जब भी समय देंगी सूटिंग शुरू कर दूँगा।"

कृष्ण राघव द्वारा घर आने की बात सुन रागिनी कुछ असहज हो गयी। उसकी इस असहजता को हल्की दाढ़ी वाला युवक कृष्ण राघव तुरन्त भाँप गया, "इससे पहले भी मैं कानपुर शैली की मशहूर आर्टिस्ट गुलाब बाई पर *एक थी गुलाब* नाम से डॉक्यूमेंट्री बना चुका हूँ। आपने सुना होगा उनका नाम! लोगों ने उसे बहुत पसन्द किया था।"

गुलाब बाई के बारे में कृष्ण राघव के यह कहने पर कि आपने सुना होगा उनका नाम, रागिनी हल्के–से मुस्कराकर रह गयी। फिर अगले ही क्षण थोड़ी गम्भीर हो बोली, "मैं यह नहीं कह रही हूँ कि तुमने बनायी नहीं होगी...मैं तुम्हें सोच कर बताती हूँ!"

रागिनी की इस उदासीनता पर कृष्ण राघव कुछ निराश हो गया।

इधर रागिनी की समझ में नहीं आ रहा है कि इस नौजवान के सामने वह अपनी दुविधा कैसे प्रकट करे? कैसे वह इसे बताये कि उसके इस छोटे–से शहर में घर पर उससे मिलना बिल्कुल भी सम्भव नहीं है।

"कोई बात नहीं, यहाँ से जाने के बाद बता देना! लीजिए, यह मेरा

विज़िटिंग कार्ड है। मेरा पीपी नम्बर भी है इस पर। बस आप फ़ोन पर मेसेज छोड़ देना, मैं पलट कर आपसे तुरन्त बात कर लूँगा।" इस बीच हल्की दाढ़ी वाले युवक ने जेब से एक विज़िटिंग कार्ड निकाल कर उसे रागिनी को देते हुए कहा।

रागिनी के पास से हल्की दाढ़ी वाले युवक कृष्ण राघव के जाते ही नेमसिंह सिसोदिया रागिनी के पास आया और धीरे–से पूछा, "बहना क्या हुआ? कैसे टाल दिया इसे?"

"भैया मैं नहीं चाहती कि यह घर आये। राजा साहब के परिवार को इसके बारे में पता चलेगा, तो वे क्या सोचेंगे? अगर मैंने इसे वहाँ बुला लिया तो सबको पता चल जायेगा कि मैं नौटंकी में काम करती हूँ।"

"हाँ, यह बात तो है। फिर ऐसा करो घर के बजाय कहीं मथुरा या आगरा में बुलवा लो!" नेमसिंह सिसोदिया ने सुझाव दिया।

"ना भैया, मैं तो बिना डोकूमेंट्री के ही ठीक हूँ।" रागिनी ने अपना आख़िरी फ़ैसला सुना दिया।

अगले दिन लगभग सारे हिन्दी दैनिकों में अलग–अलग शीर्षकों से *अमर सिंह राठौर* की सफल प्रस्तुति के सचित्र समाचार प्रकाशित हुए। इनमें रागिनी के गले की न केवल तारीफ़ की गयी बल्कि पूरे सप्ताह नाट्य समीक्षकों की विभिन्न कोणों से नौटंकी को केन्द्र में रख कर समीक्षाएँ भी प्रकाशित हुईं।

रागिनी को जब से यह सूचना मिली है तभी से ही वह परेशान–सी है। एक अजीब–सी उलझन ने घेर लिया है उसे। उसकी समझ में नहीं आ रहा है कि वह इसके बारे में अपने पति डॉ. वीरेन्द्र स्वरूप सक्सेना को बताये या नहीं। इसी डर के चलते तो इसने उस हल्की दाढ़ी वाले युवक को यहाँ आने से मना ही नहीं कर दिया था, बल्कि अपने ऊपर हाथरस शैली की नौटंकी पर बनने वाली डॉक्यूमेंट्री से भी इनकार कर दिया। ठीक है, इसके बारे में वह किसी को नहीं बतायेगी मगर संयोग से किसी जान–पहचान वाले ने इसे देख लिया, और राजा साहब के परिवार के किसी सदस्य को उसने बता दिया, तब क्या होगा? इसी उलझन में दो दिन गुज़र गये। मगर इसके बारे में अपने पति को बताने की उसकी हिम्मत नहीं पड़ रही है।

इधर डॉ. वीरेन्द्र स्वरूप सक्सेना भी पिछले कई दिनों से रागिनी को असहज और परेशान–सा देख रहे हैं। जब उनसे नहीं रुका गया तो उन्होंने रागिनी से पूछ ही लिया, "रागिनी, सब ठीक तो चल रहा है?"

"सब ठीक चल रहा है...आपको ऐसा क्यों लग रहा है?" चेहरे के भावों को छिपाने की कोशिश कर उलटा रागिनी ने पति से पूछा।

"पता नहीं क्यों मुझे ऐसा लग रहा कि तुम कुछ परेशान–सी हो!"

"मैंने कहा न सब ठीक है।" इस बार रागिनी ने नज़रें बचा झल्लाते हुए कहा।

"नहीं कोई बात है तो मुझे बताओ...किसी ने कुछ कह दिया क्या?"

"किसी ने कुछ नहीं कहा...वो क्या है कि..." कहते–कहते रुक गयी रागिनी।

"वो क्या?" डॉ. सक्सेना ने रागिनी की असहजता के क़रीब आते हुए पूछा।

"वो दिल्ली के एनएसडी में डॉ. नूपुर शर्मा हैं न..."

"उन्होंने कुछ कह दिया क्या?" वाक्य पूरा होने से पहले पति ने जिज्ञासावश पूछा।

"नहीं, उनका फ़ोन आया था। वे कह रही थीं कि..."

"क्या कह रही थीं?" मारे उत्तेजना के डॉ. सक्सेना का चेहरा सुर्ख हो गया।

"कह रही थीं कि वही अमर सिंह राठौर का शो जिसे हम एनएसडी में करके आये थे, कल शाम पाँच बजे वह दूरदर्शन पर आ रहा है।" झिझकते हुए रागिनी ने आख़िरकार अपने शशोपंज को पति के सामने प्रकट कर ही दिया।

"क्याऽऽऽ कल शाम पाँच बजे वह दूरदर्शन पर आ रहा है! गज़ब है, यह बात तुम आज बता रही हो...पिछले दो–तीन दिनों से क्या इसी वजह से परेशान थीं?" डॉ. सक्सेना ने अचम्भा भरी हल्की–सी शिकायत की।

"दरअसल, मेरी हिम्मत नहीं पड़ रही थी बताने की। सोचा, पता नहीं बताऊँगी तो घर में सब क्या सोचेंगे कि मेरा प्रोग्राम दूरदर्शन पर आ रहा है।"

"तुम भी कमाल करती हो। मैं अभी बड़े घर जाकर सबको बता कर आता हूँ। इतनी बड़ी ख़बर को बताने में तुमने इतने दिन लगा दिये।"

रागिनी ने पति की तरफ़ ध्यान से देखा। लगा उसकी आँखों में

मानो अनगिनत गर्व और गौरव के जुगनू टिमटिमा रहे हैं। मारे उत्तेजना के लवें तपने लगीं।

"सुनिए, इतनी जल्दबाज़ी मत करिए! पहले सोच–समझ लो कि बड़े घर में इसके बारे में जाकर बताना है या नहीं...कहीं ऐसा न हो कि..."

"तुम बड़े घर की बात कर रही हो, मैं पूरे शहर को बताऊँगा।"

"क्याऽऽऽ! डाक्साब ऐसा हरगिज़ मत करना। लोग टेलीविज़न पर मुझे देखेंगे तो क्या सोचेंगे?" रागिनी की इस बार जैसे घिग्घी बँध गयी।

"लोगों को जो सोचना है, सोचने दो!" इतना कह कर डॉ. सक्सेना तेज़ी से बाहर निकल गये।

"सुनो तो सहीऽऽऽ..."

रागिनी अपने पति को पीछे से पुकारती रह गयी। मगर डॉक्टर वीरेन्द्र स्वरूप सक्सेना ने उसकी तरफ़ पलट कर भी नहीं देखा। बाहर जाते पति को देख रागिनी को लगा आज उसके पति की चाल में एक अलग ही क़िस्म की लचक है। पूरी देह भाषा ही जैसे बदल गयी है। ऐसा लग रहा है मानो ज़मीन पर पड़ते क़दम पूरे होशो–हवास में नहीं हैं।

डॉ. वीरेन्द्र स्वरूप सक्सेना को शाम लेनी मुश्किल हो गयी।

यह वह दौर था जब इस देश के सम्भ्रान्त और तेज़ी से आर्थिक रूप से सम्पन्न होते परिवारों की बैठकों में, ब्लैक एंड व्हाइट टेलीविज़न को बाहर धकिया कर रंगीन टेलीविज़न सेट्स ने क़ब्ज़ा करना शुरू कर दिया था। चार बजते ही डॉ. सक्सेना ने दो महीने पहले ख़रीदा गया टेक्सला का रंगीन टेलीविज़न दालान में मेज़ पर रखवा दिया। यहाँ से निवृत्त हो वे रहट गली आये और यहाँ भी टेलीविज़न सेट को चेक किया।

जब से बड़े घर में दूरदर्शन पर आने वाले इस कार्यक्रम के बारे में पता चला है, तब से ही पूरी हवेली में जिज्ञासा, रोमांच, उत्कंठा और कौतूहल अपने डैने फैलाए इधर–से–उधर मँडराते घूम रहे हैं। पूरी तसल्ली होने के बाद वे वापस बड़ा बाज़ार स्थित बड़े घर जाने लगे, तो रागिनी ने टोकते हुए कहा, "कोई गड़बड़ तो नहीं हो जायेगी?"

"अब जो होगा देखा जायेगा...पर हाँ, पूरा परिवार बेचैन है देखने के लिए।" इतना कह कर मुस्कराते हुए डॉ. सक्सेना बड़े घर की ओर रवाना हो गये।

शाम के पाँच बजते–बजते इधर रहट गली में रागिनी और बच्चों ने, तो उधर बड़े घर में पूरे परिवार ने दालान में अपनी–अपनी जगह ले ली। जैसे–जैसे घड़ी की मिनट वाली सूई ऊपर चढ़ने लगी, वैसे–वैसे पूरे दालान का साँस–सा थमने लगा। जैसे ही पाँच बजे और स्क्रीन पर अगले प्रसारण यानी दूरदर्शन की इस विशेष प्रस्तुति नौटंकी *अमर सिंह राठौर* की उद्घोषक ने घोषणा की, दालान में ख़ामोशी छा गयी।

इधर उद्घोषक स्क्रीन से ग़ायब हुआ उधर हारमोनियम के सुर के साथ झील–नक्काड़े की धमक ने राजा साहब की हवेली में पूरी धमक के साथ दस्तक दी। बादशाह शाहजहाँ के दरबार में अमर सिंह राठौर की छुट्टियाँ मंजूर होने और गौने के बाद उसने हाड़ी रानी के साथ जैसे ही मंच पर प्रवेश किया, बड़े घर के बच्चे किलकते हुए चीख़े, "वो रही चाची!"

बड़े घर के बच्चों द्वारा रागिनी को पहचानने के बाद राजा परिवार की सारी महिलाओं की आँखें विस्मय से, राजसी परिधान में लिपटी हाड़ी रानी बनी रागिनी की देह से चिपक गयीं।

अगले दृश्य में हाड़ी रानी बनी रागिनी पति अमर सिंह राठौर को, बादशाह के दरबार में जाने से रोकने के लिए जैसे ही हारमोनियम के सुर के साथ दोहे को उठाती, डॉ. वीरेन्द्र स्वरूप सक्सेना अपनी कुर्सी से उठे, टेलीविज़न के पास आये और फुल वॉल्यूम करने के बाद वापस अपनी जगह आ बैठे। जबकि इधर रहट गली में घर के बन्द दरवाज़ों के भीतर चल रहे टेलीविज़न की आवाज़ को रागिनी ने मारे डर के पहले से और मन्दा कर दिया। कहीं ऐसा न हो कि उनके टेलीविज़न की आवाज़ सुनकर गली के लोग उसकी आवाज़ पहचान लें, और वे भी इसे देखने आ जायें!

रागिनी ने जैसे ही यह दोहा उठाया *जाना हो जाना तुम्हें, जाना होत प्रभात / कौन वक़्त दरबार का, इस दम आधी रात,* सुनते ही बड़े घर की महिलाओं को एक पल के लिए लगा उनके जिस्म में जैसे छोटी–छोटी अनगिनत चींटियाँ सरसरा रही हैं। दोहा ख़त्म होने के बाद झील–नक्काड़े की खनक से बड़े घर का दालान ही नहीं उसकी दीवारें भी झंकृत हो उठीं। इसके बाद तो झील–नक्काड़े पर पड़ी चोब की हर टंक हवेली के बरसों से ख़ाली पड़े उदास कोनों–अँतरों तक मानो ज़बरन घुस गयी। बड़े घर का दालान, उसके महराब और दरो–दीवार ही नहीं, उनके चौड़े मज़बूत आसारों के मोटे पलस्तर को पार कर रागिनी के गले से निकले दौड़, चौबोला और बहरतबील में पगे सुर उनकी नसों में पार होते चले

गये। टेलीविज़न पर चल रही नौटंकी और साज़ों की आवाज़ को सुनते हुए ऐसा लगा, जैसे थोड़ी देर के लिए राजा साहब की हवेली का दालान और उसके सामने बिछी कुर्सियाँ किसी सभागार में बदल गया है। जिस हवेली यानी बड़े घर की ड्योढ़ी पर आज तक रागिनी ने क़दम नहीं रखा, इस समय इसके रोशनदान, खिड़कियाँ, मुँडेर, छज्जे, बरोठी, गुमटी, बारादरी, जीने ही नहीं, कँगूरे–गुम्बद तक रागिनी की खनक से किलक उठे हैं। बड़े घर की जिन रोशनदान–मोखियों से सुबह–शाम सूरज की पीताम्बरी रोशनी, या कभी–कभार हवा का कोई भूला–भटका आवारा झोंका अपना रास्ता भूल कर अन्दर आ जाता; उसी की दीवारों से गूँजती रागिनी की आवाज़ जैसे बग़ावत कर पूरी हवेली में फैल गयी।

दूरदर्शन की इस विशेष प्रस्तुति के बाद जब भारत सरकार के एक मन्त्रालय के सचिव ने, दूसरे अफ़सरान के साथ मिल कर रागिनी का महँगी शाल ओढ़ाते हुए, भारी–भरकम गुलदस्ते से स्वागत किया, तो पूरा सभागार तालियों की गड़गड़ाहट से गूँज उठा। बीच–बीच में जब–तब तेज़ रोशनी में नहाया राष्ट्रीय नाट्य विद्यालय का, दर्शकों से ठसाठस भरा सभागार और उसमें बजती तालियों का दृश्य टेलीविज़न के स्क्रीन पर आता, तो बड़े घर के बच्चे भी अपने आपको ताली बजाने से नहीं रोक पाते।

हालाँकि दूरदर्शन की इस विशेष प्रस्तुति को समाप्त हुए बहुत देर हो चुकी है और टेलीविज़न को अपने स्थान पर रखा जा चुका है, फिर भी ऐसा लग रहा है जैसे बड़े घर का सहन अब भी रागिनी की आवाज़ से गूँज रहा है। डॉ. वीरेन्द्र स्वरूप सक्सेना ने अपने जिन परिचितों और मित्रों को इसकी सूचना दी थी, एक–एक कर उनके भी फ़ोन आने शुरू हो गये। ये फ़ोन अगले दिन तक आते रहे। राजा साहब के बड़े घर और डॉ. वीरेन्द्र स्वरूप सक्सेना की डिस्पेंसरी में आज तक इतने फ़ोन मरीज़ों के नहीं आये होंगे, जितने कल शाम से लेकर अगले दिन तक दूरदर्शन की इस विशेष प्रस्तुति को देखने वाले परिचितों के आते रहे। इतने सालों बाद पहली बार राजा साहब के बड़े घर और इस शहर के कुछ सम्भ्रान्तों को रागिनी के असली रूप का पता चला। शायद इसका पता भी नहीं चलता अगर इन सम्भ्रान्त परिवारों में ब्लैक एंड व्हाइट टेलीविज़न को बाहर ठेल कर रंगीन टेलीविज़न की, इनकी बैठकों में घुसपैठ नहीं होती। कई दिनों तक डॉ. वीरेन्द्र स्वरूप सक्सेना का लैंडलाइन रह–रह कर बधाई देने वालों की घंटियों से घनघनाता रहा। डॉ. सक्सेना की डिस्पेंसरी

और घर के टेलीफ़ोन के लिए भी यह पहला अवसर रहा होगा, जब कराहते–सिसकते मरीज़ों के तीमारदारों की जगह, बधाई देने वालों की वजह से उन्हें दम लेना मुश्किल हो गया।

45

शरीर और उतरते गले के साथ बहुत–सी बातें जैसे पीछे छूट गयीं। घर–गृहस्थी के महीन धागों में रागिनी इस तरह उलझ गयी कि उसे इसका भी अन्दाज़ा नहीं रहा कि समय के हाथ से कितनी चीज़ें फ़िसल गयी हैं। अचानक लगभग दो दशक बाद एक दिन स्पीड पोस्ट से आये लिफ़ाफ़े और उसके बायें तरफ़ छपे राष्ट्रीय नाट्य विद्यालय को देख कर, रागिनी की पतली जिल्द में लिपटी अँगुलियाँ उसे खोलते हुए काँपने लगीं। खोल कर देखा तो पाया डॉ. नूपुर शर्मा का पत्र है। पढ़ने के बाद रागिनी ने उसे एक तरफ़ रख दिया।

रागिनी की उदास आँखों और चेहरे पर आते–जाते भावों को देख, डॉ. वीरेन्द्र स्वरूप सक्सेना ने पूछा, "क्या हुआ, क्यों इसे इतनी बेरहमी के साथ एक तरफ़ पटक दिया?"

"पटकू नहीं तो क्या करूँ...वो एनएसडी वाली नूपुर शर्मा जी हैं न, उन्होंने दिल्ली में इसी साल होने वाले किसी आदिरंग महोत्सव में बुलाया है।"

"फिर इसमें इतनी परेशान होने वाली क्या बात है। जैसे तब गयी थीं, अब भी चली जाओ!" डॉ. सक्सेना ने सहज भाव से कहा।

"तब में और अब में कोई फ़रक़ ही नहीं? तब मेरा भी कुछ गला बचा हुआ था और कुछ सलीक़े के आर्टिस्ट भी बचे हुए थे। अब न वह गला रहा और न ही वे आर्टिस्ट।''

"यह बात तो ठीक है मगर कोशिश करने में बुराई क्या है। ऐसा करो दिल्ली जाकर उनसे मिल लो और जो असलियत है उन्हें बता दो। लेकिन जाने से पहले उनसे एक बार बात ज़रूर कर लेना!" इतना कह डॉ. सक्सेना ने पत्र उठाया और उसे पढ़ने लगे। पत्र के बायें तरफ़ 'डॉ. नूपुर शर्मा, प्रोफ़ेसर, अभिनय' के नीचे छपे मोबाइल नम्बर को देख बोले,

"इस पर तो इनका मोबाइल नम्बर भी है। मैं उनका नम्बर मिलाता हूँ। अभी बात करके उनसे मिलने का समय ले लो!"

"यह ठीक रहेगा। मेरे मोबाइल से मिलाओ उनका नम्बर।" रागिनी को अपने डॉक्टर पति का सुझाव ठीक लगा और अपना मोबाइल डॉ. सक्सेना की तरफ़ बढ़ा दिया।

डॉ. सक्सेना ने यह कहते हुए डॉ. नूपुर शर्मा का नम्बर मिला कर मोबाइल वापस रागिनी को दे दिया, "लो घंटी जा रही है।"

फ़ोन पर बात ख़त्म होने के बाद डॉ. सक्सेना ने रागिनी से पूछा, "क्या कह रही हैं?"

"सोमवार को मिलने के लिए बुलाया है।"

"आओ रागिनी जी, मैं आपका ही इन्तज़ार कर रही थी...कैसी हो?" रागिनी को इतने सालों बाद अपने सामने देख डॉ. नूपुर शर्मा ने स्वागत करते हुए कहा।

"जैसी हूँ आपके सामने हूँ। आपने याद किया और चली आयी।" लरजती आवाज़ में रागिनी ने जवाब दिया।

"काफ़ी थकी–थकी सी लग रही हो?" डॉ. नूपुर शर्मा ने रागिनी का नीचे से ऊपर तक सरसरा अवलोकन करते हुए पूछा।

"अब भी नहीं थकूँगी तो और कब थकूँगी।"

"अच्छा किया। मेरा भी मिलने का बड़ा मन कर रहा था। सालों हो गये इसलिए सोचा इस बहाने दोनों काम हो जायेंगे। इस आदिरंग के बहाने मिलना भी हो जायेगा और आपका शो भी हो जायेगा।"

"मैं भी इसी सिलसिले में आपसे बात करने आयी हूँ। दरअसल, क्या है नूपुर जी कि इस बार मैं यह ज़िम्मेदारी नहीं उठा पाऊँगी।"

सुनते ही डॉ. नूपुर शर्मा तड़ाक से जैसे ज़मीन पर आकर गिरी, "क्यों क्या हुआ...सब ठीक तो है?"

"नहीं–नहीं, ऐसी कोई बात नहीं है।"

"फिर क्या बात है?"

"वो क्या है कि अब न तो पहले जैसा गला रहा, न आर्टिस्ट रहे।"

"तो इसमें कौन–सी बड़ी बात है। आदमी ज़िन्दगीभर एक जैसा थोड़े ही रहता है।"

"इसीलिए कह रही हूँ कि सब छूट गया...न रियाज़ रहा, न अभिनय, न पहले जैसा सुर–बन्दिशों पर कण्ट्रोल रहा।"

"मैं सारी बातें समझ रही हूँ रागिनी जी।"

"समझते हुए भी आप जोखिम ले रही हैं?"

"मैं कोई जोखिम नहीं ले रही हूँ। वैसे सभी परफोर्मिंग आर्ट्स की हालत एक जैसी है। इसका यह मतलब नहीं है कि हम अपनी कलाओं को इसलिए मरने के लिए छोड़ दें कि उनमें पहले जैसी बात नहीं रही। हम तो इन्हें बचाने की कोशिश ही कर सकते हैं और आपको बुलाने का मेरा असल मक़सद भी यही है।"

"ये सब बातें तो आपकी ठीक हैं मगर..."

"देखिए रागिनी जी, ऐसा तो है नहीं कि नौटंकी के आर्टिस्ट बिल्कुल ही नहीं होंगे। जैसे भी अच्छे–बुरे हैं इकट्ठा कर उन्हें तैयार करिए! आप तो केवल सुपरविज़न, मेरा मतलब है निर्देशन करिए...और फिर आपसे परफॉर्म करने के लिए कौन कह रहा है। हालाँकि इस आदिरंग के बहाने आपको बुलाने का मेरा एक और मक़सद है और वह यह कि मिनिस्ट्री ऑफ कल्चर परफोर्मिंग आर्ट्स को प्रोमोट करने के लिए कुछ स्कीम्स चला रही है। इनमें एक स्कीम के तहत मिनिस्ट्री प्रोडक्शन ग्रांट देती है। मैं चाहती हूँ कि आप नौटंकी वर्कशॉप के लिए एक प्रपोजल सबमिट कर दें।"

"इससे क्या होगा?" रागिनी ने डॉ. नूपुर शर्मा की तरफ़ देखते हुए पूछा।

"होगा तो क्या, बस आपका समय कट जायेगा और इस बहाने कुछ पैसे मिल जायेंगे।"

"यह सब इतना आसान नहीं है नूपुर जी। इतने झंझट हैं कि पूछो मत। सरकारी काम ऐसे ही पास नहीं होते हैं उनके लिए क्या–क्या करना पड़ता है, मैं जानती हूँ।" रागिनी को एकाएक अपनी पूर्व सहयोगी कलाकार लता के साथ लखनऊ में घटी घटना याद आ गयी।

"ठीक है, इसके बारे में इस महोत्सव से निपटने के बाद बात करते हैं। वह कैसे होगा उसकी आप चिन्ता न करें। पहले आप इस आदिरंग महोत्सव की तैयारी करिए! रागिनी जी, मेरी दिली इच्छा है कि आपको मैं आख़िरी बार इस महोत्सव में हाड़ी रानी के रूप में देखूँ। गले की चिन्ता छोड़ो...मुझे भरोसा है कि थोड़े–से रियाज़ के बाद आप सुरों को साध लेंगी। वे ज़रूर पुरानी लय में लौट आयेंगे। मैं चाहती हूँ कि हमारे दर्शक आप

जैसे वेटर्न आर्टिस्ट की पुरानी अदाकारी की एक झलक देखें।" डॉ. नूपुर शर्मा ने रागिनी की हौसला अफ़जाइश करते हुए कहा।

"आप कह रही हैं तो मैं कोशिश करके देखती हूँ।" अन्ततः रागिनी ने अपनी सहमति और स्वीकृति दे दी।

"वैसे अभी एक–डेढ़ महीने का समय है। मुझे पूरा यक़ीन है कि आप मुझे निराश नहीं करेंगी।"

"अगर आपको मेरे ऊपर इतना ही भरोसा है तो मैं आपको कतई निराश नहीं होने दूँगी।" डॉ. नूपुर शर्मा को आश्वस्त कर रागिनी उठ कर जाने लगी, तो जैसे कुछ याद करते हुए बोली, "शो तो उसी हाल में होगा न, जिसमें पहले हुआ था?"

"बिल्कुल उसी अभिमंच में होगा।"

"ठीक है, तो अब इजाज़त दीजिए!"

रागिनी ने डॉ. नूपुर शर्मा से इजाज़त ली और उसी समय वापस लौट गयी।

अगर यह डॉ. नूपुर शर्मा का स्नेहभरा आग्रह नहीं होता और पति डॉ. वीरेन्द्र स्वरूप सक्सेना उसकी हिम्मत नहीं बढ़ाते, तो रागिनी इस महोत्सव के लिए शायद ही तैयार होती।

आदिरंग महोत्सव का तय दिन कब निकट आ गया, भाग–दौड़ में रागिनी को पता ही नहीं चला।

पता नहीं क्यों पिछले कई दिनों से उसका मन एक अजीब–सी उद्विग्नता, बेचैनी और एक अनजानी–सी घबराहट के चलते परेशान–सा है। हालाँकि घर–परिवार से लेकर भीतर–बाहर सब ठीक चल रहा है। जैसे क़ायदे के कलाकार वह चाहती थी, वे भी मिल गये हैं। रिहर्सल भी एकाध सलीक़े की हो चुकी है। बावजूद इसके न जाने क्यों मन उचाट–सा है। ग्रुप के साथ दिल्ली रवाना होने से पहले उसका मन जैसे उसके पैरों से लिपट उसे जाने से रोक रहा है। उसकी समझ में नहीं आ रहा है कि यह किस अनिष्टता की आहट है, जो उसे सुनायी नहीं दे रही है। एकान्त में कई बार उसने आँखें बन्द कर साँस रोकते हुए, चित्त को शान्त कर अपने अन्तर्मन को टटोलना भी चाहा, मगर कुछ हाथ नहीं लगा। बेमन से ग्रुप को साथ ले, मन को यह तसल्ली देते हुए दिल्ली के लिए रवाना हो गयी कि क्या पता जगह बदलने से यह उद्विग्नता समाप्त हो जाये।

उसने जाने से पहले ही यह तय कर लिया कि पेमेंट भले ही हाथों–हाथ हो या नहीं, मगर वह शो ख़त्म होते ही वापस लौट आयेगी।

ऐसा हुआ भी। शो की तैयारी और आदिरंग महोत्सव की आपाधापी व चिल्ल–पों में वह भूल गयी कि यहाँ आने से पहले उसे जो घबराहट–सी हो रही थी, वह कहाँ ग़ायब हो गयी। जैसे–जैसे शो का समय नज़दीक आने लगा, दर्शकों का रेला अभिमंच की ओर खिंचा आने लगा। शो शुरू होने से पहले ही पूरा सभागार दर्शकों से खचाखच भर गया। दर्शकों की भीड़ को देखते हुए अभिमंच के दरवाज़े तक खोल दिये गये। जिसे जहाँ जगह मिली, वहीं बैठ गया। जिसे नहीं मिली वह खड़ा होकर देखने लगा।

अपने निर्धारित समय पर नौटंकी *अमर सिंह राठौर* शुरू हो गयी। सबसे आगे की रो में आरक्षित सीटों में से एक पर बैठी फैकल्टी मेम्बर डॉ. नूपुर शर्मा की आँखों को रह–रह कर बस हाड़ी रानी का पार्ट अदा कर रही रागिनी का इन्तज़ार है। मगर यह क्या? डॉ. नूपुर शर्मा की आँखें धोखा तो नहीं खा गयी हैं? उसका चेहरा एकाएक यह देख कर खिंचता चला गया कि रागिनी से उसे इस दग़ा की उम्मीद नहीं थी। उसका सोचना एक हद तक है भी सही कि भला नरशहबाज़ पठान के सामने, हाथ में पानी का कटोरा लिए अमर सिंह राठौर के पीछे जो हाड़ी रानी खड़ी है, यह तो वह नहीं है जिसकी बात हुई थी। आदमी कितना भी शृंगार कर ले, कितना भी सज–सँवर ले, कितना भी चेहरे को लीप–पोत ले मगर साठ–बासठ साला उम्र के चेहरे की सिलवटें चुगली कर ही देती हैं। डॉ. नूपुर शर्मा की मति जवाब दे गयी कि इस स्थिति में वह करे, तो क्या करे? उसके दिमाग़ ने जैसे काम करना बन्द कर दिया। जब तक वह किसी निष्कर्ष पर पहुँचती दृश्य समाप्त हो गया।

इधर दृश्य समाप्त हुआ, उधर अगला दृश्य तुरन्त शुरू हो गया।

अगले दृश्य के साथ ही शो पूरी तरह अपनी लय और रंगत में आ गया। और जैसे ही अमर सिंह राठौर और हाड़ी रानी में संवाद शुरू हुआ, तब जाकर डॉ. नूपुर शर्मा की दुविधा ख़त्म हुई। दरअसल, नरशहबाज़ पठान के सामने अमर सिंह राठौर के साथ हाड़ी रानी के रूप में जो अदाकारा खड़ी थी, वह रागिनी नहीं एक सह कलाकार थी। चूँकि हाड़ी रानी का उस दृश्य में कोई संवाद नहीं था, इसके चलते और दर्शकों के सामने जवान, नयी–नवेली दुल्हन दिखानी थी इसलिए इस युवा सह कलाकार को भेजा गया था। डॉ. नूपुर शर्मा हाड़ी रानी की बन्दिश और

हरकतों को सुनते ही समझ गयी कि उसका सोचना ग़लत था। रागिनी ने उसके साथ कोई दग़ा नहीं किया है। क्योंकि लरज़ते दोहे को सुनते ही डॉ. नूपुर शर्मा पहचान गयी कि आवाज़ की यह खनक तो यही बता रही है कि यह रागिनी की आवाज़ है। भले ही आवाज़ में पहले जैसी तुर्शी नहीं है मगर मींड़, गमक, खटका और मुरकियाँ पहले की तरह हैं। सुरों का खिंचाव और कशिश पहले जैसा ही नहीं है बल्कि उनसे आज भी कानों में मानो शहद टपक रहा है। सुर, लय और बन्दिशें पहले से कहीं ज़्यादा बँधे और पके हुए हैं।

छुट्टियों के बाद बादशाह के दरबार में जाते ही अमर सिंह राठौर ने बादशाह के साले और उसके मुँहज़ोर सिपहसालार सलावत खाँ का सिर कलम कर दिया। बादशाह जब अमर सिंह राठौर को गिरफ़्तार करने के लिए अपने दरबार में दूसरे सिपहसालारों को चुनौती देता है, तो इसका बीड़ा अमर सिंह का साला अर्जुन गौड़ उठाता है। अमर सिंह राठौर के पास पहुँचने पर पहले अर्जुन गौड़ अपने जीजा की बहादुरी का बखान करता है, और फिर उसे बादशाह शाहजहाँ से सुलह की सलाह देता है। हाड़ी रानी के काफ़ी मनौव्वल के बाद अमर सिंह अपने साले अर्जुन गौड़ के साथ दरबार में जाने के लिए तैयार हो जाता है। अमर सिंह जैसे ही अपने अस्त्र लेकर चलने लगता है, तो अर्जुन गौड़ अपने जीजा से अर्ज़ करता है–

जीजा जी जो सलाह को, चलते हो दरबार।
तौ लाज़िम नहीं आपको, ले चलना हथियार।।

अमर सिंह अपने साले की बात मान बिना हथियार जैसे ही चलने लगता है, तभी किसी ने छींक दिया। बल्कि बाहर किसी कुत्ते के रोने की आवाज़ भी सुनायी देती है। हाड़ी रानी इस अपशगुन पर पति से निवेदन करती है–

प्राणनाथ ठहरौ ज़रा, फिर जाना दरबार।
महा अशुभ–अशगुन हुए, खोलत ही हथियार।।

खोलत ही हथियार छींक सुन छाती मेरी धरकी।
शगुन भयानक नन्ही–नन्ही बूँद पड़े अम्बर की।।
ऊँचे रोवें श्वान खुली पति गूँज मेरी बेसर की।
अकस्मात चूरी चटकी और आँख दाहिनी फ़रकी।।

मगर अमर सिंह पत्नी हाड़ी रानी को यह कहते हुए रुकने से इनकार कर देता है–

वणिक धनपति ज्योतिषी, अशगुन शंका खाँय।
हम क्षत्री रजपूत हैं, रण चढ़ लोह चबाय।।

इतना कह अमर सिंह अपने साले के साथ बादशाह के दरबार के लिए जाने लगता है, तो पीछे से हाड़ी रानी अपने भाई अर्जुन गौड़ से विनती कर, जैसे ही बहरतबील में सुर उठाती है, पूरे अभिमंच की आँखें सामने हाड़ी रानी के होंठों से फूटे इन शब्दों पर टिक जाती हैं–

ऐ रे बीरा तेरी मैं करूँ बिनती, कोई दिल में दग़ाबाज़ी लइयो मती।
गर शहन्शाः दिखावै तुझे लोभ कुछ, तौ भी धोखे में इनको फँसइयो मती।।
उम्र मेरी बाली हज़ारी बिरन, मुझे बिधवा बनाके बिठइयो मती।
ये बदल भात छूछक के मुझको कहीं, हा रँडापे के वस्तर उढ़इयो मती।।

इधर मन में उपजे अशुभ–अशगुन विचारों, डर और आशंका से भरी हाड़ी रानी हिलकियों के साथ, मंच पर अपने भाई अर्जुन गौड़ से विनती करती है; उधर ग्रीन रूम में रागिनी का मोबाइल बजने लगा। देर तक घनघनाने के बावजूद किसी ने उस पर ध्यान नहीं दिया। कुछ ही क्षणों की ख़ामोशी के बाद वह फिर से बजने लगा। इस बार भी किसी ने उसे यही सोच कर नहीं उठाया कि सीन ख़त्म कर रागिनी खुद ही देख लेगी। देर तक चिल्लाने के बाद मोबाइल चुप हो गया। मगर थोड़ी देर बाद वह जैसे पुनः गुहार करने लगा। बार–बार बजते और बेचैन मोबाइल को देख नरशहबाज़ पठान की भूमिका निभाने वाले कलाकार ब्रजमोहन ने दूसरे कलाकार से कहा, "सूरज, देखना किसका फ़ोन है यार! थोड़ी देर में कई बार बज चुका है।"

"दादा, जिसका भी होगा दीदी ख़ुद आकर कर लेगी।" सूरज बोला।

"वो तो आकर कर लेगी मगर यह तो पूछ कौन है? ऐसी क्या बात है जो फ़ोन पर फ़ोन आ रहा है?"

"ठीक है।" अब भी बज रहे मोबाइल को उठा कर कान से लगाते हुए सूरज ने पूछा, "हेलो...हाँ कौन?...वो तो इस्टेज पर हैं...पर उनका तो सीन चल रहा है...बीच सीन में कैसे बुला दूँ..."

"कौन है?" ब्रजमोहन ने इशारा करते हुए सूरज से पूछा।

मोबाइल पर हाथ रख सूरज ने बताया, "दादा, दीदी के घर से फ़ोन है...छोटी बहू बोल रही है। बड़ी घबरायी–सी लग रही है!"

"ला मुझे दे, मैं पूछता हूँ क्या बात है!" इतना कह ब्रजमोहन ने सूरज

से मोबाइल ले लिया और उसे कान से लगा बिना किसी हेलो के सीधे ही पूछ लिया, "हाँ बहू बोल क्या बात है...क्याऽऽऽ!" ब्रजमोहन के हाथ से मोबाइल गिरते–गिरते बचा।

"दादा, क्या हुआ?" ब्रजमोहन के चेहरे पर उड़ती हवाइयों को देख सूरज ने घबराते हुए पूछा। तब तक सारे कलाकारों ने ब्रजमोहन को घेर लिया।

"सूरज, धरती फट गयी मेरे यार!"

"पर हुआ क्या...कुछ बताओगे भी या..."

"क्या बताऊँ, हमारी तो रागिनी दीदी की दुनिया ही उजड़ गयी भैया...मेरी तो समझ में ही नहीं आ रहा कि..."

नरशहबाज़ पठान का अभिनय करने वाला कलाकार ब्रजमोहन अभी बताने जा रहा था कि सामने से रागिनी को ग्रीन रूम की तरफ़ आता देख, वह चुप हो गया। आते ही रागिनी वहाँ पड़ी एक कुर्सी पर धम्म से बैठ गयी।

"दीदी, क्या हुआ...सब ठीक तो है?" ब्रजमोहन ने घबराते हुए पूछा।

"पता नहीं भैया, जी बड़ा घबराया–घबराया–सा हो रहा है!" पसीने से भीग आये माथे को पोंछते हुए कहा रागिनी ने।

रागिनी की यह हालत देख पूरा ग्रीन रूम घबरा गया ।

"ऐसा क़रो तबियत ठीक नहीं है तो घर निकल जाओ!"

"नहीं–नहीं ऐसा कुछ नहीं है। आज सवेरे से ही जी कुछ ठिकाने नहीं है।"

"इसीलिए तो कह रहा हूँ कि आप तुरन्त घर चली जाओ!"

"कैसी बच्चों जैसी बातें कर रहे हो...ऐसे कैसे बीच में शो छोड़के चली जाऊँ। सब ठीक हो जायेगा...वैसे भी अब थोड़ा–सा खेल बचा है। अर्जुन गौड़ अपने जीजा अमर सिंह को बस धोखे से मारने ही वाला है। इसके बाद मेरा थोड़ा–सा रोल बचा है।"

ग्रीन रूम में सबने रागिनी से नज़रें बचाते हुए एक–दूसरे की तरफ़ देखा। नरशहबाज़ पठान का अभिनय करने वाले कलाकार ब्रजमोहन ने सूरज की तरफ़ देखते हुए, जैसे उससे आँखों–ही–आँखों में कहा, 'कहाँ बचा है अब थोड़ा–सा खेल। तेरा तो पूरा ही खेल ख़त्म हो गया!'

मोबाइल फिर से बजने लगा। इससे पहले कि रागिनी उसे उठाती ब्रजमोहन ने लपक कर उसे उठा लिया, "हेलो, हाँ...हाँ..."

"बिरजू, भैया कौन है?" रागिनी ने लम्बे–लम्बे साँस लेते हुए पूछा।

"कोई नहीं है दीदी, बस ऐसेई घर से है!"

"घर से है तो लाये ना...पूछ तो लूँ इस समय क्यों फ़ोन किया।" रागिनी

ने ब्रजमोहन से फ़ोन ले लिया, "हाँ हेलो, बहू क्या हुआ...सब ठीक तो है... कुछ बतायेगी भी या...क्या हुआ उन्हें...अगर सब ठीक है तो रो क्यों रही है...सच बता क्या बात है?"

इधर रागिनी को बहू ने असली बात बतायी, उधर मंच से अगले सीन के लिए बुलावा आ गया। सीन शुरू होते ही अमर सिंह के भतीजे रामसिंह ने जैसे ही अपनी चाची हाड़ी रानी को अमर सिंह के धोखे से मारने की ख़बर सुनायी, हाड़ी रानी ने पछाड़ खाते हुए बहरतबील में, हाथों की चूड़ियाँ तोड़ते हुए सुर उठाया–

बाँके तैगा चलैया जितैया समर, सैंया हटके परन के निभैया मेरे।
मेरे बेड़ा का तजि करके मझधार में, जा छिपे आज नैया खिवैया मेरे।।
बिना प्रीतम के ये ज़िन्दगी ख्वार है, कर महर की नज़र इतनी छैया मेरे।
तेरी बिनती करूँ पति के लाशें संग, मुझे सती करा दे कन्हैया मेरे।।

पूरा अभिमंच अवाक्। पति के बिछोह का ऐसा भावपूर्ण, मार्मिक अभिनय एनएसडी के इस अभिमंच नाम के सभागार में मौजूद दर्शकों ने शायद ही कभी देखा। पति के बिछुड़ने के दुःख में विलाप करते हुए हाड़ी रानी ने अपनी चूड़ियाँ जिस तरह तोड़ीं, उसने वहाँ उपस्थित रंगमंच के जानकारों और समीक्षकों को हैरान कर दिया। लहूलुहान कलाइयों को देख डॉ. नूपुर शर्मा ने भी ऐसे अभिनय की कल्पना नहीं की थी। सचमुच इस उम्र में आकर कोई अदाकार ऐसा जीवन्त अभिनय कर सकता है–एकदम अकल्पनीय। ऐसा अभिनय तो रागिनी ने लोक परब समारोह में भी नहीं किया था। कहाँ तो रागिनी उससे कह रही थी कि रियाज़ छूटने की वजह से अदाकारी और सुर–बन्दिशों पर पहले जैसा नियन्त्रण नहीं रहा, और कहाँ ऐसा अभिनय और सुरों की ऊँचाई कि मानो मंच पर साक्षात हाड़ी रानी उतर आयी है। वही हाड़ी रानी जिसके प्रलाप से सभागार की दीवारें तक काँप उठीं।

दृश्य ख़त्म होने के बाद जैसे ही रागिनी ग्रीन रूम में आयी, आते ही ग़श खाकर लड़खड़ाते हुए गिर पड़ी। ग्रीन रूम में अफरातफरी मच गयी। ग्रीन रूम के पिछले दरवाज़े से ब्रजमोहन निकला और सभागार में डॉ. नूपुर शर्मा के पास आया। डॉ. नूपुर शर्मा ने सुना तो वह भी भौचक कि यह क्या हो गया। बड़ी मुश्किल से मुँह पर पानी के छींटे मारने पर रागिनी को होश आया, तो उसके होश में आते ही डॉ. नूपुर शर्मा बोली, "रागिनी जी, आप इसी समय घर के लिए निकल जाइए!"

"नूपुर जी, बस थोड़ा–सा ही खेल तो बचा है। उसे ख़त्म कर लूँ,

तो निकल जाऊँगी।" आँखों को पोंछते हुए रागिनी ने पूरी मजबूती के साथ कहा।

"...और इधर जो आपका सारा 'खेल' ख़त्म हो चुका है, उसका क्या...रागिनी जी प्लीज़, वक़्त की नज़ाकत को समझने की कोशिश करिए। आप इसी वक़्त निकल जाइए! शो को मैं मैनेज कर लूँगी।" डॉ. नूपुर शर्मा ने स्नेहभरे गुस्से का इजहार करते हुए कहा।

"नूपुर जी, अब क्या शो मैनेज होगा। जब एक आदमी डॉक्टर होते हुए भी अपने शो को मैनेज नहीं कर पाया, तो हम स्टेज के लोग क्या कर पायेंगे। आधे-पौने घंटे की बात और है। जो होना था, वह तो हो चुका। वैसे भी रात में दाग लगने से रहा।"

रागिनी के इस तर्क व जीवटता पर डॉ. नूपुर शर्मा कुछ नहीं बोली। शो जैसे पहले चल रहा था अब भी चल रहा है।

"नूपुर जी, शो को चलने दीजिए! किसी को कुछ नहीं बताना।"

रागिनी की बात सुन डॉ. नूपुर शर्मा थके क़दमों से वापस सभागार में आयी और चुपचाप अपनी सीट पर आ कर बैठ गयी। अभिमंच की नक़्क़ाशीदार लकड़ी से बनी साउंड प्रूफ़ दीवारें झील-नक्काड़े की खनक और हारमोनियम के सुरों में लिपटे दौड़, दोहा, चौबोला, बहरतबील से अब भी गूँज रहे हैं। ग्रीन रूम में रागिनी कला केन्द्र के कुछ कलाकारों और सभागार में आँसुओं में डूबी डॉ. नूपुर शर्मा की निर्निमेष आँखों के अलावा, किसी को इसका आभास नहीं हुआ कि मंच पर हाड़ी रानी की आँखों से ज़ार-ज़ार बहते आँसुओं से फूटती किरनों के इस क्रन्दन विलाप में दुःख का कितना घना अँधेरा बसा हुआ है।

शो ख़त्म होते ही रागिनी ने कास्ट्यूम बदला और नंगी मगर सूखी लहूलुहान कलाइयों के साथ तुरन्त घर के लिए रवाना हो गयी।

46

सुबह के सूरज को तो हर कोई देख लेता है मगर डूबते हुए पर शायद ही किसी की नज़र जाती है।

समय की भोंथरी होती धार के साथ रागिनी का दुःख और अकेलापन

भी धीरे–धीरे उमस भरे पठार की कठोर सतह में बदलने लगा। जैसे–जैसे स्मृतियों पर चिपटी चिलकती वरक़ की परतें धूमिल व पुरानी होने पर अपनी बुनियाद से उखड़ने लगीं, वैसे–वैसे वह ख़ुद को वर्तमान के टेढ़े–मेढ़े खाँचों में ढालने के रियाज़ में जुट गयी। कई बार मन में आया भी कि वह एक बार डॉ. नूपुर शर्मा को फ़ोन तो कर ले। मगर चाह कर भी नहीं कर पायी।

तक़रीबन दो महीने बाद जैसे ही वह कुछ उभरी, उसने फ़ोन लगा ही दिया। उधर डॉ. नूपुर शर्मा भी मानो उसके फ़ोन का इन्तज़ार कर रही थी। डॉ. नूपुर शर्मा ने सबसे पहले रागिनी को बताया कि *आदिरंग महोत्सव* का उनका चेक तैयार है। दिल्ली आकर ले लेंगी तो अच्छा रहेगा। कम–से–कम इसी बहाने मिलना भी हो जायेगा। रागिनी ने दिल्ली आने का सुझाव स्वीकार करते हुए आगामी सोमवार को आने के लिए कह दिया।

रागिनी के चेहरे और जिस्म दोनों से उसके अकेलेपन का खुरदरापन साफ़ नज़र आ रहा है। डॉ. नूपुर शर्मा ने रागिनी के दुःख को न बढ़ाते हुए चुपचाप अपनी दराज़ से चेक निकाला और उसे रागिनी की ओर बढ़ा दिया। मगर उसका ऐसा सोचना उस समय ग़लत साबित हो गया, जब चेक लेते समय रागिनी की रुलाई फूट गयी। समझ गयी डॉ. नूपुर शर्मा कि ज़रूर रागिनी को अतीत के किसी शीतल झरने की फुहार ने भिगो दिया है। वह तेज़ी से अपनी सीट से उठी और लपक कर अपने सामने बैठी रागिनी को अंक में भर उसे धीरज बँधाने लगी। मेज़ पर पानी से भरे गिलास को रागिनी की तरफ़ बढ़ाते हुए बोली, "रागिनी जी, हिम्मत से काम लो! मैं एक औरत के अकेलेपन और उसके दुःख को समझ सकती हूँ।"

"आप सोच रही होंगी नूपुर जी कि चेक लेते हुए मैं अपने आपको क्यों नहीं रोक पायी?" रागिनी ने पानी पीने के बाद आँसुओं को पोंछते हुए कहा।

हैरानी हुई डॉ. नूपुर शर्मा को कि रागिनी ने कैसे उसके मन की बात बाँच ली?

"...मैं अपने आपको इसलिए नहीं रोक पायी कि अगर डॉक्टर साब आपसे पहली बार मुझसे मिलने के लिए मेरा हौसला नहीं बढ़ाते, तो शायद मेरे नसीब में आपसे मिलना नहीं होता। बस चेक लेते वक़्त मुझे उनकी याद आ गयी थी।"

रागिनी का मन कुछ हल्का हुआ तो डॉ. नूपुर शर्मा अपनी जगह पर

आ गयी। कमरे का वातावरण एक बार फिर सामान्य हो गया। इसके बाद डॉ. नूपुर शर्मा ने अपनी दराज से काग़ज़ात का एक छोटा–सा पुलिन्दा निकाला और उसे रागिनी की तरफ़ बढ़ाते हुए बोली, "रागिनी जी, आपको याद होगा कि जब आप आदिरंग महोत्सव के सिलसिले में पहली दफ़े आयी थीं, तब मैंने मिनिस्ट्री ऑफ कल्चर की एक परफोर्मिंग आर्ट्स ग्रांट्स स्कीम के बारे में बताया था। ये उसी स्कीम के तहत आने वाले प्रोडक्शन ग्रांट के पेपर्स हैं। ऐसा करिए आप आगरा, मथुरा या फिर जहाँ आपको सुविधा हो, नौटंकी वर्कशॉप का एक प्रपोजल सबमिट कर दीजिए!"

रागिनी के कुछ पल्ले नहीं पड़ा। वह कभी अपने सामने बैठी डॉ. नूपुर शर्मा को देखती, तो कभी अपने सामने पड़े पुलिन्दे की तरफ़। डॉ. नूपुर शर्मा रागिनी की दुविधा और परेशानी भाँप गयी।

"ऐसा कुछ नहीं है इसमें। आपको तीन–चार काम करने होंगे। एक तो वर्कशॉप के बारे में टाइप की हुई लगभग डेढ़ सौ शब्दों में यह डिटेल देनी है, कि नौटंकी कला क्या है। उसका क्या महत्त्व है। एक तरह से इस वर्कशॉप के बारे में एक छोटा–सा सार देना है कि क्यों उस वर्कशॉप की आज ज़रूरत है। दूसरा, इसमें आने वाले ख़र्चे का एस्टीमेट देना है कि इसमें कितना ख़र्च होगा। इनके अलावा पैन कार्ड की फ़ोटोकॉपी, जिस बैंक में आपका कोई अकाउंट हो उसका बैंक से एक ऑथोराइज़ेशन लेटर, बीस रुपये के बांड पेपर पर एक इन्डेमिनेटी बांड देना है। यह बांड आप अपने यहाँ कचहरी से बनवा लेना। इस बांड में क्या टाइप करवाना है, इसका मसौदा इन काग़ज़ों के साथ लगा हुआ है।"

रागिनी इतने सारे तामझाम को सुन और भी भ्रमित हो गयी।

"अच्छा आप ऐसा करना, बांड और दूसरी चीज़ें लेकर किसी दिन मेरे पास आ जाना। आपका फॉर्म मैं यहीं भरवा दूँगी। वैसे मेरी इच्छा इस मिनिस्ट्री की आर्टिस्ट पेंशन स्कीम एंड वेलफेयर फंड से आपकी पेंशन बँधवाने की थी। मगर वर्कशॉप के लिए आपको अच्छी–ख़ासी ग्रांट मिल जायेगी, जबकि पेंशन आपको चार हज़ार रुपये महीने मिलेगी। इसलिए सोच रही हूँ कि जब तक प्रोडक्शन ग्रांट मिले, तब तक क्यों न इसे ही लिया जाये। पूरे साल में पेंशन आपको मिलेगी महज पचास हज़ार के क़रीब, जबकि ग्रांट मिल जायेगी तक़रीबन तीन–साढ़े तीन लाख रुपये। इसलिए पहले आप ग्रांट के लिए ही अप्लाई करिए। पेंशन के लिए तो कभी भी अप्लाई किया जा सकता है।"

रागिनी चुपचाप टुकुर–टुकुर डॉ. नूपुर शर्मा की तरफ़ देखते हुए, जैसा वह कह रही थी, समझने का प्रयास करती रही।

रागिनी को इसकी रत्तीभर भी उम्मीद नहीं थी कि नौटंकी वर्कशॉप के लिए ग्रांट मंजूर हो जायेगी। मगर उसकी यह ना–उम्मीदी उस वक़्त सच में तब्दील हो गयी, जब संस्कृति मन्त्रालय से उसके पास प्रोडक्शन ग्रांट के तीन लाख रुपये के स्वीकृति–पत्र के साथ, पचहत्तर प्रतिशत राशि यानी सवा दो लाख रुपये उसके बैंक अकाउंट में ट्रांसफ़र हो गये। रागिनी ने बैंक में जाकर इस राशि के बारे में पता किया, तो पता चला कि यह राशि तो उसके खाते में एक सप्ताह पहले ही आ चुकी थी।

स्वीकृति–पत्र और पचहत्तर प्रतिशत राशि मिलते ही रागिनी वर्कशॉप की तैयारियों में जुट गयी। इस वर्कशॉप के लिए उसने पंडित नथाराम शर्मा गौड़ द्वारा लिखित *मौरध्वज उर्फ़ शेर का भोजन* नाम की नौटंकी का चयन किया। जिस समय रागिनी ने अपने आवेदन–पत्र में वर्कशॉप के बारे में टाइप की हुई लगभग डेढ़ सौ शब्दों में इस धार्मिक क़िस्म की नौटंकी और इस वर्कशॉप के बारे में सार संलग्न किया था, तब डॉ. नूपुर शर्मा को यह बिल्कुल भी अच्छा नहीं लगा था। मगर जब उसने इस नौटंकी का कथासार पढ़ा, तो उसे यह कथा ठीकठाक लगी थी। बावजूद इसके डॉ. नूपुर शर्मा ने रागिनी के समक्ष अपनी झिझक प्रकट कर ही दी, "रागिनी जी, इसकी जगह कोई और नौटंकी नहीं हो सकती?"

"दूसरी क्यों, इसमें क्या बुराई है?" उलटा रागिनी ने पूछा।

"वो क्या है कि मैं ऐसे धार्मिक क़िस्म के ड्रामा–नाटकों और सांग–नौटंकियों के पक्ष में नहीं हूँ। ऐसा न हो कि कोई ड्रामा क्रिटिक या कोई चैनल–अख़बार बेवजह इसके औचित्य पर वितंडा खड़ा कर दे!"

"नूपुर जी, यह नौटंकी या इसका क़िस्सा लगता भले ही धार्मिक जैसा है, मगर ऐसा है नहीं। मौरध्वज का क़िस्सा भी हरिश्चन्द्र–तारामती की तरह एक राजा–रानी के तप, सत और उनके त्याग की ही कहानी है।"

"आपका कहना ठीक हो सकता है। चलिए, जो होगा देखा जायेगा! वैसे एक बात बताइए रागिनी जी कि ऐसी पौराणिक कथाओं में राजा/रानियों के ही तप, सत और उनके त्याग को ही क्यों दर्शाया जाता है। इसके पीछे का क्या दर्शन हो सकता है?"

"मुझे ऐसा लगता है कि राजा प्रजा का पालक होता है। न्याय-अन्याय की बागडोर उसी के हाथ में होती है। अगर राजा ही त्याग, तप और सत्य का पालन नहीं करेगा, उसकी मिसाल पैदा नहीं करेगा तो प्रजा से क्या उम्मीद की जाये।"

"रागिनी जी, आप सही कह रही हैं। हमारी सबसे ज़्यादा उम्मीद समाज के सबसे ऊँचे पद पर बैठे आदमी से ही होती है। इसीलिए कहा जाता है कि यथा राजा तथा प्रजा।"

"अब आप इसी मौरध्वज के क़िस्से को ही लीजिए। ऐसा कहा जाता है कि जब कृष्ण अर्जुन को यह बताता है कि मौरध्वज नाम का राजा उसका उससे भी बड़ा भक्त है, तब अर्जुन मौरध्वज की परीक्षा लेने की ज़िद करता है। एक तरह से नूपुर जी यह ख़ाली एक राजा की परीक्षा नहीं थी, यह समाज के एक पालक की नैतिकता, त्याग और उसके तप की परीक्षा थी। अगर हम इस नौटंकी को सांगीत की नज़र से देखें तो इसमें दौड़, चौबोला, बहरतबील, क़व्वाली, छन्द, सोहनी, लावनी सब कुछ है।"

"यह सब तो ठीक है मगर वर्कशॉप में आनेवाले नयी उम्र के बच्चे ये दौड़, चौबोला, बहरतबील वगैरा-वगैरा को समझ जायेंगे?"

"कोशिश तो इसी रूप में करने की करूँगी। अगर नहीं कर पाये तो फिर नाटक शैली की ही ट्रेनिंग देनी पड़ेगी।"

"मेरा तो सुझाव है रागिनी जी कि आप नौटंकी के चक्कर में मत पड़िए! मुझे नहीं लगता कि महीनेभर की वर्कशॉप में बच्चे इतना कुछ कर पायेंगे।"

"यह बाद की बात है। पहले ग्रांट तो मिलने दीजिए!"

"ऐसा करिएगा, आप साज़ वही नौटंकी वाले रखिए और कोशिश करिए कि उसमें ज़्यादा नौटंकी का ही रंग रहे।"

"मैं समझ गयी आप क्या कहना चाहती हैं।" रागिनी को जैसे वर्कशॉप को कामयाब बनाने की राह मिल गयी।

महीनेभर की वर्कशॉप के बाद यहीं आगरा के एक स्थानीय सभागार में नौटंकी *मौरध्वज उर्फ़ शेर का भोजन* का सफल मंचन किया गया। इस मंचन को स्थानीय दर्शकों और मीडिया द्वारा भरपूर प्रशंसा मिली।

स्वीकृति-पत्र में दी गयी शर्तों के अनुसार एक महीने तक चली

वर्कशॉप, उसके बाद नौटंकी के मंचन सम्बन्धी स्थानीय संस्करणों में प्रकाशित सचित्र समाचारों की कतरनों, चार्टेड अकाउंटेंट द्वारा तैयार ऑडिटेड एकाउंट्स और दूसरे ज़रूरी दस्तावेज़ों को लेकर रागिनी स्वयं मन्त्रालय गयी। इन दस्तावेज़ों को ख़ुद जमा करके आयी ताकि बाकी बची पच्चीस प्रतिशत राशि का भुगतान जितनी जल्दी हो सके हो जाये।

मन्त्रालय में सम्बन्धित दस्तावेज़ों के जमा करने के बाद निश्चिन्त रागिनी ने पूरे एक महीने आराम किया। हालाँकि इस वर्कशॉप ने जैसे उसकी जान निकाल दी। आज वह अतीत में पलट कर देखती है तो उसे लगता है कि सबसे अच्छा और आसान शर्त लेना होता था। इधर शर्त पूरी हुई, उधर हाथों–हाथ भुगतान हुआ। जबकि यहाँ महीने से ज़्यादा हो गया है मगर भुगतान का दूर–दूर तक पता नहीं है। बैंक जाकर वह कई बार पता भी कर आयी है कि क्या पता पहले की तरह बकाया राशि उसके खाते में आ गयी हो, लेकिन हर बार उसे निराशा ही हाथ लगी।

हार कर एक दिन रागिनी ने डॉ. नूपुर शर्मा को मोबाइल पर इतने दिनों बाद बकाया राशि का भुगतान न होने के बारे में बता दिया। डॉ. नूपुर शर्मा ने रागिनी का काम आसान करते हुए सलाह दी कि वह किसी दिन मन्त्रालय में जाकर पता कर ले। साथ में उसने सम्बन्धित अनुभाग में तैनात सेक्शन ऑफ़िसर नीरज यादव से उसका नाम लेकर मिलने को भी कह दिया।

बस फिर क्या, रागिनी ने इस सेक्शन ऑफ़िसर नीरज यादव का नाम चित्त में धरा, और दो दिन बाद ही पहुँच गयी संस्कृति मन्त्रालय के प्रोडक्शन ग्रांट अनुभाग।

सरकारी महकमों में किसी सन्दर्भ या कहिए जान–पहचान की क्या अहमियत होती है, इसका ज्ञान रागिनी को पहली बार इस नीरज यादव नाम के सेक्शन ऑफ़िसर से मिलने के बाद ही हुआ। इस सेक्शन ऑफ़िसर से मिलने के बाद रागिनी की यह धारणा भी पहली बार खंडित होती दिखायी दी, कि बेवजह हमारे सरकारी महकमों और हमारे बाबुओं को बदनाम किया हुआ है।

"मैडम, ये नीरज यादव जी कहाँ बैठते हैं?" चक्राकार कोरिडोर का पूरा चक्कर काटने के बाद, मुश्किल से मिले प्रोडक्शन ग्रांट सेक्शन में घुसते ही, कम्प्यूटर स्क्रीन में धँसी एक आउट सोर्सिंग एजेंसी से दिहाड़ी पर नयी–नयी भर्ती की गयी डाटा एंट्री ऑपरेटर अर्थात डीईओ से बुजुर्ग रागिनी ने बड़े अदब से पूछा।

कम्प्यूटर स्क्रीन पर खुले अपने फेसबुक अकाउंट को अपडेट करने

में पूरे मनोयोग से डूबी इस डीईओ ने जिस तरह इशारा किया, उससे रागिनी के कुछ पल्ले नहीं पड़ा। नये–नये बने अपने एक फेसबुकिया अपरिचित फ्रेंड को इनबॉक्स में पूरी तल्लीनता के साथ सन्देश लिखने में मशगूल, और इसी मन्त्रालय के एक अधिकारी के किसी सम्बन्धी की इस विवाह योग्य डाटा एंट्री ऑपरेटर के सन्देश में खलल डालते हुए रागिनी ने पुनः पूछा, "मैडम किस तरफ़ बैठे हैं?"

अपने सन्देश को हल्का–सा विराम दे इस डाटा एंट्री ऑपरेटर ने पहले बुजुर्ग रागिनी को पलट कर खा जाने वाली नज़रों से देखा, और फिर एक कोने में फ़ाइलों से घिरे अपने से दुगनी उम्र के व्यक्ति को वहीं से पुकारते हुए बोली, "नीरज जी, आपसे कोई मिलने आया है!"

फ़ाइलों से गरदन उठा जिस तरह एक व्यक्ति ने नज़र उठा कर देखा, रागिनी समझ गयी कि यही वह सेक्शन ऑफ़िसर है जिससे मिलने के लिए डॉ. नूपुर शर्मा ने कहा था। रागिनी फ़ाइलों के ढूह की तरफ़ बढ़ गयी।

"जी कहिए?" सेक्शन ऑफ़िसर नीरज यादव ने बड़े मुलामियत भरे अन्दाज़ में पूरे अदब के साथ कहा।

"भैया, मेरा नाम रागिनी कुमारी सक्सेना है। आपसे डॉ. नूपुर शर्मा ने मिलने को कहा था!"

"अच्छा–अच्छा आप रागिनी जी हैं। आइए बैठिए!" सेक्शन ऑफ़िसर नीरज यादव ने रागिनी को पूरा सम्मान देते हुए आगे कहा, "हाँ, मैडम का फ़ोन आया था। आपके केस के बारे में बता रही थी।"

जिस आत्मीयता और अपनत्व के साथ सेक्शन ऑफ़िसर नीरज यादव रागिनी से पेश आया, रागिनी को लगा मानो वह किसी ऊँचे झरने की ठंडी धार के नीचे खड़ी है। उसने प्रोडक्शन ग्रांट से जुड़ा शुरू से अन्त तक सारा प्रकरण विस्तार से बता दिया, जिसे सेक्शन ऑफ़िसर नीरज यादव ने बड़े ध्यान से सुना। बातों–बातों में रागिनी ने यह भी बता दिया कि डॉ. नूपुर शर्मा से उनके किस तरह के स्नेहिल सम्बन्ध हैं। रागिनी की इस लोक धारणा की आज पुष्टि हो गयी कि सरकारी महकमों में किसी सन्दर्भ या जान–पहचान की ताक़त क्या होती है।

"क्याऽऽऽ, डेढ़ महीने पहले आपने अपने बैलेंस ग्रांट के लिए सारे डाक्यूमेंट्स जमा करा दिये थे! मगर मेरे पास तो वे अभी तक नहीं पहुँचे हैं।" इतना कह सेक्शन ऑफ़िसर नीरज यादव अपनी मेज पर लगी फ़ाइलें उलटने–पुलटने लगा। इसके बाद उसने अपने अनुभाग में तैनात सहायक

को आवाज़ दी, "अरे राधा जी, ज़रा देखना आपके पास रागिनी कुमारी सक्सेना की फ़ाइल तो नहीं है?"

सेक्शन ऑफ़िसर नीरज यादव ने जैसे ही रागिनी को बताया कि उसके पास उसके दस्तावेज अभी तक नहीं पहुँचे हैं, झरने की वही ठंडी धार देखते–ही–देखते खदकती धारा में बदल गयी। यह तो ग़नीमत है कि रिसेप्शन से मिली प्राप्ति को उसने सँभाल कर रखा हुआ था।

"यह देख भैया, इस पर लेने वाले के दसखत भी हैं!" रागिनी ने काग़ज़ का एक मुसा हुआ टुकड़ा सेक्शन ऑफ़िसर नीरज यादव को दिखाते हुए कहा।

"आप झूठ थोड़े ही कह रही हैं...ज़रूर देकर गयी होंगी, पर सवाल यह है कि वे गये तो कहाँ गये! आप चिन्ता मत करिए मैं दिखवाता हूँ।" सेक्शन ऑफ़िसर नीरज यादव ने डॉ. नूपुर शर्मा का लिहाज़ बरतते और ज़रूरत से ज़्यादा उदारता दिखाते हुए आश्वासन दिया।

इस बीच राधा यानी जिस कर्मचारी से सेक्शन ऑफ़िसर ने रागिनी की फ़ाइल के बारे में पूछा था, वह फ़ाइल लेकर आ गया। रागिनी ने जब इस कर्मचारी को ऊपर से नीचे तक ध्यान से देखा, तो यह देखकर उसकी हैरानी का ठिकाना नहीं रहा कि जिस राधा नाम के कर्मचारी को वह कोई महिला कर्मचारी मान रही थी, वह तो अच्छा–ख़ासा अधेड़ उम्र का पुरुष निकला। रागिनी मन–ही–मन सोचने लगी कि लोगों को, ख़ासकर पुरुषों को स्त्रियों के नाम रखते हुए ज़रा भी लज्जा नहीं आती।

रागिनी जिस तरह विस्मित नेत्रों से इस 'राधा' को देख रही थी और उसके चेहरे पर जिस तरह भाव आ–जा रहे थे, सेक्शन ऑफ़िसर नीरज यादव को भाँपते हुए देर नहीं लगी कि रागिनी के मन में क्या चल रहा है। इसलिए एक आत्मीय हँसी उछालते हुए बोला, "आप भी यही सोच रही हैं न कि इनका नाम राधा कैसे है? दरअसल, इनका पूरा नाम है राधाकृष्णन पिल्लई। मगर अपनी सुविधा के लिए हम इन्हें राधा के नाम से ही बुलाते हैं। यहाँ जो भी आता है वह पहले यही सोचता है कि राधा कोई महिला होगी।" इसके बाद वह राधाकृष्णन पिल्लई की ओर मुड़ा, "दिखाना इनकी फ़ाइल। इसमें इनके डाक्यूमेंट्स लगे हुए हैं क्या?"

"सर, मैं पहले ही देख चुका हूँ। हमारे पास इनके कोई डाक्यूमेंट्स नहीं आये हैं।" राधा ने फ़ाइल अपने सेक्शन ऑफ़िसर के सामने रखते हुए कहा।

"नहीं आये हैं तो गये कहाँ?" अपने सहायक राधाकृष्णन पिल्लई को सुनाते हुए सेक्शन ऑफ़िसर नीरज यादव ने उसी डाटा एंट्री ऑपरेटर को पुकारा, "मल्लिका, ज़रा इधर आना!"

फेसबुक में डूबी डीईओ मल्लिका झुँझलाते हुए अपनी सीट से खड़ी हुई, और लगभग अहसान जताने की मुद्रा में अपने सेक्शन ऑफ़िसर के पास आ गयी।

"ज़रा अपनी डाक में देखना कहीं रागिनी कुमारी सक्सेना के डाक्यूमेंट्स तो नहीं पड़े हुए हैं!" सेक्शन ऑफ़िसर नीरज यादव ने एक बेमानी–सा आदेश देते हुए मल्लिका से जैसे आग्रह किया।

"होते तो मैं आपको दे नहीं देती। फिर भी आप कह रहे हैं तो मैं देख लेती हूँ।" इतना कह पाँव पटकते हुए मल्लिका अपनी जगह पर चली गयी।

उसके जाते ही सेक्शन ऑफ़िसर नीरज यादव अपने सहायक राधाकृष्णन पिल्लई से बोला, "राधा जी, आप जाकर उसकी थोड़ी मदद करो! मुझे पता है इनके डाक्यूमेंट्स आये होंगे। मगर फेसबुक से फुरसत मिले तब न। जब देखो फेसबुक में घुसी रहती है। टोको तो तुरन्त जाकर अपने अंडर सेक्रेटरी मामा से कह देती है।"

डीईओ के पीछे–पीछे राधा भी चला गया।

"वैसे भैया, आप हो कहाँ के?" रागिनी ने हिचकिचाते हुए पूछा।

"हाथरस का हूँ।"

हाथरस का नाम सुनते ही रागिनी की शिराओं में जम चुका निराशा और हताशा का ख़ून एकाएक तेज़ी से दौड़ने लगा।

"हाथरस के हो...मैं भी तो कहूँ कि बोलचाल का लहज़ा तो कुछ जाना–पहचाना–सा है। हाथरस में तो बिजली कॉटन मिल के मालिक लाला रामबाबूलाल जी का एक बाबू गंगा सहाय इंटर कॉलेज भी है न?" रागिनी ने चहकते हुए कहा।

"हाँ हमारे समय में था। इसी कॉलेज से मैंने इंटर की है।"

"आपके समय में था, मैं कुछ समझी नहीं! अब नहीं है क्या?"

"है तो अब भी, पर इसका नाम अब बाबू गंगा सहाय इंटर कॉलेज नहीं, बीजीएस ग्लोबल स्कूल ऑफ बिजनेस मैनेजमेंट है। अब तो इसका बड़ा जलवा है इस इलाक़े में। इसकी फ़ीस ही इतनी मोटी है कि ग़रीबों के बच्चे इसमें पढ़ने के बारे में सोच भी नहीं सकते।"

सेक्शन ऑफ़िसर नीरज यादव के इस रहस्योद्घाटन पर पलक झपकते ही रागिनी अतीत के बीहड़ों में लौट गयी। जिस बाबू गंगा सहाय इंटर कॉलेज के शिलान्यास के दिन हुई नौटंकी हरिश्चन्द्र–तारामती के शो के दौरान, विश्वामित्र द्वारा अपना सर्वस्व दान करने और उसके आह्वान पर दानदाताओं में अपने भविष्य के बनने वाले विद्या मन्दिर के लिए दान देने की होड़ लग गयी थी, उसी मन्दिर से बन चुके व्यापार की दुकान में दाख़िला लेने के लिए इतनी मोटी फ़ीस है कि ग़रीबों के बच्चे इसमें पढ़ने के बारे में भी नहीं सोच सकते।

"एक बात बताऊँ आपको, जिस दिन इस कॉलेज की नींव धरी गयी थी उस दिन रात को बिजली कॉटन मिल के सुरुचि उद्यान में मेरा शो था। बल्कि उसी साल काका हाथरसी के जन्मदिन के मौक़े पर भी मेरा एक शो हुआ था।"

"हाँ, सुनते हैं कि जिस दिन इसका शिलान्यास हुआ था उस दिन यहाँ कोई नौटंकी हुई थी। यह भी सुनते हैं कि उस दिन इसे देखने वालों की इतनी भीड़ थी कि सुरुचि उद्यान में पाँव धरने तक की जगह नहीं थी।"

"सही कह रहे हो।" इतना कह रागिनी का सीना मारे गर्व के चौड़ा होता चला गया। उस रात का वह दृश्य उसकी आँखों के सामने कौंध गया, जब शो के बाद रागिनी ने मेहनताने के रूप में मिली सारी रक़म बिजली कॉटन मिल, और इस बाबू गंगा सहाय इंटर कॉलेज के चेयरमैन लाला रामबाबूलाल को यह कहते हुए दान कर दी थी, "बाबू जी, आप इसे छोटी–सी भेंट समझिए! आप रख लेंगे तो हम समझेंगे कि हमने भी इस यज्ञ में अपना कुछ योगदान दिया है। क्या पता इस कॉलेज से निकले किस छात्र से कहाँ भेंट हो जाये!" रागिनी इस बार उसी इंटर कॉलेज से निकले एक होनहार छात्र और संस्कृति मन्त्रालय में अपने सामने एक अधिकारी के रूप में बैठे नीरज यादव को बेहद बारीकी से निरखने लगी। उसे अब पूरा यक़ीन हो गया कि पिछले कई महीनों से जो पूँछ बची हुई थी, उसे निकलने से कोई नहीं रोक सकता।

"सर, यह लड़की हमें किसी दिन मरवा कर रहेगी। ये देखो इनके डाक्यूमेंट्स। वहीं एक तरफ़ कूड़े के ढेर में पटक रखे थे।" सहायक राधा ने काग़ज़ों का छोटा–सा पुलिन्दा अपने सेक्शन ऑफ़िसर के सामने रखते हुए कहा।

रागिनी की डूबी हुई नब्ज़ जैसे वापस लौट आयी।

"दिखाना!" इसके बाद बाबू गंगा सहाय इंटर कॉलेज का पूर्व छात्र और वर्तमान में संस्कृति मन्त्रालय, भारत सरकार का सेक्शन ऑफ़िसर नीरज यादव काग़ज़ों का बारीकी से मुआयना करने लगा। काग़ज़ों को देखते हुए जिस तरह बाबू गंगा सहाय इंटर कॉलेज के इस पूर्व छात्र की भवें रह–रह कर सिकुड़–फैल रही थीं। होंठों की आकृति कभी वक्र, तो कभी वे सीटी बजाने की मुद्रा अपना रहे थे, उन्हें देख रागिनी की धड़कनें बढ़ने लगीं। शिराओं में बहता रक्त जैसे धीरे–धीरे एक बार फिर जमना शुरू हो गया।

"राधा जी देखना, ऐसा मुझे ही लग रहा है या फिर सचमुच इनके डाक्यूमेंट्स अधूरे हैं!" सेक्शन ऑफ़िसर नीरज यादव ने काग़ज़ों का पुलिन्दा वापस अपने सहायक को देते हुए कहा।

अब राधाकृष्णन पिल्लई यानी राधा, जिसे रागिनी कुछ देर पहले तक स्त्री होने का भ्रम पाले हुए थी, पुलिन्दे की सर्जरी–सी करने लगा।

"सर, आपने ठीक कहा, इनके डाक्यूमेंट्स ही पूरे नहीं हैं। यह देखिए, इस फ़ोटो में जो पीछे बैनर दिखायी दे रहा है उस पर मोटे–मोटे वर्ड्स में राष्ट्रीय नाट्य विद्यालय छपा हुआ है। जबकि इसकी जगह संस्कृति मन्त्रालय, भारत सरकार का होना चाहिए था। ...इनके साथ परफोरमेंस–कम–अचीवमेंट रिपोर्ट भी नहीं है।" इसके बाद राधा बड़ी अदा के साथ पलटा, और पूरे तमाशे को अचकचाई आँखों से निहारती रागिनी की आँखों में उतरकर बोला, "वर्कशॉप समाप्त होने के बाद आपने एनएसडी या मध्यक्षेत्र सांस्कृतिक केन्द्र से किसी एक्सपर्ट को इनवाइट किया था?"

एकसाथ इतने सारे अजनबी सवालों को सुन रागिनी की देह मानो ठंडी पड़ गयी। कुछ भी जवाब देते नहीं बना उससे।

"आपने हमारा सेंक्शन लेटर पढ़ा? उसके आख़िरी पेज पर साफ़–साफ़ लिखा हुआ है कि बैलेंस ग्रांट को रिलीज़ करवाने के लिए क्या–क्या डाक्यूमेंट्स जमा कराने होते हैं।"

"सर, पैसे मिलने के बाद कोई नहीं पढ़ता है। सबको बस पैसे से मतलब होता है। लोग यह जानने की भी कोशिश नहीं करते हैं कि सरकार के भी कुछ क़ायदे–क़ानून होते हैं। सरकारी पैसे को तो लोग फ्री का समझते हैं।" इतना कह कर वही राधाकृष्णन पिल्लई यानी राधा जिसे रागिनी कुछ देर पहले तक स्त्री होने का भ्रम पाले हुए थी, जिस अदा के साथ आया था, उसी अदा के साथ वापस अपनी जगह पर जाकर बैठ गया।

"आप ऐसा करिए, हमारे सेंक्शन लेटर को दोबारा पढ़िए और उसमें जो–जो चीज़ें माँगी गयी हैं, उन्हें भिजवा दीजिएगा! अगर कोई दिक्कत या परेशानी हो तो ऐसा करना मुझे फ़ोन कर लेना। यह लीजिए मेरा विज़िटिंग कार्ड ...एक मिनट, मैं इस पर अपना मोबाइल नम्बर और लिख देता हूँ।" इस बीच चुपचाप अपना विज़िटिंग कार्ड निकाल कर, उसे उन्हीं काग़ज़ों के पुलिन्दे के ऊपर रखते हुए सेक्शन ऑफ़िसर नीरज यादव ने रागिनी को लौटा दिया, जिन काग़ज़ों को रागिनी ने सवा–डेढ़ महीने पहले जमा करवाया था।

रागिनी ने काँपते हाथों से पुलिन्दा लिया और थके क़दमों से अनुभाग से बाहर निकल आयी। बाहर निकलते हुए उसकी नज़र एक बार फिर डाटा एंट्री ऑपरेटर मल्लिका पर पड़ी। रागिनी ने एक पल ठिठक कर देखा तो पाया वह पहले की तरह, बल्कि उससे कहीं ज़्यादा तल्लीनता के साथ फेसबुक में उतरी हुई है। विवाह योग्य डाटा एंट्री ऑपरेटर मल्लिका, अपने नये–नये पुरुष मित्र अनुरोधों को खचाखच कन्फर्म कर, अपनी मित्र सूची का विस्तार करने में पूरे मनोयाग से जुटी हुई है।

बाहर चक्राकार कोरिडोर में आकर निराश–हताश रागिनी ने अनुमान लगाया और बढ़ गयी बाहर जाने के रास्ते की तरफ़। मगर यह क्या, उसे पूरे बीस मिनट हो गये मगर बाहर जाने का रास्ता उसे नहीं मिला। पसीने से तर रागिनी जैसे किसी चक्रव्यूह में फँस गयी। चक्राकार कोरिडोर में वह बाहर जाने के रास्ते के लिए चलती परन्तु घूम–फिर कर फिर वहीं आ जाती। बमुश्किल इस चक्रव्यूह से वह बाहर आ पायी।

47

रागिनी एक महीने बाद फिर से बाबू गंगा सहाय इंटर कॉलेज के पूर्व छात्र और वर्तमान में सेक्शन ऑफ़िसर नीरज यादव के कहे अनुसार वांछित दस्तावेजों के साथ, और रह गयी कमियों को पूरा कर संस्कृति मन्त्रालय पहुँच गयी। पूरे रास्ते वह सोचती रही कि उसे अगर पता होता कि नीरज यादव उसी बाबू गंगा सहाय इंटर कॉलेज का एक पूर्व छात्र है, जिसके शिलान्यास पर उसने अपना पूरा मेहनताना अर्पित कर दिया

था, और यहाँ सेक्शन ऑफ़िसर के रूप में मिल जायेगा, तो वह डॉ. नूपुर शर्मा से कदापि सिफ़ारिश नहीं कराती।

एक नये आत्मविश्वास से लबरेज़ रागिनी संस्कृति मन्त्रालय के प्रोडक्शन ग्रांट सेक्शन में सुबह दस बजे ही पहुँच गयी। जिस समय उसने सेक्शन में प्रवेश किया, पूरे सेक्शन में फेसबुक में गोते खाती सिवाय डाटा एंट्री ऑपरेटर मल्लिका के उसे कोई नहीं दिखायी दिया। फेसबुक को नज़रअन्दाज़ कर रागिनी सेक्शन ऑफ़िसर की मेज़ पर लगे फ़ाइलों के ढेर के सामने जाकर बैठ गयी।

सेक्शन ऑफ़िसर का इन्तज़ार करते–करते जब रागिनी को लगभग एक घंटा हो गया, तो वह उठकर उसी प्रधानमन्त्री युवा शक्ति के पास आयी, जिसे वह नज़रअन्दाज़ करके निकल गयी थी।

"मैडम, नीरज जी कब तक आयेंगे?" रागिनी ने झिझकते हुए बड़ी विनम्रता से पूछा।

"शायद कमाल सर के पास बैठे हैं!" फेसबुक में डूबी डाटा एंट्री ऑपरेटर मल्लिका ने स्क्रीन से बिना नज़र उठाये जवाब दिया।

"ये कमाल साहब कहाँ बैठते हैं?" रागिनी ने थोड़ी हिम्मत जुटाते हुए पूछा।

"बाहर राइट जाकर, लेफ़्ट हो जाना...तीसरा केबिन उन्हीं का है!" लगभग विवाह योग्य और एक अंडर सेक्रेटरी मामा की भांजी मल्लिका ने गरदन को थोड़ा कष्ट देते हुए अन्यमनस्कता के साथ अहसान भरे भाव से रागिनी की मदद करते हुए बताया।

रागिनी सीधे अंडर सेक्रेटरी कमाल खाँ के केबिन में पहुँच गयी।

"जी फ़रमाइए?" अचानक अपने सामने किसी अजनबी को देख अंडर सेक्रेटरी कमाल खाँ ने हैरानी से पूछा।

वहीं सामने बैठे बाबू गंगा सहाय इंटर कॉलेज के पूर्व छात्र और सेक्शन ऑफ़िसर नीरज यादव ने पलट कर देखा तो उसने बताया, "सर, ये रागिनी कुमारी सक्सेना हैं। अपने बैलेंस ग्रांट के सिलसिले में आयी हैं।"

अपने सेक्शन ऑफ़िसर के मुँह से इस सामान्य से नाम को सुन, कला–संस्कृति विकास योजना के तहत विलुप्त होती भारतीय कला व संस्कृति को बचाने का बीड़ा उठाने वाले संस्कृति मन्त्रालय के अंडर सेक्रेटरी, कमाल खाँ के होंठ मारे हिकारत के वक्र होते चले गये।

"यादव जी, क्या मामला है इनका?" अंडर सेक्रेटरी ने एक सचमुच के

अंडर सेक्रेटरी की तरह बेहद उदासीनता के साथ अपने मातहत से पूछा।

एक सेक्शन ऑफ़िसर ने एक अंडर सेक्रेटरी को सेक्शन ऑफ़िसर की तरह पूरा क़िस्सा संक्षेप में बता दिया। बल्कि अन्त में उसने यह भी बता दिया कि रागिनी कुमारी सक्सेना का साठ और सत्तर के दशक में नौटंकी के क्षेत्र में बड़ा नाम था।

"आप ऐसा करिए बाहर बैठिए! मैं अभी सर से कुछ ज़रूरी डिस्कशन के बाद आपके साथ सेक्शन में चलता हूँ।"

सेक्शन ऑफ़िसर नीरज यादव का आदेश सुन रागिनी बाहर बैठ गयी। सामने दीवार पर टँगी घड़ी में समय देखा तो पाया दोपहर का एक बजने वाला है। सवेरे नीम अँधेरे में बिना कुछ खाये चलने की वजह से भूख भी अब लगने लगी है। वहीं सवेरे से बैठे–बैठे कमर भी खपच्ची की तरह अकड़ने लगी है।

दिनभर की थकान के कारण रागिनी की पलकों पर नींद की एक आवारा झपकी आकर बैठी ही थी, कि तभी एक विदेशी इत्र के भभूके ने उसकी झपकी में ख़लल डाला। भभूका इतना तीखा था कि आँखें अपने आप खुल गयीं। जब तक वह कुछ समझ पाती भभूका अंडर सेक्रेटरी कमाल खाँ के आदमक़द पार्टीशन को पार कर चुकी थी।

"आइए मालिनी जी, वेलकम!" आदमकद पार्टीशन के पार्श्व से अंडर सेक्रेटरी कमाल खाँ के ताज़ा–ताज़ा चाशनी में भीगे शब्द रागिनी के कानों में पड़े।

"ख़ाक वेलकम सर...ऐसे वेलकम का क्या फ़ायदा!" आदमक़द पार्टीशन के दूसरी तरफ़ से विदेशी इत्र के भभूके ने इठलाते हुए शिकायत–सी की।

"क्या हुआ हुजूर, ऐसी क्या ख़ता हो गयी इस ख़ाकसार से जो इतनी सख्ती से पेश आ रही हैं?"

"सख्ती से पेश नहीं आऊँ तो क्या करूँ! यह तो जनाब सरासर ज़ुल्म है। हमसे आपकी ख़िदमत में कोई कमी रह गयी या..."

"आप बतायेंगी भी या यूँ ही पहेलियाँ पूछती रहेंगी!" कमाल खाँ ने लगभग ज़मीन पर बिछते हुए पूछा।

"बताइए, आपके राज में अभी तक हमारी बैलेंस ग्रांट नहीं मिली है।"

"मिल जायेगी, कौन–सी भागी जा रही है।"

"यह बात तो ठीक है सर...पर वो क्या है कि आर्टिस्टों की पेमेंट करनी थी।"

"मालिनी जी, हमारे बैलेंस के भरोसे तो आप बैठी नहीं हैं। इतनी मिनिस्ट्रीज से ग्रांट ले रही हो, उसमें से दे दो!"

"फिर भी सर, जल्दी हो जाता तो अच्छा रहता।" मालिनी ने खिसियाते हुए कहा।

बैलेंस ग्रांट का नाम सुनते ही रागिनी अपनी सारी थकान भूल गयी। पार्टीशन की दूसरी तरफ़ होती बातचीत को सुनने के लिए उसने अपने कान के परदों को ढीला छोड़ दिया।

"नीरज जी, कम–से–कम आपको मालिनी जी को तो शिकायत का मौक़ा नहीं देना चाहिए। आप इन मुफ़्त की नौटंकी वालियों का तो इतना ख़याल रखते हो, और जिनका रखना चाहिए..."

"सर किसका ख़याल। वो तो नूपुर जी ने कहा था इसलिए मैंने आपसे कह दिया वरना वो कौन–सी मेरी रिश्तेदार हैं।" सेक्शन ऑफ़िसर नीरज यादव ने अपने अंडर सेक्रेटरी के सामने परोक्ष रूप से अपना विरोध जताते हुए कहा।

"पता नहीं ये नूपुर जी भी किस–किस की बेगार करती फिरती हैं।" अंडर सेक्रेटरी कमाल खाँ ख़ुद के बहाने अपने सेक्शन ऑफ़िसर को सुनाते हुए बोला।

विदेशी इत्र के भभूके को जैसे तपते लोहे पर इससे अच्छा मौक़ा और नहीं लगा।

"देखिए सर, मैं पेरिस से आप दोनों के लिए क्या लायी हूँ!" इतना कह विदेशी इत्र के भभूके ने अपने हैंड बैग को बड़ी अदा से खोला, और उसमें से कुछ निकाल कर अंडर सेक्रेटरी के सामने रख दिया।

"शुक्रिया!" अंडर सेक्रेटरी कमाल खाँ ने बेहद ठंडेपन और अनमनेपन के साथ कहा।

पार्टीशन के दूसरी तरफ़ हो रही बातचीत का लब्बोलुआब धीरे–धीरे रागिनी की समझ में आने लगा है।

"तो आपका पेरिस का भारत महोत्सव कैसा रहा?" अंडर सेक्रेटरी ने उसी अनमनेपन से पूछा।

"पूछिए मत सर। अगर आपकी यह मेहरबानी नहीं होती, तो किसका पेरिस और किसका भारत महोत्सव।"

"एक बात कहूँ मालिनी जी बुरा तो नहीं मानोगी?"

"सर, क्यों बुरा मानूँगी।" मालिनी ने चहकते हुए कहा।

"पेरिस में आपको हमारे लिए यह इत्र ही मिला। जनाब, हम कन्नौज वाले तो इन इत्रों की बास से पहले ही नाक तक भरे हुए हैं। ईमान से कहूँ, इन्हें देखते ही हमें उबकाइयाँ आने लगती हैं...क्यों नीरज जी?"

"सर, यह कोई मामूली इत्र...आई मीन परफ़्यूम नहीं है। वहाँ का सबसे महँगा परफ़्यूम है।'' पेरिस रिटर्न मालिनी सफ़ाई देने लगी।

"कितना भी महँगा होगा मगर हमारे लिए तो यह इत्र ही है।" अंडर सेक्रेटरी कमाल खाँ थोड़ा रूखेपन के साथ बोला।

"परफ़्यूम तो सर मैं नज़राने के तौर पर लायी हूँ। आप कुछ दिन इन्तज़ार करिए, आपकी सारी शिकायत दूर कर दूँगी।"

"ऐसा कौन–सा कारू का ख़ज़ाना हाथ लगने वाला है जो सारी शिकायत दूर कर दोगी?" अंडर सेक्रेटरी ने अचरज से पूछा।

"कुछ ऐसा ही समझिए सर। वो क्या है कि इस बार पद्मश्री का जुगाड़ लगने जा रहा है।"

"इंशाअल्लाह, आपकी मुराद पूरी हो!"

"अच्छा सर, अब इजाज़त दीजिए!" इतना कह विदेशी इत्र का भभूका यानी मालिनी उठकर जाने लगी, तो जाते–जाते एक बार फिर चिरौरी करते हुए रिरियाई, "सर प्लीज़, इस नाचीज़ का ध्यान रखना!"

इसके बाद जैसे यह भभूका जिस ठसके से आया था, इठलाते हुए वैसे ही अपने पीछे अपनी गन्ध छोड़ता हुआ केबिन से बाहर निकल गया। अंडर सेक्रेटरी के केबिन से निकलते हुए इस भभूके ने रागिनी की तरफ़ जिस अन्दाज़ से देखा, रागिनी उसकी इस गजगामिनी लोच को देखती रह गयी। अपने पीछे छोड़ गयी इस गन्ध को रागिनी ने गहरी साँस लेते हुए अपने फेफड़ों में भर लिया।

"नीरज जी, आपको क्या लगता है इसे पद्मश्री मिल जायेगा?" अंडर सेक्रेटरी कमाल खाँ ने सम्भावित पद्मश्री की प्रतिभा पर जैसे सवाल खड़ा करते हुए पूछ।

"सर, ये इनाम–इकराम और सम्मान–पुरस्कार ऐसे प्रतिभाशालियों को ही मिलते हैं। असली कलाकार तो गुमनामी के अँधेरे में ग़ायब हो कर रह जाते हैं।"

जिस समय बाबू गंगा सहाय इंटर कॉलेज का पूर्व छात्र अपने अधिकारी से यह सब कह रहा था, रागिनी को लगा मानो उसने ऐसा उसी के बारे में कहा है। उसने इस दुनिया में कुछ बचे रहने की उम्मीद

में एक गहरा साँस लिया, और ऊँघते हुए एक सुखद परिणति की कल्पना में गोता खाने लगी।

"अच्छा मालिनी जी की फ़ाइल देखना वह कहाँ अटकी पड़ी है...और हाँ, ज़रा इस नूपुर शर्मा को भी देख लेना!" अंडर सेक्रेटरी कमाल खाँ ने अपने मातहत सेक्शन ऑफ़िसर को जैसे गुप्त निर्देश देते हुए कहा।

"ठीक है सर, जाकर देखता हूँ।"

अंडर सेक्रेटरी के केबिन से निकलते हुए जैसे ही सेक्शन ऑफ़िसर और बाबू गंगा सहाय इंटर कॉलेज के पूर्व छात्र नीरज यादव की नज़र थकान के चलते कसमसाती रागिनी पर पड़ी, वह उसे देखकर आश्चर्य प्रकट करते हुए बोला, "अरे आप यहीं बैठी हैं, आइए!"

बाहर इन्तज़ार में बैठे–बैठे खपच्ची–सी तन गयी कमर को बमुश्किल सीधी कर रागिनी खड़ी हुई, और सेक्शन ऑफ़िसर नीरज यादव के पीछे–पीछे चल दी।

"आपने खाना–वाना तो खा लिया होगा?" उम्र का लिहाज़ कर औपचारिकता और थोड़ा–सा शिष्टाचार निभाते हुए पूछा नीरज यादव ने।

"हाँ थोड़ा–सा, खा लिया है।'' बूढ़ी आँतों ने भी उसी शिष्टाचारवश जवाब दिया।

सेक्शन ऑफ़िसर रागिनी को लेकर अपने सेक्शन के बजाय चक्राकार कोरिडोर में एक सूनी जगह पर ले गया। पहले उसने चोर निगाहों से बड़ी बारीकी के साथ अपने आसपास का जायज़ा लिया, और फिर बेहद सधे हुए शब्दों में कहने लगा, "आपके आने से पहले हम आपके केस के बारे में बात कर रहे थे। दरअसल, आपके केस में बड़ी परेशानी हो रही है। सबसे बड़ी परेशानी तो उस बैनर को लेकर है जिस पर मन्त्रालय की जगह एनएसडी का नाम लिखा हुआ है। मैंने सर से बहुत कहा कि सर रागिनी जी का मेरे शहर से बहुत पुराना सम्बन्ध है, मगर वे मानने को तैयार ही नहीं हैं।''

समझ गयी रागिनी कि जिस तरह बाबू गंगा सहाय इंटर कॉलेज का पूर्व छात्र और अब का सेक्शन ऑफ़िसर शब्दों को बिलोच रहा है, उसे देखते हुए डॉ. नूपुर शर्मा के सन्दर्भ का कोई औचित्य नहीं रह गया है। जिस इंटर कॉलेज के शिलान्यास के दिन होने वाले नौटंकी शो का

पूरा मेहनताना उसने इस भावना के साथ अर्पित कर दिया था, कि इस कॉलेज से निकले किस छात्र से भविष्य में न जाने कहाँ भेंट हो जाये, उस भावना का भी कोई मोल नहीं रह गया है।

"यह तो आपका लिहाज़ है कि मैं अपने लेवल पर थोड़ा रिस्क ले रहा हूँ वरना यह काम इतना आसान थोड़े ही है। ...अच्छा, पिछली बार जैसा आपसे कहा था, आप सारे डॉक्यूमेंट्स ले आयी हैं?" बाबू गंगा सहाय इंटर कॉलेज के पूर्व छात्र ने अपनी बात भी कह दी और बड़ी सफ़ाई से विषय भी बदल दिया।

"हाँ ले आयी हूँ।" रागिनी की देह में जैसे जान–सी आ गयी। उसने अपने थैले से काग़ज़ों का छोटा–सा चिर–परिचित पुलिन्दा निकाला और उसे सेक्शन ऑफ़िसर को दे दिया।

"ठीक है। ऐसा करना महीना–बीस दिन बाद पता कर लेना!"

संस्कृति मन्त्रालय, भारत सरकार के सेक्शन ऑफ़िसर नीरज यादव ने जैसे ही महीना–बीस दिन की बात कही, रागिनी को लगा जैसे उसकी देह का किसी ने पूरा रक्त निचोड़ लिया है। थकान और मारे भूख के आँखों के आगे अँधेरा छा गया।

"भैया, वो तो मैं पता कर लूँगी पर ये तो देख लो कि काग़ज़ पूरे भी हैं...कोई कमी तो नहीं रह गयी है?" जिस आवाज़ को सुनने के लिए एक समय उसके मुरीद दौड़े चले आते थे, वही आवाज़ जैसे गले में घुट कर रह गयी। मन्त्रालय के चक्राकार कोरिडोर में आते–जाते लोग रागिनी को ऐसे दिखायी देने लगे, जैसे दिन में ज़िन्दा प्रेत घूम रहे हैं।

"आप तो ऐसे कह रही हैं जैसे मेरे पास कोई और काम ही नहीं है। पहले ही लंच का समय ख़त्म होने को है...और फिर यह काम इत्मिनान से करने वाला है। आप आराम से घर जाइए! यहाँ आने की ज़रूरत नहीं है। महीना–बीस दिन बाद फ़ोन से पता कर लेना।"

"आपका फ़ोन भी तो यहाँ का आसानी से नहीं मिलता है।" रागिनी की आवाज़ जैसे अब डूबने लगी।

भारत सरकार के सेक्शन ऑफ़िसर नीरज यादव ने इसके बाद कुछ नहीं सुना और चक्राकार कोरिडोर को पार कर अपने सेक्शन में घुस गया। रागिनी खड़ी की खड़ी रह गयी। थकान और भूख के चलते उसकी अब अँतड़ियाँ ऐंठने लगीं। उसने घड़ी देखी तो पता चला दो बजने वाले हैं। मन्त्रालय से बाहर निकल कर उसने आनन्द विहार बस अड्डे के लिए

थ्री व्हीलर लिया, और यह सोच कर उस पर सवार हो गयी कि रास्ते में जहाँ कहीं बस रुकेगी, वहीं थोड़ा–बहुत खा लेगी।

उम्र के आख़िरी पड़ाव पर आकर रागिनी को ऐसे लगने लगा जैसे एक–एक क़दम मीलों, और एक–एक दिन सालों लम्बा हो गया है। यही वजह है कि उससे एक महीना काटना मुश्किल हो गया। उसने बाबू गंगा सहाय इंटर कॉलेज के पूर्व छात्र और संस्कृति मन्त्रालय में तैनात सेक्शन ऑफ़िसर नीरज यादव के विज़िटिंग कार्ड पर उसी के द्वारा लिखे गये, मोबाइल पर बीस दिन नहीं बल्कि एक महीने बाद सम्पर्क किया। इधर वह नम्बर मिलाती और उधर वह लग कर तुरन्त कट जाता। वह एक नहीं बल्कि लगातार कई दिनों तक प्रयास करती रही, मगर इस सेक्शन ऑफ़िसर नाम के जन्तु से सम्पर्क करने में उसे हर बार विफलता ही हाथ लगी। इसके बाद उसने कार्ड पर दिये गये लैंड लाइन नम्बर पर सम्पर्क करने की कोशिश शुरू कर दी। मगर यहाँ भी नतीजा वही ढाक के तीन पात। यह फ़ोन भी या तो देर तक बजने के बाद अपने आप बन्द हो जाता या एंगेज्ड रहता। रागिनी ने हिम्मत नहीं हारी। उसने अपनी कोशिश जारी रखी। अब इसे रागिनी के भाग्य की प्रबलता कहिए या उसके अच्छे नसीब कि रागिनी अन्ततः अपनी कोशिश में कामयाब हो गयी। इधर शाम पाँच बजे के आसपास उसने बे–मन से लैंडलाइन पर नम्बर लगाया, उधर जानी–पहचानी–सी मधुर आवाज़ उसके कानों में पड़ी।

"हेलो, नीरज जी बोल रहे हैं...भैया, मैं रागिनी कुमारी सक्सेना... वही रागिनी, जो आपसे उस दिन मिली थी...हाँ–हाँ वही, आपने काग़ज़ देख लिए हों तो...क्या, पन्द्रह–बीस दिन बाद पता करूँ...ठीक है।" पन्द्रह–बीस दिन का नाम सुन रागिनी की अँगुलियों से मोबाइल धीरे–धीरे सरकने लगा।

रागिनी की कुछ समझ में नहीं आ रहा है कि कैसे पच्चीस प्रतिशत यानी आख़िरी किस्त को निकाला जाये? अचानक अंडर सेक्रेटरी कमाल खाँ के केबिन में उसके मातहत और सम्भावित पद्मश्री मालिनी के बीच हुए संवाद कानों में गूँजने लगे। रागिनी की आँखों के आगे अंडर सेक्रेटरी के केबिन में मालिनी के जाने का ठसका, और इठलाते हुए वैसे ही अपने पीछे अपनी गन्ध छोड़ कर, केबिन से बाहर निकलने का दृश्य कौंध गया।

अंडर सेक्रेटरी के केबिन से निकलते हुए इस भभूके ने रागिनी की तरफ़ जिस अन्दाज़ से देखा था, और रागिनी उसकी इस गजगामिनी लोच को अकबका कर देखती रह गयी थी, उसका असली मर्म उसकी समझ में अब कहीं जाकर आया। अपने पीछे छोड़ गयी उसी गन्ध को जिसे रागिनी ने लम्बी साँस लेते हुए अपने फेफड़ों में भर लिया था, उसकी ताज़गी एकाएक नथुनों में समा गयी। मन मार कर पन्द्रह–बीस दिन और इन्तज़ार करने के वह कर भी क्या सकती है।

बीस दिन बाद रागिनी ने एक बार फिर सेक्शन ऑफ़िसर को उसके मोबाइल पर फ़ोन किया। लगता है सचमुच रागिनी के ग्रह अब सही हो गये हैं। इसलिए इधर उसने नम्बर मिलाया और उधर उसके कानों में समधुर आवाज़ पड़ी।

रागिनी अपने आत्मविश्वास को सहेजते हुए बोली, "हेलो, भैया मैं रागिनी कुमारी सक्सेना बोल रही हूँ...वो आपने बीस दिन बाद फ़ोन करने के लिए कहा था न...हाँ–हाँ...क्याऽऽऽ...काग़ज़ कहीं गुम हो गये हैं!" रागिनी के कान से चिपका फ़ोन ज़मीन पर गिरते–गिरते बचा।

"भै...भैया, कोशिश करो मिल जायेंगे...मैं कहाँ से तैयार करूँगी, सारे ओरिजिनल तो मैंने आपको दे दिये अब..." रागिनी का आत्मविश्वास एक झटके में कातरता में बदलता चला गया। अचानक उसकी आँखों के आगे मालिनी का चेहरा घूम गया, "अच्छा सुनो भैया मैं दिल्ली आती हूँ...मेरी बात तो सुनो...ऐसा करती हूँ मैं आपसे दफ़्तर के बाहर मिलती हूँ...वहीं साइड में जूस की दुकान के पास...मैं जैसे ही पहुँचूँगी आपको फ़ोन कर दूँगी...ठीक है, मैं परसों आती हूँ...हाँ–हाँ ग्यारह बजे।" फ़ोन कटते ही पसीने–पसीने हो चुकी रागिनी ने पहले लम्बी–लम्बी साँस लिए और फिर मोबाइल को एक तरफ़ रख दिया।

वायदे के मुताबिक रागिनी ठीक ग्यारह बजे मन्त्रालय के सामने, सड़क पार कर सुलभ शौचालय के बग़ल में बने बिट्टू जूस कार्नर के पास पहुँच गयी। अभी वह पहुँच कर बाबू गंगा सहाय इंटर कॉलेज के पूर्व छात्र को मोबाइल से अपने पहुँचने की सूचता देती, सामने से वह लम्बे–लम्बे डग भरते हुए अपनी ही तरफ़ आता दिखायी दे गया। जिस तेज़ी से वह आ रहा था रागिनी को लगा, उसे नीरज यादव का नहीं बल्कि नीरज यादव को उसका बेसब्री से इन्तज़ार है।

इससे पहले कि बाबू गंगा सहाय इंटर कॉलेज का यह पूर्व छात्र

कुछ कहता, रागिनी ने बिट्टू जूस कार्नर को आदेश देते हुए कहा, "अरे भैया, अनार के दो बड़े गिलास बनाना!"

"अरे रहने दो आंटी।" सेक्शन ऑफ़िसर नीरज यादव ने एक बेमानी–सा प्रतिरोध किया।

रागिनी ने कुछ नहीं कहा और सीधे मुद्दे पर आ गयी, "भैया, उन काग़ज़ों का अब क्या होगा, जो खो गये थे?"

"आंटी वे मिल गये हैं...घबराने की बात नहीं है।"

सेक्शन ऑफ़िसर ने जैसे ही यह बताया, रागिनी ने उसे कनखियों से देखा। फिर मन–ही–मन वह उस दिन को कोसने लगी, जिस दिन उसने अपने शो का पूरा मेहनताना हाथरस के बिजली कॉटन मिल के मालिक लाला रामबाबूलाल द्वारा बनाये गये, उस बाबू गंगा सहाय इंटर कॉलेज को अर्पित कर दिया था, जिससे इस जैसा होनहार छात्र पढ़ कर निकला है।

इस बीच अनार के जूस के दो बड़े गिलास बन कर तैयार हो गये। इनमें से एक गिलास रागिनी ने खुद ले लिया और दूसरे के साथ एक लिफ़ाफ़ा लगाते हुए नीरज यादव की तरफ़ बढ़ा दिया।

मय लिफ़ाफ़ा गिलास हस्तगत करते हुए बाबू गंगा सहाय इंटर कॉलेज का पूर्व छात्र खिसियाते हुए सफ़ाई देने लगा, "क्या करूँ आंटी, ऊपर से नीचे तक सबको देना पड़ता है। अगर मेरा इशारा आप पहले ही समझ जातीं, तो आपको इतनी परेशानी नहीं उठानी पड़ती।"

"अगर ऐसी बात थी तो भैया पहले ही बता देते।"

"आंटी, सारी बात बताने की नहीं होती हैं...कुछ समझने की भी होती हैं।" एक तरह से एक सेक्शन ऑफ़िसर ने मुफ़्त में ग्रांट लेने वाले एक याचक को डाँट दिया।

इसके बाद उसने रागिनी की प्रतिक्रिया का भी इन्तज़ार नहीं किया और पूरे गिलास को एक ही साँस में हलक़ से नीचे उतार गया। जब तक रागिनी कुछ कहने की स्थिति में आती, नीरज यादव यह कहकर नौ दो ग्यारह हो गया, "आप दस–बारह दिन बाद अपना बैंक अकाउंट चेक कर लेना!"

बाबू गंगा सहाय इंटर कॉलेज के पूर्व छात्र की अनुपस्थिति में बिट्टू जूस कॉर्नर पर रागिनी ने इत्मिनान से अनार का जूस पिया। जूस पीने के बाद उसने आश्वस्तिभरी लम्बी साँस ली, और मन–ही–मन यह सोच कर इस उम्मीद में आनन्द विहार बस अड्डे के लिए रवाना हो गयी कि आज तो वह जल्दी घर पहुँच जायेगी।

48

आज तो रागिनी पासबुक में एंट्री करने वाले क्लर्क–कम–कैशियर के पद पर कार्यरत बैंक कर्मचारी से उलझ ही पड़ी।

"ऐसे कैसे हो सकता है! आज बीस दिन होने को आ रहे हैं और आप कह रहे हैं कि पैसा अभी खाते में आया नहीं है।"

"मैं आपसे झूठ क्यों बोलूँगा। जब आयेंगे तभी तो पासबुक में एंट्री करूँगा और फिर एक बात बताओ, इससे क्या फ़र्क़ पड़ता है कि एंट्री हो या ना हो। पैसे आयेंगे तो आपके खाते में ही न।"

"मैं तो इसलिए आ जाती हूँ कि मुझे पता चलना चाहिए कि पैसा आया है या नहीं।"

"आप तो बेमतलब परेशान हो रहीं हैं। आ जायेगा तो कभी भी एंट्री करा लेना।"

रागिनी ने पलट कर कोई प्रतिवाद नहीं किया। सूनी आँखों से काउंटर पर अपने काम में लग गये बैंक कर्मचारी को देखने लगी। उसकी समझ में नहीं आ रहा है कि अपने डर और आशंका को वह इस कर्मचारी के सामने कैसे व्यक्त करे? एक बार फिर रागिनी निराश हो बैंक से ख़ाली हाथ लौट आयी।

इस तरह रागिनी को बैंक के चक्कर लगाते हुए दो महीने निकल गये। शुरू में उसने सेक्शन ऑफ़िसर नीरज यादव से सम्पर्क साधने की कोशिश भी की, मगर पहले की तरह वह असफल ही रही। रागिनी की हिम्मत अब जवाब दे गयी। हिम्मत हार गयी वह। अब नहीं काटे जाते हैं उससे रोज़–रोज़ चक्कर। इसलिए हार कर उसने बैंक जाना छोड़ दिया और यह सोच कर मन को तसल्ली देकर चुप बैठ गयी कि नसीब में होगा तो बैलेंस ग्रांट मिल जायेगा। वह समझ गयी कि उस नीरज यादव की नीयत ज़रूरत से ज़्यादा खोटी है। हाँ, रागिनी को इतना रंज या ग़म उस पच्चीस प्रतिशत बैलेंस ग्रांट मिलने का नहीं है, जितना उन दस हज़ार रुपये का है जिन्हें उसने बाबू गंगा सहाय इंटर कॉलेज के इस पूर्व छात्र को जूस के गिलास के साथ रिश्वत तो इसे वह नहीं कह सकती, सेवा शुल्क मान भेंट कर दिये थे। उसने डॉ. नूपुर शर्मा से भी इस बारे में कहना उचित नहीं समझा। कहीं वह यह ना समझ बैठे कि

जब उसने अपना नाम लेने के लिए कह दिया था, बावजूद इसके उसने सेक्शन ऑफ़िसर नीरज यादव की क्यों सेवा–पानी की।

अपने मोबाइल पर तिरमिराते नम्बरों को देख रागिनी को लगा नम्बर कुछ जाना–पहचाना–सा है। है किसका यह याद नहीं आ रहा है। उसने मोबाइल कान से लगाया तो दूसरी तरफ़ से आने वाली आवाज़ को उसने तुरन्त पहचान लिया। फ़ोन राष्ट्रीय नाट्य विद्यालय से डॉ. नूपुर शर्मा का है।

"नूपुर जी, राधे–राधे...अरे मैडम भूल क्या गयी...घर–गृहस्थी के कामों में ऐसी उलझी रही कि फुरसत ही नहीं मिली...कहाँ, आजकल की बहुएँ कहाँ करती हैं। अपना ही कर लें वही क्या कम है...हाँ, वो पेमेंट हो गयी... नहीं–नहीं कोई परेशानी नहीं हुई...वो तो बड़ा नेक अफ़सर है...आपका बड़ा लिहाज़ किया उसने..." साफ़ झूठ बोल गयी रागिनी। शब्द एकाएक लरज़ने लगे। बमुश्किल सँभाल पायी ख़ुद को, "हाँ हेलो...हेलो बोल रही हूँ...मन तो मेरा भी कर रहा है, पर क्या करूँ एक तो आने की हिम्मत नहीं है और दूसरा वो क्या है कि...देखती हूँ, हिम्मत हुई तो आ जाऊँगी...पर हाँ, फिर से किसी वर्कशॉप लेने के बारे में कुछ नहीं कहेंगी...पिछली दफ़े ही हालत ख़राब हो गयी थी, अब तो बिल्कुल भी हिम्मत नहीं है...ठीक है वहीं आकर बात होती है।"

मोबाइल के शान्त होने के बाद रागिनी देर तक असमंजस और दुविधा की खन्दक में फँसी रही। अगर नहीं गयी तो डॉ. नूपुर शर्मा यही सोचेगी कि मतलब निकलते ही भूल गयी। इच्छा न होने के बाद उसने यह सोच कर जाने का मन बना लिया कि आज के ज़माने में कौन किसके लिए करता है। इसलिए उलाहना उतारने की ग़रज़ से आख़िरी बार और मिल आती हूँ।

राष्ट्रीय नाट्य विद्यालय रागिनी के लिए अब अनजान नहीं रहा। बहावलपुर हाउस में अन्दर प्रवेश करने के बाद, बायें तरफ़ बने स्वागत कक्ष पर तैनात, हमेशा की तरह एक कलाकार की भंगिमाएँ और मुद्राएँ अपनाए रहने वाली स्वागत अधिकारी, क्यारियों और गमलों में मुस्कराते पौधे, हरी घास का मैदान और बीच में लता–वितान से आच्छादित सँकरा रास्ता सब जैसे

उसे पहचानने लगे हैं। रागिनी डॉ. नूपुर शर्मा के कमरे में दाख़िल हुई, तो उसे सामने दीवार पर टँगे एलईडी टीवी पर किसी सम्मान समारोह को देखते हुए पाया।

"आइए रागिनी जी!" डॉ. नूपुर शर्मा ने रागिनी का स्वागत करते हुए कहा।

"लगता है कोई ख़ास प्रोग्राम आ रहा है?" रागिनी ने कुर्सी पर बैठते हुए पूछा।

"ऐसा तो कुछ नहीं है। राष्ट्रपति भवन से पद्म सम्मानों का सीधा प्रसारण आ रहा है। वो क्या है कि हमारे मिनिस्ट्री के उसी पर्फोर्मिंग आर्ट्स ग्रांट्स स्कीम जिसके तहत आपको भी ग्रांट मिल चुकी है, वहीं से ग्रांट लेने वाली एक आर्टिस्ट को भी पद्मश्री मिला है। बड़ा आग्रह कर रही थीं देखने के लिए। सोचा, जब आ रहा है तो देख ही लेती हूँ। किसी का मन रह जायेगा।"

रागिनी ने ध्यान नहीं दिया। होगी कोई, उसे क्या।

"रागिनी जी, थोड़ी देर की बात है। बस, यह निपट जाये फिर इत्मिनान से बातें करेंगे। लो, हो गया शुरू।"

डॉ. नूपुर शर्मा के आग्रह पर कुर्सी घुमा कर रागिनी भी राष्ट्रपति भवन से पद्म सम्मानों के सीधे प्रसारण को देखने लगी। राष्ट्रपति के आगमन के साथ ही पूरा हाल देश के प्रथम नागरिक के सम्मान में खड़ा हो गया। जैसे ही राष्ट्रपति अपने आसन के सामने खड़े हुए राष्ट्रगान की धुन शुरू हो गयी। राष्ट्रगान ख़त्म होने के बाद राष्ट्रपति द्वारा पद्म सम्मान प्रदान करने की प्रक्रिया शुरू हो गयी।

जब तक पद्म भूषण और पद्म विभूषण प्रदान किये जाते रहे, तब तक रागिनी अकबकाई–सी ब्रिटिश वास्तुकार सर एडविन ल्यूटियंस की परिकल्पना के मूर्तरूप राष्ट्रपति भवन के इस हाल को, जिसे ब्रिटिश काल में राजगद्दी कहा जाता था, निरखती रही। उसी राजगद्दी के भव्य अनलंकृत अन्तस को, जिसमें पेचीदा सजावट के बजाय पाषाण नक़्क़ाशी की गयी है। इंडिया गेट जितनी ऊँचाई वाले हाल की छत के बीचों–बीच, लगभग दो टन वज़नी झाड़–फानूस के अनगिनत बल्बों के तेज़ रेशमी उजाले में नहाये हाल को देख कर, रागिनी की आँखें रह–रह कर चौंधियाती रहीं।

जैसे ही पद्मश्री सम्मान शुरू हुए डॉ. नूपुर शर्मा रागिनी का ध्यान बाँटते बोली, "रागिनी जी, अब पद्मश्री शुरू हो रहे हैं!"

हालाँकि रागिनी की इन पद्मों–अद्मों को देखने में कोई दिलचस्पी नहीं है, पर डॉ. नूपुर शर्मा के आग्रह पर वह भी देखने लगी। एक–एक कर जैसे–जैसे विभिन्न क्षेत्रों में अभूतपूर्व योगदान के लिए, पद्मश्री सम्मान ग्रहण करने वाले नामों में मालिनी नाम पुकारा गया, रागिनी को यह नाम कुछ सुना हुआ लगा। कहाँ और कब सुना, यही याद नहीं आ रहा है। जब तक वह याद करने की कोशिश करती, तभी उसकी नज़र राष्ट्रपति की तरफ़ बढ़ते कत्थई सिल्क की साड़ी में जाने–पहचाने से लोच खाते बदन, सधे हुए क़दमों के साथ ठसक भरी चाल और एक परिचित–से चेहरे पर पड़ी। जैसे ही यह कुछ जाना–पहचाना, चिर–परिचित–सा चेहरा महामहिम राष्ट्रपति के सामने जाकर रुका, अचानक रागिनी के नथुनों में विदेशी इत्र का भभूका गन्धा उठा। कुर्सी से उचकते हुए वह लगभग चीख़ते हुए बोली, "नूपुर जी, इसे तो मैं जानती हूँ!"

"कैसे?" निस्पृह भाव से पूछा डॉ. नूपुर शर्मा ने।

"ये तो मन्त्रालय में मिली थीं एक दिन!"

डॉ. नूपुर शर्मा रागिनी की इस उत्तेजना या कहिए कौतूहल पर कुछ नहीं बोली। बस, चुपचाप सम्मान समारोह को देखती रही।

जिस समय मालिनी महामहिम राष्ट्रपति से पद्मश्री ग्रहण कर रही थी, उस समय उसे ऐसा लग रहा था जैसे वही विदेशी इत्र का भभूका, टीवी स्क्रीन से छन कर डॉ. नूपुर शर्मा के कमरे में घुस आया है। तहों में लिपटे पुराने दृश्य एक–एक कर खुलने लगे। उस दिन अंडर सेक्रेटरी कमाल खाँ, सेक्शन ऑफ़िसर और बाबू गंगा सहाय इंटर कॉलेज का पूर्व छात्र नीरज यादव और इसी पद्मश्री मालिनी के बीच आदमक़द पार्टीशन के दूसरी तरफ़ चल रही उस दिन की बातचीत रागिनी के कानों में गूँजने लगी। यादों की इन तहों में रागिनी इस तरह लिपट गयी कि उसने इस पद्मश्री को आते हुए तो देखा था, पद्मश्री ग्रहण कर कब अपनी जगह पर लौट गयी, पता भी नहीं चला। उसे तो सम्मान समारोह के ख़त्म होने का भी पता नहीं चलता, यदि उसके कानों में समापन के बाद राष्ट्रगान की धुन नहीं सुनायी देती।

राष्ट्रपति भवन से सम्मान समारोह के सम्पन्न होते ही डॉ. नूपुर शर्मा ने टीवी बन्द किया और रागिनी की तरफ़ मुख़ातिब हो बोली, "तो रागिनी जी, उस बारे में क्या सोचा?"

"उस दिन मना तो कर दिया था। अब शरीर साथ नहीं देता है।" रागिनी ने एक बार फिर इनकार कर दिया।

"देख लीजिए, पूरे चार लाख का मामला है!" डॉ. नूपुर शर्मा ने रागिनी को रिझाते हुए कहा।

"बात तो आपकी सही है...पर हिम्मत हो तब न।" रागिनी ने गहरी साँस लेते हुए कहा।

"हिम्मत तो अपने आप आ जायेगी। अगर थोड़ी–सी भागदौड़ और चार लाख में से आधा ख़र्च करने के उपरान्त, सीधे–सीधे दो लाख बच जायें, तो बुराई क्या है?" डॉ. नूपुर शर्मा ने रागिनी की आँखों में झाँकते हुए कहा।

दो लाख का नाम सुन एक बार तो रागिनी को अपना संकल्प, इस प्रलोभन के सामने भरभरा कर ढहता–सा नज़र आया। पलक झपकते ही आँखों के सामने ज़रूरतों की लम्बी फ़ेहरिस्त खुलती चली गयी। मगर अगले ही पल उसकी आँखों के आगे पुराने अनुभवों के रेतीले समन्दर से उड़ती धूल का बवंडर छा गया। उसके पूरे बदन में सिहरन दौड़ गयी। लगा जैसे सारे शरीर पर रेत के अनगिनत कण चिपक गये हैं। उसने अपने भीतर पस्त होते आत्मविश्वास को जैसे–तैसे सहेजा, और अपने ढहते संकल्प को एक बार फिर दोहरा दिया।

पता नहीं डॉ. नूपुर शर्मा ने रागिनी के इस संकल्प को बाँच लिया, या उसे इसका पहले से अनुमान था। डॉ. नूपुर शर्मा बोली कुछ नहीं। दोनों के बीच एक अबोली निस्तब्धता छायी रही। धीरे–धीरे डॉ. नूपुर शर्मा का दिप–दिप करता चेहरा खिंचने लगा। उसने पहले एक निराशा भरी लम्बी व गहरी साँस ली और फिर शब्दों को बड़े ही सधे अन्दाज़ में चुबलाते हुए बोली, "रागिनी जी, समझ में नहीं आ रहा है कि मुझे आप पर सचमुच ग़ुस्सा आना चाहिए, या आपके इस भोलेपन और सादगी पर मर मिट जाना चाहिए?"

डॉ. नूपुर शर्मा ने जिस तरह रागिनी से कहा, रागिनी की कुछ समझ में नहीं आया कि उसके सामने बैठी डॉ. नूपुर शर्मा आख़िर कहना क्या चाहती है?

"मैं कुछ समझी नहीं नूपुर मैडम?" निर्विकार भाव से पूछा रागिनी ने।

"इसीलिए तो कह रही हूँ कि मुझे आपके इस भोलेपन और सादगी पर तरस आना चाहिए या ग़ुस्सा। यानी आपने राष्ट्रपति के कर–कमलों द्वारा अभी–अभी पद्मश्री से सम्मानित होने वाली इस मालिनी से कुछ भी नहीं सीखा। एक बात बताऊँ, अगर यह मालिनी भी आप जैसों...मेरा

मतलब है गुलाब बाई, गिर्राज प्रसाद या फिर आपकी तरह इस सिस्टम से तंग और परेशान होकर चुपचाप घर बैठ जाती, तो तालियों की गड़गड़ाहट के बीच राष्ट्रपति के हाथों आज यह पद्मश्री से सम्मानित नहीं हो रही होती। अगर यह ज़माने के साथ नहीं चली होती, तो कुछ भी नहीं होने के बावजूद यह पेरिस में भारत महोत्सव का प्रतिनिधित्व कर रही होती।"

रागिनी चुपचाप निर्निमेष डॉ. नूपुर शर्मा को टकटकी लगाये देखती रही।

"मैं जानती हूँ कि उम्र और शरीर तो महज एक बहाना है। असलियत यह है कि आप सिस्टम के कोरिडोर में धक्के खाने और बाबुओं के भ्रष्ट आचरण के चलते हिम्मत हार गयी हैं। मैं जानती हूँ कि इनका बस चले तो ये मुर्दों का कफ़न भी नोच लें। मगर कुछ किया भी तो नहीं जा सकता। हमारी नियति ही ऐसी है कि मालिनी जैसी दोयम दर्ज़े की मीडियाकर को पद्मश्री मिल जाता है, और जिसने ज़िन्दगी खपा दी, वह अपने ही पैसे के लिए धक्के खा रही है। आप जिस दिन कह रही थीं कि *उम्रे दराज़ माँग कर लाये थे चार दिन / दो आरज़ू में कट गये, दो इन्तज़ार में*...इसके बाद जिस तरह आपकी आवाज़ कुछ पलों के लिए डूब गयी थी, मैं उसी वक़्त समझ गयी थी।"

"पर जब मैंने सारे कागज़ दे दिये और अपना काम पूरी ईमानदारी से कर दिया था तब..."

"रागिनी जी, ज़िन्दगी सिर्फ़ ईमानदारी और उसूलों से ही नहीं चलती है। आपको तो उसी दिन समझ जाना चाहिए था जब उन दोनों ने मेरा भी लिहाज़ नहीं किया। अगर सब कुछ ईमानदारी और उसूलों से चल रहा होता, तो आज यह पद्मश्री मालिनी को नहीं आपको मिला होता। जबकि यह मालिनी अपनी गली में बुटीक के नाम पर कपड़ों की कोई मामूली–सी दुकान चला रही होती।"

"आपको क्या लगता है कि मैंने उन लोगों की सेवा–पानी नहीं की होगी?"

"क्याऽऽऽ...?" डॉ. नूपुर शर्मा की आवाज़ गले में ही रह गयी।

"मुझे दुःख इस बात का नहीं है कि मेरी बकाया राशि का भुगतान नहीं हुआ। नहीं हुआ कोई बात नहीं...दुःख इस बात का है कि इतने धक्के और दस हज़ार देने के बाद भी कुछ हल नहीं निकला। अब तो मैंने आस ही छोड़ दी है।"

"इसके बावजूद पेमेंट नहीं हुई?"

"यहाँ आने से पहले तक तो हुई नहीं है।"

"ठीक है मैं अभी फ़ोन करके कहती हूँ!"

"रहने दीजिए नूपुर जी, जो कभी मेरा था ही नहीं मैं उसके लिए क्यों दुःखी और परेशान होऊँ।"

डॉ. नूपुर शर्मा के भीतर जैसे कुछ दरक कर रह गया। उसने डबडबायी आँखों से अपने सामने बैठी रागिनी को देखा। फिर धीरे–से नज़र उठा कर कहा, "मैं जानती हूँ कि एक वर्कशॉप में डेढ़–दो लाख बचने के क्या मायने होते हैं। हालाँकि मिनिस्ट्री के आर्टिस्ट पेंशन स्कीम एंड वेलफेयर फंड के तहत आपकी आर्टिस्ट पेंशन शुरू हो जायेगी। मगर जब तक वर्कशॉप के लिए ग्रांट मिल रही है, क्या बुराई है।"

"आप बचने की बात कर रही हैं, यहाँ तो मैं उल्टा अपनी जेब से लगा चुकी हूँ।"

"रागिनी जी, आदमी अनुभव से ही सीखता है।"

रागिनी चुप। वह दुविधा की सीलनभरी बदबूदार अँधेरी सुरंग में फँस कर रह गयी। वह आगे बढ़ती है तो जगह–जगह फैले दलदल में घात लगाकर बैठे मगरमच्छों के बीच धँसे बिना नहीं रहेगी। और पीछे हटती है तो उसे ऐसा कोई सहारा नज़र नहीं आता है, जो उसे सँभाल ले। ज़रूरत, अहद और उसूलों में से किसी एक को बचा कर रखना रागिनी के लिए इतना आसान नहीं है।

"रागिनी जी, क्या सोच रही हो?"

रागिनी ने हड़बड़ा कर डॉ. नूपुर शर्मा की तरफ़ देखा। इस बीच नूपुर शर्मा ने अपनी दराज़ खोली। उसमें पहले से डाउनलोड करके पर्फोर्मिंग आर्ट्स ग्रांट स्कीम के अन्तर्गत प्रोडक्शन ग्रांट का आवेदन–पत्र, उसके साथ जमा होने वाले दस्तावेज़ों की चेकलिस्ट समेत पूरा सेट निकाला, और उसे यह कहते हुए रागिनी की तरफ़ बढ़ा दिया, "इस बार चार लाख का बजट सबमिट करना...और हाँ, मई के महीने में मीटिंग होनी है, इसलिए घर पहुँचते ही मध्य क्षेत्र सांस्कृतिक केन्द्र, इलाहाबाद में जाकर तुरन्त फॉर्म जमा कर देना। बाकी काम आप मेरे ऊपर छोड़ दो!"

सामने मेज़ पर पड़ा पूरा सेट कसमसाता हुआ कब रागिनी की अँगुलियों के बीच जा फँसा। कब सरसराते हुए वह उसके थैले में चुपचाप जा समाया, इसका उसे अहसास ही नहीं हुआ। उसे पता ही नहीं चला

कि उसके भरभराकर ढह चुके मुर्दा संकल्प को, कब उसकी ज़रूरतों के कफ़न ने ढाँप लिया। संकल्पों के मुर्दाघाट पर ज़रूरतों के कफ़न में लिपटे प्रोडक्शन ग्रांट के आवेदन–पत्र को ले, रागिनी बोझिल क़दमों से चुपचाप डॉ. नूपुर शर्मा के कमरे से बाहर निकल आयी।

भगवानदास रोड पर आ रागिनी ने वापस लौटने से पहले, पलट कर बहावलपुर हाउस स्थित राष्ट्रीय नाट्य विद्यालय की इमारत को जी भर कर निहारा। किराये पर लायी टैक्सी का दरवाज़ा खोला और उसमें बैठ गयी। टैक्सी सुप्रीम कोर्ट के बग़ल से होती हुई, प्रगति मैदान के सामने से दायें तरफ़ मुड़ी, और तेज़ी से मटका पीर होती हुई भैरों मार्ग को पार कर बाहरी रिंग रोड पर आ गयी। बाहरी रिंग रोड से नोएडा एक्सप्रेस वे पर चढ़ते ही टैक्सी की गति अपने आप बढ़ती चली गयी।

दिल्ली से समय पर निकलने के बावजूद अपने शहर पहुँचते–पहुँचते रागिनी को रात हो गयी। अपने उसी शहर में जिसे भारतीय उपनिषदों के एक दीवाने और भारतीय दर्शन पर मर–मिटने वाले दारा शिकोह ने बसाया था। उसी दारा ने जिसका गला शाहज़ादों की तरह कभी मोतियों की मालाओं से लदा रहता था। जिसके जिस्म पर जरबख़्त और सिर पर पगड़ी हुआ करती थी। उसी शाहज़ादे दारा शिकोह को भिखमंगों जैसे मोटे कपड़े पहनाकर, उसी के एक भाई औरंगज़ेब ने दिल्ली में मरियल–से बीमार और गन्दे हाथी की नंगी पीठ पर बैठा कर सरेआम घुमाया था। इसी शहर को बसाने वाले उसी बदनसीब शाहज़ादा दारा शिकोह को अपमानित कर घुमाया गया था, जो अपने दादा जहाँगीर और पिता शाहजहाँ का सबसे लाडला था। इसी शहर की अपनी गुमसुम–सी गली रहट गली में पहुँचने पर रागिनी ने जैसे राहत की साँस ली। कई घंटों के लगातार सफ़र के चलते और टैक्सी में बैठे–बैठे शरीर खपच्ची–सा लरज़ गया। ऐसा लग रहा है मानो दिल्ली से वह टैक्सी में नहीं, दारा शिकोह की तरह हाथी की नंगी पीठ पर सवार होकर आयी है।

खाना खाते–खाते नौ बज गये। अनाज के नशे और दिनभर की थकान, दोनों ने मिलकर उसे कब नींद के आगोश में डाल दिया उसे पता ही नहीं चला। उसे तो इसके बाद यह भी पता नहीं चला कि वह अपने ही घर में है। पता भी चला तो तब जब नींद में आये एक सपने से उसकी

नींद उचट गयी। नींद उचटने पर रागिनी ने अँधेरे में अपने आसपास देखा तो पाया कि हाँ, वह अपने ही घर में है। अपने उसी घर में जिसकी कालिख भरी रात में आसपास से किसी अदृश्य उदासी के खँखारने की आवाज़ आती, तो लगता जैसे दिनभर धधकती भट्ठी से निकली कोई ताज़ा–ताज़ा ठंडी चूड़ी खनक रही है। इसके बाद देर तक उसे नींद नहीं आयी। जब तक रागिनी को नींद नहीं आयी, तब तक निस्तेज घने अँधेरे में दिनभर के दृश्य, एक के बाद एक किसी कोरे श्यामपट्ट पर चाक से लिखी इबारत की मानिन्द उभरते रहे। एक बार तो ऐसा लगा मानो अँधेरे में डूबा कमरा विदेशी इत्र की गन्ध से महक उठा है।

अचानक आँगन में हुई आहट से उसकी तन्द्रा भंग हुई। उसने अँधेरे को बींधते हुए अधखुले दरवाज़े से बाहर दूर तक देखा, पर उसे कुछ नज़र नहीं आया। यह सोच कर वह फिर से पुरानी यादों के वरक़ में लिपटती चली गयी कि होगी कोई आवारा बिल्ली। रागिनी ने बहुत प्रयास किया मगर उसे नींद नहीं आयी। वह जब भी सोने की कोशिश करती, ऐसा लगता मानो बाहर अँधेरे में बदनसीब दारा शिकोह थके क़दमों से चहलक़दमी कर रहा है। अगर उसे नींद आती भी, तो कत्थई सिल्क की साड़ी में लिपटी और विदेशी इत्र से गन्धाती मालिनी द्वारा महामहिम राष्ट्रपति के कर–कमलों से पद्मश्री पुरस्कार ग्रहण करने के दौरान, बजने वाली तालियों की गड़गड़ाहट उसकी नींद उड़ा देती। बाकी बची बैलेंस ग्रांट को लेने के लिए चक्राकार कोरिडोर के लगातार चक्कर काटते रहने के कारण होने वाला उसका पिंडलियों का दर्द अचानक कसक उठा। इसी बीच उसे लगा जैसे आँखों के कोरों से बहते गुनगुने पानी ने उसके गालों को भिगो दिया है। कुछ देर बाद मन थोड़ा हल्का हुआ और गुनगुना पानी जगह पर सूख गया, तो रागिनी ने फिर से सोने का प्रयास किया। इसी कोशिश में पता नहीं कैसे पाँच दशक पुरानी वही पंक्तियाँ, जिन्हें वह लगभग भूल चुकी थी, अनायास होंठों पर आकर अठखेलियाँ करने लगीं–

घायल हिरनिया मैं बन–बन डोलूँ
किसका लगा बाण मुख से न बोलूँ

मुड़के जो देखूँ तो बचपन बुलाये
पलकों में लेकिन कोई मुस्कुराये

जी को दुखाऊँ कि जी संग हो लूँ
घायल हिरनिया मैं बन–बन डोलूँ।

आँखें खुलीं तो देखा दिन निकल आया है। कमरे में फैले सुबह के उजास को पार कर रागिनी बाहर आँगन में आ गयी। चारों तरफ़ नज़र दौड़ा कर देखा तो पाया एक तरफ़ जहाँ मुँडेर पर बैठे कुछ परिन्दे मंगल गीत गा रहे हैं, तो कुछ नीले गगन की अनन्त ऊँचाई में उड़ान भरते हुए उसे भेदने की कोशिश में उन्मुक्त कुलाँचें भर रहे हैं। रागिनी ने इन परिन्दों को जी भर कर निहारा। इसी बीच उसकी नज़र बाहर आँगन में इधर–उधर बे–परवाह फुदकती गौरैया पर पड़ी। सुबह की ढेर सारी ताज़ा हवा को पहले रागिनी ने अपने फेफड़ों में भरा और उसे धीरे–धीरे बाहर छोड़, वापस अपने कमरे में आ गयी। चारपाई के सिरहाने रखे थैले से उसने डॉ. नूपुर शर्मा द्वारा दिया गया प्रोडक्शन ग्रांट का आवेदन–पत्र बाहर निकाला और उसे देखने लगी। वह देर तक इस आवेदन–पत्र को सहलाते हुए निरखती रही। इस बीच उसे पता नहीं चला उसकी अँगुलियों में फँसा आवेदन–पत्र कसमसाता हुआ कब चिथड़ों में बदल गया।

एक बार रागिनी के मन में आया भी कि इन चिथड़ों को वापस थैले में भर खूँटी पर टाँग दे। मगर अगले ही पल उसे लगा कि जब–जब इन चिथड़ों से भरे थैले पर उसकी नज़र जायेगी, ये उसके पुराने घावों को फिर से हरा कर देंगे। अपनी स्मृतियों से अतीत की ऐसी किसी भी खरोंच को वह मिटा देना चाहती है। इसलिए अपने सामने पड़े कोरे आवेदन–पत्र की चिन्दियों को उसने अँजुरी में भरा, और अपनी हथेलियों पर बदनसीबी की अमिट लकीरों के साथ पैदा हुए शाहज़ादे दारा शिकोह द्वारा बसाये गये अपने शहर शिकोहाबाद के अपने आँगन में, एक सूने कोने में रखे कूड़ेदान को उन्हें अर्पित कर आयी। लौटते हुए रागिनी ने कूड़े में तब्दील हो चुके आवेदन–पत्र की इन अस्थियों की तरफ़ पलट कर भी नहीं देखा। क्यों देखती, भला कूड़ा हो चुका इतिहास भी कभी पलट कर देखा जाता है?

❑❑